彩圖1____吐魯番阿斯塔納墓地的乾燥絲花

這些鮮艷的人造絲花，一九七二年發掘自一座墓中，高三十二公分，證明了中國西北新疆吐魯番綠洲非比尋常的保存條件。該地年雨量少於二．五公分，乾燥的土壤保存了中國其他地方都沒有、僅見於世上少數幾個地方的許多物品。考古學家在枝枒之間發現一些頭髮，推測這些花朵是頭飾的一部分，於西元六〇〇或七〇〇年代，舞人迎春之時所穿戴。

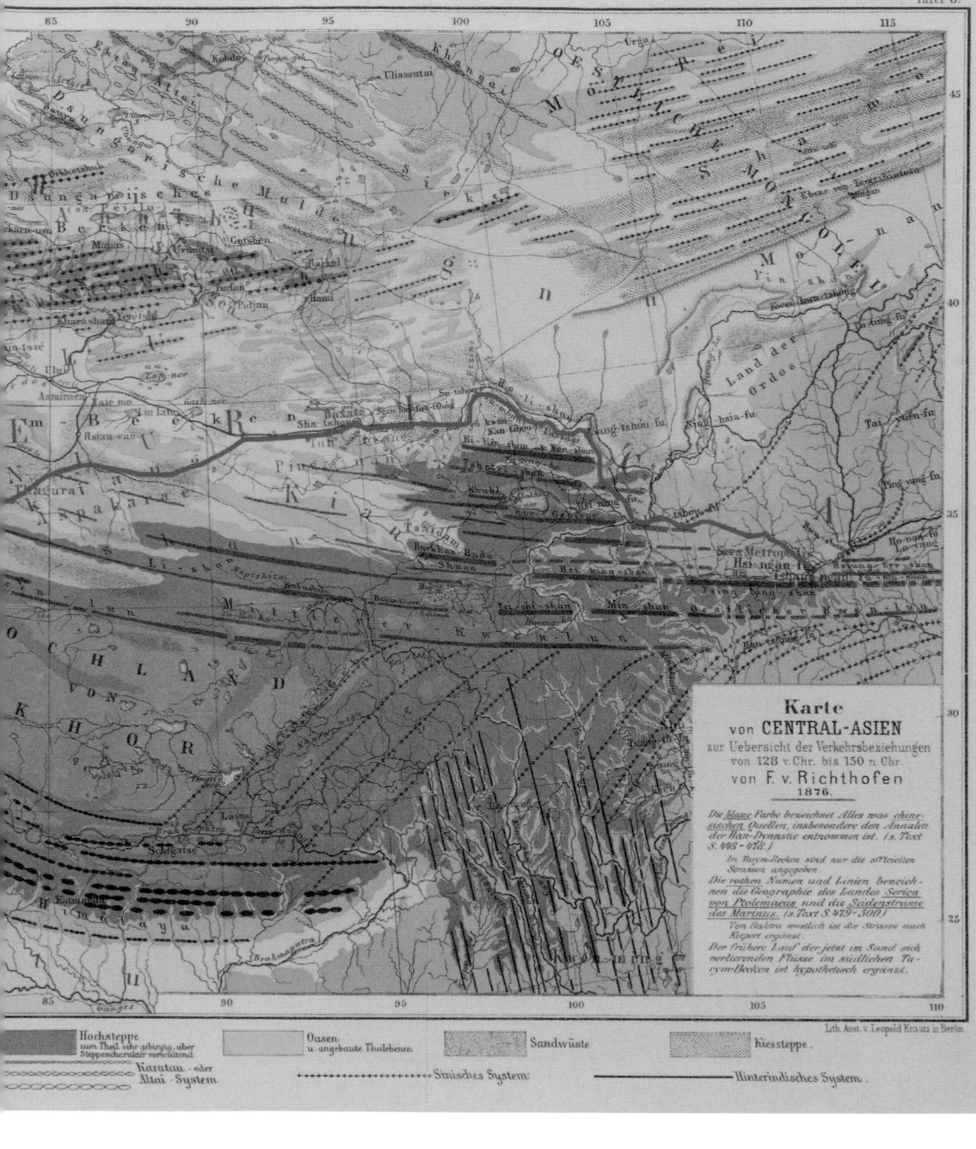
Karte
von CENTRAL-ASIEN
zur Uebersicht der Verkehrsbeziehungen
von 128 v. Chr. bis 150 n. Chr.
von F. v. Richthofen
1876.
Die blaue Farbe bezeichnet Alles was chinesischen Quellen, insbesondere den Annalen der Han-Dynastie entnommen ist. (s. Text S. 448-478.)
Im Tarym-Becken sind nur die officiellen Strassen angegeben.
Die rothen Namen und Linien bezeichnen die Geographie des Landes Serica von Ptolemaeus und die Seidenstrasse des Marinus. (s. Text S. 479-500.)
Von Baktra westlich ist die Strasse nach Kiepert ergänzt.
Der frühere Lauf der jetzt im Sand sich verlierenden Flüsse im südlichen Tarym-Becken ist hypothetisch ergänzt.
Hochsteppe
zum Theil sehr gebirgig, aber Steppencharakter vorwaltend
Oasen u. angebaute Thalebenen
Sandwüste
Kiessteppe.
Karatau- oder Altai-System
Sinisches System
Hinterindisches System.
Lith. Anst. v. Leopold Kraatz in Berlin.

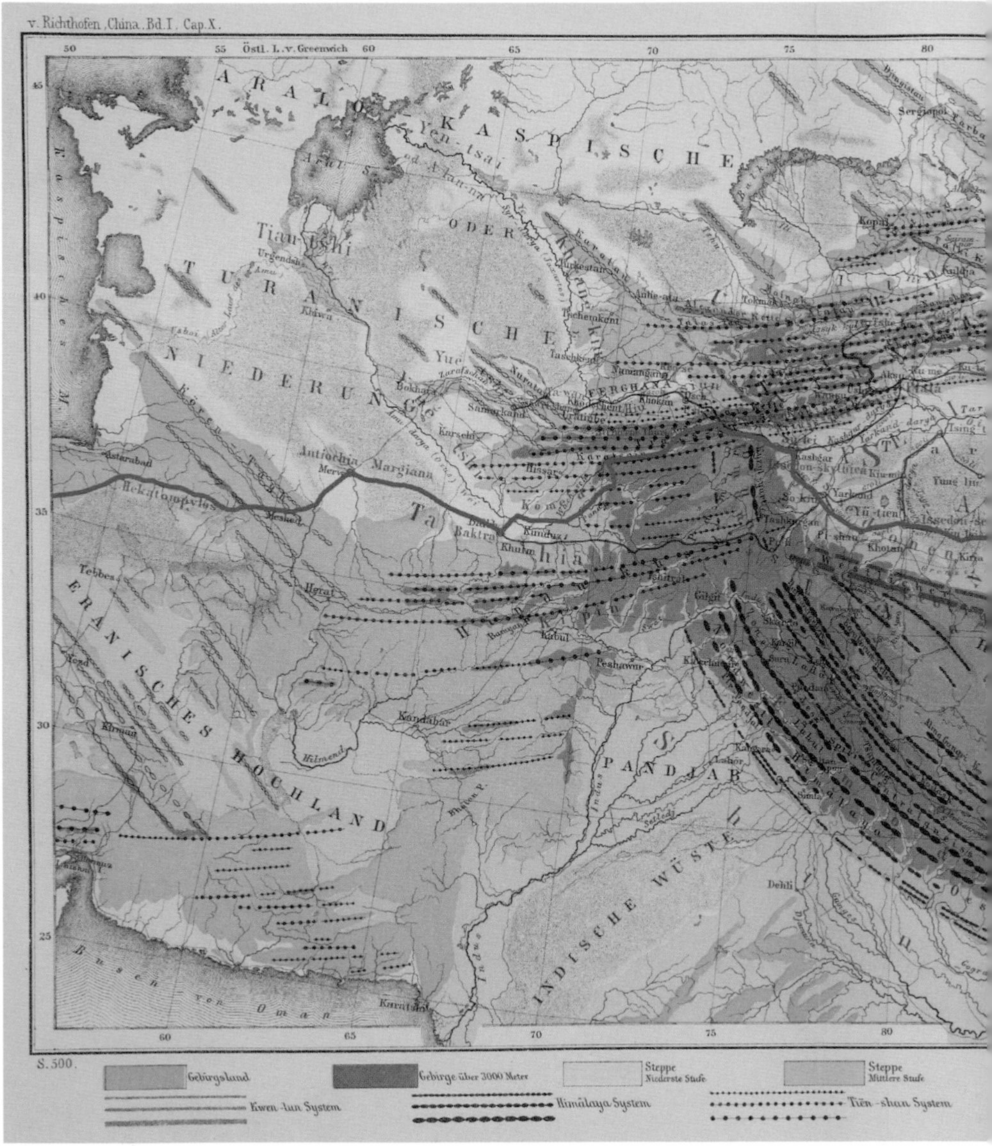

彩圖2－3　世界第一張絲路地圖，西元一八七七年

透過這張地圖的發行，德國地理學家費迪南．馮．李希霍芬創造了「絲路」一詞。圖中明顯的橘線標示出絲路。肩負任務尋找從德國到中國理想鐵道路線的李希霍芬，將古代貿易路線設想成一段線條。

彩圖4A____作為墓葬隨葬的仿製羅馬錢幣

即便主流觀點認為絲路貿易連接了中國漢代和羅馬，在中國發現最早的羅馬錢幣年代為西元五〇〇年，遠晚於君士坦丁大帝將首都從羅馬遷到拜占庭的西元三三〇年。截至今日，全中國僅發現少於五十枚的羅馬金幣，其中許多是仿製品。照片中這枚錢幣直徑一・六公分，重〇・八五克，由金片打製而成，因此有突起的正面和凹陷的背面，像瓶蓋一樣。拜占庭蘇勒德斯金幣真品的重量是贗品的五倍多。中國人把這類金幣當作護身符，而不是錢。© The Trustees of the British Museum（大英博物館館藏）

彩圖4B____吐魯番阿斯塔納墓地薩珊銀幣真品

始自西元五〇〇年代晚期至六〇〇年代，西北居民經常利用伊朗薩珊帝國（西元二二四－六五一年）鑄造的銀幣從事貸款與買賣。照片中銀幣的直徑三・一公分、重四・二八公克，正面可見薩珊皇帝霍斯勞二世（西元五九一－六二八年在位）戴著他特有的羽翼皇冠，背面是一個祆教火祭壇，兩旁有侍者。超過一千枚這樣的錢幣出現在中國西北，證明它們從薩珊王朝首都泰西封（今日巴格達附近）一路流通到中國首都長安。© The Trustees of the British Museum（大英博物館館藏）

彩圖5A____作為通貨使用的絲織品

這匹西元三或四世紀的絲，在裂成兩半之前的長度為〇．五公尺，且曾被用來支付駐紮在樓蘭要塞的中國士兵。一匹絲比同等價值的錢幣更為輕巧，可以更輕易地經由陸路運輸。許多絲路上的絲織品是作為通貨使用，而非一種奢侈品。這解釋了為什麼這匹絲是沒有設計的平織（一條線在上、一條線在下，像編籃子一樣）。這是現存唯一西元三至四世紀的「絲貨幣」例證。© The Trustees of the British Museum（大英博物館館藏）

彩圖5B____出自米蘭的羅馬風格帶翼人物母題

在羅馬，愛羅斯（愛神）常被描繪為帶著羽翼的俊美男子。斯坦因在米蘭一處佛教遺址發現十六個人像，此為其中之一。米蘭位於尼雅和樓蘭之間。像這樣的藝術母題很容易沿著絲路傳播，無論是由離家遠行的工匠所作，還是透過畫稿複製。

彩圖6____尼雅的古代佛教窣堵波

在一千七百年以後，尼雅高七公尺左右的窣堵波成為遺址的主要地標。歷經數世紀的磨損，窣堵波外層已經剝落，露出底下的磚塊。當斯坦因於一九〇一年一月二十八日抵達之時，盜掘者早已撬開基座的寶庫，帶走存放於此的佛舍利。遺址其他部分掩埋在沙土之下，斯坦因在此發現超過一百個居所和一千件以上寫有文字的木簡。

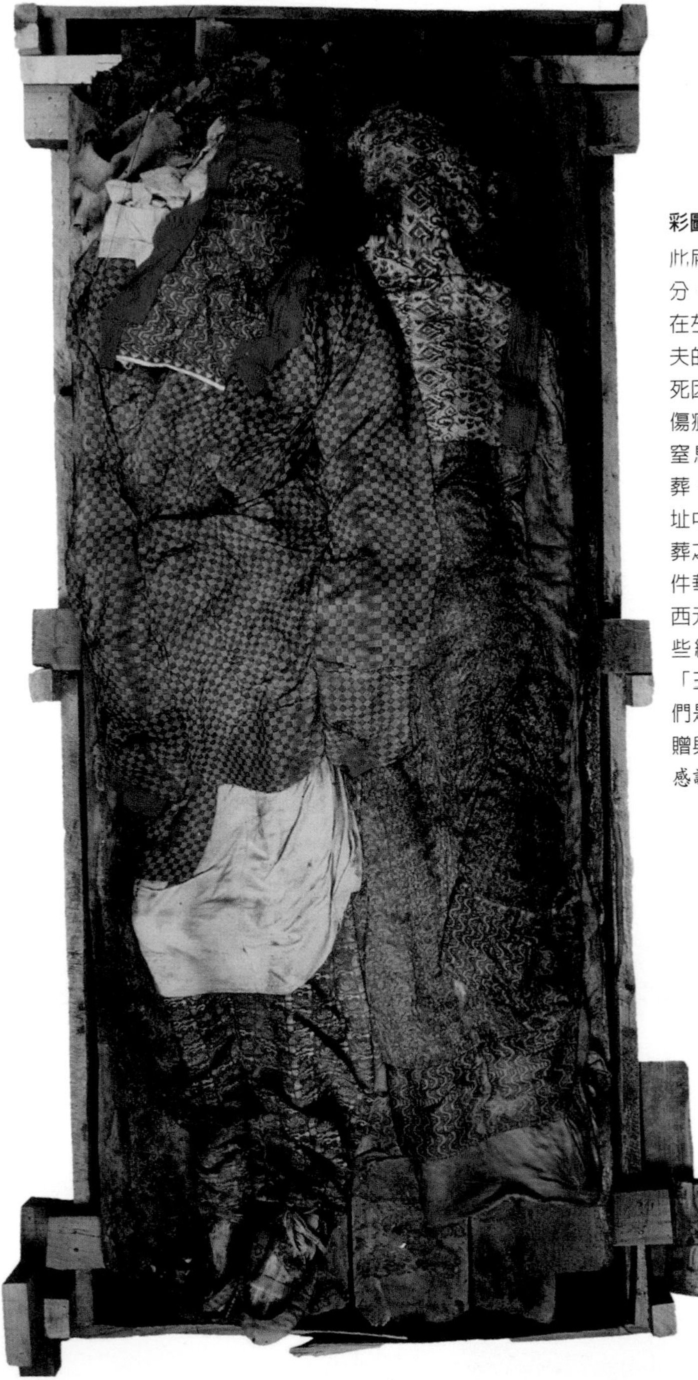

彩圖7____絲路上的合葬

此尼雅棺木，長二三〇公分，內有一對夫妻：丈夫在左側，妻子在右側。丈夫的脖子上的刀傷是可能死因。但妻子的屍骨沒有傷痕，因此她很可能是遭窒息而死以便與丈夫合葬。這個墓是所有絲路遺址中織品發現最豐富的墓葬之一，一共出土三十七件華麗的絲織品，繫年於西元三或四世紀。其中有些織品的設計帶有漢字「王」和「侯」，推測它們是根據地在中國的王朝贈與當地統治者的禮物。

感謝王炳華先生提供照片

彩圖8____絲路上的流行

這個中國美女製作於西元七世紀的唐代首都長安，她有典型的唐代髮型與妝扮，包括畫在眉毛上方的花朵。她的服裝結合了中亞的時尚菁華：連珠環繞的對鳥紋上衣，以及中國的時尚菁華：披肩與外圍罩有薄絲的條紋裙子。這個人俑在紐約大都會博物館展出時，館員暱稱它為「唐代芭比」，因為它和芭比娃娃同高（二九．五公分），而且是時尚的代表。感謝新疆維吾爾自治區博物館提供照片

彩圖9____柏孜克里克千佛洞

這裡過去曾是佛教徒的隱居處，現在則是遊客造訪吐魯番時的主要觀光景點。如同絕大部分新疆的佛教石窟遺址，柏孜克里克石窟是在俯瞰河谷的崖壁上開鑿脆弱礫岩而成。許多原來在這些佛教石窟（在左邊）中的壁畫，現今陳列於柏林，它們在二十世紀早期被取走。儘管如此，有一件極其珍貴的摩尼教壁畫仍在原處，被上鎖管制，僅有少數幸運遊客能看到。用來曬乾葡萄的磚屋（圖下方中央），是吐魯番鄉間的典型風景。作者照片

彩圖10____赫定搭船橫渡塔克拉瑪干沙漠

今日大部分塔克拉瑪干沙漠的河床都極度乾燥，但在一八九九年，瑞典探險家斯文．赫定搭著長十二公尺的船探索該地區的水路。從葉爾羌的北方出發，他在八十二天內航行了一千五百公里，最後因為河中的大塊浮冰，終止在距離庫爾勒三天航程的地方。赫定的水彩畫顯示甲板夠大能放下他的帳篷，一間小木屋作為他的暗房，還有一個隨從準備三餐用的陶灶。

彩圖11A____已逝宗教的新發現

在發現吐魯番文書之前，我們對於摩尼教的些許認識來自聖奧古斯丁在《懺悔錄》的批判性描述。摩尼教是一個伊朗宗教，由先知摩尼（Mani，西元二一〇－二七六年）創立，他宣揚光明與黑暗的對抗。這張著色鮮明的局部，來自一本西元八或九世紀在吐魯番發現的書籍，上面畫著庇麻節，也就是摩尼教年中的高峰。它描繪轉變過程，這是摩尼教教義之核心，一般俗人獻給「選民」（elect，也就是神職人員）甜瓜、葡萄、外形像太陽、月亮的麵包，他吃了之後將這些食物轉化為光明分子。西元七六二年回鶻統治者改信摩尼教，成為世界史上唯一正式將摩尼教訂為國教的君王。Bildarchiv Preussischer Kulturbesitz / Art Resource, NY

彩圖11B____撒馬爾罕的使者隊伍

這個壁畫來自撒馬爾罕的阿夫拉西阿卜遺址，繫年於西元七世紀中葉，三名使者帶著禮物要給撒馬爾罕的統治者。當時撒馬爾罕是粟特地區的中心，也是粟特人的家鄉。這三名來自臨近王國的使節穿著紋飾美麗的長袍，和其他四十多個人像一起出現在壁畫中，包括突厥人、中國人、高麗人與其他粟特人。粟特人畫下他們所知的世界文明，並且記錄使節在絲路交換貿易中的重要性。感謝François Ory提供照片

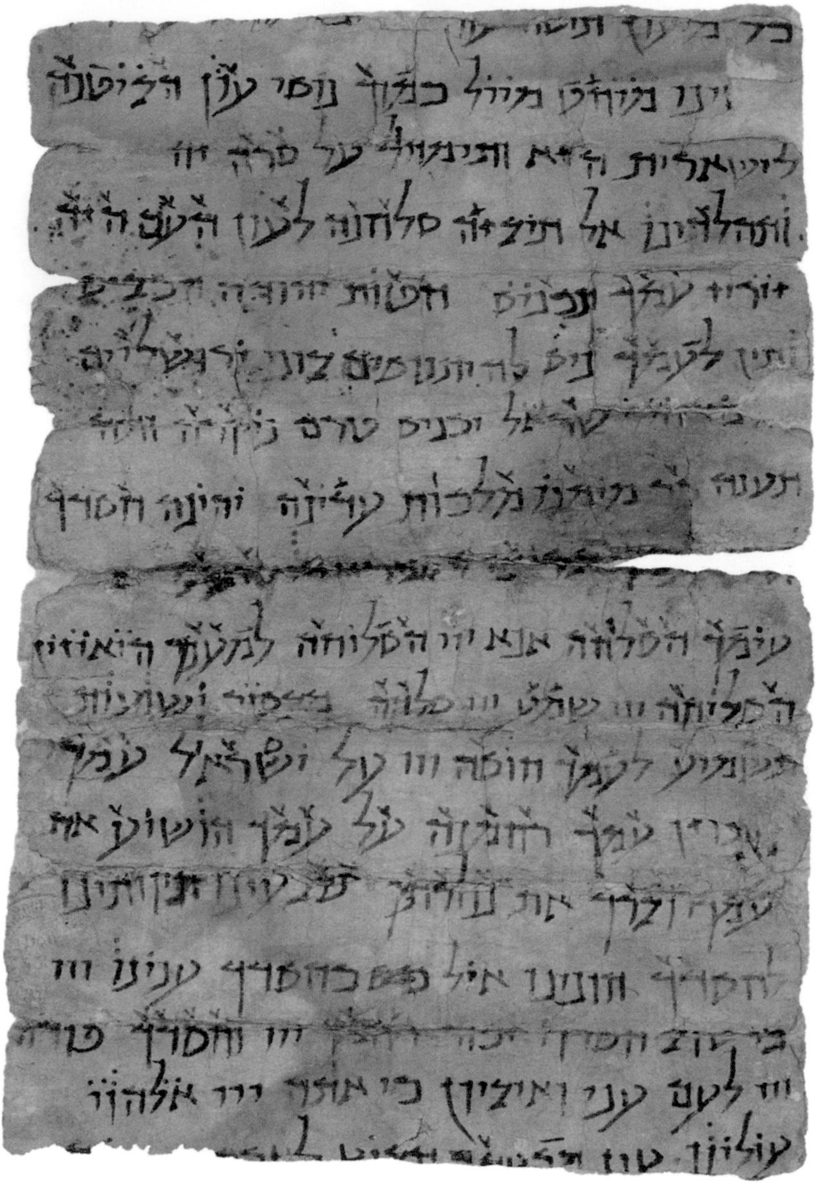

彩圖12____敦煌藏經洞中的希伯來禱文

敦煌藏經洞包含超過四萬件的文書，以中文和藏文為大宗。其他語言的材料——梵語、粟特語、回鶻語、于闐語、希伯來語——令學者十分好奇，因為它們記錄了其他人群的存在，沒有這些材料，我們對這些人群將一無所知。照片中是藏經洞唯一的希伯來文書，包含一則十八行禱文，由《詩篇》（Psalms）中的個別詩句所組成。它對折好幾次，放在袋子內，很有可能被當作護身符從巴比倫攜帶到中國。感謝Bibliothèque nationale de France（法國國家圖書館）提供照片

彩圖13____于闐出土的羊毛褲管

這件羊毛褲管製作於于闐當地，但上半部呈現古典希臘半人馬圖，下方則是一名武士，此物發現於于闐外的山普拉遺址，這些裝飾母題先是跟著亞歷山大大帝的軍隊到達阿富汗北方與巴基斯坦，再從那兒傳到中國西北。半人馬身上的披風與武士衣襟上的花朵與菱格紋，是中亞民族對原母題的修飾。這件褲管出自嚴重盜擾的山普拉遺址，確切紀年並不清楚，但山普拉出土的物品來自西元前三世紀至西元四世紀之間。

彩圖14____西安安伽墓的絲路舞會

絲路沿線的男性與女性都表演由粟特人引進的胡旋舞，當時的人描述它節奏快而刺激。這件彩繪石屏風來自一個石榻，出自西安一個粟特人領袖的墓中，他死於西元五七九年。照片中是十二塊石屏中的一塊，在金色背景的淺浮雕上，再施加紅、黑、白彩繪，展現已故領袖生前的各個生活場景，提供後人一瞥中國粟特人生活的絕佳窗口。文物出版社

彩圖15____安伽墓的祆教藝術

西元五〇〇至八〇〇年間，粟特人形成中國境內最大的非漢族社群。這是一個粟特墓葬，有仿中國住宅的典型中國石室墓入口，但墓門上方卻是祆教藝術。它描繪祆教火壇與立於兩側的祭司。讓人好奇的是，墓主的屍骨放置在墓門外，而不是按照中國當時的習慣放在墓中的石榻上。文物出版社

彩圖16A____新疆第一位伊斯蘭統治者的墓

這是第一個改信伊斯蘭教的喀喇汗國君王薩圖克·博格拉汗的陵墓，位於新疆西部靠近吉爾吉斯邊界處、喀什東北方約四十五公里的阿圖什市。這座麻札是新疆最受尊崇的古蹟之一。不過，自從一家以北京為據點的旅遊公司於翻修後開始向遊客收費，造訪人數便逐漸下降。感謝Mathew Andrews提供照片

彩圖16B____在伊瑪目穆薩卡西姆（Imam Musakazim）麻札前祈禱的女性

有位女子在伊瑪目穆薩卡西姆麻札前跪坐祈禱，該麻札在和闐外。獻給陵墓的貢品包括羊皮和寫有《可蘭經》經文的多色旗幟。西元一〇〇六年，穆斯林的喀喇汗國擊敗了于闐國王的軍隊，成為新疆伊斯蘭化的起點。訪客常在死者墓上掛旗幟或是內填稻草麥梗的動物遺骸。感謝Mathew Andrews提供照片

THE SILK ROAD
A NEW HISTORY

絲路新史

一個已經逝去但曾經兼容並蓄的世界

芮樂偉・韓森
Valerie Hansen

吳國聖、李志鴻、黃庭碩——譯
許雅惠——審定

目次

繁體中文版序

自二〇〇〇年起陸續在西安、太原發現數座粟特墓葬，令人驚喜萬分。二〇〇四年四月，中、法雙方的研究機構在北京共同舉辦了一場研討會，會議結束後，約有十五位與會的外國學者繼續前往西安，參訪西安市考古所（現在改爲西安市文物保護考古院）。由於時值學期當中，北京的中國學者們無法與我們一同前往。

當我們在機場辦理登機時，櫃檯詢問我們的領隊是誰。大家面面相覷，心想像這樣一群持有美國、英國、日本、法國、加拿大護照的旅客，若是在紐約或巴黎機場，大概不會碰到這個問題。但在中國，我們需要一個領隊帶領。於是，我自願作大家的領隊，在接下來三天的旅程中，我得到此生最大的榮耀：每個人都稱我「女薩寶」。「薩寶」這個詞是粟特文中用來稱呼商隊首領的，就我所知，歷史上沒有一個粟特薩寶是女性，換句話說，我是有史以來第一位女薩寶！

在考古所所長孫福喜與史君墓發掘者楊軍凱的幫助下，我們在西安有一趟充實的旅程。我們看到史君墓的墓葬（考古報告於二〇一四年正式出版），以及墓中出土的粟特文、漢文雙語墓誌（見本書第五章）。之前在北京的會議中，孫福喜已經發表了漢文墓誌，吉田豐也譯出了粟特文部分，現在有機會目睹實物。當考古學者們將石槨開箱時，我們因強烈的保存劑而咳嗽，接下來葛勒耐（Frantz Grenet）一面看著石槨上的圖像，一面解釋著這些圖像的意義——有時甚至在我們還沒有意會到畫面的構成之時。這是場愉快的參觀，大家貢獻自己的想法，有時出現爭執，像是葛勒耐認為當中一位神祇屬於摩尼教或道教，魏義天（Etienne de la Vaissiere）則不同意這個看法。往後數年，學者們持續在期刊、論文中爭論著彼此的見解，但我永遠記得在西安考古所密閉的庫房中，大家第一次見到這些複雜難解的圖像時的情景。

當時在場的絲路學者還有我研究所時代的同學與朋友盛餘韻（Angela Sheng），日本學者荒川正晴與森部豐，法國學者童丕（Eric Trombert），他比任何外國學者都瞭解敦煌文書與中國農業，以及英國的歷史語言學者尼古拉斯·西姆斯—威廉姆斯（Nicholas Sims-Williams），他所英譯的粟特文古書信已是公認的定本。

國際化是絲路研究的特點，也是它迷人之處，來自各國的學者自由地分享他們關於絲路文書與文物的見解，就像古絲路上的綠洲一樣，歡迎信仰不同宗教的人群來此定居、崇拜各自的神祇。在絲路研究的頭一百年（一八九五—一九九五年），學者們隱然各有分工：歐洲與日本學者研究粟特文、佉盧文、吐火羅文、藏文、和闐文等死文字，而除了季羨林等少數例外，中國學者多半研究漢語資料。近年來，也有臺灣出身的學者研究起絲路上的死文字。

這本繁體中文譯本的問世，我要感謝四個人。任教於台灣大學歷史學系的許雅惠教授，她在耶魯大學藝術史系取得博士學位，在跟我考資格考的學生當中，她是第一個選擇中古絲路作爲口試領域的。當麥田出版社與她聯繫，表達出版中文版的興趣時，她推薦了三位研究生來翻譯：吳國聖，清華大學歷史研究所助理教授，專攻蒙古帝國史與內陸亞洲史，負責翻譯第一章至第四章。李志鴻，臺灣大學歷史學系博士後，研究東亞的王權與宗教，翻譯第五、六章。黃庭碩，就讀臺大歷史學系博士班，關注唐代後期南方的士人與政治，負責第七章、前言與結論。由於絲路涉及的人名、地名眾多，爲求翻譯的一致正確，二〇一三年秋天，他們每個月定期聚會討論。翻譯完成後，許雅惠教授仔細地修訂了中文譯稿。我感到非常幸運，有一群人如此審慎地翻譯這本書。

韓森
於耶魯大學
7/5/2015

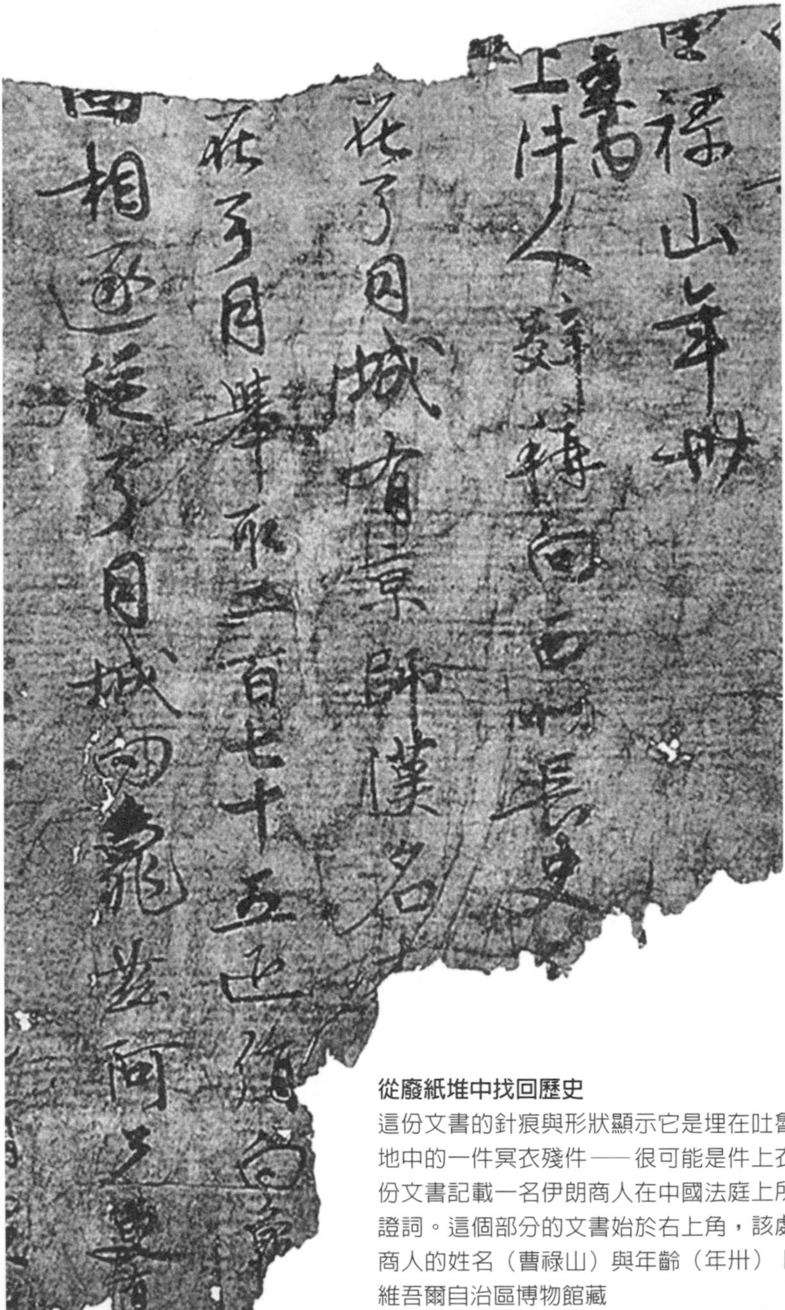

從廢紙堆中找回歷史

這份文書的針痕與形狀顯示它是埋在吐魯番墓地中的一件冥衣殘件——很可能是件上衣。這份文書記載一名伊朗商人在中國法庭上所說的證詞。這個部分的文書始於右上角，該處寫有商人的姓名（曹祿山）與年齡（年卅）丨新疆維吾爾自治區博物館藏

引言

右頁文書闡明了本書的主旨。這是一份法庭紀錄，記載西元六七〇年前後住在中國的一名伊朗商人之證詞。這名伊朗人請求法庭幫助他收回屬於亡兄的二百七十五匹絹。他在證詞中說，他的兄弟把絹借給中國合夥人之後，便在一趟商旅當中，連同兩隻駱駝、四頭牛和一匹驢消失在茫茫大漠裡，應該已經亡故。法庭裁定，作爲其兄遺族，這名伊朗人擁有繼承這些絹的資格，不過我們並不清楚裁決後來是否有執行。

這個事件透露許多關於絲路貿易的訊息。貿易數量實際上很小。在這個例子中，僅七頭牲畜便承載了該名伊朗商人的所有貨物。兩隻是駱駝，其餘是四頭牛與一匹驢，牠們都是重要的馱獸。伊朗商人的出現值得留意，因爲當時中國的主要貿易夥伴是位在伊朗世界東端的撒馬爾罕而非羅馬。再者，當絲路沿線商人因為中國軍隊的大舉出現而日益繁盛，訴訟亦隨之產生。這個法庭案件發生在西元七世紀，當時中國王朝的支出給地方經濟帶來強有力的刺激。

最具啓發性的訊息是，我們之所以發現這個訴訟案全因它記載於一份廢棄的官文書，而這份文書被當成廢紙出售，最終成為工匠製作的紙冥衣。大約一千三百年後，中國考古學家挖開一座鄰近吐魯番的墳墓，用冥衣的各個部位拼湊還原這份文書。當他們將不同的紙片接在一起，不同人的證詞隨之浮現。

近幾十年，考古學家已經復原上千件其他文書。其中有契約、法律訴訟、收據、貨物清單、藥方，以及一千多年前某個市集以一百二十銀元售出一名女奴的悲慘契約。文書以多種語言寫成，包括古代漢語、梵文，以及其他如今已無人使用的死語言。

許多文書能夠倖存是因為紙張極富價值，而且不會被丟棄。工匠使用這些回收紙製作伴隨逝者至死後世界的紙鞋、紙人及其他物品。由於回收的紙文書時常被拿來製成喪葬用品，復原時必得經過一番推敲。舉例來說，那份伊朗商人的證詞是經過剪刀裁剪，然後縫製成冥衣，因此部分紀錄遺落在剪裁室的地板上。熟練的歷史學家透過殘片的形狀和針孔所透露的蛛絲馬跡重建文書原貌。

這些文書使我們得以辨識主要的參與者、貿易貨品、商隊的大概規模，以及貿易對貨品運經地區帶來的衝擊。它們也闡明絲路所造成的更廣泛的衝擊，特別是當流亡者從飽受戰火摧殘的家鄉移居到較為平靜的地方，同時帶來了宗教信仰與技術。

絲路沿線主要是農耕而非商業聚落，這表示多數居民靠耕地營生，並未參與商業貿易。人們終其一生未曾離開出生地附近。貿易活動多半是地方性的，而且往往只是以物易物，並不使用貨幣。每個聚落都有截然不同的認同，今昔皆然。唯有戰爭與政治動盪迫使人們離開家鄉時，絲路沿線的聚落才會吸納大量的流亡者。

這些移民帶著他們的宗教和語言前往新的家鄉。源自印度、在中國獲得眾多信徒的佛教無疑最具影響力，不過摩尼教（Manichaeism）、祆教（Zoroastrianism），還有以敘利亞爲基地的東方教會（Christian Church of the East）都吸引了各自的擁護者。居住在絲路沿線的人們對這些信仰體系在文明之間的傳播、譯介與改造扮演著關鍵角色。在伊斯蘭教傳到這個區域以前，不同聚落的成員對彼此的信仰展現驚人包容力。個別統治者可能會偏好特定宗教並強烈鼓勵臣民追隨，不過他們仍然允許居民保有原本的宗教信仰。

粟特人是絲路文化的諸多貢獻者之一。他們是住在今日烏茲別克大城撒馬爾罕或附近的一個族群。中國與粟特人家鄉粟特地區的貿易在西元五〇〇至八〇〇年間達到顛峰。出土文書載有姓名的商人大多來自撒馬爾罕或是他們的後裔。他們説著一種被稱作粟特語（Sogdian）的伊朗系語言，許多人遵從古代伊朗先師瑣羅亞斯德（活動於西元前一千年前後，希臘文稱作Zoroaster）的祆教教義，他教導人們説實話乃是至高無上的美德。由於新疆擁有非凡的保存條件，因此在中國所遺留下來的、關於粟特人及其信仰的資料要較其家鄉更爲豐富。

這本書不像大多數談論絲路的書那樣聚焦於藝術，而是奠基在文書之上——這些文書説明物品如何抵達它們所在之處、誰把它們帶到那裡，以及爲何絲路歷史是如此令人目眩神迷的族群、語言與文

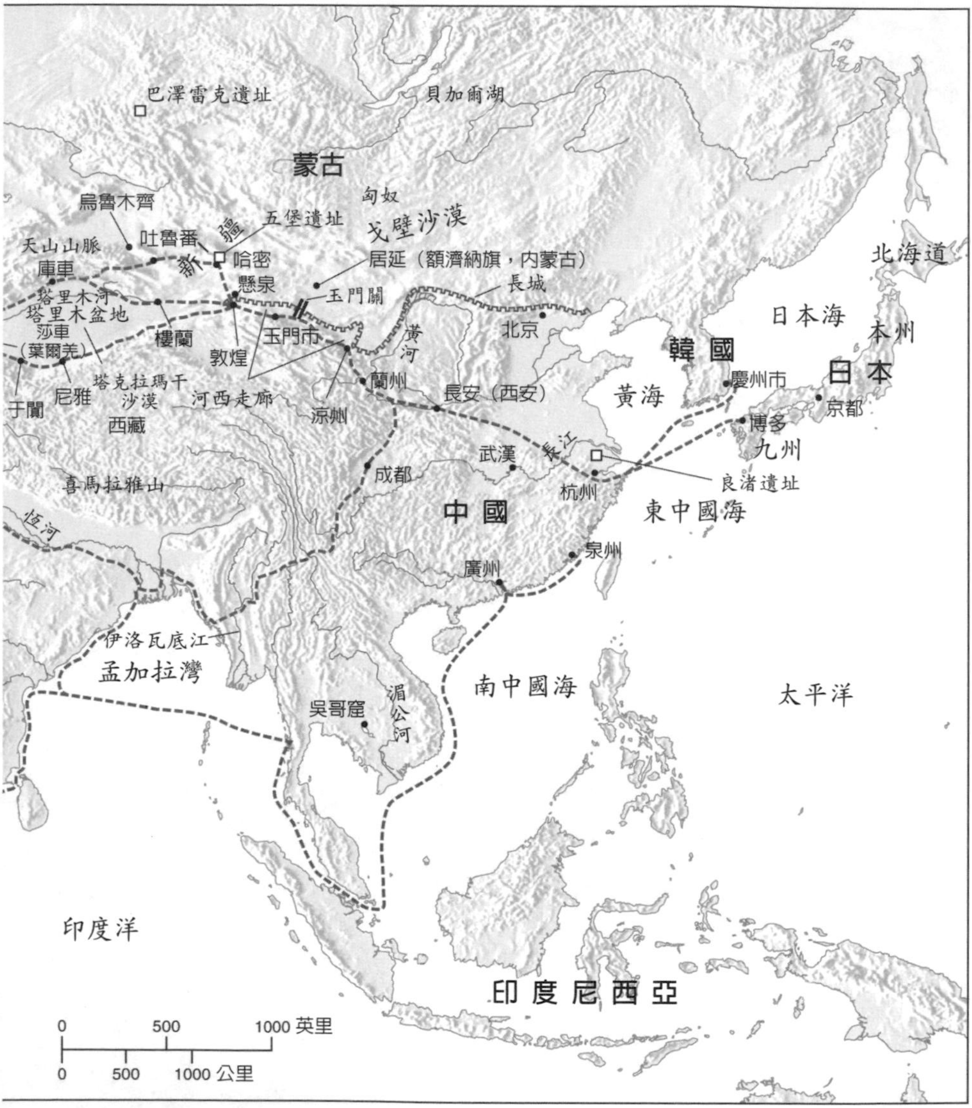

巴澤雷克遺址
貝加爾湖
蒙古
匈奴
烏魯木齊
五堡遺址
戈壁沙漠
天山山脈
吐魯番
新疆
哈密
居延（額濟納旗，內蒙古）
庫車
懸泉
玉門關
長城
塔里木河
塔里木盆地
樓蘭
玉門市
黃河
北京
日本海
北海道
本州
沙車
（葉爾羌）
敦煌
韓國
日本
塔克拉瑪干沙漠
河西走廊
蘭州
長安（西安）
黃海
慶州市
京都
于闐
尼雅
西藏
涼州
博多
九州
武漢
長江
成都
良渚遺址
喜馬拉雅山
杭州
中國
東中國海
恆河
泉州
廣州
伊洛瓦底江
孟加拉灣
南中國海
太平洋
吳哥窟
湄公河
印度洋
印度尼西亞
0 500 1000 英里
0 500 1000 公里

烏拉山脈
巴爾喀什湖
錫爾河
費爾干納谷地
鹹海
克孜勒庫姆沙漠
穆格山
伊塞克湖
瑟雷
摩許闕瓦雅巴而卡
威尼斯
黑海
羅馬
高加索山脈
裏海
阿姆河
撒馬爾罕
喀什市
君士坦丁堡（伊斯坦堡）
拜占庭
布哈拉
粟特地區
帕米爾高原
雅典
底格里斯河
梅爾夫
彭吉肯特
大不里士
巴爾赫
安提阿
幼發拉底河
德黑蘭
大夏
喀布爾
興都庫什山
犍陀羅
地中海
科斯島
大馬士革
帕米拉
伊朗
赫拉特
貴霜帝國
巴格達
薩珊帝國
拉合爾
亞歷山卓
耶路撒冷
開羅
波斯波利斯
印度河
埃及
波斯灣
喀拉蚩
阿拉伯沙漠
印度
撒哈拉沙漠
尼羅河
麥加
紅海
阿拉伯海
剛果河
印度洋
橫越歐亞大陸路線圖
絲路
遺址

化交流的布列。

並非所有發現於絲路沿線的西元三至十一世紀文書（本書的主要焦點）都寫在回收廢紙上。有些寫在木頭、絲綢、皮革和其他材質上。它們不僅從墳塚中重見天日，也出自廢棄的驛站、寺廟、住家，還有乾燥的沙漠之下——這是保存文書、藝術品、服飾、古代宗教典籍、固化食物，與人類遺骸（彩圖1）的最佳環境。

這些文書很獨特，因爲許多早已失傳，其後才被意外發現，而且是由不同社會背景的人們所寫下，不僅僅出於識字的富人權貴之手。這些文書不是有自覺的文字記載：它們的作者並不期待後世閱讀，而且絕對無意世代流傳。這些文書呈現的歷史往往是私人的、事實的、軼聞的而且隨機，令人耳目一新。沒有什麼比自垃圾堆裡汲取的資訊更有價值，因爲它們從未經過人爲修飾。

我們從這些文書中習得的大部分知識戳破人們對絲路的普遍觀點。所謂的「路」並非指涉一條確切的「道路」，而是許多變動的、無標示的小徑橫亙在廣袤沙漠與山巒之間。事實上，沿著這些充滿危險的路線運送的貨物數量並不大，然而絲路的確同時改造了東西雙方的文化。運用過去兩百年間發掘的文書證據，特別是近幾十年內驚人的新發現，本書試圖解釋這條不起眼的、不是路的路，如何成爲人類史上最具改造力的超級高速道路，傳遞著觀念、技術與藝術母題而不只是貿易商品。

「絲」甚至要比「路」更具誤導性，因爲絲綢只是眾多絲路貿易商品中的其中一項。化學物、香料、金屬、馬鞍與皮革製品、玻璃和紙也同樣普遍。部分貨品清單把用來銲接金屬與處理皮革的硇沙（氯化銨）列爲某些路線的首要商品。

另一常見的交易品項是西元前二世紀發明的紙，就對人類歷史的貢獻來看，紙的重要性遠超過主要用來製作衣服的絲綢。[1]紙經由這條橫越大陸的路線跨出中國，在西元八世紀首先進入伊斯蘭世界，接著又通過伊斯蘭教徒控制的西西里與西班牙進入歐洲。阿爾卑斯山以北要到十四世紀晚期才開始製紙。[2]

「絲路」這名稱是晚近發明的。住在不同貿易路線上的人們並不使用這個名稱。他們稱這條路線爲「通往撒馬爾罕的路」（或之後的任何一座大城），有時僅以環繞塔克拉瑪干沙漠的「南道」或「北道」稱呼之。[3]「絲路」這個名詞直到一八七七年才由費迪南・馮・李希霍芬男爵（Baron Ferdinand von Richthofen）所創造。他是個有名的地理學家，曾在一八六八至一八七二年間在中國工作，調查煤礦和港口。之後他撰寫了一套五卷本的地圖集，首次使用絲路這個名稱。

他的地圖（彩圖2-3）將羅馬時期中國與歐洲間的路線描繪爲一條大道。李希霍芬研讀翻譯的中文史料，成爲第一位將中國正史整合進歐亞地圖的歐洲地理學家。橘線來自歐洲古典地理學者托勒密（Ptolemy）與馬利諾斯（Marinus）的記載，藍線則源於中國歷史。[4]他的絲路在許多方面像極了一條橫切過歐亞大陸的筆直鐵道。事實上，李希霍芬負責設計一條從德國占領的山東、經西安附近煤田直達德國的可行鐵路幹線。[5]

這個名稱逐漸爲人接受。斯文・赫定（Sven Hedin）出版於一九三六年的中亞探險書便以「絲路」（The Silk Road）作爲一九三八年英譯本的書名。一九四八年，《倫敦時代》（*Times of London*）將以下問題納入〈家庭爐邊問答：一項常識測驗〉：絲路，或者說過去的絲路，是「從哪裡到哪裡」？答案是：「自中國邊境到歐洲的不同路徑。」[6]這個專有名稱作爲歐亞大陸之間陸路貿易與文化交換的名稱至今依然展現顯著的續航力。

打從一開始，絲路便以相對筆直與行旅眾多的形象被呈現在世人眼前，事實卻不然。逾百年的考古調查從未發現標誌明確的鋪設道路穿越歐亞——連稍爲近似羅馬亞壁古道的道路都未曾見，而是由時常變動的小徑與無標示的踩踏痕跡拼湊而成。由於鮮少遇見可清楚辯識的路線，行旅者十之八九都會雇請嚮導帶領他們通過特定區段，而且往往遇上險阻就立刻改道而行。

這些曲折的小徑匯聚於綠洲城市——亦即本書所要探討的城市。今日若搭飛機飛過這個區域，我們只要找出最高峰就能看見古時滋養絲路主要城市的河流源頭。因爲文書材料大多出自這些城市，本書將圍繞著七個古絲路遺址編排——六個位於中國西北、一個地處撒馬爾罕東邊。這些遺址構成本書章節骨幹。

這些城市是環繞塔克拉瑪干沙漠的半獨立城市。不論是自主統治或是代表中國的王朝，這些城市的統治者嚴格地總管貿易，並在商品與服務的購買上扮演重要角色。這造成了一種矛盾：一旦貿易穿過全然荒涼的區域進入綠洲聚落，隨即受到高度控管。

特別是當中國軍隊駐紮於中亞時——主要是漢朝（西元前二〇六—西元二二〇年）、唐朝（西元六一八—九〇七年）。朝廷中央支出大量費用供應軍隊糧食與衣服，並且支薪給數以千計的士兵。在無法鑄造足夠銅幣應付中央開支的唐代，成匹的絲綢就多了一個重要功能。當局將三種商品視爲貨幣：銅幣、穀糧與絲綢。由於貨幣經常短缺、穀糧會腐敗，因此大部分支出是以基本編織的絲匹給付，如彩圖5A所示。許多西北邊防的軍餉便是以絲綢支付，因此成匹的絲綢廣泛流通於西域。當士兵在當地市集大量消費，貿易就跟著繁盛。不過當叛亂威脅皇帝的權力，迫使他將所有軍隊召回中原，貿易便大幅萎縮。

即使有中國軍隊出入，在羅馬帝國時期找不到任何中國與羅馬交流的文書記載。不同於一般認知，羅馬並非直接拿金幣與中國交換絲綢。中國境內發現最早的羅馬金幣是拜占庭蘇勒德斯幣，包括許多仿製品，如彩圖4A所示。它們來自西元六世紀的墓葬，時間上遠在君士坦丁大帝（西元三一二—三三七年在位）將帝國首都遷至君士坦丁堡之後。

從地理上看，絲路穿越了令人瞠目結舌的多樣化地景，其中有許多險惡之地。從西安啓程西行，旅人首先穿過河西走廊。這是一條長達一千公里、主要爲東西向的路線，夾在南邊的青海山脈與北邊的蒙古戈壁沙漠之間。在到達位於甘肅的綠洲城市敦煌之後，旅人得決定要走環繞塔克拉瑪干沙漠的北道或南道，兩道會合於喀什市。如果兩條路線都無法通行，旅人可以選擇走中間道，直接穿越地球上最不宜人居的沙漠之一。

經過敦煌後，旅人進入名爲新疆的地區，此名稱乃清朝在西元十八世紀征服此地後所使用，字面意義爲「新的疆土」。在此之前，中國人稱這個地區爲西域，意爲「西邊的區域」，它的西邊涵蓋部分的烏茲別克與塔吉克，東邊則到中國的甘肅與陝西。[7]今日的新疆包含絕大部分位在中國西部的絲路路線。

在此地，當代遊客會見到現代新疆令人屏息的景象，同時領會爲何不是一條絲路，而是許多條絲路。第一批橫越的人們學會如何在冬季太陽不那麼炙熱時穿過沙漠，以及在夏季積雪不那麼厚時從特定路線穿過隘口。最重要的是，他們學會沿著沙漠邊緣行走，停下來飲水、休息，以及探查前方路況。爲了計劃下一區段的旅程，他們會在每個綠洲聚落各停留幾天、幾週，甚至更長。

旅程緩慢得令人難受。一九九三年，一位名叫查爾斯·布雷克摩爾（Charles Blackmore）的英國軍官兼探險家帶領一支探險隊徒步穿越塔克拉瑪干。他的隊員與駱駝用五十九天的時間橫跨了從樓蘭至喀什西南方木吉之間的塔克拉瑪干，總長一千四百公里，平均每天走二十一公里多一點。走在塔克拉瑪干沙區中的沙丘極爲費勁，一天不見得能達到十六公里，不過走在平坦的卵石表面時，他們一天可以走上二十四公里。[8]這些數字讓我們能具體感受旅人在過去幾個世紀中所忍受的艱苦。

一旦越過沙漠，旅人將面臨徹底隔絕塔克拉瑪干及其西邊與南邊的聳立高峰。地表最大山脈群在冰與雪的嘉年華會中碰撞——也就是喜馬拉雅山脈、天山山脈、喀喇崑崙山脈、崑崙山脈、興都庫什山脈相遇的帕米爾山結。一旦通過，旅人將一路下坡往西到撒馬爾罕，或者往南到印度。

橫越整個中亞的人極少，從撒馬爾罕到長安之間一共有三千六百公里。最負盛名（但不是最可信）的絲路旅人馬可波羅（西元一二五四—一三二四年）聲稱，他循陸路從歐洲一路旅行到中國，再經由海路返回家鄉。大多數旅人的旅程較短，僅在家鄉與鄰近綠洲之間的數百英里（大約五百公里）內移動。由於貨品在地方上交易並轉手許多次，因此多數的絲路貿易都屬小規模貿易。帶著數以百計牲畜的長程商隊在歷史紀錄中很少被提及——通常只見於國家互遣使者時。

今日敦煌與撒馬爾罕之間的區域吸引許多觀光客前來觀看著名遺跡，包括那些如今埋在沙漠深處的、像是于闐（和闐）外的熱瓦克佛寺、吐魯番古城、還有敦煌與庫車的石窟。地方博物館展示墓葬中發現的文物，諸如金、銀器皿，以及結合東西方圖飾、設計生動而華美的絲織品。在少數地區，沙漠的乾燥氣候除了保存給人視覺震撼的文物，也將世俗的日常生活保存起來：中國水餃與一千多年前古絲路居民烤的北印度饟餅埋在一起。

十九世紀末以前，沒有人知道新疆的沙土下保存著這麼多古代的文書與文物。一八九〇年，英國陸軍中尉漢彌爾頓·鮑爾（Lieutenant Hamilton Bower）為了調查一件命案，旅行到位於塔克拉瑪

吐魯番出土的乾燥餃子

吐魯番的乾燥環境保存了許多易腐敗的東西，包括食物。在這張圖片中，我們看到四個餛飩與一個餃子，定年是西元七或八世紀。從它們的破裂處，考古學家辨識出其中摻有韭菜與肉——很可能是豬肉，因為當時新疆尚未伊斯蘭化 | 新疆維吾爾自治區博物館藏

干北道的綠洲庫車。在庫車時，他買了一件寫在五十一片樺樹皮上的古代手稿，並向孟加拉的皇家亞洲學會（Royal Asiatic Society of Bengal）宣告這個發現。學者們在幾年之內便辨識出它是西元五世紀的醫學文本，這使它成爲世上最古老的梵文手稿，相較其他手稿早了將近千年。[9]在亞洲的歐洲外交官們聽聞此一重大發現，開始購買各種手稿送回歐洲，並交由受過語言學訓練的學者們釋讀。

一八九五年，瑞典探險家斯文．赫定（Sven Hedin）對新疆進行首次科學調查，也就是上述諸多古手稿的來源地。赫定於四月從葉爾羌河邊的木吉出發，進入塔克拉瑪干沙漠，試圖尋找于闐河的源頭。十五天後，他發現他沒有替自己與同行的四名男子準備充足飲水。然而赫定沒有回頭，因爲他不想承認他的探險失敗了。當補給耗盡，他開始拚命地尋找水源。隨著他的隊員與駱駝逐一倒下，筋疲力竭的赫定只好勉強自己沿著乾枯河床緩緩而行。在第六個沒有水的日子，他終於找到一條河流。徹底補充水分之後，赫定用他的靴子盛水，挽回其中一名隊員的性命。

在赫定離開沙漠的途中，他遇到了一個由四名商人與數頭馱獸組成的商隊，赫定向他們購買了三匹馬、「三個馱鞍、一個馬鞍、馬銜、一袋玉蜀黍、一袋麵粉、茶、水罐、碗，以及一雙靴子。」[10]這是一份很有代表性的清單。即使到了二十世紀初，所有在塔克拉瑪干交易的貨品幾乎都是地方製造的生活必需品，而非外地進口貨品，誠如往昔。離開沙漠之後，赫定得悉牧羊人救了他的另一名隊員，其餘兩名則已身亡。

歷經百般磨練的赫定在同年十二月回到塔克拉瑪干。這次他爲隊員們帶了充足的飲水。他們從塔克拉瑪干南緣的主要綠洲于闐進入沙漠，發現了丹丹烏里克遺址。在黃沙中的木樁及殘存的城垣之間躺著幾尊佛像。赫定沒有進行挖掘，他後來解釋：「我沒有進行仔細挖掘所需的裝備。更何況我也不是一名考古學家。」[11]歐洲報紙大幅報導赫定的塔克拉瑪干探險，其中的驚奇與危險宛如今日太空探險一般。

其中一則報導在一八九七年底被一位波蘭煤礦經理寄給他的弟弟奧萊爾·斯坦因（Aurel Stein），當時他正在印度的英國殖民城市拉合爾（今屬巴基斯坦）擔任教育官員。[12]匈牙利籍的斯坦因於一八三三年在杜賓根完成了他的梵文博士學位，並繼續在拉合爾跟隨博學的印度學者潘迪·戈文·科爾（PanditGovindKaul）精進此語。梵文在整個十九世紀是極受歡迎的領域；許多人想要學習比拉丁文與希臘文更爲古老、又和這兩個語言密切相關的印歐語。斯坦因在德國求學時期已經領悟到取得最古老、最完整的手稿的重要性。

斯坦因當下便知道赫定的發現對於古手稿研究具有重大意義，於是立即向英國的考古當局申請經費去于闐。他認爲對該地進行系統性調查可得到的資訊將遠遠超過一直以來的盜掘。他也暗示國際間的古物收購競爭已然展開。他向當局報告，赫定必然重返當地，同時俄羅斯也正在計劃發動探險。印度政府同意資助斯坦因的考察申請。

作爲對本書所談論的諸多遺址進行探查、繪圖的先驅，斯坦因發現若干令人吃驚的重要物件與文書。在一九〇〇至一九三一年間，斯坦因帶領了四次不同的新疆探險，並寫下大量的正式報告與隨筆紀錄。從今天的標準看來，他的發掘是不完美的。他雇用工人進行挖掘，若有任何發現便給予額外賞金。這做法在當時很普通，不過有時會導致發掘過於倉促。然而在新疆發現文書的發掘者當中——法國的伯希和（Paul Pelliot）、德國的勒柯克（Albert von Le Coq）、日本的大谷光瑞——只有極少數考古報告能與斯坦因報告的細緻程度相匹敵。沒有人像斯坦因一樣造訪那麼多地方，或者出版那麼豐富的材料。

斯坦因的描述在重建各遺址原貌時扮演關鍵角色。他對於文件爲何被埋藏的解釋也同樣重要；即使後來的學者修正了斯坦因的解釋，不過斯坦因仍然是他們展開研究的出發點。斯坦因與其他十九世紀末、二十世紀初的紀錄提供我們豐富訊息，因爲它們的作者（除了少數例外）用與過去旅人相同的交通方式，沿著同樣的路線行進。他們的紀錄填補過去旅人未曾描述的許多細節，讓我們得以重新體驗走過這些古老貿易路線的經驗。

這些探險家及其後繼者揭開黃沙底下的神祕面紗。首先，他們發現考古證據顯示長程陸路貿易在很久以前便已展開。住在新疆的不同族群早在西元前一二〇〇年便將貨品運往中國。當時，商朝（西元前一七六六—一〇四五年）統治著黃河下游流域，使用中國現存最早的書寫文字。商王嬪妃婦好的奢華墳墓中，包含超過千件玉器，有些是由帶有獨特乳青色的和闐玉所雕成。數量龐大的海貝也出現在中亞，特別是在同時期靠近哈密的五堡遺址在新疆，證實該地與沿海地區的貿易，可能是東邊的中國、南邊的印度，或者西邊的地中海沿岸。[13]

其次，他們發現此地曾經住著各式各樣不同的族群。舉例而言，在新疆與甘肅西元前一八〇〇年至西元前幾世紀的遺址當中，乾燥的沙漠氣侯保存了約五百具乾屍。[14]許多男性的身高超過一．八公尺，遠高於同時期的中國人，而且經常具有非中國人的特徵——有時被稱爲高加索種人——例如金髮與白皮膚。他們的外貌使學者推測，許多行經或居住在塔克拉瑪干沙漠周遭綠洲的人們屬於印歐語系者的後裔。語言學家相信，這些人們在西元前二〇〇〇至一〇〇〇年間，也許從他們的原鄉，可能是在黑海北邊的龐廷大草原，遷徙到古代的印度與伊朗。[15]部分遺骸穿戴與西元前二千紀愛爾蘭相近的格子樣式羊毛織品，更證實其印歐語系淵源。[16]有些學者推測他們說吐火羅語（Tocharian）——第二章會討論的一種印歐語言。不過因為這些墓葬至今沒有出土任何文字證據，所以我們仍無法知道他們究竟說什麼語言。[17]

此外，與北方貿易的考古發現來自西伯利亞西元前五世紀的巴澤雷克遺址。這個遺址的居民以中國的銅鏡與絲綢陪葬。[18]一片絲綢殘件上繡有鳳凰，極可能是中國母題（或仿自中國的母題），因為鳳凰在中國文化中具有正面意義。另一同樣來自西元前五世紀、發現於吐魯番的類似織品，則在褪色的黃色絲綢上刺了一頭繡工精緻的鳳凰。[19]這些發現顯示長程陸路貿易在西元前幾世紀便已展開，只是沒有文書記載運送者是誰、為什麼運送。

絲路貿易最早的文字記載與張騫（卒於西元前一一三年）有關，他是西元前二世紀漢武帝朝（西元前一四〇—八七年在位）自長安出使中亞的使者。武帝希望張騫能夠說服月氏人——居住在今日烏茲別克的費爾干納地區——與漢朝結盟，一起對抗北方的共同敵人，也就是以今日蒙古為基地的匈奴。現存最早關於張騫的紀錄在他出使後一百五十年才寫成，而且沒有提供太多關於旅程的基本事實，像是他的確切行程。

不過我們知道張騫曾在出使大月氏途中穿越匈奴領土。他被匈奴囚禁，大約十年後才逃出來。儘管如此，他仍然繼續完成出使大月氏的任務。他在西元前一二六年左右回國，向皇帝進行詳盡的匯報。這是中國人首次接收到中亞諸族群的資訊。[20]張騫極爲吃驚地發現，中國商人與貨品早在他之前已抵達中亞。在大夏市集裡——位於今日阿富汗北方——張騫見到遠在千里之外中國四川生產的蜀布與邛竹杖。這些中國商品必是經由陸路貿易而來。

張騫歸國後，漢王朝逐步將控制力擴展至西北。在西元前二世紀末以前，它控制了河西走廊與敦煌。每當中國軍隊征服一個新的區域，便按一定距離修築烽燧。動亂發生時，烽隧的士兵會點燃烽火，向下個烽燧的人員示警，直到消息傳遞到能夠派遣軍隊平定動亂的駐防要塞爲止。除了烽隧之外，西漢軍隊也在新征服的領土上設立邊防要塞。在居延（內蒙古的鄂濟納旗境內，位於甘肅金塔縣東北方九十公里）與疏勒（甘肅境內，靠近敦煌與酒泉），都發現記載軍隊向當地居民購買衣服與食糧的竹簡木牘。[21]

絲路出土的早期文書中數量最龐大的，是發現於敦煌東邊六十四公里處的中國邊塞——懸泉。[22]一個每面五十公尺的方形土牆環繞著這個邊塞，南邊有座馬廄。執行公差的官員會在駐防要塞換乘活力充沛的座騎，要塞同時發揮郵驛的作用。城內的北側與西側是廢物處理區；西側的垃圾坑最深處達地下一．二公尺。來自此遺址的兩千六百五十件文物包含錢幣、農具、武器、鐵製車部件，與梳子、筷子等器具，以及穀物、蒜頭、胡桃、杏仁之類的食品，還有動物骨骸。[23]

懸泉遺址有超過三萬五千件的廢棄文書：兩萬三千件寫有中國文字的木簡與一萬兩千件修整成固定大小的備用竹簡。其中約兩千件簡牘的記載年分介於西元前一一一至西元一〇七年，也就是這個邊塞的運作期間。

用木牘或竹簡是因爲當時紙張才剛剛傳入中亞。西元前二世紀發明於中國的紙最初被當作包裝材料，而不是用於書寫。例如《漢書》曾記載，西元前一二年有個兇手將毒藥包裹在紙中。[24]在懸泉發現被訂爲西元前一世紀的早期紙片也寫著藥方的名稱，證實紙早期確實是被當成包裝材料使用。

直到四個世紀以後，即西元二世紀，紙在中國才被廣泛用做書寫材料。在絲路沿線，紙張歷經更

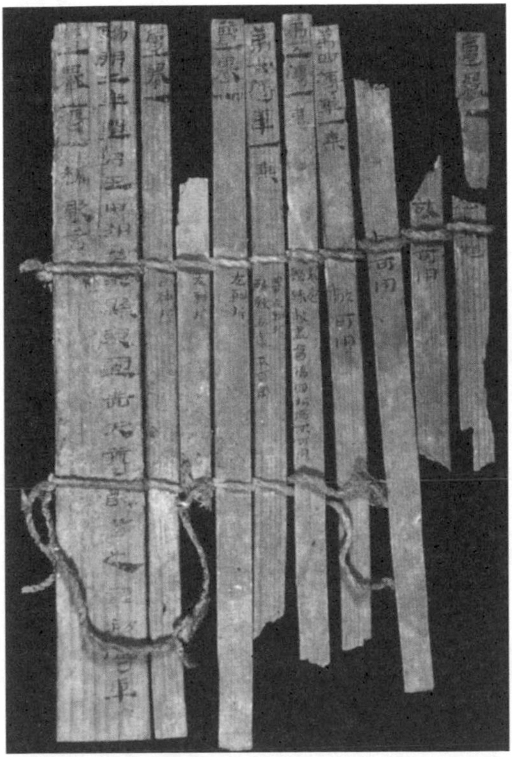

紙張普及前的文書

即使紙張在西元前二世紀從中國傳播至絲路，有些文書依然寫在木牘上。紙最早被用來包藥，直到西元三世紀才完全改做書寫之用。這些木牘記錄一座軍事要塞所徵集的車子。木牘以繩子編連在一塊，保存時捲成綑狀。文字閱讀方向是從上至下、由右到左，所以閱讀者從右上角開始，垂直讀到第一支木牘的底部，然後回到第二支木牘的頂端，以同樣方式讀到左下角為止。

長的時間才取代竹木簡牘成爲最普遍的書寫材料。由於紙張總是昂貴，所以人們用皮革或樹皮等其他材料書寫。在懸泉的文書大多是將木簡編連成卷（很像用冰棒棍做成的墊子）。

懸泉遺址的文書包含懸泉與其他鄰近地區官員的日常通信、皇帝發布的新詔令通知、逃犯布告，以及私人信件。懸泉的抄寫員區別不同種類的木頭：他們保留品質較高的松木給帝國詔令之用，例行文書與信件則使用易變形的楊木與檉柳。

因爲懸泉是從敦煌離開中國之前的最後一站，幾乎所有使者都會在進出漢王朝時經過此地。漢代的中國地理資料列出超過五十個位於中亞的王國。中國文書經常稱這些統治者爲國王，不過各個領地經常是由人口僅數百、至多數千的單一綠洲所構成。這些綠洲更像小城邦，而非王國。[25]

大小政權皆派遣使者至中國首都，進貢獻禮給他們尊爲君長的中國皇帝，並接受回禮。最珍貴的貢物是養育在中亞草原上的馬匹；因爲牠們是野放的，所以通常要比在馬廄中吃餵養乾草、個頭較小、氣力較弱的中國品種更爲強健。中國人最讚嘆今日烏茲別克費爾甘納谷地出產的天馬。即便在漢代這樣的早期階段，要區分官方貿易（一名大使呈上貢品，通常是像馬或駱駝這類動物，然後代表其君王收下回禮）與私人貿易（同樣的大使將一樣的動物送給中國人，但把回禮留給自己）仍是不可能的。

中亞諸國派遣的使團規模大小不一。有時使團會達到千人以上：如于闐國王就曾帶領一隻一千七百一十四人*的使團。[26]比較典型的是在西元前五十二年來自粟特地區的使團，其中包含兩名使臣、十名貴族，以及數目不詳的隨從，他們帶著九匹馬、三十一頭驢、二十五頭駱駝和一頭牛。27

這些使團的行程固定，並攜帶通行證，上面按順序列出他們得以造訪的城市。根據漢代律法（來自更早的先例），無論從陸路或水路，任何經過檢查站的人都需要一張名爲「過所」（即「經過一個場所」）的通行證。28

懸泉文書中有好幾件列出帝國境內第一個城鎮敦煌與漢帝國首都之間的所有停靠站，無論是西元前一世紀的長安或西元一世紀的洛陽。使團不允許偏離這些路線。在每個停靠站，官員清點每個使團的人數與牲口數，確保與通行證上登記的相吻合。官員可以修改這些通行證，也可以發新的通行證。他們在前往中國的使團行經懸泉時檢查，並在使團離開懸泉、返回中亞（通常是六個月後的事）時再次檢查。懸泉的廚師詳盡記錄每位客人的食物開銷，無論是中國人或外國人，一律記下其等級與旅行方向（東或西）。29

懸泉木簡的內容極其詳盡。其中一份最長的紀錄描述發生在西元前三十九年的一起爭端，起因是四名粟特使者向中國官員抗議駱駝的價格過於低廉。粟特人說中國官員付給他們的是瘦弱的黃駱駝價格，可是實際上他們送來的是比較貴的肥壯白駱駝。粟特使者不僅對市價瞭若指掌，同時對這個系統有充分信心，所以才會在價格不符預期時提出抗議。作爲使者，粟特人也期待在沿途各停靠站會被招待居住與用餐，結果卻得自行支付餐費。敦煌官員當時聽完爭辯後，裁定粟特人已經拿到合理報酬。

---

* 譯注：作者修正確人數爲一千零七十四人。

這幾名使者受到如此惡劣待遇的可能解釋是：漢朝官員不滿粟特人與他們長久以來的敵人匈奴合作，所以用苛扣價格進行報復。[30]

懸泉文書定義了一個完整的世界，它包含中國遙遠西端、靠近今日喀什市的綠洲，以及位於今日中國邊界之外的烏茲別克、巴基斯坦與阿富汗的綠洲。這些中亞綠洲統治者加入與漢代皇帝交換使節的外交系統，來自各地的使者定期經由絲路旅行至中國首都。

在眾多拜訪漢朝皇帝以進獻貢品的外國大使中，只有一位比較可能來自於羅馬。正史記載，大秦使者在西元一六六年經海路抵達中國。大秦位在中國人所知世界的西端，並且帶有許多烏托邦特點。唯有在某些情況下，這個詞彙才特別用來指稱羅馬。大秦使者獻上了東南亞典型的象牙與犀牛角。許多人懷疑這個使者是個騙子，謊稱自己來自一個遙遠、不為人知之地，以便獲取貿易許可。這段記載引人入勝，但絕不足以達成定論。[31]

正如懸泉文書與其他材料所顯示，漢王朝之所以開啓環繞塔克拉瑪干周邊路線的定期貿易純粹是基於戰略考量——他們想找尋通往中亞的替代路線，以避開一直以來的敵人：匈奴。官方使團或許偶爾從事私人交易，不過這僅僅是他們公務之外的副業。他們的移動絕非隨興所至，而是按照審慎規劃與記錄的行程。雖然懸泉文書有那麼多中國與中亞綠洲城市貿易的細節，可是它從來沒有提及貴霜帝國（Kushan Empire，位於阿富汗北部與巴基斯坦）以西的地方，更別說是羅馬。

不幸的是，歐洲的遺址從未挖掘出能在細節上與懸泉簡牘相匹敵的文書，所以分析歐洲貿易必得仰賴已知的希臘與拉丁文本。訊息最為豐富的材料是西元一世紀由住在埃及的一位佚名商人以希臘文寫成的《厄立特里亞海航行記》（*Periplus of the Erythraean Sea*）。[32]在描述東非、阿拉伯與印度的不同港口之後，《航行記》以一則描述已知世界之外土地的記載做結：

> 在這個區域〔在恆河口港口東邊海洋上的一座島嶼〕之外，這片海洋與其邊緣接壤的最北之處，有一個名爲Thina的內陸大城，從那裡，粗絲、紡好的絲線與布料經由陸路運送……並經過恆河……要去這個Thina並不容易；因爲罕有人打從那兒來，只有很少的人。[33]

Thina？有鑑於古希臘人沒有發ch音的字母，以及theta（Θ）這個字母的發音在古希臘可能有點接近ts，這個拼法就說得通了。這名作者盡其所能地記下一個從印度商人那聽來的不熟悉地名。在梵文，China念作Chee-na（以西元前二二一—前二〇七年的秦朝爲名）；此梵文字正是英文China的來源。在接下來的幾個世紀，托勒密（約西元一〇〇—一七〇年）等羅馬地理家學更加認識中亞，不過現代學者仍持續努力於調和羅馬地理學家的敘述與中亞地區的實際地理。[34]《航行記》作者對中國人的認知只有一小部分是正確的：他們從蠶繭抽取粗絲，再把粗絲紡成絲線，最後用絲線織成布料。

中國人確實是世界上最早製絲的民族，也許可以早到西元前四〇〇〇年，如果來自浙江河姆渡遺址、以蠶作爲母題的象牙雕刻構成證據的話。根據杭州的中國絲綢博物館，現存最早出土的絲殘片定年於西元前三六五〇年，它出自地處中國中部的河南省。[35]中國之外的學者對此定年感到懷疑，他們相信最早的例證是西元前二八五〇至前二六五〇年間，相當於長江下游良渚文化的年代（西元前三三一〇—前二二五〇年）。[36]

在《航行記》成書的西元一世紀，羅馬人不知道如何製絲。老普林尼（Pliny the Elder，西元二三－七九年）記述絲布在西元一世紀傳到羅馬。普林尼誤解了絲的製作：他以為絲是由「附著在樹葉上的白色絨毛」所製成，Seres人將這些絨毛刷下來製成線（他的描述聽起來比較像棉花）。不過他在另一個段落寫到了蠶。[37]現代譯者經常把Seres譯為中國，不過對羅馬人而言，它其實是一個位在世界北緣的未知國度。

在普林尼的時代，中國並非唯一的絲製造者。早在西元前二五〇〇年，古印度人就以野蠶織絲。野蠶與中國人馴化的蠶種不同。相對於中國，印度人是在蠶蛻變成蛾，破繭而出翩然飛去後，才將留下的破繭蒐集起來。[38]同樣地，在古代，愛琴海東部的希臘島嶼柯斯島生產柯斯絲（Coan silk），也是以野蠶的破繭所紡成。中國人很早便學會煮繭殺蠶，留下完好的繭，以抽出綿長不間斷的絲線。即便如此，中國絲並非總是能與野蠶絲相區別，普林尼描述的很可能是印度或柯斯島的絲，而非中國絲。[39]

由於中國與柯斯島的絲如此相似，研究者必須辨識出特屬於中國的裝飾母題，以確定絲綢的來源。不過因為任何母題都可能被複製，最可靠的中國製造指標便是中文字的出現——惟有中國人才會將其織進布料裡。敘利亞帕米拉所發現的西元一到三世紀的紡織品，便是最早從中國傳至西亞的中國絲綢例證。[40]中國皇帝定期派遣使者至西域，將紡織品贈予地方領袖，他們可能又將其送往更西邊的地方。

儘管如此，絕大多數發現於歐洲、被貼上「中國」標籤的美麗絲綢，實際上是在拜占庭帝國

（Byzantine Empire，西元四七六—一四五三年）內所織造。有位學者檢視一千多件西元七至十三世紀的作品之後，發現當中僅有一件產自中國。[41]

絲令普林尼感到惱怒，他完全不理解爲何羅馬人要進口令女性身體大量暴露的布料：「運用這麼多種勞力，越過地球上那麼遠的區域，來讓羅馬女人可以公開炫耀透明的衣裳。」[42]他也抗議其他的舶來品——乳香、琥珀、玳瑁，還有其他——因爲消費這些物品會削弱羅馬。[43]

如果中國與羅馬之間的貿易確如普林尼所說的這般重要，那麼應該會在中國發現一些羅馬錢幣。然而，中國出土最早的歐洲錢幣來自拜占庭，而非羅馬，介於西元五三〇與五四〇年代。[44]相較於模糊的謠言，事實是沒有任何一個羅馬錢幣在中國出現——對比於成千的羅馬金銀幣出土在羅馬商人經常造訪的南印度海岸。[45]歷史學者們有時爭辯道，用貴金屬製成的錢幣可能在一段期間內流通於兩地之間，但也許不會留存至今，因爲它們都被鎔掉了。不過發現於中國境內、眾多時代較晚的非中國錢幣削弱了這個論點。許多波斯薩珊帝國（Sasanian Empire，西元二二四—六五一年）鑄造的伊朗銀幣大量出現，數量達數百之多（見彩圖4B）。

總結來說，考古或文本證據的缺乏，暗示著古羅馬與漢王朝的接觸少得讓人吃驚。雖然老普林尼對絲綢貿易提供了信誓旦旦的批評，但沒有一個當時的人收集到任何有關羅馬貿易差額的可靠數據。[46]假使羅馬人以羅馬錢幣買了中國絲，一些中國絲的殘片應會在羅馬出現。自西元二、三世紀開始，少數貨品流通於羅馬與中國之間。這是帕米拉絲綢的年代，也是羅馬開始弄清楚Seres位置的年代。

在中國，藝術史紀錄也證實在西元二、三世紀，羅馬與中國斷斷續續的接觸加速進行。在漢代，僅有少數幾件中國藝術品呈現外國的裝飾母題。到了唐代，更多中國藝術融合波斯、印度，乃至希臘羅馬的母題。[47] 唐代標誌著中國影響力在中亞的高點，也標誌著絲路貿易的高峰。

這本書從西元二、三世紀中國與西方可見的初次接觸談起，結束於西元十一世紀早期，也就是敦煌、于闐出土文書的最晚年代。按照時序，每章討論一個不同的絲路遺址（遺址選擇根據其文書發現）。尼雅、庫車、吐魯番、敦煌和和闐地處中國西北。撒馬爾罕位於烏茲別克，而鄰近的穆格山遺址就在距離烏茲別克邊境不遠處的塔吉克境內。第七個遺址是唐代首都長安，地處中國本部（China proper）的陝西省。

第一章以尼雅與樓蘭遺址開始，因爲這裡出現豐富的文書證據，它們證明當地居民、中國人，以及一群來自犍陀羅地區（今日阿富汗與巴基斯坦）的移民之間最早的持續性文化接觸。這些移民引進他們自己的書寫體，引進在木頭上記錄書寫的技術。他們也是最早進入西域的佛教徒之一。雖然佛教的戒律「毘奈耶」（vinaya）規定僧尼都得獨身，不過許多尼雅的佛教徒都結婚生子，而且與家人同居，而非如一般認爲的獨身住在寺院。

庫車是第二章的主題，也是中國最著名佛經翻譯者鳩摩羅什（西元三四四—四一三年）的家鄉。鳩摩羅什用中文譯出首批易懂的佛教典籍。說當地龜茲語（Kuchean）長大的他，孩提時代開始研讀梵文，並利用在中國成爲俘虜的十七年學習中文。龜茲文書激起一整個世紀語言學者的熱烈辯論，他們嘗試解答這個謎團：爲何一支住在西域的民族說著與同區域內其他語言如此不同的印歐語？

在絲路貿易的巔峰時期，粟特人是中國境內最重要的外國社群。許多粟特人永久定居在絲路北道的吐魯番（第三章所討論的遺址）。他們在吐魯番從事不同行業，包括務農、經營旅社、獸醫與貿易。[48]西元六四〇年，唐朝軍隊征服了吐魯番，所有住民於是被納入中國的直接管轄。吐魯番極度乾燥的氣候保存了一批有關絲路社群日常生活的珍貴文書。

第四章聚焦在粟特人環繞著撒馬爾罕的家鄉，位於今日的烏茲別克與塔吉克。儘管中國素有不歡迎外來者的名聲，龐大的外國社群仍在西元一千紀移入中國，特別是西元七一二年撒馬爾罕落入穆斯林勢力之後。

近年來最令人振奮的一些考古發現是位於唐代首都長安（今日西安）的幾座外國人墓葬，這是第五章討論的內容。這些從伊朗世界來的粟特移民帶來他們的祆教信仰；他們在聖火壇前禮拜，給神獻上動物犧牲。死後，家屬將他們的屍體暴露在外，讓掠食動物把骨頭上的肉清理乾淨——肉被認爲會汙染大地——再行埋葬。雖然大多數粟特人都遵循祆教教義，不過有幾名西元六世紀末、七世紀初住在長安的粟特人，選擇了中國式墓葬。這些墓葬描繪祆教信仰的死後世界，其細節遠超過伊朗世界現存的任何藝術品。

第六章處理敦煌藏經洞所發現的文書，數量約四萬件，是全世界最令人驚豔的寶藏，其中包括史上最早的印刷書籍：《金剛經》。雖然是寺院的貯藏室，藏經洞收藏的史料不只有佛教文本，它的背面抄有許多其他類型的文本。敦煌的石窟壁畫絕對是中國佛教遺址保存最完好且範圍最廣者；它們證明當地民眾和委託製作如此精美藝術品的統治者的虔誠。儘管創造出如此傑作，敦煌居民並不使用貨幣，而是以穀物或布帛支付一切，誠如西元八世紀中葉中國軍隊撤出後的西域全境。

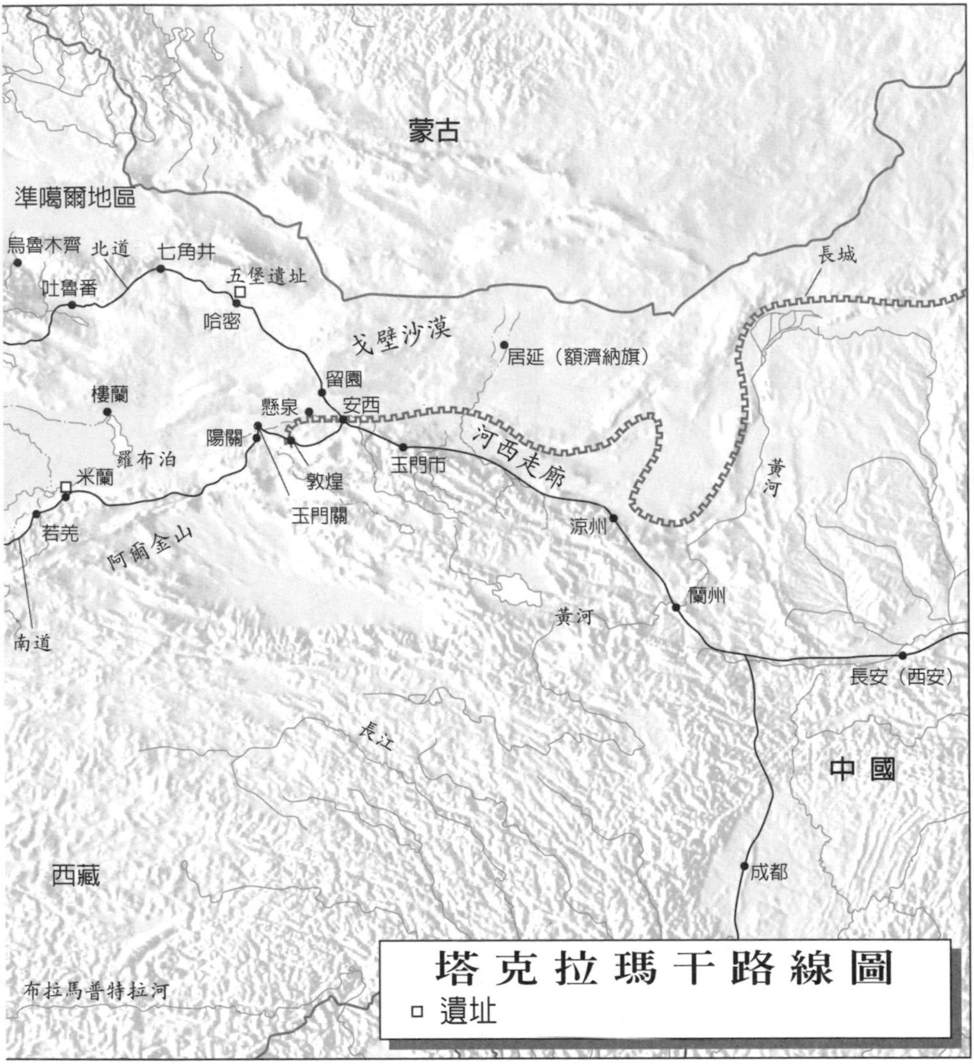
蒙古
準噶爾地區
烏魯木齊
北道
七角井
五堡遺址
吐魯番
哈密
長城
戈壁沙漠
居延（額濟納旗）
樓蘭
留園
懸泉
安西
陽關
羅布泊
河西走廊
米蘭
敦煌
玉門市
黃河
若羌
玉門關
涼州
阿爾金山
蘭州
黃河
南道
長安（西安）
長江
中國
西藏
成都
布拉馬普特拉河
塔克拉瑪干路線圖
遺址

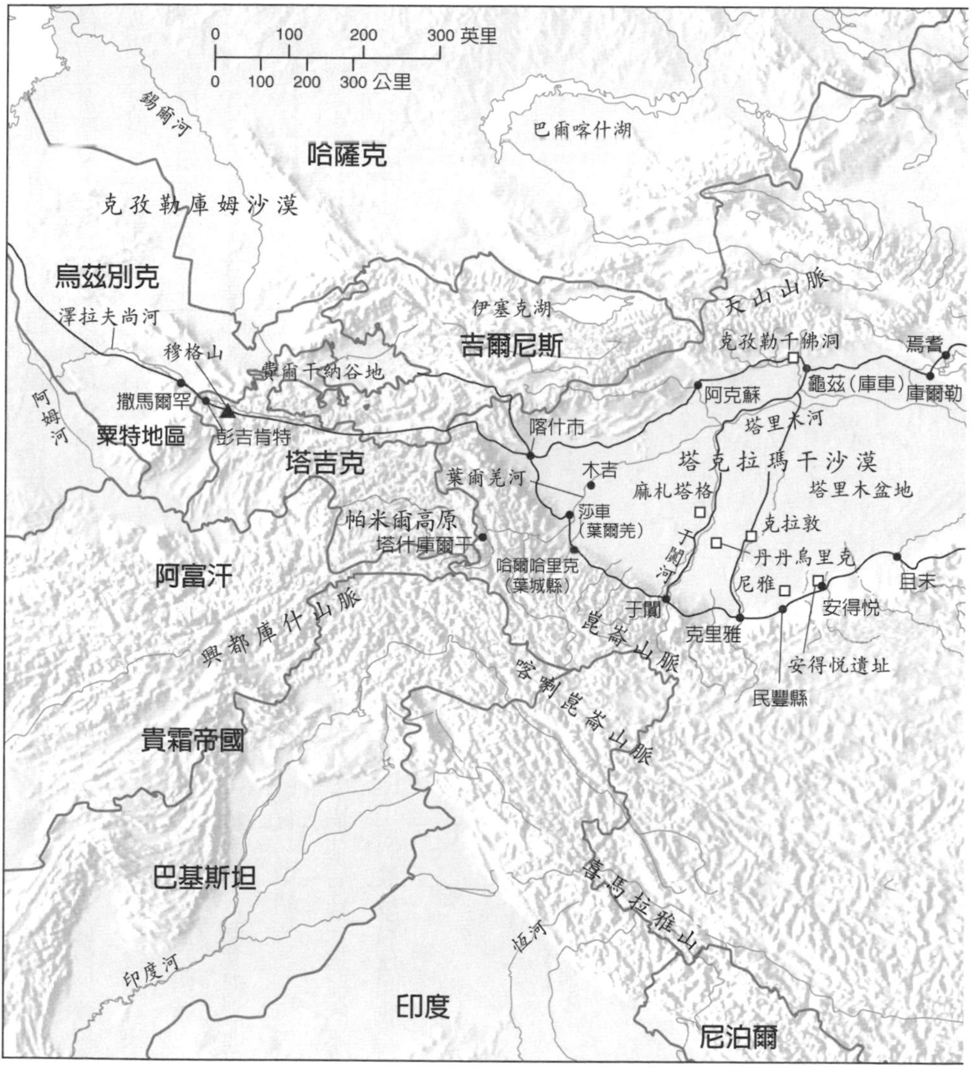

0 100 200 300 英里
0 100 200 300 公里
錫爾河
哈薩克
克孜勒庫姆沙漠
巴爾喀什湖
烏茲別克
澤拉夫尚河
穆格山
伊塞克湖
吉爾尼斯
天山山脈
克孜勒千佛洞
焉耆
費爾干納谷地
撒馬爾罕
彭吉肯特
阿姆河
粟特地區
塔吉克
阿克蘇
龜茲（庫車）
庫爾勒
喀什市
塔里木河
塔克拉瑪干沙漠
木吉
葉爾羌河
麻札塔格
塔里木盆地
莎車
（葉爾羌）
帕米爾高原
塔什庫爾干
克拉敦
丹丹烏里克
哈爾哈里克
（葉城縣）
于闐河
尼雅
且末
阿富汗
安得悅
于闐
克里雅
崑崙山脈
興都庫什山脈
安得悅遺址
民豐縣
喀喇崑崙山脈
貴霜帝國
巴基斯坦
喜馬拉雅山
恆河
印度河
印度
尼泊爾

敦煌統治者與位在絲路南道、尼雅西邊的于闐綠洲（第七章的焦點）保持密切聯繫。幾乎所有倖存的文書都以于闐語寫成，那是一種自梵文借來龐大字彙的伊朗語言。它們從敦煌藏經洞和于闐周邊城鎮被發現。奇怪的是，這些早期文書沒有一件出現在于闐綠洲。這些文書包含語言學習工具書，顯示于闐學生如何學習梵文與中文，前者用於大多數的寺院，後者則廣泛通行於西域。于闐在西元一〇〇六年被征服，是今日新疆第一個改信伊斯蘭教的城市，今日造訪新疆，會發現當地仍然帶有濃重的穆斯林氣息。本章以探索這個地區在伊斯蘭教到來之後的歷史與貿易做結。

簡言之，本書的目標是速寫各個綠洲社群歷史中的重要事件、描述居住在那兒的不同族群及其文化交流、勾勒貿易的本質，最終說出一個有血有肉的絲路故事——一個最常寫在回收廢紙上的故事。

第一章 在中亞的十字路口上

——樓蘭王國

一九〇一年一月下旬，在斯坦因到達尼雅遺址之前，他的駝夫給了他兩塊寫著字的木板。斯坦因「喜出望外」的辨識出木板上所寫的是佉盧文（kharoshthi script），這種文字在西元三、四世紀用來書寫梵語，以及與梵語有親緣關係的其他印度方言。[1]本頁所示就是其中一件文書：這是歷史窖藏的一部分，證明絲路在傳遞語言、文化與宗教上扮演極為重要的角

絲路文化交流的文書證據

這件木製文書代表一套全新的書寫技術，這套技術在西元二百年左右，由北阿富汗和巴基斯坦的移民引介給中國西北地區的住民，當時他們還沒有自己的書寫系統。他們利用兩塊木板做出一個底座（如圖所示），並在其上加一個滑蓋，可以如抽屜般關上，以保護文字內容。這些木牘以他們家鄉的佉盧文字書寫，內容包括契約、王室命令、書信，以及法律糾紛的裁決，使我們得以重構背景截然不同的族群早期相遇的景況。左側上下顛倒的標籤標明了日期和發現木牘的遺址名稱——尼雅 | 大英圖書館董事會（the Board of the British Library）提供

色，因此本書以這塊木牘的發現地，失落的古城尼雅作爲開頭。

根據尼雅和其他鄰近遺址所發現的木牘，證實有一個沿著絲路南道綿延八百公里的小型綠洲王國的存在，王國西起尼雅遺址，東至羅布泊鹽湖。這個「樓蘭王國」興盛於西元二〇〇至四〇〇年左右，當地居民說的是一種未曾被寫下來而且已經完全失傳的語言（除了外來者記錄了一些當地人的名字）。

多虧一群來自西邊山脈那頭的移民，我們才能夠聽聞有關這些人的事蹟。這些移民擁有一套書寫系統——佉盧文，他們用佉盧文記錄土地契約、糾紛、官方事務，以及數以千計的其他重要事件。佉盧文是解開樓蘭文明的一把鑰匙，特別是尼雅這個失落之城和位於沙漠更深處的另一處遺址「樓蘭」。前者是大多數文書的發現地點，後者有段時期曾是樓蘭王國的首都。在這些古文書之外，還有一些珍貴的漢代漢文文本，它們共同揭示樓蘭王國與中國早期王朝之間的關係。

這群移民來自犍陀羅地區，相當於今日的阿富汗和巴基斯坦。他們書寫在木牘上的文字，是西元二世紀晚期絲路上存在持續性文化交流的第一項力證。這些移民將這個王國取名爲：Kroraina；漢名爲「鄯善」。大約在西元二〇〇年，移民似乎以每批百人上下的小規模一批批到達。他們顯然選擇同化於當地人之中，而且並未試圖征服當地居民或推翻樓蘭王國。避難者與當地居民通婚，引入了他們的文字，受僱爲書手，並且教當地官員如何製作木牘。移民還從印度帶來佛法，但他們對佛法的詮釋遠比佛教教理規定的更具彈性。這些早期佛教徒不僅結婚，而且還在家中與家人同住。

樓蘭王國涵蓋中國境內一塊荒無人跡的地區，也是過去的核子試爆區，除了專業考古學家之外，幾乎所有人都禁止進入。然而，這個偏遠地區早在西元前四千年就有人居住，到了漢代（西元前二〇六—西元二二〇年）更是幾個綠洲國家的所在。漢朝有時駐軍在此，施行一種斷斷續續的控制。

斯坦因在尼雅的發現證實了他的觀點：中國的突厥斯坦（這是他和同時代人稱呼今日新疆的用語）「實爲早期印度、中國以及希臘化西亞文明之間的交流通道」。[2]當斯坦因於一八九七年首次向英屬印度政府申請經費補助時，他承諾能找到古代文化交流的有形證據。埋藏在尼雅沙土中的這些木牘正是他所期待的證物。

樓蘭與英國的面積差不多，不過在斯坦因造訪時當地幾乎是一片荒地。只有水源來自崑崙山冰川融化、向北匯聚的河床沿岸才有農業。我們所知關於樓蘭的一切均來自兩個有文書出土的重要遺址——尼雅和樓蘭，以及另外兩個保存藝術品和紡織品的遺址——米蘭與營盤。這些地點都位於沙漠深處，除非騎乘駱駝或開四輪傳動吉普車，否則無法到達。由於沙漠面積已經擴大，今天這些遺址皆位於繞行塔克拉瑪干沙漠南緣的現代高速公路以北八十至一百六十公里處。

古樓蘭王國肯定是地球上最難到達的地方之一，不過僅相隔數月，赫定和斯坦因卻先後抵達此地。一九〇〇年三月，赫定沿著如孔雀羽毛般湛藍的清澈孔雀河前進。[3]他從羅布泊往西，在繼續旅程之前曾花一天時間調查樓蘭。

幾個月後，斯坦因從于闐出發，於一九〇一年一月首次造訪尼雅；一九〇六年他再次回到尼雅，而且去到了樓蘭。即使後來的調查，特別是一九九〇年代的中日聯合調查隊等都獲得重要發現，不過在這些初期調查中，赫定和斯坦因已經發掘出此地區最大量的文物和文書。[4]

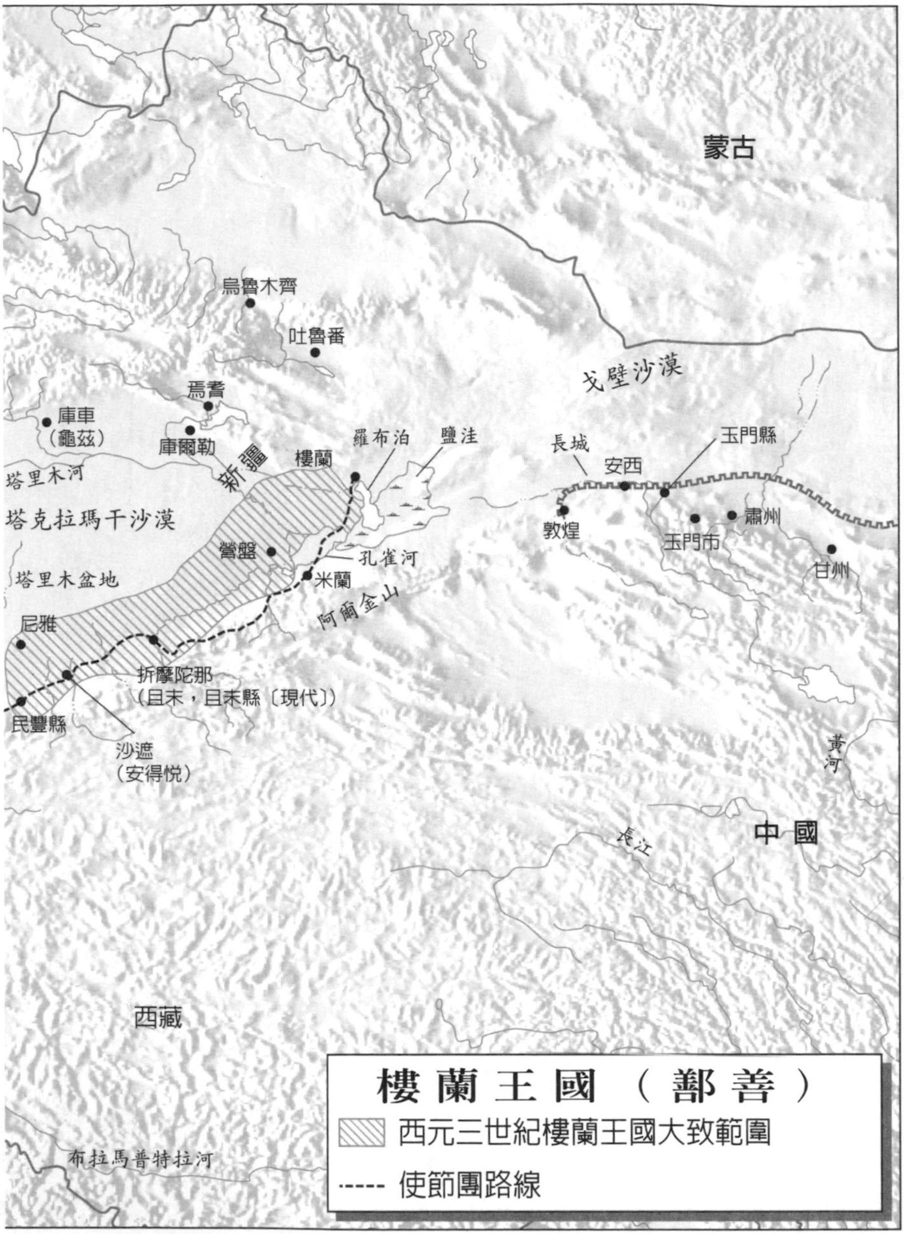
蒙古
烏魯木齊
吐魯番
戈壁沙漠
焉耆
庫車
（龜茲）
庫爾勒
羅布泊
鹽注
樓蘭
新疆
長城
安西
玉門縣
塔里木河
塔克拉瑪干沙漠
敦煌
肅州
玉門市
營盤
孔雀河
米蘭
甘州
塔里木盆地
阿爾金山
尼雅
折摩陀那
（且末，且末縣〔現代〕）
民豐縣
沙遮
（安得悅）
黃河
長江
中國
西藏
布拉馬普特拉河
樓蘭王國（鄯善）
西元三世紀樓蘭王國大致範圍
使節團路線

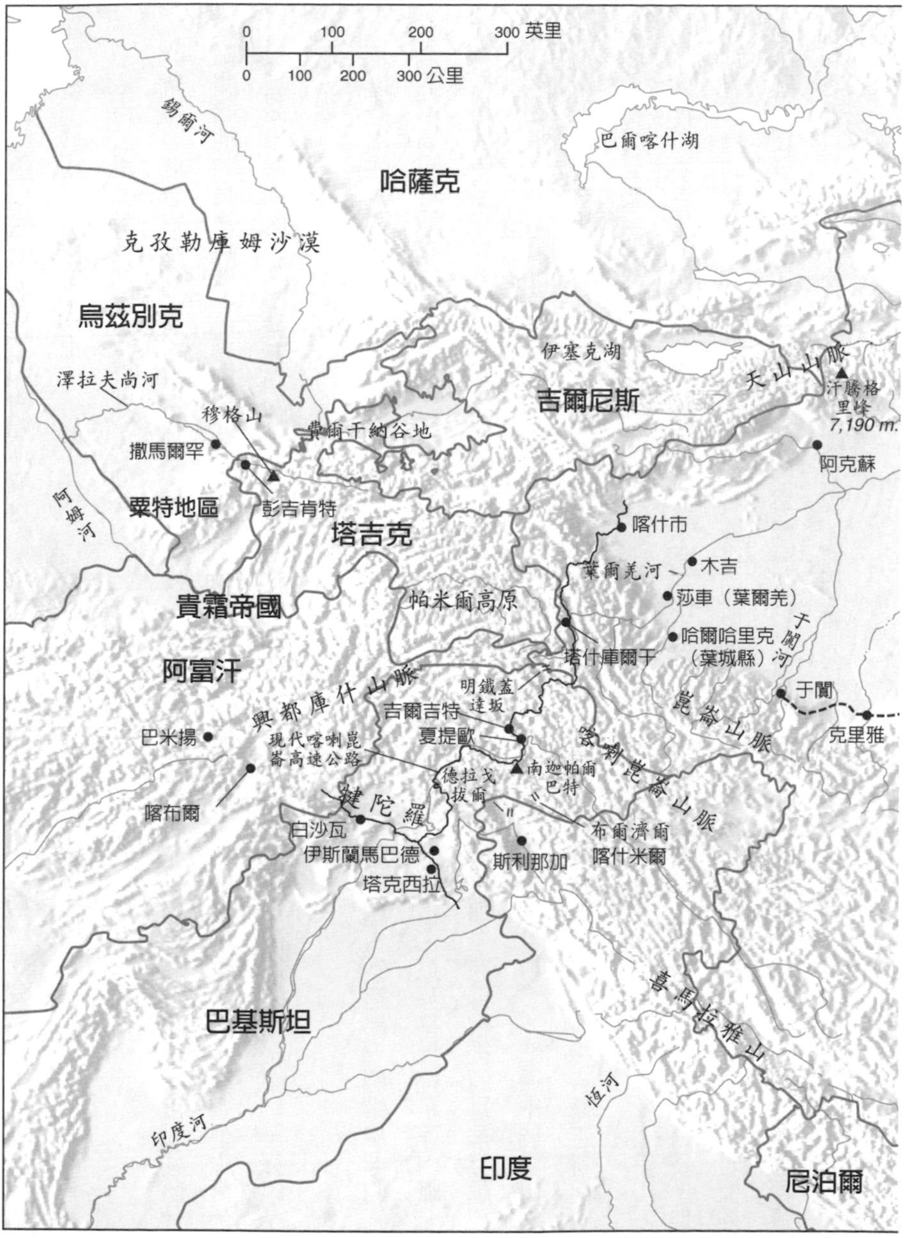
0 100 200 300 英里
0 100 200 300 公里
錫爾河
巴爾喀什湖
哈薩克
克孜勒庫姆沙漠
烏茲別克
伊塞克湖
天山山脈
汗騰格里峰
7,190 m.
澤拉夫尚河
穆格山
費爾干納谷地
吉爾尼斯
撒馬爾罕
阿克蘇
阿姆河
粟特地區
彭吉肯特
塔吉克
喀什市
葉爾羌河
木吉
貴霜帝國
帕米爾高原
莎車（葉爾羌）
于闐河
塔什庫爾干
哈爾哈里克（葉城縣）
阿富汗
明鐵蓋達坂
興都庫什山脈
于闐
崑崙山脈
克里雅
吉爾吉特
巴米揚
現代喀喇崑崙高速公路
夏提歐
喀喇崑崙山脈
南迦帕爾巴特
德拉戈拔爾
喀布爾
犍陀羅
白沙瓦
布爾濟爾
伊斯蘭馬巴德
斯利那加
喀什米爾
塔克西拉
巴基斯坦
喜馬拉雅山
恆河
印度河
印度
尼泊爾

斯坦因提出最耐人尋味的問題：成百、或許上千的犍陀羅地區（包括位在今日巴基斯坦和阿富汗的當代城市，如：巴米揚、吉爾吉特、白沙瓦、塔克西拉和喀布爾）居民，究竟如何旅行將近一千六百公里並越過地球上最高的山間隘口？

斯坦因沿著約兩千年前移民走過的相同路線，從印度到塔克拉瑪干沙漠地區。他從印度城鎮喀什米爾開始他的長途跋涉。從那兒，他越過世界屋脊帕米爾山結——一個聚集了超過三十座七千六百公尺以上高山的地區，其中包括凶險的南迦帕爾巴特峰，它是地球上高度增加最快的山岳之一，每年升高七公釐。5

這些山脈大約於五千萬年前形成，當印度大陸與歐亞大陸板塊互相碰撞，創造出一個螺旋形的龐大山系，以順時針方向輻射出喀喇崑崙山，興都庫什山，帕米爾山，崑崙山，以及喜馬拉雅等山脈。斯坦因走了一條英國人十年前才剛打通的新路線穿越吉爾吉特。他算準了在雪融後的夏季穿越德拉戈拔爾隘口（三千六百四十二公尺）和布爾濟爾隘口（四千一百六十一公尺）。通過兩個隘口之後，斯坦因沿著印度河通過齊拉斯，在那裡他看到高聳的南迦帕爾巴特峰。從印度河接吉爾吉特河，吉爾吉特河又接罕薩河河谷。

此行並不容易。斯坦因及其隨行者必須走在險惡的小徑，穿越冰河上方數百呎高的陡峭河谷。他們踏著人造的支撐物，一寸一寸地沿著岩壁表面前進。這些人造支撐物稱爲rafik，是以樹枝和岩板插進山壁的裂縫所組成。他僱用挑夫，因爲沒有任何馱獸能順利通過這些曲折的小徑。在跨過明鐵蓋達坂（四千六百二十九公尺）進入中國之後，他們往北行至喀什，再前往和闐，然後是尼雅。

在喀喇崑崙公路吉爾吉特段的部分地區，仍然可以看到古代旅人在岩壁上留下的圖畫和刻字。旅客往往必須停留幾個月，方可繼續上路；以斯坦因為例，他們必須等積雪在夏季融化，但是又只能在比較涼爽的冬季穿越沙漠路線。滯留期間，旅人用鋒利的工具或石頭磨去岩石表面的金屬增生物，然後直接在岩石表面刻下簡短訊息或簡單塗鴉。[6]斯坦因注意到沿路所見的岩畫，不過直到一九七九年連接中國與巴基斯坦的喀喇崑崙公路竣工後，世人才得以看見前人留下的痕跡。從那時起，有一隊學者開始轉寫並拍攝沿途超過五千處的刻文和圖畫。[7]

喀喇崑崙隘口第一個可辨識的圖畫繪於西元一至三世紀，呈現一個帶有階梯可拾級而上的圓形墳丘，稱為「窣堵波」（stupa）。佛陀大約在西元前四〇〇年去世，其追隨者順時針繞行埋有其舍利的墳丘。經過數百年，這些墳丘改變了形狀，變得更高，更像圓柱，最終在中國和日本演變成「塔」（pagoda）。早期佛教藝術不呈現佛陀的形象，不過西元七、八世紀的繪畫則描繪佛陀一生中各種不同的場景，以及其他的佛和菩薩。菩薩被認為在達到涅槃後又返回世間，以幫助其他的佛教徒。追隨伊朗先知瑣羅亞斯德的祆教徒則留下拜火祭壇的圖像。

早期旅人還以兩種印度文字留下訊息和塗鴉：大約有一千處是佉盧文（即尼雅使用的文字）；還有四千處是婆羅米文（Brahmi），它於西元四〇〇年左右，在整個中亞地區取代了佉盧文。佉盧文的使用表示有許多旅人來自犍陀羅。[8]自從西元前四世紀馬其頓的亞歷山大（Alexander of Macedon）征服了犍陀羅地區，它便成為一個匯集來自希臘、印度和東亞人群的國際聚居地。

一系列近年在阿富汗出土、以佉盧文書寫犍陀羅語的文書顯示，佛教的「法藏部」（Dharmaguptaka）曾在西元一世紀早期活躍於此。[9]

喀喇崑崙隘口的石刻雖然數以千計，可是大部分都制式得令人沮喪。絕大多數只說「某甲的兒子，某乙，到此」，要不然就是這句話的佛教式變體，「某乙，某甲的兒子，頂禮。」[10] 有些刻寫者記錄在位國王的名字，但這些地區性統治者全都不爲人所知。因此學者只能透過分析某些字母的形貌進行定年，但這方法無法提供準確資訊，目前已知這些石刻的繪製介於西元一至八

喀喇崑崙公路上的佛教塗鴉

這個石刻矗立在霍德爾鎮附近一廣闊礫石原上，位於巴基斯坦吉爾吉特—巴爾蒂斯坦省的印度河上游北岸。它描繪一個佛教的墳丘，或稱「窣堵波」，兩側有佛像。這是喀喇崑崙公路上較晚期的圖像之一，約介於西元六至八世紀。在其右側，可以看到往返中國與今日巴基斯坦之間的旅人留下的塗鴉 | 海德堡科學院岩畫藝術檔案（Rock Art Archive, Heidelberg Academy of Sciences）提供

世紀之間。[11]

此外，從齊拉斯往下游約五十公里處的夏提歐遺址，有五百五十個以粟特語記錄的石刻，也就是撒馬爾罕居民所使用的語言。其中一則石刻寫道：「我，Narisaf之子Nanai-vandak在第十天來到此地，並向聖地K'rt的神靈祈求恩惠……願我能更迅速地到達塔什庫爾干，快樂地見到我的兄弟身體安康。」[12]這段文字是吉爾吉特公路沿線少數描述旅人目的地的刻文之一，刻文中的塔什庫爾干是喀什西邊的山城堡壘，旅人由此進入新疆。僅少部分石刻以其他伊朗語、漢語或藏語記載。還有一件石刻以希伯來文記錄兩個男子的名字，證明猶太商人也曾使用喀喇崑崙公路。[13]

斯坦因確信，那些於西元二、三世紀旅行到樓蘭的印度移民是沿著與他相同的路線——沿著印度河、吉爾吉特河與罕薩河——穿越山嶺。在罕薩河的盡頭，有幾條通往新疆的路線可供選擇。[14]石刻專家傑森・內里斯（Jason Neelis）稱這些路線爲「微血管路線」（capillary routes），藉以說明這個由主要道路（就像靜脈與動脈）與旁支路徑（如微血管）組成的複雜網絡，穿越連綿山脈直抵新疆。十九世紀末和二十世紀初，旅人通常由明鐵蓋達坂進入中國，就像斯坦因，但今日的旅人走喀喇崑崙公路，越過紅其拉甫山口往東南進入中國。

現存石刻並未透露移民們離開犍陀羅的原因。當時正值貴霜帝國衰微之際。貴霜人於西元四〇至二六〇年間統治印度北方大部分地區（包括今日的巴基斯坦和阿富汗），其統治在西元二世紀初偉大的迦膩色迦在位期間（Kanishka，約西元一二〇—一四六年）臻於頂峰。[15]撰寫於西元五世紀中葉的東漢正史，記錄貴霜帝國數次派兵進入新疆。[16]書中記載，西元九〇年，貴霜統治者派出七萬兵力至西域。雖然這龐大的數字不可盡信，但是貴霜王朝顯然有實力派兵至新疆西部。

大部分中文紀錄很少談論這些來自印度的移民，不過一位印度裔佛教導師支謙的傳記解釋道：「大月支人也（即貴霜帝國）。祖父法度，以漢靈帝世（西元一六八—一八九年），率國人數百歸化。拜率善中郎將。」[17]

講犍陀羅語的尼雅居民來自巴基斯坦和阿富汗的結論與中國正史的記載明顯相左。中國正史記載貴霜人（漢語稱之為「月氏」）原居甘肅，接近敦煌一帶，西元前一七五年左右，匈奴興起，迫使他們放棄在中國的故土，向西遷徙。根據正史，大月氏為五個游牧民族之一，後來在西元二十三年成立貴霜帝國。[18]我們有許多很好的理由懷疑正史中月氏從甘肅西遷的說法。首先，正史編纂於東漢滅亡數世紀之後，編纂者記錄的是漢人對夷狄的傳統看法與傳說。他們幾乎總是毫無根據的將中國故土歸給外國民族，包括匈奴、日本，以及最不具說服力的大秦（一個遠在已知世界最西邊、謎樣般的帝國）。最後也最具信服力的理由是，沒有任何考古證據支持正史所記載的族群遷徙。[19]

最可能的解釋其實是最簡單的：多個游牧民族在西元前三至前二世紀橫越了廣袤的領土，不過我們不能相信生長於三個世紀後的中國觀察者能夠精確記錄這些遷徙。雖然中國人給月氏安了個中國故鄉，不過我們只能確定西元前一三八年，月氏人曾經到過大夏（中阿富汗北部，介於興都庫什和烏滸水〔今阿姆河〕之間的土地，都城在巴爾赫），因為張騫就是在那裡遇見他們的。有關他們更早期遷徙的任何主張都僅止於推論。

依循與古代移民相同的艱辛路線穿過重重山嶺，斯坦因終於進入新疆。他造訪一連串綠洲城鎮：

葉爾羌（今莎車）、和闐、克里雅（今木尕拉鎮）和尼雅。這些城鎮如項鍊上的珠子沿著塔克拉瑪干沙漠南緣串起，彼此大多相距一天的路程。旅人必須爲這些更長的旅程預備足夠的水和補給。在克里雅，有位「受人敬重的長者」農夫阿卜杜拉（Abdullah）告訴斯坦因，他曾在沙漠中看到古代遺跡。尼雅遺跡在尼雅鎮北方一百二十公里，現在稱爲民豐，位於今天和闐至民豐的公路上。斯坦因到達民豐時，他的駝夫遇到一位「積極進取的年輕村民」，名叫易卜拉辛（Ibrahim），試圖兜售本章開頭照片中的那件佉盧文木牘給斯坦因。

斯坦因立即僱用易卜拉辛，帶領他的工作隊沿尼雅河往北前進到最後一個有人煙的村莊。當地有一個禮拜所，用來禮敬一位穆斯林導師賈法爾．薩迪克（Jafar Sadik）伊瑪目。河流終止於此。斯坦因和他的隊員沿著乾涸的河床往北又走了三十九公里才抵達尼雅古遺址。該遺址由許多倒臥沙中的木頭房舍廢墟和一座佛教磚塔（或日窣堵波）構成，參見彩圖6。

斯坦因不厭其詳的記錄他對遺址的第一印象：

> 乾枯的古代果樹樹幹從低處的沙中伸出。向北走不到兩英里，很快我就看見頭兩間「老房子」，立在一些初看像是升起的小高原上，但仔細觀察證明只是未被侵蝕的原始黃土……
>
> 再繼續往北前行大約兩英里，越過寬廣的隆起沙丘，我來到阿卜杜拉在克里雅提到的那個以曬乾磚頭建造的建築廢墟……如我所料，它是一個小窣堵波的遺跡，大部分掩埋在一個高聳錐形沙丘的斜坡之下……

當我第一晚在這些作爲沉默見證者的古代居所裡就寢時，整個腦袋都想著，還有多少易卜拉辛聲稱他在一年前「探險」時丟著不理的珍貴木頭文書等著被發現。

文明相互關連的直接證據吸引斯坦因前後四次造訪古尼雅遺址：一九〇一年待了十五天、一九〇六年十一天、一九一六年五天、一九三一年一星期。每次都挖掘出新的房舍、佛教遺跡，還有木牘。

第四次探險考察不像前三次那樣順利。[20]到了一九三〇年代，中國當局立法規定唯有外國人與中國人共同合作進行的發掘，才能將文物運離中國。斯坦因一直以來與英國當局密切合作，他以爲自己已經獲得在新疆挖掘的許可，但是當他抵達喀什，地方政府卻派守衛確保他不能帶走任何東西。到了尼雅，斯坦因在遺址四處遊走，試圖分散守衛的注意力，而他的助手阿卜度·加法爾（Abdul Ghafar）則暗中尋找古文書。當他們回到喀什，斯坦因已經設法收集了一百五十九包資料。

然而，他的探險考察失敗了：中國當局不允許斯坦因運走任何東西，這批文物也從此失蹤。探險考察僅存的收穫是斯坦因鉅細靡遺的筆記與照片。滿腹惆悵的斯坦因從喀什寫信給朋友珀西·斯塔福德·阿倫（Percy Stafford Allen）：「我最後一次向那鍾愛的古代遺址告別，在那裡我可以接觸到已消逝的過去更甚於其他地方。」[21]

斯坦因早在第一次抵達該遺址之前，就知道若要利用中國正史豐富的地理資訊，必須先找出該遺址的古代漢文地名。《漢書》和《後漢書》提供對西北地區所有王國的概要說明：他們距首都有多遠、他們的居民組成（總戶數、人口，以及有武裝者〔按：勝兵〕），還有他們的歷史概述。主管西域的漢代官員——「西域都護」（約西元前六〇年成立，西元一六年解散）——將這些資訊提供給朝廷史官。[22]

一個世紀後，史官運用這些資訊描述西北各綠洲王國。[23]他們寫道：鄯善王國（樓蘭當時的漢文名稱）距西漢首都長安六千一百里（約兩千五百公里）。[24]從樓蘭到長安的實際距離是一千七百九十三公里。正史的紀錄可能是以動物一天行走距離爲基本單位，然後乘以到達目的地的天數。這些距離並不準確，可是他們確實指出各綠洲王國間的相對位置。

一九〇一年，斯坦因發現一個刻有「詔鄯善王」的木頭印章，意爲「鄯善國王敕令」，是由漢代或之後的朝代賜給與他們有外交關係的地方統治者。[25]斯坦因認爲尼雅規模太小，不可能作爲鄯善首都。他在該地只發掘約五十處居住遺址。（根據斯坦因的編號系統，「N.xiv.i.1」中N指尼雅，之後數字依序是第十四號房子、第一室、室中發現的第一件物品，不管是文物或文書。）在那之後，考古學家又發掘另外百餘間房屋遺址，但比起正史提到的一千五百七十戶、一萬四千一百人，還是少得太多。在一九二一年出版的《西域考古圖記》（*Serindia*）中，斯坦因認爲尼雅古遺址是精絕王國所在，據史書記載有四百八十戶、三千三百六十人。[26]這樣的數字對尼雅而言還是過大。有人說有更多房舍仍埋在沙漠底下尚未被發現，但也可能是漢代對西北遠方王國的人口數字掌握不準確。

大多數學者接受斯坦因將尼雅視爲精絕的看法，但他認爲樓蘭考古遺址是鄯善國首都的觀點仍有爭議。與尼雅一樣，樓蘭遺址有一座磚造窣堵波、木構房舍殘遺，和一些犍陀羅風格的木雕。樓蘭是Kroraina的中文音譯轉寫，在佉盧文文書中指稱王國及其首都。[27]

《漢書》記載，自西元前一〇八年起，漢朝有時派軍攻打樓蘭，不過從不曾征服這個城市——它是一個名稱也叫「樓蘭」的小王國的首都。數十年間，樓蘭的統治者曾藉著將王子送到漢朝與匈奴（位於今日蒙古地區）做質子（royal hostages），試圖與這兩個敵對國家保持友好關係。

此計於西元前七七年終告失敗，因爲當時樓蘭國王的兄弟告訴漢朝官員，其實國王比較擁護匈奴。中國派遣一名使者，先是假裝友好，然後邀請國王到自己的帳篷，將其殺害。漢朝軍隊於是入侵樓蘭，中國將此王國改名「鄯善」。漢朝爲鄯善在安得悅（Endere，今若羌）*建立了新的首都，並派駐官員於樓蘭，負責監督所有漢朝的西域活動。[28]

根據史籍記載，樓蘭從西元前七七年開始被占領了五個多世紀，但出土文物當中鮮少看見長時間占領的證據。有關中國人在此活動的最直接證據是新鑄貨幣，它們極有可能來自樓蘭外的中國駐軍。斯坦因發現兩百一十一個方孔圓錢均勻地分布在面積約二十七公尺長、約一公尺寬的範圍內。[29]這些銅錢是介於西元前八六至西元前一年、明顯新鑄成的「五銖」錢（銖是古代的重量單位）。[30]斯坦因解釋道：

> 這些錢幣顯然是某個商隊遺落的，此商隊正是朝著我認爲古代路線所在之方向移動。它們一定是從繫著的繩子上鬆脫，在不注意的情況下，從袋子或箱子的開口一一掉落。裝載錢幣的駱駝或車子行進時的前後搖晃，充分解釋了爲什麼沿途掉落的錢幣散布於上述的寬度範圍。[31]

在距離最後一枚錢幣掉落處約四十五公尺外，斯坦因的一名工人發現一堆未曾使用過的箭鏃。這些箭鏃肯定和五銖錢同屬一批軍用物資。錢幣和箭鏃同時出現的巧合表示：在漢代，士兵薪餉是一個地區新鑄錢幣的主要來源。[32]

一部分尼雅出土的漢文文書（可能也來自此一早期階段）顯示非軍職的漢人也曾出現在此地。除了一個長十七公尺、寬十二・五公尺的寬敞大廳，十四號房舍還有兩個房間。[33]

斯坦因的工人在大廳發掘一個廢物堆，並在其中發現十一件雙面皆寫著漢字的木牘，其中八件的文字清晰可辨。每件都記錄發信者和收受者的姓名——國王、他的母親、他的妻子，王位繼承人，以及一位朝臣。[34]譬如，其中一份木牘的正面寫道：「臣承德叩頭謹以玫瑰再拜致問」，而背面的收件人名稱則是「大王」。[35]這些標籤顯示，西元一世紀早期曾有中國顧問造訪或住在精絕王國，教導當地統治者將木牘繫在禮物上。其中三件來自十四號房舍的木牘，使用篡位者王莽（西元九至二三年在位）時代的特有語言。王莽創立介於前後漢之間的新朝一共延續了十四年。[36]其他幾件出自尼雅十四號房舍廢物堆的漢文文書還提及使節：「大宛王使坐次左大月氏。」[37]這些文書皆說明中國在西元前後期間必定有某種類型的前哨站設於尼雅。

根據中國法律，每當旅人到達境內一個新的地方時，必須出示他的旅行證件「過所」給當地官員，以查驗此人是否爲文件上所登錄的人。在尼雅出土的西元三世紀旅行證件除了記錄旅人是否爲自

＊譯註：有誤，若羌不在這裡。Endere在民豐，數百公里外的Carkhlik才是若羌。

由人，也描述旅人的外貌特徵，並載明其目的地。譬如其中一份過所描述某三十歲的旅人：「中人，黑色，大目，有髭鬚。」證件上還列出旅人的行程，他們必須依照預定的路線旅行。其中兩件木牘指示官員在旅人遺失旅行證件時該怎麼辦，不過文件沒有透露當地官員發現這類問題時的實際作爲。邊境官員是否會重發一張新的旅行證件？或是他們會懲罰這些犯錯的商人？無論如何，在尼雅的中國官員顯然瞭解有關旅行證件的現行規定。38

評估這個時期中國在該區域的勢力，對今天的中國有相當直接的政治意涵。中國政府統治新疆的合法性一部分在於歷史上的漢朝曾控制該區域。不過如果當地統治者如現存文書所顯示，在很大程度上是獨立的，只是招待中國駐軍和接待偶爾來訪的顧問或使者的話，這種說法似乎站不住腳。

尼雅十四號房址的木牘雖然揭示著西元元年前後中國人的出現，但它們鮮少透露此處居民的生活狀況。幸好我們有實物證據得以補充這些早期中國文書之不足。尼雅的古代居民組合數根木樑作爲房屋基礎，他們將地樑開出凹槽，插入垂直的柱子，以便築牆。然後用草和席子塡實牆壁以防風。他們亦於橫樑上建造屋頂。房屋的規模從僅有一室的小房舍，到有多個房間、牆壁長逾五公尺的大宅邸都有。斯坦因和赫定在尼雅和樓蘭還發現一些精緻雕刻，設計上與犍陀羅地區的木製文物相合，證實其製造者是從巴基斯坦和阿富汗來到新疆的人。

尼雅和樓蘭極度乾燥的氣候保存了約一百具古居民的乾屍。斯坦因在樓蘭發現其中一具有著「金色頭髮」，另一具則有「紅色髭鬚」。他和赫定都覺得這些乾屍看起來既不像中國人，也不像印度人。所有後來的發掘者都驚嘆於屍體保存之完好：他們的淺色皮膚、金色頭髮、將近一・八公尺的身高顯示他們是高加索種人（Caucasoid）。樓蘭王國的原始居民似乎和其他許多住在中亞的民族一樣，最初來自伊朗高原某處。[39]

尼雅和樓蘭的墓葬可以告訴我們許多關於墓主的生活狀況，因爲他們帶著自己最珍貴的物品前往死後世界。一九五九年一支新疆博物館組成的十人考古隊騎著駱駝（因缺乏沙漠交通工具）進入沙漠，走了七天才到達他們發現墳墓的遺址。他們找到一巨大棺木，長二公尺，有四根木腳，定年於西元二至四世紀之間。[40]這座棺木裝著一男一女

尼雅二十六號房屋遺址

一九〇六年，在斯坦因完成尼雅二十六號房址的發掘後，他要求工人們把支撐主屋屋頂的雙層木支架放在柱子上，以便拍照。雕刻木架是典型的犍陀羅風格，中央是帶著水果和花卉的花瓶，還有一隻帶翅膀的神話動物，牠有著龍的頭和馬的身體。這座支架長二．七四公尺、寬〇．四六公尺，尺寸過大無法搬運。斯坦因的工人於是將其鋸成多塊並將內部掏空，以便載運至倫敦｜大英圖書館董事會提供

的屍體以及兩根攜帶兩人所有物的木棍。†該男子帶了一把弓和裝在箭筒中的四支箭，女子有一個化妝盒、梳子和其他女性美容用品。雖然墓主夫婦的衣服與皮膚接觸部分都已腐爛，考古學家仍設法從超過十件以上的織品中復原了一些殘件，其中有棉質也有絲質。兩種織品的存在證明尼雅位於連接中國與西方長程陸路路線的中途。

養蠶和繅絲的知識源於中國本土，之後西傳，棉花則是自西亞往東傳至尼雅。這件和另一件紮染的棉織品殘片是迄今中國出土最早的棉織品。[41]一部中國類書記載大宛（位於烏茲別克東部）國王在西元三三一年將棉布和玻璃送給中國北方的一位統

尼雅的棉織品

一件出自墓葬的獨特印花棉織品上面有棋盤形格紋、中國式龍紋、一個手持豐饒之角（cornucopia）的女神，以及一隻身體被截去、僅存尾巴和雙爪的動物。龍的母題明顯源自中國，而旁邊的女神「圖珂」（Tyche）是希臘的城市守護神，經常出現在阿富汗的藝術當中。因為圖珂常與大力神海克力斯（Hercules）相搭配，因此殘存爪子與尾巴的動物圖案很可能是海克力斯的獅子。

治者，證實棉花是從西方引進。[42]

尼雅遺址也利用桑樹（蠶的主要食物）生產蠶繭和種子。居民知道如何紡絲線與製作簡單的平紋編織（tabby weave，一條線在上，一在下，如編籃子），但他們沒有製作棺木中所發現精美織錦所需的複雜紡織機。一九五九年出土的文物包括男人的手套和襪子，以及雙人用枕頭，全都裁自同一匹布。其花紋設計織進了七個漢字「延年益壽宜子孫」，意爲「增加壽命，延長年歲，多子多孫」。這兩個目標，長壽和多子孫，可追溯到中國最早期的歷史。這些織品（與帕米拉發現的一件織錦極爲相似）很顯然是中國製造，和它們一起出土的一面銅鏡也是。鏡緣寫著鼓勵墓主的四個字：「君宜高官。」[43]雖然不確定墓主夫婦能否讀漢字，但將帶有銘文的織品與銅鏡擺放在棺木內，說明了它們是珍貴的物品。

一九九五年的尼雅考察又發掘了八個墓葬，其中有三具長方形棺木，五具船形棺木。後者是將白楊樹燒過後，挖空內部而成。最大墓（M3）中的棺木內有男女乾屍各一，保存得極爲完好（彩圖7）。就像一九五九年發現的墓葬，這個墓葬的性別角色也很明顯。男子陪葬品有弓與箭、一把小匕首、一具刀鞘；他的妻子則是一個化妝盒、一面中國製作的銅鏡、梳子、一根針、一小匹布。有幾道刀痕從男人的耳朵延伸到脖子，此傷口導致其死亡。他的妻子則毫髮無損，表示她是遭窒息而死，以便能在同一時間卜葬。這對夫妻躺在一件單層的藍色織錦下，織錦上有紅、白、棕色的舞者圖案。墓

† 譯注：依照原考古報告，並無木棍，僅有兩隻木叉，且用途不明。

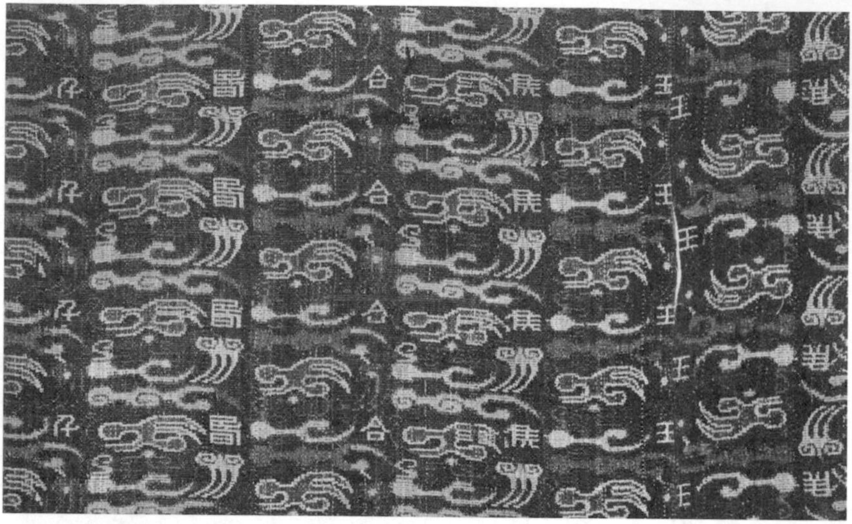

尼雅的中國絲綢

巧妙織入這塊布中的漢字為：「王侯合昏千秋萬歲宜子孫。」（按：「昏」即古「婚」字）這是尼雅一處墓葬所發現三十七件織品之一，使這個墓葬成為絲路上最重要的發現之一｜王炳華提供

主皆穿著整套服裝。

一個年代稍晚、編號M8的墓中也有一對死去的夫妻，陪葬的是一些帶有漢字的織品，以及一個簡單的「王」字陶器。[44] M3和M8織品上「王」和「侯」字的使用，表示它們是中國王朝給當地國王的贈禮。據《後漢書》記載，西元四八年之後鄯善國「合併」了精絕國。[45] 於是精絕首都尼雅也成爲鄯善的一部分。

一座出自營盤遺址（樓蘭的西南方）的同時期墓葬，與尼雅的墓葬形成鮮明對比，因爲墓中的屍體裹著毛織品下葬，而非綿或絲織品。[46] 男性墓主穿著紅色的羊毛長袍，上面有由成雙成對的石榴樹、動物和人物構成的精美設計。赤裸的天使般人物揮舞著劍和套索，呈戰鬥姿態彼此相對。這件織品有兩層交織的結構，過於複雜，大概不是出自當地織工之手，比較可能出自位在遙遠西方的大夏，當地工匠修改了希臘羅馬母題。這種母題在西元前四世紀，由亞歷山大的軍隊首次引入到此地區。[47]考古學者曾推測這位衣著華美的墓主可能的身分。新疆文物考古研究所前所長王炳華主張，他可能是正史提到的另一個小綠洲王國——山國——的統治者，其東南邊界與鄯善國接壤。[48]

無論尼雅M3墓葬或營盤墓葬的墓主是否爲當地國王（此推測可能性最高），他們肯定是這些聚落中最富有的人，而且他們的墓葬提供一幅關於地方經濟的生動描繪。該區居民以穀物隨葬，例如小米、大麥、小麥，還有果園中的水果，像是葡萄、梨、桃、石榴和棗。他們視一整隻羊腿爲最上乘的款待，是死後盛宴中的主菜，進口織品製成的服裝是最適合來生的衣著。

多數研究者同意，來自尼雅、營盤、樓蘭遺址的物質證據，年代介於西元二至四世紀之間，但無

營盤墓葬

墓主埋葬於彩繪棺木中，戴著白色面具。面具是由層層麻布黏合而成，前額眼睛上方有一片長方形金箔。隨葬品中有兩套迷你服裝（於死後用？）：一套在他的左手腕處，另一套在他的肚子上。出自一九九五年發掘的M15號墓｜王炳華提供

法確定確切時間為何。相較之下，樓蘭文書證據的年代是清楚的：漢文和佉盧文文書都透露中國軍隊曾於西元三世紀後半和四世紀前期在樓蘭駐紮。

樓蘭出土的大部分漢文文書，年代介於西元二六三至二七二年之間，少數為三三〇年。[49]正好是鄯善國統治從尼雅到樓蘭整個地區的時間，同時也是幾個以北方為根據地的中國政權——主要是魏（西元二二〇—二六五年）和西晉（西元二六五—三一六年）——取代漢朝在樓蘭駐軍的時間。樓蘭出土約五十件佉盧文文書，但是卻有超過七百件漢文文書，都是木牘或碎紙片上的短文（通常不超過十個漢字）。[50]中國人經常在紙張上記錄私人交易，而駐軍官員傾向以木牘做紀錄，顯示一般人比政府官員更早使用紙張。[51]

承襲漢朝的做法，樓蘭駐軍隸屬於中國的軍事殖民系統，士兵在服役的同時必須種植糧食自給（按：即屯田制）。中國人僱用的士兵利用牛、馬一類的牲畜犁地耕耘，種植小麥、大麥和小米。他們不一定是中國人，中國軍隊也會在當地募兵。這些屯田士兵還引入農業技術，尤其是灌溉作物的技術。他們嘗試用牛拉的犁，而且使用新型的鐵鍬和鐮刀，這些都是這個地區最早使用的金屬工具。[52]

中國政府規定，每個士兵每天應配給穀物一斗兩升（約二·四公升），但當地官員並非總是能夠提供規定的數量，配額有時甚至只剩一半。[53]根據倖存文書的記載，當屯田士兵種的穀物不敷使用時，中國官員用錢幣和彩色絲織品向當地人民購買額外穀物。樓蘭駐軍從東方的軍隊獲得資金，形式為錢幣和絲，這些軍隊的根據地在甘肅的武威或敦煌。絲有不同的顏色，和長短兩種長度。斯坦因於一九〇一年在樓蘭發現的一匹平紋絲（如彩圖5A所示），是現存以絲作為貨幣的最早期證據。[54]

許多文書提供錢幣、染色絲、穀物三種不同類型貨幣的兌換比率。官員用絲爲自己的人員購買穀物和馬匹，士兵也以絲和穀物交換鞋子和衣服。他們經常換算不同貨幣之間的價格。[55]

樓蘭文書提到一些更大規模的交易。一件西元三三〇年的木牘報導粟特人（原居於撒馬爾罕地區的商人）獻給當局一萬石（每石約二分之一蒲式耳或二十公升）單位的某物（該字已佚，最可能是穀物），以及兩百錢錢幣。[56]雖然木牘背面有兩名中國官員的印緘，仍然無法解釋爲什麼粟特人要付這些款項。這若不是一筆稅款，就是粟特人持續提供糧食給中國軍隊的系列交易。另一殘件記錄了以三百一十九頭動物交換四千三百二十六匹染色絲的大筆付款。[57]看起來也是粟特商人給中國當局的付款，而且我們可以從斯坦因發現的兩件粟特語文書殘片看出此時的粟特人在樓蘭非常活躍。[58]之後幾個世紀，粟特人在供給中國軍隊方面扮演關鍵角色，其實他們很可能在西元四世紀早期已經開始這麼做了。

斯坦因和赫定在樓蘭發現的漢文文書只出自幾個地點。[59]即便如此，它們仍給人強烈的印象，彷彿樓蘭的交易僅涉及集體駐軍或個別士兵，他們以穀物、絲和錢幣與當地人民交換穀物、馬匹、衣服和鞋子。簡言之，地方的自給式經濟偶爾會提供中國駐軍一些當地生產的商品。任教於大阪教育大學的伊藤敏雄經過徹底調查後，總結表示這些文書沒有提及任何營利活動。[60]唯一的商業證據是粟特商人爲軍事當局工作，但這部分的證據非常片面。

相較於漢文文書，尼雅和樓蘭的佉盧文文書內容比較豐富，描繪更廣泛的社會層面，從最卑微的耕種者到統治者本人，包含一系列活動，其中不乏再平凡不過的世俗生活。我們因而得以一窺絲路沿線的生活，這是在漢文文書中看不到的。

有些佉盧文文書會記載現任國王的名字和年號，偶爾也會有他的前任或繼任者的名字。利用這些線索，一九二〇年愛德華・拉普遜（Edward J. Rapson）和他的夥伴畫出五位國王前後統治九十年左右的列表。然而，沒人知道這些國王確切的統治時間。一九四〇年，托馬斯・布羅（Thomas Burrow）全面翻譯了所有得以讀解的佉盧文文書，不過這些文書的年代依然未知。

一九六五年，約翰・布拉夫（John Brough）宣布他找到替佉盧文文書定年的關鍵線索：漢文官職「侍中」可對應佉盧文jitumgha一詞。西元二六三年，樓蘭王安歸迦（Amgoka）首次使用這個新的頭銜。他可能是從西晉（定都河南洛陽）獲得此一頭銜，這是西晉正式取代曹魏的前兩年。從這一年起稱呼統治者的形式也改變了：在安歸迦統治的前十七年當中，書信一律使用長串頭銜來稱呼王；自這一年之後，頭銜明顯縮短，並且包含jitumgha一字。[61]

西元二六三年是國王安歸迦統治的第十七年。一旦這個年度確認，就能依此訂出所有國王統治的曆年。後來布拉夫的原始年表被稍微拉長了，因爲後來發現的佉盧文文書還提到其他國王。[62]不是每個人都接受布拉夫的定年，但大家公認佉盧文文書的年代介於西元三世紀中葉到四世紀中葉之間，前後加減二十年。這與樓蘭發現的漢文文書（西元二六三—三三〇年）年代重疊。此外，由於佉盧文文書沒有提及特定的外部事件，不太可能得到更確切的定年。

當地居民缺乏自己的書寫系統，於是以佉盧文文字記錄發音相當奇特的當地人名。佉盧文文書中出現約一千個確定的人名，以及一百五十個外來借詞，它們顯示尼雅的當地語言既非漢語，也與來自犍陀羅的避難者說的語言完全不同。伯羅在一九三五年的著作中提出，尼雅的土著語言與一種在絲路北道使用的印歐語言——吐火羅語——有關，不過這個說法並未獲得廣泛接受，也沒引發進一步研究。[63]似乎早在移民抵達之前，當地的居民已經有自己的語言，但沒有書寫系統，這就是他們採用佉盧文字的原因。

統治者往往有類似Ly'ipeya這種來自本地語言的名字，許多書手的名字則源於梵語，如Buddhasena，意思是「主人為佛陀的人」。誠如今日常見的情況，名字不完全是分辨種族背景的可靠指標；移民父母有時的確會以新家鄉的文化為孩子命名。然而，辨識絲路沿線特定個人身分的唯一線索，往往就是他或她的名字。

在重建擁有較先進技術的犍陀羅人遷徙至尼雅的歷史時，有些人預期這批移民會推翻當地統治者，建立自己的國度。有趣的是，統治者和書手的名字顯示，雖然許多書手是犍陀羅人，不過統治者仍然是本地人。最可能的情況是，這些來自北印度的避難者，以不超過百人的小團體逐次遷徙而來。

佉盧文文書並未記錄第一批從印度遷徙而來的移民抵達時的情況。一位較晚的統治者指示當地官員接待避難者，「（他們）必須被照顧，彷彿他們是你自己人一樣。」他還規定避難者應當獲予土地、房屋和種子，「讓他們可以種出充足豐富的作物。」[64]並非所有避難者都這麼幸運，他們其中有的被分配給居民當奴隸。移民後來的際遇是重要訊息，它暗示犍陀羅移民在抵達時可能被如何處置。

避難者教當地人如何書寫他們的文字，以及如何把文書存放到檔案室。第一個檔案室是由斯坦因和一個叫茹思潭（Rustam）的人（斯坦因稱其為「我一九〇一年的老挖掘工中最有經驗、最可靠的一位」）於一九〇六年所發現。當時兩人回到二十四號房址的第八室去，斯坦因解釋道：

在第一次清理遺址時，我已留意到有一大團泥土或石膏在牆附近，就是裝著簡牘的袋子最靠近的那道牆。我下令不用翻動那團土塊，以爲這團土塊出現在那兒純屬意外。在我看著茹思潭熱切地用雙手挖進地面，就像我的獵狐㹴Dash在挖鼠穴時，他從土塊和牆之間，取出一件保存完好的雙層楔形木牘。我還來不及問任何問題，就又看到茹思潭得意洋洋地從地面下約十五公分處抽出一個完整的長方形文件，帶著原封不動的雙重封泥，封套也未開啓過。我們把這個孔洞挖大，看到朝向牆邊以及基礎橫木下方的空間，滿是層層緊密堆積的類似文書。顯然我們意外打開了一個隱藏的小檔案室。[65]

斯坦因覺得以一團泥土或石膏標記位置，表示原主人被迫匆忙離開村莊，但有日後返回的打算。單這一處就發現將近八十件文書，其中二十六件是「雙層長方形木牘」，封緘也保持完好。[66]斯坦因用這個詞指稱一種特定的文書類型：如同一個淺抽屜，上方木片插入底座的長方形木片，然後用繩子將兩塊木片綁在一起，加上封緘。

當地官員將這些文書存檔，要用時再取出。有一例說，一位僧人賣一塊土地給名爲Ramshotsa的男子，得到三匹馬。二十年後，有人侵占了Ramshotsa的土地，官員先查閱過去的木牘，以確認這塊土地確實屬於Ramshotsa。[67]尼雅一共發掘超過兩百件雙層長方形木牘，其中大多以兩造之中任一方違反交易條款將受到懲罰結尾，或者另外一種說法，強調其「效力有千年，終生不變」。[68]

佉盧文文書上的東西接觸

這件來自尼雅的木牘保存完好：上方的抽屜形木片插入下方木片，再以細繩沿著缺口綑綁上下木片，然後填入泥土將其封印。左側的封印是漢字，右側則是一個西方人面孔，很可能是希臘或羅馬的神祇，常見於犍陀羅印章。這些兩片一組的長方形木片，記錄各種不同類型的雙方財產交換：奴隸、牲畜和土地，還留下記錄交易的官員名字。

斯坦因懷疑不同形狀的文書有不同的使用目的，他假設第二種類型的文書「楔形木牘」專用於王室命令或決策。他發現近三百件這類型的文書。楔形文書包括兩塊大小相同的木片，長十八至三十八公分，寬三至六公分，將兩片面對面疊合，以繩子纏好，然後封緘。封印上繪有希臘眾神如雅典娜、愛羅斯、海克力斯，都是犍陀羅地區移民熟悉且崇拜了數世紀的神祇。[69]外側的木片有收件人名字，裡面則是國王的命令，大多遵循相同的開頭套語：

國王陛下寫道，他指示cozbo Tamjaka如下事項：[70]

此致cozbo Tamjaka。

這些官方命令來自樓蘭國王，對象是最高階的地方官員cozbo，相當於地方首長。[71]cozbo由一群階級較低的官員們輔佐，負責聽取並裁判地方爭端。

這塊楔形木牘署名給Tamjaka，他是Cadh’ota地區的cozbo，Cadh’ota是佉盧文文書中稱呼尼雅聚落的名稱。國王要求cozbo調查一則當地居民的投訴，他抱怨鄰近地區的士兵們偷了他的兩頭牛。他聲稱他們吃了其中一頭，歸還了另一頭。我們經常看到王室命令處理這類地方性事務。

如果國王要發布更爲急切的命令，他會寫在皮革上。這類文書只有少數留存下來。其他形狀的尼雅文書則用於私人信件或清單列表。在京都大學教授印度語言的日本學者赤松明彥提出，不同類型的佉盧文文書皆源自《政事論》（*Arthashastra*）所記載的北印度孔雀王朝（Mauryan dynasty，約西元前三二〇—一八五年）官僚系統。[72]這個文本成書於西元二至四世紀，可能有更早的依據版本。[73]《政事論》被認爲是考底利耶（Kautilya）之作，其規範性文字全是關於如何執政的指導。假設統治者將發布書面命令給他的下屬，它會列出「好旨令的特點」和不好的旨令之「缺點」。它也提供統治的法源：如法（dharma，梵文詞語，通常指根據法律或習俗的正確行爲，但有時特別指佛陀的教誨）、證據、習俗和王家命令。由於王家命令與法並行，它們優先於其他法源。

《政事論》列出九種王家法令（有些還再細分），雖無法與尼雅文書一一對應，但兩者明顯有重疊之處。舉例來說，許多尼雅佉盧文文書似乎符合「附帶條件之命令」的類型，它指示收受命令的人：「如果本報告屬實，那麼應完成以下項目。」[74]這個相似性並不令人驚訝：這些熟悉西元三、四世紀南亞文官規範的人們同時寫下了《政事論》和佉盧文文書。

過去學者將大量印度語文書的出現視爲貴霜帝國曾經（在正史描述的武力征服之後）占領尼雅的證據。晚近的解釋認爲，一群來自犍陀羅地區的移民便可引入這套文書保存系統，而且尼雅並未受貴霜的直接統治。[75]這麼多統治者持續使用本地而非印度人名也支持了這樣的移民假說。

移民和本地人都從事農耕並豢養牲畜。他們經常以動物、地毯、穀物來交換家畜（如馬、駱駝、牛），或是奴隸（一個獨特的社會群體）。被領養的兒童在奴隸和自由民以外自成一格。有時領養父母會支付一筆「奶價」（milk payment），通常是一匹馬。如果他們付「奶價」，那麼新成員將以平等之身加入此家庭。若沒有支付奶價，被收養的兒童則被當奴隸對待。[76]

婦女充分參與地方經濟。她們發起交易、擔任證人、提出訴訟，並擁有土地。她們可以領養孩子，也可以把孩子給人。有個女人把她的兒子送人領養，收到了一隻駱駝作爲奶價。當她發現親生兒子被主人當奴隸對待時，她帶回兒子，並向法庭控告該名養父。法官雖然站在她這邊，卻把她的兒子交還養父，規定此後這名父親必須對待男孩如同親生兒子而非奴隸。[77]

村民繳納稅款給樓蘭國王，但時常拖欠。有一次，某地居民上繳石榴、布匹、穀物、牛、酥油、袋子、籃子、羊和酒，就是爲了支付未繳的稅款。貨物清單是村民以多種農產品和地方手工藝品來付款的有力證據。[78]他們以穀物爲單位記錄支出和負債，顯示穀物絕對具有貨幣的功能。[79]

樓蘭王國流通的錢幣少，說明尼雅經濟活動只有部分貨幣化。樓蘭統治者沒有鑄造自己的錢幣，而是使用來自鄰近于闐和貴霜帝國的錢幣。貴霜發行過一種金幣稱爲「斯塔特」（stater，此種希臘錢幣最初是由亞歷山大大帝的士兵於西元前四世紀引入犍陀羅地區），有一些銅製斯塔特幣在尼雅西邊兩百四十公里的綠洲于闐被發現。此外，于闐國王仿照斯塔特鑄造了自己的銅錢（一面是漢文，另一面是佉盧文），被稱爲「漢佉二體錢」（Sino-Kharosthi coins）。[80]在尼雅流通的不同錢幣顯示綠洲的主要交易夥伴是于闐和貴霜帝國，而非人們有時以爲的羅馬。

從首都到尼雅的稅官試圖收取斯塔特，但經常無法成功。有一份報告描述某地人民支付的各種稅賦，其中官員舉了一個具體實例：「王后在另一個場合來到這裡。她要求一枚斯塔特金幣。這裡沒有黃金。於是我們給了十三隻手長的地毯（tavastaga）。」[81]當金幣不可得時，尼雅居民有時使用尚未鑄成錢幣的金塊。在一個案例中，有人以一條金項鍊還清債務。[82]在另一案例中，一個中國人支付兩枚斯塔特金幣和兩枚德拉克瑪（drachma）銀幣向蘇匹人（Supi）買下一名奴隸。蘇匹人是一群住在于闐南方的劫掠民族。這是尼雅唯一與銀幣有關的交易紀錄，表示銀幣甚至比金幣更少見。[83]

因爲政治動盪，尼雅的居民擔心任何錢幣都可能失去價值，因此偏好使用穀物付款或用動物交換，而不冒險使用錢幣。官員們經常提到戰爭損失，包括騎兵攻擊和于闐人侵襲，以及外來蘇匹人的劫掠。蘇匹人通常被貼上「危險」的標籤。劫掠經常發生，以致當地官員一再拒絕審理有關失物的財產糾紛，國王在一條命令中解釋：「此處所立之法律」「即于闐人劫掠王國之前所獲贈或取得的物品，不能作爲法律爭議的對象。」[84]

佉盧文文書只提到幾個中國人，他們住在尼雅和周圍村莊，擁有土地，而且獲贈逃脫的牛隻。[85]有一份王家命令明確提到中國人。國王發布了一份楔形木牘，下令：

> 目前沒有來自中國的商人，故現在不調查絲的負債……等商人從中國抵達再調查絲的債務。如果有糾紛，任何決定將在我們見證之下於王家法庭做出裁決。[86]

顯然當局將「中國人」與「使用絲綢做貨幣」相連結，並尋求他們的專業意見。他們必須等中國商人到來才能解決關於絲的爭端，想必絲一定不常被拿來做支付用。如果常用，他們應該會知道絲的價格。

通常只有不住在村裡的外地人才使用絲作爲貨幣。在一個案例中，一位男性（很可能是官員），從首都帶著多卷不同的絲綢回來，其中之一被指定爲「王家絲綢」。[87]在首都草擬的王家法律和寺院規則都指明以絲綢作爲違反法律程序的罰金。尼雅村民將絲綢付款換算成相應數量的穀物、毯子或動物。這些不同的貨幣並存意味著在村裡買東西的人必須決定是要支付錢幣、金條、絲，還是用別的東西以物易物。

即使在這不穩定的時代，于闐和樓蘭的統治者繼續派遣並招待外交使節。這些使節爲地方統治者帶來禮物。雖然文書沒有說明禮物是什麼，但很可能是奢侈的織品，像在M8和M3中所發現的那些。尼雅是從于闐往樓蘭路上的一個停留站。外交官被授與交通工具（如駱駝、嚮導）與補給（包括乾糧、肉和酒）。有位使者從Calm-adana（今日且末）到Saca（沙遮，今日稱爲Ändirlänggär，即安得悅），又從Saca到Nina（即尼雅遺址），沿途都獲配一個侍衛，但尼雅當局未能在尼雅到于闐的最後一程配給他一個侍衛。[88]國王下令補償該使者自掏腰包的額外花費。

除了使節，其他人也往返於于闐與樓蘭之間。佉盧文文書經常使用「逃離者」（runaway）一詞指稱在劫掠和反劫掠中流離失所的人。[89]竊案報告透露這些鮮少出現在歷史紀錄中的旅人帶了哪些商品。我們由此得知哪些商品在動盪時期最能保值。一位遭人搶劫、被稱爲「逃離者」的受害者宣稱被偷了「四塊粗織布、三塊羊毛布、一件銀飾、兩千五百個masha（可能是中國貨幣）、兩件外套、兩件somstamni（可能是某種衣服）、兩條帶子和三件中國袍子。[90]雖然是「逃離者」，不過他顯然過得比身無分文、必須依靠當局援助的避難者好得多。

另一份搶劫報告也明列被偷的「七串珍珠，一面鏡子，一件以多色絲綢製成的lastuga，和一個sudi耳飾」。大多數珍珠來自今日的斯里蘭卡，潛水者潛入海中尋找珍珠，而鏡子和多色絲則是中國製造。在這個案例中，竊賊坦承犯行，聲稱雖然贓物皆已脫手，但沒有收到任何付款。儘管他矢口否認，但他肯定早就將上列商品銷贓一空了，這些東西都很方便攜帶且容易轉售。[91]

佉盧文文書的數量超過一千件，但「商人」這個詞只使用過一次（指懂得絲綢價格的中國商人）。[92]文書提到一些搶劫的受害者，他們可能是、也可能不是商人。這是否意味在西元三、四世紀的一個絲路城鎮裡，陸路貿易的規模有限？

唯有獨特的環境使出土文書被保存，意味著只有一小部分的原始證據能倖存。儘管如此，在尼雅和樓蘭並非只有這一個意外發現，而是多群文書，有些被刻意掩埋，有些被隨意丟棄。這些不同的文書窖藏僅一次提及「商人」，加上錢幣的有限使用，的確暗示西元三、四世紀此區的絲路貿易規模甚微。這些文書清楚證明從犍陀羅地區（今日的巴基斯坦和阿富汗）往新疆的族群遷移，也顯示當地國王派遣使者到鄰近王國的頻率，不過私人貿易的證據還是很稀少。

將佉盧文文書作爲一個整體來閱讀與分析，可以幫助我們認識西元三、四世紀尼雅社會中最重要的一些群體。當地人耕地和蓄養牲畜，他們記錄由cozbo和其他官員見證的財產轉移。國王住在樓蘭首都，經常寫信給cozbo，指示他調查各式各樣的案件。其他群體——蘇匹掠奪者、于闐來的避難者、逃離者、使節——來到聚落，官員則試圖解決因他們而產生的各種衝突。犍陀羅避難者帶來的重大創新——木牘書寫技術——使地方官員得以記錄各式各樣的糾紛和財產轉移，其中幾乎沒有任何涉及長程奢侈品貿易。

除了帶來書寫系統，避難者還引進佛法。對此地區而言，佛教是新的宗教，但之後對整個東亞產生極大的影響。西元三、四世紀抵達尼雅的犍陀羅移民已經是佛教信眾，許多人有佛教名字。文書以標準的佛教用語「沙門」（shramana）來稱呼他們。根據佛教戒律，所有沙門應堅守獨身的誓言。不過這些在尼雅的沙門顯然並未如此。他們和妻小住在一起，而且也涉入和一般人相同的奶價和養子糾紛。即使被稱作沙門，許多佛教徒仍然與家人同住家中。

有些佛教徒住在不同的社區。有一則王家敕令記錄從首都「僧團」發布給尼雅「僧團」的一套規定，首都僧團任命兩位年長者「主持寺院」以執行這些規定。新規定是關於「布薩」（posatha）儀式，在陰曆每月初一與十五要對寺院社區講解佛教戒律。未能出席或穿著「家常衣服」者處以絲匹罰金。這樣的規定表示佛教教團成員唯有出席團體儀式時才穿佛教袍子。[93]其他文書也證實，僧人社群會相聚集會，而且構成一個法律實體，可以見證財產轉移，也可以議決糾紛。

尼雅關於佛教的證據大部分來自第二十四號房址，即茹思潭發現的檔案室。這是一間大宅，有十個房間，一個房間長八公尺、寬六公尺，顯然是有錢人家的宅院。第二十四號房址有四件非犍陀羅語文書，它們是以一種混合式梵語寫成，結合經典梵文的文法詞彙與世俗的書寫形式。這四件文書包括一張用來記憶某些教義的音節列表，一件偉大梵文史詩《摩訶婆羅多》（*Mahabharata*）的殘片、羅列戒律的《波羅提木叉》（*pratimoksha*）文本，以及一個長木牌，應許一些實際的好處，其中包括「好氣色」和「芳香的身體」，還有所有佛法最終的承諾：凡浴洗佛像者可以「斷除生死」。[94]顯然佛教徒亦參與像是浴佛這類的儀式。二十四號房址有一個大型集會房間和其他九個房間，可能作爲佛教徒聚會的主要場所，也讓一些人居住。其他的佛教徒在儀式結束後，穿上他們的世俗服裝回到自己

尼雅的方形窣堵波

這座佛教窣堵波呈方形，於一九九〇年代正式發掘。它每邊長二公尺，周圍環繞一條寬一・一至一・四公尺的走道，以供繞塔而行。走道原有彩繪裝飾，在圖左上方的外牆仍可看見殘餘的部分｜王炳華提供

的家。

一份引人注目的佉盧文信件引起許多研究者的興趣，因爲它使用了「Mahayana」一詞，也就是梵文的大乘。大乘信仰者相信即使俗人都能得到拯救。他們將早期教義安上具有貶義的「小乘」（Hinayana）標籤。早期教義宣稱只有加入寺院的人才能獲得涅槃。佛教史家最近修訂了早期對小乘和大乘之間黑白分明的界線。[95]根據剃度時所受戒律，個別僧人認定自己從屬於某一特定部派。不同部派的戒律略有不同，其中說一切有部（Sarvastivadin）和法藏部（Dharmaguptaka）信徒在西元三、四世紀的中亞最爲活躍。一旦受戒，有些特定部派的成員選擇修習大乘法

門，其他人則並未如此，結果是大乘法門的追隨者和那些沒有接受大乘法門者一同起居。

如同許多書信，使用「大乘」詞語的信件以稱讚收信人美德的語句開頭。在下述例子中，收信的是一位名為薩瑪西那（Shamasena）的當地cozbo：「偉大的cozbo 薩瑪西那足下，人神之所愛戴，人神之所榮耀，以美好的名字而蒙福，他施行大乘，他具有無限令人愉悅的面向……頂禮，並使他神聖身體的健康，甚多，無可估量。」「施行大乘」這個詞至少還出現在另外兩件碑刻：其一出自安得悅，寫於西元三世紀中葉，內容稱讚鄯善國的統治者；另一件出現在阿富汗巴米揚西元四世紀的寫本，內容讚美貴霜統治者胡毗色迦（Huvishka），他是迦膩色迦的繼任者。[96]然而，這個詞的使用並未透露大乘信仰在尼雅如何影響當地的佛教崇拜。現存材料也沒有說明哪個佛教部派活躍於尼雅。

就像犍陀羅移民在喀喇崑崙公路沿線留下許多窣堵波描繪，窣堵波崇拜顯然構成尼雅佛教崇拜的一大焦點。該遺址最顯著的廢墟是一方形基座的窣堵波，上有土磚和草泥建成的碗狀形頂，參見彩圖6。它坐落在聚落中心，高七公尺，基座高五．六公尺。即便在斯坦因發現該遺址時，盜墓者已將窣堵波中室——該處一般放置佛舍利，有時還放珍貴的奉獻物——洗劫一空，故當時塔身就有些頹圮。

尼雅遺址還有第二個窣堵波，外形呈方形，由中日考察團在第五號房址附近發掘。類似的方形建物在絲路南道的其他地方也有發現，包括于闐上游‡的克里雅遺址。佛教信徒在這些地方順時針繞塔而行，以示虔敬。尼雅窣堵波周圍的廊道與克里雅一樣畫滿諸佛佛像，而且沒有敘事場景，。

斯坦因還發現其他更為精緻的佛教建築，包括米蘭（位於尼雅以東，至樓蘭的半路上）的一座寺院。[98]佉盧文與婆羅米文並列，顯示這個遺址的年代晚於尼雅，最可能是西元四〇〇年以後。在那裡佛教信徒繞著圓形窣堵波而行，它的中心柱放置有佛舍利，牆壁上畫著不同的佛教場景。這些圓形建築的屋頂已經坍塌，斯坦因和他的手下必須移除沙土，才能進到當初信眾放置供物的通道。

在米蘭的3號（M3）廢墟中，他們找到一幅布面風景圖，以絲和棉在背景上縫出花朵（可能是個別信徒所製），還有帶佉盧文的碎布片，以祈求親人常保健康。斯坦因發現的壁畫特別引人注目：在腰部以下的牆壁下方繪著十六個帶有翅膀的人物，具有明顯的西方面孔（見彩圖5B）。其上方繪畫只殘餘部分，斯坦因辨認出他們是佛陀和他的弟子。這些繪畫構成一幅敘事圖，描繪佛陀生命中的不同場景。這種敘事繪圖出現的時代晚於尼雅的個別佛像。

另一個約六十公尺外的建築與M3相似，是四周環繞著彩繪廊道的圓形窣堵波。M5比M3保留更多的繪畫，讓斯坦因得以辨識出佛陀生命中的一個場景：圖像中的佛陀是騎著馬離開他父親宮殿位的年輕王子。畫家以佉盧文字簽下「諦達」（Tita）的名字，並記錄獲得的工資。對西方影響相當敏銳的斯坦因總結道，「諦達」是一個名叫第都斯（Titus）的羅馬畫家的本地化名字；即使這個人只是使用外國名字的中亞藝術家，這幅繪畫中的圖像，特別是下方在波浪形花圈之間的天使，仍然採用了借自羅馬藝術的母題——或許是藝術家從羅馬帝國東邊的敘利亞所引進的，或是從畫稿上複製而來。

樓蘭王國的居民持續生活在沙漠的惡劣條件下直到西元五世紀。現存文書並未解釋居民爲什麼放

‡譯注：有誤，克里雅遺址和于闐分屬不同流域，並非位於于闐上游。

棄了樓蘭、米蘭和尼雅。證據顯示某些絲路南道的遺址（像克里雅）被遺棄時，有環境惡化的清楚跡象。可是在尼雅，考古學家甚至發現西元三、四世紀石化的健康樹木，其中有些大到能夠砍下做木材。99

在尼雅遺址發現的種種跡象顯示當地居民有回來的打算。他們在不同地方留下相當數量的小米，而且小心翼翼地把文書埋藏並標示洞穴位置，期待日後還能再找回來。居民們有足夠的預警，可以在離開之前收拾打包。斯坦因說他們幾乎沒有留下任何有價值的東西。也許于闐或蘇匹人的攻擊迫使居民離開，不過之後他們卻再也無法返回。

有關樓蘭末日時間點的唯一依據，是由中國著名高僧和佛教朝聖者法顯所撰寫的漢文史料。西元四〇一年，他路經樓蘭，寫下這些平靜的話語：

> 其地崎嶇薄瘠。俗人衣服粗與漢地同。但以氈褐為異。其國王奉法。可有四千餘僧悉小乘學。諸國俗人及沙門盡行天竺法。但有精麤。100

我們並不清楚他造訪的是哪個城市，因爲樓蘭在西元三七六年被遺棄，當時一個地區性王朝取代另一個先前建立的王朝。西元五世紀前半，中國正史提到鄯善國，此時北魏（非漢人王朝）逐漸征服中國北方各地方勢力。鄯善統治者在西元四五〇年投降北魏。二十年後，一個來自戈壁沙漠北部、稱爲「柔然」的中亞部落聯盟占領了鄯善國。

西元五世紀是中亞地區劇烈動盪的時期，橫越塔克拉瑪干沙漠的交通停滯。西元五〇〇年以後，中國史書不再把鄯善國當作行旅的目的地，大部分旅人改走塔克拉瑪干北緣的路線，這是下一章的主題。[101]

第二章

通往絲路語言之道

——龜茲和克孜爾石窟

作爲多民族交會之處，在字典和教科書等現代學習輔助工具出現以前，絲路一直是語言持續交流的場所。佛教徒是最具貢獻的語言教師之一，他們希望將以梵文寫成的複雜教義忠實傳達給潛在的信仰者。龜茲（來自維吾爾語發音，中國人稱爲庫車）是位於塔克拉瑪干絲路北道的繁榮綠洲，其居民比其他絲路上的語言學習者更具優勢，因爲他們說的龜茲語和梵語同屬印歐語系（下頁爲一件龜茲語文書）。龜茲提供佛法進入中國的天然門戶。這個綠洲也提供機會，使佛教導師能與前來龜茲的多語言旅人相遇。當時的龜茲是絲路北道上最大、最繁榮的聚落，只有吐魯番可與之相匹敵。

鳩摩羅什是最富盛名的龜茲之子，他將佛教作品從梵文首次譯成容易理解的漢文，有助於這個新宗教進入中國後的傳播。[1]他是約三百部梵翻漢作品的主要翻譯者，其中最有名的是《妙法蓮華經》（*Lotus Sutra*，Sutra是梵文，翻譯爲「經」，指的是佛陀之作。事實上，許多經都是在佛陀於西元前四〇〇年左右滅度後很久才誕生。）儘管後來的翻譯者試圖改進鳩摩羅什的譯作，他的許多譯著由於可讀性高，即使今天都還在使用。

鳩摩羅什是個非比尋常的語言天才，他和許多龜茲居民一樣掌握多種中亞語言，包括他的母語（龜茲語）、漢語、梵語、犍陀羅語，可能還有焉耆語和粟特語。鳩摩羅什的父親和尼雅的移民一樣，說著故鄉犍陀羅地區的犍陀羅語。粟特語盛行於撒馬爾罕周圍一帶，焉耆語則使用於絲路北道的其中一段，以焉耆聚落爲中心。焉耆約在龜茲以東四百公里。焉耆是漢語地名，維語是Qarashahr。鳩摩羅什及其共事者透過婆羅米文字讀、寫龜茲語和梵語，他們可能也學習佉盧

絲路上的旅行通行證

這件龜茲語旅行通行證，寬八．三公分，高四．四公分，以婆羅米文字寫成。上面有負責檢查經過邊境哨站旅人的官員名字、此報告的寄送對象名字，以及攜帶通行證的旅人名字。已有超過一百件這樣的通行證被發現，通常還列出同行的人與動物，不過這件文書沒有這方面的資訊。通行證的墨書寫在刻有凹槽的白楊木上，本來有一個蓋子，兩者以繩子綑綁並加上封緘，但沒有保存完整的例子留下｜法國國家圖書館（Bibliothèque Nationale de France）提供

文——該文字在西元四〇〇年左右不再使用。

本章將討論這些語言，特別是一八九二年後，學者為瞭解失落的龜茲語和焉耆語（Angean）所付出的努力。世界各地的學者花了近百年翻譯龜茲語，不僅解讀了這個語言，同時也瞭解它與密切相關的另一個印歐語言焉耆語之間的差別。事實證明這些努力是值得的。

鳩摩羅什在世時，世界知名的克孜爾石窟已經開始建造，它位於龜茲以西六十七公里處，是新疆最具吸引力的旅遊景點之一，今日的參觀者可以搭汽車、火車或飛機到庫車或庫爾勒，再換乘地面運輸到達石窟所在的山谷。但在過去，一直到大約一世紀前，幾乎所有人都是利用許多流經塔克拉瑪干沙漠、由冰川融化所形成的河流，乘船而來。最大的塔里木河沿著沙漠北緣而流，其中兩條支流離龜茲不遠：庫車河和木扎爾特河，後者流經克孜爾石窟前。由於中國西北地區對水的大量需求，這些河流今日的水量遠少於過去。今天如果有人想乘船穿越沙漠，必須選在早春水位最高時進行。一個世紀以前，除非冰封，否則這些河流一年當中的大部分時間都可航行。

只要閱讀瑞典人赫定的精彩記述，就能瞭解庫車地區在一個世紀以前和今日有多麼顯著的不同。一八九九年秋天，他購買一艘十二公尺長，吃水僅三十公分的平底船。甲板上是赫定的帳篷、暗房，以及一個炊食用的陶火爐。他知道這條河到瑪喇巴什（今日巴楚）附近會變窄，因此還買了僅有平底船「不到一半大小」的第二艘船，讓兩艘船一起航行（見彩圖10）。

赫定開始他在新疆遠西一隅葉爾羌（今日莎車縣，位於今日喀什東南方）的旅程。他生動描述一八九九年九月十七日那天從葉爾羌賴里克碼頭啓程的情景：「碼頭上一片熱鬧景象。木匠又

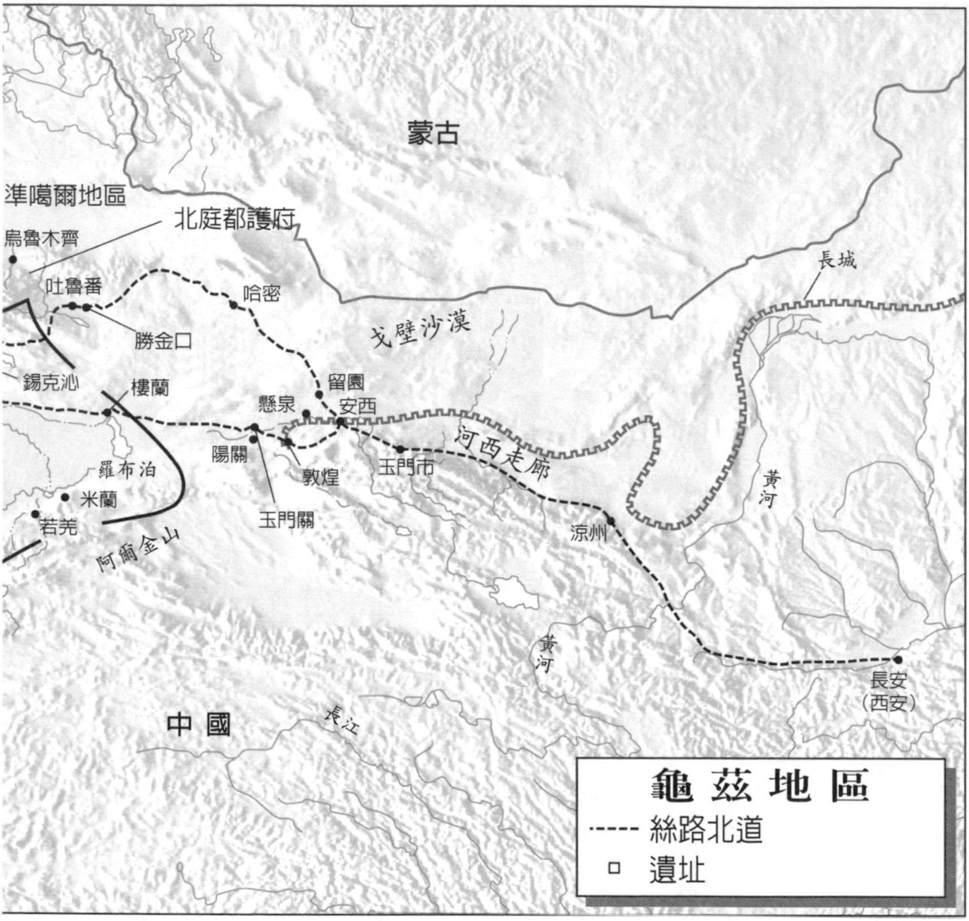
蒙古
準噶爾地區
北庭都護府
烏魯木齊
吐魯番
勝金口
哈密
長城
戈壁沙漠
錫克沁
樓蘭
留園
懸泉
安西
陽關
敦煌
玉門市
河西走廊
羅布泊
米蘭
若羌
玉門關
阿爾金山
涼州
黃河
黃河
長安
（西安）
長江
中國
龜茲地區
絲路北道
遺址

0 100 200 300 英里
0 100 200 300 公里
錫爾河
哈薩克
巴爾喀什湖
烏茲別克
澤拉夫尚河
穆格山
撒馬爾罕
彭吉肯特
費爾干納河谷
伊塞克湖
吉爾尼斯
塔吉克
阿姆河
巴爾赫
吐火羅斯坦
大夏
阿富汗
巴米揚石窟
興都庫什山脈
犍陀羅
帕米爾高原
塔什庫爾干
喀什市
葉爾羌河
巴楚
木吉
莎車（葉爾羌）
哈爾哈里克
（葉城縣）
于闐
于闐河
崑崙山脈
喀喇崑崙山脈
喜馬拉雅山
巴基斯坦
西藏
克孜爾千佛洞
鹽水溝關壘
沙得讓
天山山脈
焉耆
（阿格尼）
拜城
阿克蘇
木札爾特河
策大雅
庫爾勒
庫車河
新湖
塔里木河
庫木吐喇
都勒都爾一阿護爾
塔克拉瑪干沙漠
塔里木盆地
新疆
且末
民豐縣
克里雅
安得悅
安西大都護府

鋸又槌，鐵匠在銲接，哥薩克人們（赫定雇用的守衛）監督整個現場。」赫定記錄那天的河寬為一百三十四公尺，深三公尺。[2]

六天後，赫定到達葉爾羌河向外分流更多支流之處，每條支流都有其凶險。

河床變窄。我們被水流以極快的速度帶著走。河水在我們周圍翻攪奔騰。我們飛降了一個激流。河道狹窄，轉彎處來得突然，無法操縱船隻；大船激烈地撞擊河岸，我的箱子幾乎就要翻落水……河水一路打漩，我們移動的如此迅速，以至於猛烈撞擊地面時，平底船幾近翻覆。

突然間，急流消失，大平底船被困在泥淖中。用了三十名人力才將平底船拖離陸地，使航程得以繼續。

繼續順流而下，赫定沿葉爾羌河往北，行至從北方與之匯流的阿克蘇河交會處，此為塔里木河的起點。赫定繼續向東航行，穿越塔克拉瑪干沙漠。有時他興致一來會改駕那艘小船，讓大船跟在後面。河水繼續以每秒一公尺左右的猛烈速度奔流，但河中的冰塊變得越來越大。經過八十二日、將近一千五百公里的航行之後，赫定在距庫爾勒綠洲三天路程的新湖結束了他的航程。[3] 如果赫定在夏天早些啓程應該可以完成整段旅程，抵達三百多公里外的庫車。

赫定的探險在歐洲引起極大關切，英、法、德紛紛組織探險隊。德國人在短時間內接連發起三次考察。第三次考察的領隊阿爾伯特・馮・勒柯克（Albert von Le Coq）靠投擲錢幣決定北上庫車，並於一九〇六年到達克孜爾石窟。他發現全中國最美麗的宗教遺址之一，在前後綿延兩公里長的山壁上有三百三十九個人爲開鑿的石窟。[4]有些洞窟較小，有些則高達十一至十三公尺、深十二至十八公尺。木扎爾特河在南方七公里處流過。石窟前的綠洲創造了迷人的自然環境，有時可以聽到布穀鳥叫，這在今天的中國已經很難聽到。

克孜爾的山壁是由礫岩構成，這種岩石很軟，所以可以很容易地開鑿出石窟。洞窟也因而十分脆弱，所以當初的開鑿者經常在洞窟的中央留下一個中心柱作爲支撐。幾個世紀以來，地震已經嚴重損害這個遺址，導致外側窟室崩塌，內部窟室有時完全暴露在風雨侵蝕之下。勒柯克描述他和堤奧多爾・巴爾圖斯（Theodor Bartus）以及隊員們在一九〇六年三月所經歷的一場地震：

> 一聲像打雷般的怪聲，接著是大量岩石突然間從上方滾落……下一刻——一切都以驚人的速度發生——我看到巴爾圖斯和他的工人連忙衝下陡坡，而我的一隊突厥人（維吾爾人）則在後方驚叫！我也跟著他們，一眨眼，我們都下到了平地，大量岩石緊追在後，而且來勢洶洶地越過我們碎裂開來。我們當中竟沒有任何人受傷——直到今天我都不能理解這是怎麼回事，眞不知道我們如何辦到的！
>
> 我將視線轉向河流的方向，看見猛烈騷動——河水洶湧地拍擊著河岸。在橫斷的山谷中，河流的最遠處，突然升起一朵巨大的塵埃雲，像根驚人的柱子竄至天空。就在此刻，地面震動，同時一陣聲響如同隆隆雷鳴般，在崖壁間迴盪。我們才知道原來這是一場地震。[5]

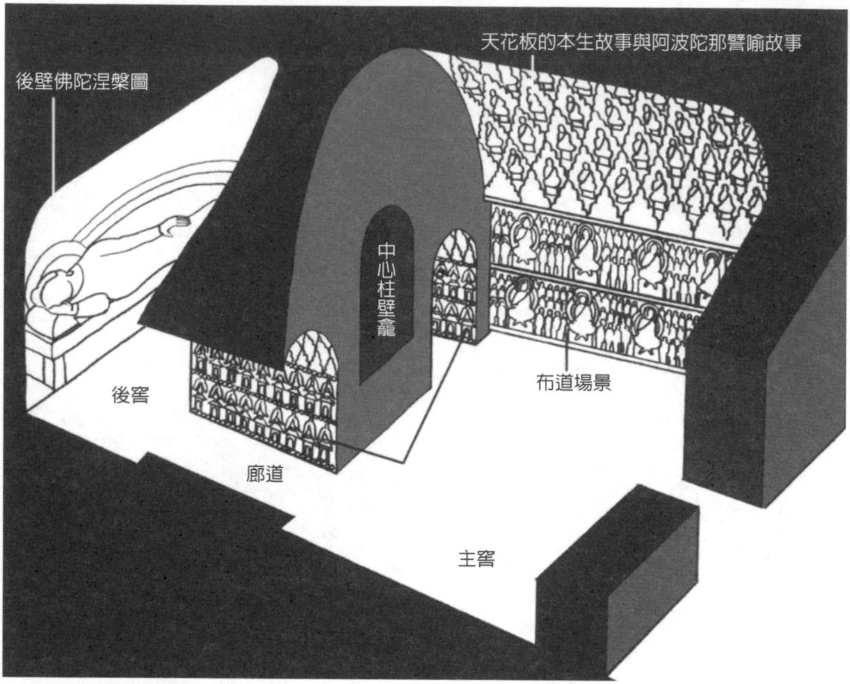

典型克孜爾洞窟的格局

許多克孜爾洞窟本來有著相同的結構。參觀者經由前室通過一道門進入主室。他們藉由繞行中心的窣堵波柱表示虔敬。中心柱內有一尊佛像，並以岩石和木枝裝飾代表佛教宇宙中心的須彌山。通常只有原先盛裝這些裝飾的孔洞仍然可見。後壁描繪佛陀涅槃圖｜華盛頓特區史密森學會轄下的弗利爾美術館（Freer Gallery of Art）與賽克勒美術館（Arthur M. Sackler Gallery）提供儘管洞窟的狀況危險，而且勒柯克和其他人搬走了許多壁畫，今天去參觀的遊客還是能在現場看到許多遺留的繪畫。緊鄰克孜爾的其他幾個遺址亦有石窟壁畫，像是占地最廣、相當值得一遊的庫木吐喇石窟群。

克孜爾的許多石窟都有同樣的結構：單一窟室，中有窣堵波中心柱以供信徒繞行。自從佛陀滅度後，北印度的信徒以順時針方向繞行埋藏的佛骨舍利以表達其虔誠，在西域他們也如此繞行窣堵波。有別於尼雅和米蘭的窣堵波，立於絲路沿線的中心柱內並沒有包藏佛舍利，而是在柱子的壁龕中放置一尊佛像代替，如今大部分佛像都不見了。

克孜爾第三十八號石窟可追溯至西元四〇〇年，無疑是所有石窟中年代最久遠、可能也是最具視覺吸引力的其中之一。[6]第三十八號石窟的後壁上畫著前來參拜的各國君王隨侍在即將死去的佛陀身旁。站在中心柱前回望洞口，我們會看見掌管未來世界的彌勒佛在洞口上方。

沿著第三十八號石窟拱形天花板的中央脊，我們能看到印度神祇日、月與風，以及兩個火焰佛像和雙頭金翅鳥迦樓羅（Garuda，傳說中護法的印度鳥）。這些圖像帶著獨特的印度風格，很可能是來自印度的畫家所繪，或是根據來自印度的草圖所繪。勒柯克稱這些繪畫為「濕壁畫」（fresco），但因為它們都畫在乾的灰泥面上，嚴格來說不能算「濕壁畫」，因為該用語專指畫在濕灰泥面上的壁畫。洞窟的建造技術本身來自印度，取自孟買城外宏偉的阿旃陀石窟，以及其他由早期佛教徒建造的遺址。

第三十八號石窟中央脊的兩側是成排的菱形格，邊緣如郵票般整齊地排列著。每列交替呈現阿波

克孜爾石窟的繪畫

這是克孜爾洞窟筒形拱頂的局部，呈現如郵票般獨特的菱格形，當地畫家以此形式描繪佛陀前世的場景。每個菱形區塊描繪一則本生故事中的主要事件，提供當地說書人講述整個故事的機會，娛樂來到洞窟的參觀者。

陀那譬喻故事（avadana）與講述佛陀前世修行的本生故事（jataka）。阿波陀那故事也被稱作因果故事，呈現一尊坐著的佛陀，旁邊站著另一個人物。這些寓言故事教導聽眾今世行爲對來生的影響。

本生故事往往是重新演繹已經存在的印度民間故事，藉此傳授佛教的價值觀。例如猴王的本生故事講述一群猴子從國王的園子裡偷了水果。國王衛兵一路追緝猴子到一條寬闊的河流，於是猴群的領袖以自己的身體做橋，使眾猴能夠渡河。接著牠掉進河裡，淹死。根據佛教解釋，這則傳統民間故事說明佛（故事中的猴王）願意爲眾生犧牲自己。

另一個出現在許多石窟的本生故事，主要訴諸的對象是商人。故事是關於一群在夜裡旅行的五百名商人。當天色變黑再也看不到路時，他們的領袖（佛陀的某個前世）用白氈包裹自己的手臂，以黃油浸透，然後將手臂點燃如火炬，高舉以照亮商人的前路。在這則故事中佛陀又爲他人犧牲自己。信徒聽僧人講述這些本生故事，瞭解涅槃是只有佛陀和少數其他高僧能夠達到的境界，這是早期佛教徒的重要教誨。

今天克孜爾最大石窟（第四十七號）內空無一物。其高度有十六．八公尺，內部原有一尊大型佛像，沿木札爾特河來到石窟的旅人應該從遠處就能看見。這種巨大的佛窟並非起源於克孜爾，阿富汗的巴米揚石窟就有類似的巨型佛像，克孜爾的石窟建造者必定知情。大窟的兩側有五列當初供木柱安插的柱洞，顯示過去上有安放小型佛像的平臺，作爲主尊大佛的脇侍。克孜爾的其他石窟原來也有大佛，現已不存。一位來此參訪的中國僧人報導，有兩尊超過九十尺（約二十八公尺）高的佛像立在城的西門之外，每五年會有一次重大祭典敬拜之。[7]

即使今日最隨興的遊客都會發現許多壁畫遭搬移，在石窟壁上留下深刻的刀痕。世界上所有東亞藝術的主要收藏都包含克孜爾壁畫藝術，它們向觀眾展示鮮豔依舊的青金石藍與孔雀石綠，大部分是一九一四年第一次世界大戰爆發之前就被移除。德國柏林的收藏特別豐富。

勒柯克率先以一種新技術搬移這些脆弱的畫作，他自豪地描述：

> 切下濕壁畫的過程大致如下：
>
> 這些圖像都畫在一層特殊的表面上，它是以泥土混合駱駝糞、切碎的稻草和植物纖維，抹平後表面再塗覆一層薄灰泥。
>
> 首先，以非常鋒利的刀將圖畫切割至適合裝箱的大小，注意需使切口直接穿透表層。用板車運輸的箱子可以較大，駱駝的稍小，用馬運送的最小……
>
> 接著，用十字鎬在畫邊的牆上鑿個洞，這樣才有空間使用狐尾鋸（fox-tail saw）。在那些已被發掘的石窟中，誠如我們先前說過的，往往必須使用錘子和鑿子在堅硬的岩石上鑿出這個空間，所幸這裡的石質很軟。8

這樣的逐步描述令人不寒而慄，我們可以想像這對藝術品造成的損害。有些歐洲人堅決反對搬移這些畫作。勒柯克的同僚阿爾伯特·格倫威德爾（Albert Grünwedel）覺得應該仔細測量這些遺址製成草圖，以便將來若有需要可在歐洲做出複製品。這在當時是少數觀點。

在第三次探險後的隔年，法國學者伯希和在一九〇七年來到庫車，停留八個月，收集許多重要的當地龜茲語文書。他還花一個月探索向北穿過天山山脈的路線。[9]順著木札爾特河往北離開克孜爾，他發現兩條連接塔里木盆地與北方草原的路線。這些草原跨越新疆北部（準噶爾地區）、今日的哈薩克和鄰國烏茲別克，是一群群游牧民族的家鄉，數百年來他們持續對中國歷代王朝造成威脅。

龜茲首次出現在中國正史的記載是因爲其通往中亞草原的地理位置。西元前二世紀末葉，李廣利將軍獲漢武帝之命，取道龜茲，前往位於今日烏茲別克的大宛，拜訪其統治者。[10]和樓蘭國王一樣，龜茲統治者盡最大努力保持與漢王朝及其敵人（匈奴）的良好關係。匈奴控制今日的蒙古草原。西元前一七六至前一〇一年間，龜茲統治者將王子送到匈奴，表示承認其優越地位。按照慣例，從屬王國會將王儲送到他們最重要的盟邦處居住，讓王儲學習對方的語言，熟悉其習俗。

可是當匈奴日益衰弱，龜茲統治者於西元前一世紀轉而效忠漢朝。[11]龜茲國王和他的妻子在西元前六五年來到漢朝首都長安，在那裡待了一年。西元前六〇年，漢朝正式控制西域，任命一名都護以監督王朝在中亞的運作。這個單位將西北各綠洲王國的訊息傳達給中央，以供正史記載。漢代的官方歷史記載龜茲國有八萬一千三百一十七人，使它成爲絲路北道最大的綠洲。[12]我們今天在該區域並沒有找到許多漢人統治的證據。漢人的總部在輪臺（今日的輪臺縣策大雅），目前已在該地發現一個漢代聚落的廢墟。[13]西元前四六年，龜茲落入鄰近綠洲王國莎車的控制。

中亞國家之間無止境的權力競逐，意味著漢朝對其屯駐地只能維持斷斷續續的控制。西元九一年，班超被任命爲都護，他設法重建漢朝對龜茲的控制，並以白氏家族爲王。不到二十年，數個綠洲王國於西元一〇七年奮起反抗漢朝的統治，中國又失去對屯駐地的控制權。此時白氏家族重新掌權，統治龜茲，其政權持續了幾個世紀，有時完全獨立，有時主動臣服於鄰近勢力。

西元四世紀，當鳩摩羅什出生時，龜茲已是一個佛學中心。幾位白姓的譯經者參與翻譯工作，他們大多來自龜茲王室。龜茲最早的紀年佛教證據顯示西元三世紀時，尊崇小乘佛法的說一切有部廣受歡迎。[15]龜茲居民向印度的傳教者習得佛法。西元三、四世紀標誌著印度影響的高峰，這點從鳩摩羅什和他的雙親能輕易往來印度與龜茲即可知悉。

龜茲給這位未來的譯經者提供完美的成長環境。這個綠洲王國與犍陀羅有諸多聯繫，因為河流穿過塔克拉瑪干沙漠流向葉爾羌與于闐等南方綠洲，從那裡旅人可以穿過山脈到達犍陀羅。鳩摩羅什的父親是印度王子、高級大臣的兒子，他離開犍陀羅到龜茲研讀佛學。當龜茲國王逼他迎娶自己的妹妹時，鳩摩羅什的父親不情願地接受了這個安排。身為印度與龜茲聯姻的孩子，鳩摩羅什從小講的是犍陀羅語和當地的龜茲語。

鳩摩羅什的母親是個虔誠的佛教徒，不想過婚姻生活。鳩摩羅什七歲時，她要求加入佛教教團，但被丈夫拒絕。經過六天的絕食抗議，丈夫終於讓步。於是鳩摩羅什的母親帶著他一起到比丘尼寺。除了印度以外，龜茲是少數婦女可以受戒的地方之一。一件佛教文本列出龜茲有四座比丘尼寺，每座各有五十至一百八十人不等的比丘尼。[16]

在龜茲學習後，鳩摩羅什與他的母親旅行至犍陀羅，跟隨一位小乘佛法導師研習經文。接著鳩摩羅什又到今日的喀什求教於一位大乘佛法的導師。後來他回到龜茲，一些僧侶因他而改宗大乘佛教。

紀念鳩摩羅什

一座氣勢十足的鳩摩羅什銅像迎接所有到克孜爾石窟的遊客，足證這位譯經者至今仍為世人所熟知。事實上，我們根本不知道鳩摩羅什實際的長相。由於沒有任何肖像傳世，雕塑家完全是根據自己的想像｜渡邊武提供雖然後世佛教史料聲稱小乘和大乘佛教截然不同，可是在鳩摩羅什的時代，兩者之間的關係是流動的。當一個年輕男子踏進佛門，他會在特定佛教部派的某個僧侶主持下受戒。雖從屬於某個部派，例如「說一切有部」，不過這並不能決定他究竟是要遵循小乘或大乘佛法。一個僧人可以像鳩摩羅什一樣，從學習小乘經文開始，之後再學習大乘經文。兩派僧人同住在一個寺院當中，而且不認為這有什麼問題。17

然而，在具體實踐上，小乘和大乘之間的確有一些明顯差異。小乘僧人認為只要不是為了供養他們而刻意殺生，吃肉是可以接受的；大乘僧人則完全拒絕葷食。晚期曾有一位旅人注意到龜茲僧人吃肉、蔥、韭菜（全都是大乘佛教禁止食用的），因而認為龜茲的佛教信仰一定是以小乘為主。18

西元三八四年，鳩摩羅什四十歲左右時，他的家鄉龜茲被一位名叫呂光的將軍攻下。以下是一段關於當時該城市的描述：

城有三重，廣輪與長安地等。城中塔廟千數，帛（白）純*宮室壯麗，煥若神居。胡人奢侈，富於生養，家有蒲桃酒至千斛（按：約兩千公升），經十年不敗，士卒淪沒酒藏者相繼。19

軍隊攻下龜茲城後，呂光將鳩摩羅什送到涼州（今甘肅武威），以示虔敬。雖然鳩摩羅什受戒且獨身，但呂光認為像他這樣偉大的導師應該生育子嗣。於是呂光設計鳩摩羅什，讓他喝酒過量，然後騙他與一名年輕女子共寢。根據鳩摩羅什的傳記，這是他三次破戒中的第一次。

西元四〇一年，鳩摩羅什第二次被綁架，在後秦（西元三九四—四一六年）統治者姚興的命令下被送到長安。姚興希望鳩摩羅什生下他自己的「法種」，便讓鳩摩羅什在寺院外建立家庭，與多位妻妾同住。正史記載了第三個事件：鳩摩羅什主動要求一個女人，並跟她生了一對雙胞胎。[20]佛教傳記往往囿於強勢的敘述傳統，加上現存鳩摩羅什的不同傳記有所差異，學者們無法確認這三個事件的眞僞。儘管如此，不同的記述都顯示西元四〇〇年左右，俗人對佛教僧侶破戒娶妻並不感到驚訝。[21]

鳩摩羅什的逾舉並未破壞他作爲一位佛教導師的名聲。鳩摩羅什於西元四〇一年抵達長安之後，獲姚興任命爲譯經局之首，他在此主持譯經事務直到西元四一三年過世爲止。鳩摩羅什歷久不衰的遺產是將這些佛教典籍從梵文翻譯爲漢文。[22]在他所有譯本當中最有名的是《妙法蓮華經》，這部大乘經典貶抑早期的小乘教法，承諾眾生縱使只讀誦經中一偈一句，即獲授記，而能得救。[23]

雖然早期的譯經者也曾將梵文典籍翻成漢文，可是許多早期譯本充斥大量專門語彙，唯有少數學過梵文的中國人能理解。大部分早期佛教翻譯都是由佛教導師（通常來自印度）背誦一段文本，口頭解釋其內容，門徒用漢文將導師的口述內容記錄下來。這種翻譯系統造成許多錯誤，因爲老師無法閱讀學生們寫下的內容，而學生們也無從確定自己是否眞的理解老師所說。[24]

由於漢語和梵語分屬兩個截然不同的語系，導致翻譯變得特別困難；梵語和其他古代印歐語言一樣有高度的語法的屈折變化。動詞和名詞根據它們在句子中的作用，有各種變化形式。漢語爲漢藏語

＊ 譯注：龜茲王名爲「帛純」，也有紀錄爲「白純」。

系的一員，文法上簡單得多，名詞和動詞不會改變形式，一個句子的意思取決於字詞的順序，導致相當程度的文意模糊性。西元四〇〇年，一個學生能夠取得的最佳教材是雙語文本，將同樣的句子以不同的語言對照並列。

鳩摩羅什最大的創新是建立譯經局，局中人員能夠對照印度原文來檢查漢文翻譯。他們的譯本都被歸於鳩摩羅什名下，這些譯本以可讀性著稱。即使不懂任何梵文的中國人都能理解，加上文句優美，許多中國讀者偏好鳩摩羅什的流暢版本甚於後來的、更爲精確的版本。

鳩摩羅什和其他譯者的成功，使中國讀者得以接觸成千上萬的佛教典籍。他們也開創一套沿用至今的系統，亦即根據發音用漢字來表示外來語的各音節，成爲現代漢語拼音系統的基礎，例如：Coca Cola譯爲「可口可樂」、McDonald譯爲「麥當勞」。鳩摩羅什的名字大致如英文字母拼音Kuw-ma-la-dzhip。[25]經過幾個世紀漢語的變化，今天他的名字可用漢語拼音爲Jiumoluoshi。[26]

藉由結合口語元素書寫漢文，試圖更加掌握梵文原典的意思，這個做法也讓漢語本身發生改變。賓州大學教授中文的梅維恆（Victor Mair）估計漢語詞彙量因此擴增了三萬五千字之多，不僅有「般若（prajna）」這類的佛教用語，還有「剎那」這樣的世俗用語。接觸梵文有助於漢人更加理解自己語言的音韻，過去他們並未意識到自己的語言是有聲調的，但這卻是中文學習者的第一課。在語言的交流下，漢人終於對漢語的聲調特性有了系統性的瞭解。[27]

鳩摩羅什和其他同僚在長安工作時，整個中亞地區的譯經者也致力於將以梵文撰寫的佛經翻譯成地方語言的長期志業。其中最重要的地方語言是龜茲語，它與焉耆一帶講的地方語言（焉耆語）有很重要的不同之處。誠如絲路的許多研究，語言探索的過程充滿挫折、知識上的繞遠路，以及各種爭議。經過全世界學者將近一世紀的努力，人們才終於瞭解這兩個語言之間的關係。

第一條關於龜茲語的線索出現在一八九二年，在此之前沒有人知道這個失落語言的存在。這一年，住在喀什的俄羅斯領事購買了一件文書，它以梵文學者熟悉的婆羅米文字寫成，可是所書寫的語言卻絕對不是梵語。多年來，學者始終無法破解這件文書的內容。首先，即使後來這個語言的文書陸續被發現，研究材料還是少得令人沮喪：多數留存至今的材料是分屬不同文本的個別紙頁，以及一些商業和行政文書的木牘。此外，幾乎所有文書都沒有紀年資訊。[28]

一九〇八年兩位德國學者埃米爾・西格（Emil Sieg）和威爾赫姆・西格靈（Wilhelm Siegling），用一件雙語文本破解了這個未知的語言。這是一份學校的習字練習，以梵語和該未知語言逐字對應寫成。西格和西格靈不知道有任何文書曾經提及這個語言的名字，所以他們根據一則簡短的題記替它選了一個名稱。（題記是一段文字，揭示各章節篇名、全文標題、作者或／和抄寫者的名字。此外，它可能還會提及抄寫日期，以及支付手抄費用的贊助人。）

這則題記寫在題爲《彌勒會見記》（*Maitreyasamiti*）的回鶻文（或稱古代突厥文）佛教文本之上。回鶻語是一種突厥系語言，使用者生活在今日的蒙古草原，西元九世紀中葉遷入塔里木盆地。[29] 題記記載：此文本是從印度語翻成Twghry語，再由Twghry語翻成回鶻語。[30] 西格和西格靈總結道，Twghry語應該是這個未知語言的回鶻名稱。由於《彌勒會見記》只有回鶻語文本和最新發現的這種語言的文本，這樣的判斷相當合理。

西格和西格靈進一步主張：Twghry是吐火羅人（Tocharoi）所用吐火羅語的回鶻文拼寫。古希臘人認爲這個古老民族（吐火羅人）住在阿富汗大夏地區，在今日巴基斯坦†巴爾赫城周邊。此外，他們還將吐火羅人與眾多創立貴霜王朝部族之一的月氏視爲同一群人。西格和西格靈接受傳統中國的記載，認爲西元前二〇〇年左右，月氏分裂爲二：在甘肅的小月氏和遷到費爾干納山谷的大月氏。儘管如此，西格和西格靈無法解釋爲什麼這個新語言的文書全都在北道被發現，與月氏理論上的甘肅故土，或者他們後來的移居地——今日烏茲別克的費爾干納山谷——都相距遙遠。[31]

後來的評論者一直試圖調和正史的月氏遷移紀錄與晚近的發現。其中有人主張，不論史書的用語爲何，月氏故土不限於敦煌地區，而是延伸到整個新疆和甘肅。[32]另一人主張，說吐火羅語的月氏人離開甘肅到達阿富汗後，改說伊朗語支的大夏語。[33]儘管如此，當月氏的後裔到達尼雅，他們又說起另一種語言：犍陀羅語（屬印度語支，而非伊朗語支）。這些主張使人更加懷疑傳統中國描述的月氏遷移，以及「吐火羅語」這個名稱的精確性。

一九三八年，W．B．亨寧（W. B. Henning）對Twghry一詞提出一個更具說服力的解釋。他發現有一些寫於西元九世紀早期的粟特語、中古波斯語和回鶻語文書中，出現了「四個Twghry」（有時省略字尾的y）這樣的詞語。[34]「四個Twghry」是指涵蓋北庭（回鶻語爲別失八里）、吐魯番、焉耆的一塊區域，但不包括龜茲。亨寧認爲Twghry語原來使用於塔克拉瑪干的北緣，自東邊的吐魯番、北庭，到西邊的焉耆。後來它先是消失於吐魯番和北庭，最後連焉耆的Twghry語也消亡，並由回鶻語所取代，直到今天這個語言在新疆各地仍被使用。[35]亨寧提倡的說法並未被普遍接受，但他的優點是充分考慮Twghry語文書的地理分布。

事實上，我們知道月氏的官方語言是大夏語（用希臘字母書寫的一種伊朗語言）。[36]基於這個原因，吐火羅語是個不合適的名稱；沒有證據顯示阿富汗吐火羅斯坦地區的居民真的使用龜茲地區出土文書上的吐火羅語。雖然西格和西格靈誤將Twghry語言與阿富汗的吐火羅人相聯繫，他們對此一新語言的命名卻已經無法更改。

西格和西格靈將現存寫本劃分為兩個方言：A和B，今天已經知道是兩個不同的語言：吐火羅語A和吐火羅語B。這兩種語言同屬印歐語系，文法和梵語一樣高度曲折，具有複雜的動、名詞系統，根據在句子中的作用有相應的語尾變化。吐火羅語A和吐火羅語B共享很多字彙，說明兩者是從同一個未知的語言衍生而來的。

傑出的二十世紀美國語言學家喬治・謝爾曼・連恩（George Sherman Lane）認為，這兩個語言之間的差異甚巨，很可能已經各自獨立發展達千年之久，至少一定有五百年以上。[37]由於吐火羅語A和吐火羅語B相當不同，就像今日的法文和西班牙文，其中一方無法瞭解另一方的語言。[38]

有鑑於它們流通在塔克拉瑪干北道一帶，這兩個吐火羅語理論上應當與鄰近伊朗、印度地區印歐語系中的印度伊朗語支有許多共通元素。可是這兩個吐火羅語卻是和德語、希臘語、拉丁語和凱爾特語更相近。愛達荷大學的英語教授道格拉斯・Q・亞當斯（Douglas Q. Adams）認為，「根據它們

† 譯注：作者提出修正巴爾赫城位於今日阿富汗，非巴基斯坦。

與日耳曼、希臘等語言的關係，我們可以用某種地理的方式，將吐火羅語『置於』晚期原始印歐語系世界中，譬如說將它放在日耳曼語（在「北」方？）和希臘語（在「南」方？）之間。」[39]亞當斯試探性的措辭暗示後來發展爲吐火羅語A和B的語言，或許在很久以前的某個時候（可能是介於西元前三千至兩千年間）從原始印歐語（Proto-Indo-European）脫離，正好介於日耳曼語民族和希臘語民族離開原始印歐語群體的時間點。由於對古代遷徙所知甚少，而且使用語言證據重建遷徙存在一定風險，我們無法確定在搬到塔里木盆地之前，這些講吐火羅語的人究竟以何處爲家。此外有可能在中亞還有其它更類似吐火羅語A和B的印歐語言，不過這些失落的語言並未留下任何蹤跡。

然而，有個結論是確定的：生活在中亞的人群總是在移動，導致某地區使用的語言也經常隨之改變。中國文獻記錄西元前二世紀時匈奴勢力的拓展造成一連串的族群變遷，發揮同樣作用的還有西元六世紀突厥人（現代土耳其人的遠祖）的興起，以及西元九世紀回鶻人（Uighurs，使用的語言也屬於突厥語族）遷徙至新疆。[40]在更遙遠的過去，隨著不同部落的遷徙，類似的人群異動可能早在留下任何紀錄前便已發生。在中亞語言的改變是常態，語言的延續則不是。

在西格和西格靈之後，語言學家已經釐清吐火羅語A（更準確地說是焉耆語）和吐火羅語B（現在認爲是龜茲語）之間的關係。二〇〇七年，一位奧地利科學院的學者梅蘭妮・馬爾察恩（Melanie Malzahn）對所有現存焉耆語寫本進行普查。她統計現存頁面和殘件的總數是一千一百五十筆。[41]其中完整的頁面不超過五十頁。[42]

焉耆語寫本有三百八十三件來自同一個抄書室（scriptorum），它位於焉耆西南、往庫爾勒路上的七個星鎮（或譯「錫克沁」）。[43]沒有任何現存文書提到這個語言的名字，但因爲幾乎所有文書都在焉耆（梵語稱爲Agni）附近發現，學者傾向稱這個語言爲「焉耆語」。[44]根據現存寫本，我們可以推測焉耆和吐魯番的居民在西元後的前幾個世紀可能都說焉耆語，而當時住在西邊、說伊朗語的民族首度將佛教教義引進此地。

最長的焉耆語寫本共有二十五張連續頁面，其中沒有明顯缺漏，不同於大多數現存的其他單頁寫本。它是一個本生故事，許多情節元素與經典故事〈夢偶情緣〉（*Coppélia*，按：十九世紀的著名芭蕾喜劇）相同。故事講述一位名叫普亞凡（Punyavan）的王子——這個梵文名字的意思是「有德性」——和另外四個兄弟競逐王位的過程（四個兄弟的名字分別爲「有陽剛力」、「有技能」、「有美貌」、「有智略」）。焉耆語版與梵文原本或是後來的漢、藏版本都有所不同。在焉耆語版的文本中，王子間的競爭只占十七頁中的兩頁。其餘是每位王子形容自己特質的長篇演說。

「有智略」王子的故事說道：一個年輕畫家愛上工匠製造的機械玩偶（工匠將玩偶留在畫家的房裡過了一夜）。當畫家伸手碰觸她，玩偶卻破成碎片，畫家於是是用一條繫在牆上的繩子自縊。工匠發現畫家自殺後，趕緊請鄰居和當局來看。待眾人抵達，他作勢準備切斷吊著屍體的繩子。此時，畫家從牆後出現，告訴工匠：「畫歸畫，畫家歸畫家。」畫家繪製自己上吊的錯覺畫，以此回應生動卻缺乏智略的玩偶。[45]這個難忘的故事教導聽眾睿智的好處，這些聽眾極有可能是寺院的學生。

德國人在勝金口（離吐魯番不遠）發現的一份寫本最能清楚說明兩種吐火羅語的不同用法。該文本以焉耆語寫成，另有十九條龜茲語、兩條回鶻語注解。連恩解釋道：「很清楚的，我們正在處理一個後來者對吐火羅語A（焉耆語）文本的解釋，（至少）他的寺院語言是方言B（龜茲語），而且他對這個地區的「舊」寺院語言並不熟悉。他自己的母語可能是突厥語族（回鶻語）。」[46]西元六至八世紀，焉耆語幾乎已完全成為專為佛教徒於寺院內部使用的書寫語文。現存的焉耆文書並不存在地區差異，這也是該語言已相當僵化的另一個跡象。在寺院之外，多數住在焉耆和吐魯番地區的人都講漢語或回鶻語。

龜茲語和焉耆語有許多重要的差別。龜茲語有地區變異，這是隨時間推移，在不同地方發展、使用的結果，此外它也有清楚的發展階段：上古、古典、晚期，以及口語。[47]一九八九年，吐火羅語研究的領導學者法國的喬治─讓・皮諾（Georges-Jean Pinault），統計龜茲語的文書總數為三千一百二十件。[48]後來他將柏林的一批新見殘片納入，上修此一數字到六千零六十件。儘管如此，完整頁面的總數仍未超過二百件。[49]

二十世紀之初，伯希和收集了兩千多件這類的殘片，大部分來自一個寺院附近，該寺院位在龜茲南方二十公里的都勒都爾─阿護爾。[50]不同於焉耆語文本，這些文本提到其書寫語言名為「龜茲語」。[51]龜茲語的使用範圍更為廣泛，以龜茲為核心，沿著塔克拉瑪干沙漠北緣的區域，往東遠至吐魯番，並與焉耆語的使用核心地區焉耆重疊。

許多漢語和龜茲語的材料都來自單一個文書庫，伯希和的筆記推測牆壁坍塌保存了書庫的窖藏，可是之後的一場大火又嚴重毀損文書。伯希和從不只一個地方發掘倖存的文書。宗教文書來自寺院內的聖殿和窣堵波，行政文書則必定出自寺院周圍。[52]

西元五世紀末，當龜茲居民說著龜茲語之時，中亞進入一個特別動盪的時期，不同的部落聯盟，包括柔然（在中國又稱「芮芮」和「蠕蠕」，在歐洲稱爲阿瓦爾人〔Avars〕）和嚈噠（Hephthalite）都在爭奪主要貿易路線的控制權。在征服龜茲與焉耆之後，阿瓦爾聯盟最終破局了，直到西元五五二年才由突厥接續，形成另一個強大的聯盟，又再征服龜茲與焉耆，不過他們決定讓當地統治者續任。西元五五二年之後，突厥聯盟創建者的弟弟向西方發起一系列成功的軍事戰役，征服部分新疆以及一路延伸至黑海的土地。兩兄弟最終創造出雙突厥汗國，創建者保留東方領土的控制權，弟弟則成爲西方汗國的領導者，並接受成爲東方汗國的附庸。隨著時間的演進，這種關係變得更加正式，到了西元五八〇年，東、西方兩個不同汗國的勢力也大致底定。[53]龜茲統治者承認西方可汗爲他們的霸主，對其朝貢，也應其要求派遣軍隊。

根據中國正史記載，白氏國王在西元六至八世紀持續統治龜茲。官方正史的編纂者經常重複前代史書的內容，他們同意該王國相當富裕，並且經常進貢價值不斐的東西給中國人。成書於西元五五一至五五四年的《魏書》，首次記載該國人民以銀幣繳稅：「俗性多淫，置女市，收男子錢入官。」此外還提到一個不尋常的自然資源：「其國西北大山中有如膏者流出成川，行數里入地，如餅餬，甚臭，服之，髮齒已落者能令更生，病人服之皆愈。」這種神祕的物質如今已確定是石油。[54]庫爾勒是今天中國最重要的油田之一。

史書中列出龜茲的不同物產：精美的地毯、銅、鐵、鉛、鹿皮（用來做靴子）、硇沙（氯化銨，冶金、紡織染色用）、毛氈壁毯、化妝用的白色和黃色粉末、沉香、好馬、牛。‡[55] 一位中國僧人在西元六二九年到訪龜茲國，他描述人們使用金幣、銀幣，還有小銅幣。[56]

雖然這些資料都指出龜茲使用銀幣，但迄今爲止出土的只有銅錢，這很可能是因爲後來發現銀幣的人會將它們熔化再使用。伯希和曾發現一個內盛一千三百枚錢幣的陶容器，其中一千一百零五枚現藏於巴黎的徽章博物館（Cabinet des Médailles），包括漢代與西元三世紀各朝的錢幣，不過沒有一枚來自唐代。負責這批收藏的館員弗朗索瓦・蒂埃里（François Thierry）認爲這批文物來自西元三至七世紀之間，他認爲很可能在西元六、七世紀。[57] 錢範乃至兩座鑄銅作坊的發現，證明龜茲的白氏國王擁有在當地鑄造銅錢的一切條件。

有關佛教寺院支出、收入和餘額的龜茲語文書顯示寺院使用銅錢。[58] 這些紀錄列出買糖和給儀典樂師買酒的現金支出。寺院也購買儀典所需的用品，像是油，並且聘僱磨坊碾磨穀物。

寺院也接受各種實物。有些捐助者給予糧食，供養僧侶以及在寺院居住、耕作的人。村民用綿羊與山羊支付寺院，有時是爲了清償債務。龜茲語中有豐富的詞彙可描述羊和山羊，無論是公的母的，年輕、中年或老的（字面意思是「具有大齒」，因爲成熟動物有恆久的門牙）。[59] 在一場交易中，寺院長老用兩頭山羊交換兩百五十磅大麥，還用一頭羊交換兩百磅穀物；大麥和穀物充作貨幣，當中沒有提到任何錢幣。寺院紀錄只提到綠洲本身生產的物品，寺院似乎在很大程度上是自給自足的，並未參與任何長程貿易。

在西元六至八世紀期間，龜茲語顯然還是一個活的語言，寺院官員用來做紀錄，國王用以發布王家命令，史官以之撰寫編年史，遊人用來塗鴉，信徒拿來標記給寺院的奉獻品。此外，說書人也用龜茲語講述佛教故事。如同年代較晚的漢語變文，散文與詩歌在這些故事中相互交錯。詩歌段落前方有曲調名稱，指示說故事的人應該怎麼唱。[60]有三個詞——「此處」，「之後」和「重新」——出現在講述佛陀生平的故事中，包括佛陀誕生、奢華童年、離開王宮、發現人類苦難、最終悟道。這三個詞成爲繪畫的題名，也出現在克孜爾石窟（第一百一十號）和庫木吐喇石窟（第三十四號）敘事場景下方。當說書人講到那些繪畫中的情節時，他們會指著一個特定場景說：「這就是……的地方」[61]當焉耆語幾乎徹底滅絕，龜茲語仍在流通使用，不過後者在西元八〇〇年後也不再活躍了。[62]

除了佛教主題，還有一些相對樸實單調的貿易文書。有一系列由伯希和發掘、皮諾出版的龜茲語文書描述了進出龜茲的商隊交通。一九〇七年一月，一名當地人帶給伯希和牟打寫有婆羅米文的木牘，它們來自距離鹽水溝關壘有段距離的佛教遺跡。[63]後來伯希和去沙得讓（龜茲北方山區的一個小地方，位在通往拜城的隘口上）附近一個仍在運作的稅站，在山崖頂部烽燧的廢墟中發現有一百三十件旅行通行證埋在二十公分的積雪下。

龜茲國的官員負責在清點、記錄商隊成員（先點人數，再來是動物數）之後發放旅行通行證。他們不特別登記商隊運送的貨物。商隊在每一站繳回現有的通行證並獲得一份新的通行證，這也是爲什麼伯希和在鹽水溝發現超過一百件廢棄的通行證。

‡ 譯注：作者要求刪去原文「一個世紀後的北朝正史記錄耕者以穀物繳納稅賦，其他人則以銀幣支付。它也」列出龜茲的不同物……，改爲「史書中」列出龜茲的不同物……。

儘管紙在龜茲不難取得，經常用於寺院紀錄和信件，官員仍以白楊樹削成的木板做通行證。白楊樹板比紙張更便宜。通行證的尺寸大小不一，平均長約十公分，高約五公分（見本章開頭照片）。如同尼雅發現的佉盧文木牘，這些龜茲文書由可組合的兩件木板所組成。外層的木套件僅局部覆蓋內部木牘（有時不只一件），文件內容不致外露，只看得到驛站官員的名字。[64]

通行證尺寸不一，但內容遵循固定格式：記錄寄件的官員名字、收件的官員名字和地址、起首問候語、攜帶通行證的旅人名字。接著是商隊的成員清單：先是男人，再來是女人，之後是驢、馬和牛。使用非縮寫的數字表示法說明這些是正式的行政文書。文件末了告誡：「讓他們通過。如果隊伍超過上述登記，別讓他們通過。」最後文書押上王國紀年，包括月、日，以及見證人的聲明。這些木牘成書的時間都介於西元六四一至六四四年，是龜茲王蘇伐疊（Suvarnadeva）在位（西元六二四—六四六）的最後幾年。這些紀錄都顯示商隊是在政府嚴密的監督下，從一個核准的目的地前往下一個目的地。

皮諾整理所有列出商隊人數及牲畜數的通行證製成表格。在十三個列出男性人數的案例中，其中九支商隊僅有不到十名男子，男性人數最多的四支商隊分別有十、二十、三十二和四十名男子。動物數量最多的是十七匹馬，牠們與八名男子同行。因爲八十號通行證有毀損，我們不知道有多少動物和這四十名男子同行。在新疆驢子是很重要的交通工具，過去如此，現在依然；有些商隊就只有男人和驢子。有兩件通行證列出隨行的小孩。另外兩件列出的同行者有「寺院侍者」，他們被允許做佛教戒律禁止僧侶做的工作。[65]有個商隊（六十四號通行證）除了一名男性領隊，其餘成員全是女性；女性

表2.1 龜茲的商隊組成，西元六四一至六四四年					
文書編號	男人	女人	驢	馬	牛
1	20		3	1	
2					4
3	2				
5	10			5	1
12				3	
15				3	
16	4				2
21	3		15		
25	5	1			
30	6	10	4		
31					5
33	32			7	
35	3		12		
37	2		2		
44	3			4	
50	8			17	
64		×	×	3	
79					2
80	40				
95				10	

資料來源：Georges-Jean Pinault, “Épigraphie koutchéenne: I. Laisser-passer de caravanes; II. Graffites et inscriptions,” in *Mission Paul Pelliot VIII. Sites divers de la région de Koutcha* (Paris: Collège de France, 1987), 78.

（和驢子）的數量難以識讀。可想而知，這些女性正前往幾部正史中曾提及的龜茲「女市」，即將被賣掉。儘管通行證沒有透露商隊攜帶什麼貨物，不過龜茲國王顯然密切監視著進出龜茲的商隊，並確保他們按照預訂路線行走。

這些文書很重要，因爲很少有史料詳述商隊的大小。成書於西元六二九年左右、北周（西元五五七—五八一年）的《周書》記載一支前往甘肅武威的商隊，其成員有兩百四十名胡商，帶著裝載萬匹彩色絲絹的六百頭駱駝。[66]這發生在隋代重新統一帝國之前，當時旅行困難，於是商人們組成大型隊伍，而且往往會僱用守衛以確保自身安全。龜茲的通行證顯示西元七世紀的商隊行旅逐漸「常規化」：因爲道路安全，旅人不必刻意壯大隊伍。

這種種材料——中國官方正史、出土錢幣，以及龜茲語文書——共同描繪出一個蓬勃發展的地方經濟，其中貨幣經濟與自給式經濟同時並存。西元六四八年，唐朝軍隊征服龜茲。白氏統治者從西突厥汗國的附庸轉而成爲唐朝藩屬。龜茲是唐代總管「安西四鎮」（包括龜茲）的安西都護府所在。接下來幾個世紀，唐朝大多只能維持斷斷續續的控制。其他三個屯駐重鎮是于闐（今和闐）、疏勒（今喀什）和焉耆（西元六七九至七一九年間，碎葉（今托克馬克）取代了焉耆）。[67]唐朝像漢朝一樣在西域建立邊塞駐軍，但與漢朝有一個關鍵性的差異：唐朝在西域使用與傳統中國領地相同的行政體系。龜茲都護府的結構和中原「州」的結構完全相同。州下轄「縣」，縣下轄農業地區的「村」和城市地區的「坊」。

伯希和在庫車南部都勒都爾—阿護爾寺院遺址發現的一批文書，雖然嚴重毀損，不過依然是瞭解中國占領西域的最佳資料：共二百一十四件寫有漢字的殘紙片，其中許多被火焚毀且極度破碎。年代最早的來自唐朝征服五十年後，也就是西元六九〇年代，這段時期政治相當動盪。西元七世紀末，住在吐蕃的各族群形成了強大的擴張帝國，自西元六七〇年起開始挑戰唐朝對中亞的控制。唐朝直到西元六九二年才再次取得對龜茲的控制。[68]經過五十年穩定的統治，粟特與突厥混血的安祿山將軍掀起安史之亂，幾乎傾覆了唐朝。唐朝不得不僱用傭兵，終於在西元七六三年擊敗叛軍。

雖然唐朝勢力大減，唐代軍隊從中亞撤出，但安西都護府轄下的中國軍事殖民地繼續存在於龜茲。西元七六六至七八一年間，中國官員郭昕擔任安西都護府最高長官卻與長安的朝廷毫無聯繫。[69]西元七八一年，郭昕派遣使節重建與唐朝的接觸，不過仍舊按自己的意思執政。在考古紀錄中沒留下什麼痕跡的吐蕃人在西元七九〇年征服該地區，後來回鶻人在西元九世紀早期拿下龜茲，並持續控制當地直到西元十三世紀蒙古人到來。[70]

都勒都爾—阿護爾發現的漢文文書，從唐朝依然強盛的西元六九〇年代持續至西元七九二年、當中國終於失去對龜茲的控制。[71]有別於龜茲語的宗教文本和寺院紀錄，這些漢語史料還呈現一些世俗事務。它們是由駐紮在龜茲的中國士兵所寫的，包括許多家書，以及三件軍事頌詞。一名羞愧的佛教信徒列出他在從軍期間違反佛教戒律的種種行爲，如：飲酒、食肉、違反齋戒規定、損壞寺院常住、損害眾生等等。[72]這些史料記錄了各式各樣的活動：僧人在寺院誦經、女人寫信、農地大小、道教儀式使用的旗幡數量，以及一位官吏的成績考核。[73]文書指出漢人另有聚落，可能是一個邊塞屯駐地，住著士兵和其他依賴軍隊維生的人。[74]

誠如龜茲語通行證，這些材料也記錄了商隊的移動，許多人利用商隊寄送信件。有個人在旅途中寫信，爲了及時完成以便交給一群將返回龜茲的拓殖者，倉促下，不斷重複某些句子。[75]

這些文書提到的主要貿易項目是馬，中國人以一千斤鋼鐵（約六百公斤），或約一千尺布，向龜茲北邊的游牧民族購買馬匹。有一則紀錄提到官員爲照顧馬匹獲派的穀物數量及種類（碾碎的穀物加大豆、糠麩或大麥）。[76]民兵和不同的征戰部隊使用馬匹，郵務和驛站也是。[77]曾經有一名馬商在信中報告馬匹病後痊癒的消息。其他史料證實，粟特人（無論是撒馬爾罕及其周圍來的移民或他們的後代）在提供唐朝軍隊馬匹上扮演重要角色，都勒都爾—阿護爾殘片中有少數粟特人的痕跡。[78]就像樓蘭的駐軍文書，這些文書點出貿易的存在，但此處的貿易是源於中國官員的需求：大部分是馬匹。雖然這些材料破碎、難以解釋，最重要的是，它們記錄了因政府採購而存在的貿易。

與因政府採購而生的貿易相吻合的另一個現象是都勒都爾—阿護爾文書中經常提及的錢幣。它們說明貨幣經濟的存在，特定個人創造相當金額的個別交易。有一個沒有官階的人爲了免除徭役上繳一千文的稅款；另外還有一人付了一千五百文。一份債務清單依付款人的名字列出他們支付的金額：四千八百文、四千文（可能更多）、兩千五百文。[79]考古學者在龜茲的其他遺址發現十一份漢文契約。其中保存最完好的三件都是一千文的借據，借款人同意分次償還借款，每次兩百文。[80]

誰鑄造這些錢幣，爲什麼鑄造？雖然有些羅馬史學者認爲國家因爲要支付軍餉，因此是最可能的錢幣製造者，不過另有學者指出倘若地方市場不存在，士兵並不需要錢幣。[81]唐朝以三種貨幣徵收稅款、支付款項：錢幣、穀物、衣布（通常是固定長度的絲匹）。朝廷支付軍餉導致錢幣大量流通於龜茲各地。

西元七五五年，隨著安祿山叛亂，唐朝從龜茲撤軍，流入該地區的錢幣驟然停止。龜茲當局於是仿鑄劣質的唐朝錢幣。他們以一枚「開元通寶」翻製錢範，將「開元」（西元七一三—七四一年）改為唐朝的新年號（大曆，西元七六六—七六九年；建中，西元七八〇—七八三年）。新錢幣的字比較潦草，還有一些錯誤。龜茲發行的錢幣還有其他跡象說明它們不是由中央政府所鑄：它們的中央孔洞有時是八角形而非方形（因為錢範沒有完全對齊）；錢幣的金屬銅色比中原鑄造的更紅，這是另一個本地製造的跡象。目前新疆已發現一千枚這種錢幣，其中八百枚來自龜茲地區，只有兩枚在中原發現。[82]顯然這些錢幣主要流通於新疆。儘管龜茲和唐朝切斷聯繫，地方統治者們仍然必須支付軍隊薪餉，所以還是需要錢幣。

不可否認，都勒都爾—阿護爾的漢語史料相當有限。文書總數僅兩百零八件，其中許多甚至只有幾個字，不過它們涉及的事務範圍頗令人驚訝。將這些文書翻譯成法文的歷史學家埃里克．童丕（Eric Trombert），總結其內容道：「伯希和與大谷收集的都勒都爾—阿護爾出土漢語史料的另外一個特點是，缺乏讓人一眼就能識別出的商業文書。沒有商業化的貨品清單。沒有鹽水溝驛站附近發現的那種商隊通行證。只有少量的契約，而且大部分似乎屬於農民之間的交易。」[83]文書內容多樣，不過完全沒提到一般人對絲路貿易的傳統認知：沒有私營商人攜帶大批貨物跨越遙遠距離。童丕認為龜茲是商業中心，可是到那裡的商人不是停留在城內，就是在綠洲外落腳，他們不會選擇在都勒都爾—阿護爾過夜，這就是此處並未發現任何商業文書的原因。

然而，就像都勒都爾—阿護爾一樣，絲路上其他有更豐富文書紀錄的遺址也缺乏關於長程貿易的文書。本章討論的重心圍繞在這批出自龜茲的焉耆語、龜茲語和漢語史料，它們是本書所探討的遺址中最零星、損害最嚴重的史料。所有來自龜茲地區的漢語和龜茲語殘片，總計不足一萬件，其中只有數百件的保存狀況較好，可供學者讀解。龜茲有貿易，但就像通行證所顯示的，它受到政府官員緊密的監督。來自都勒都爾—阿護爾的材料也說明中國軍隊對馬匹的需求，構成了當地貿易的主體。即使在西元八世紀下半葉，軍事衝突頻繁，當地統治者仍繼續鑄幣，足見貿易和軍隊之間的緊密關係。

雖然龜茲出土的證據殘缺不全，不過足以勾勒出一個不同於絲路貿易傳奇圖像的另一種可能：史料顯示相較於由個別商人率領的長途貿易商隊，中國軍隊對絲路經濟的貢獻更爲重要。當中國軍隊駐紮在中亞時，財富以錢幣、穀物和布匹的形式流入該區域。當中國軍隊撤出時，就只能靠本地旅人和商販維持小規模的貿易。

第三章 中國與伊朗之間的中途點——吐魯番

吐魯番位於塔克拉瑪干沙漠的北道，是連接中國和伊朗世界的橋樑。即使到了今日，吐魯番仍保有一種國際都會的感覺。每個角落都有攤販賣著饢餅，類似中亞、印度北部的發酵麵餅。九〇年代中期我曾在此參加一場會議，一位研究伊朗語言的挪威教授在早餐時愉快地跟大家打招呼，並說這是他從一九七九年伊朗革命之後，第一次在驢叫聲中起床。在城裡，人們看到許多維族和漢族面孔，還有bazaar的老闆——連說漢語的人都說「巴匝兒」，而非「市場」——不斷遞上地毯、閃耀的鑲寶石刀，以及一杯招呼潛在顧客的茶。

歷史上，吐魯番的人口組成是混合的，其中來自中國和粟特地區（指撒馬爾罕周圍的區域）的移民形成最大社群。西元二二〇年漢朝滅亡後，中國人大量湧入西北。吐魯番和龜茲是塔克拉瑪干北道

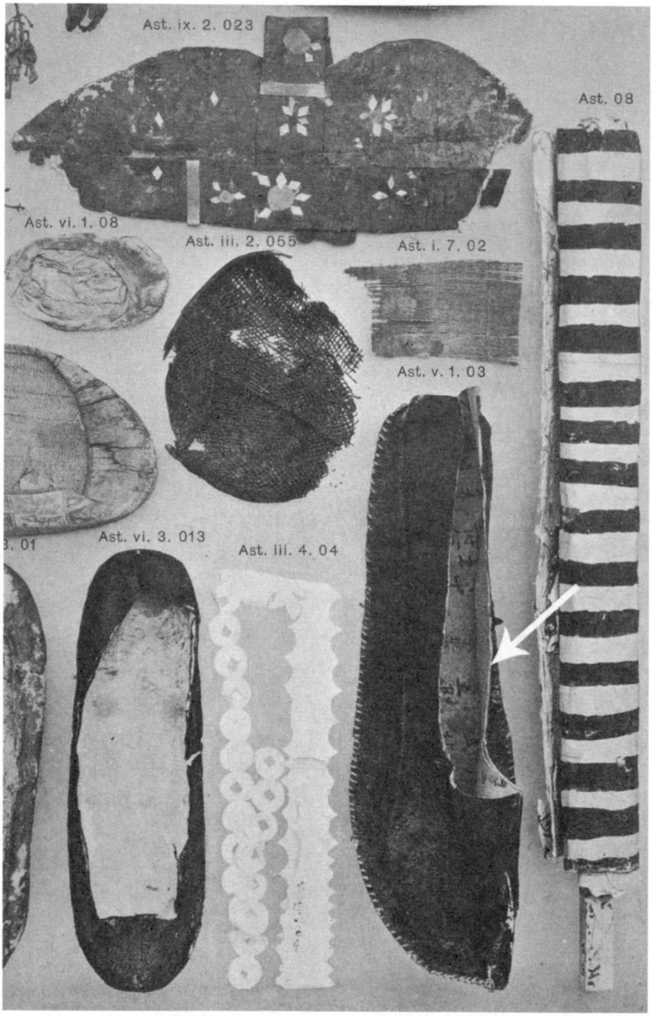

阿斯塔納墓地出土的回收紙製品

為了節省考古報告的篇幅，斯坦因將同一遺址的類似出土品標記後，放在一起拍攝。這張照片呈現一部分他在吐魯番阿斯塔納墓地發現的紙製品：一頂花朵裝飾的帽子、一面卷起來的旗子、一串錢幣，還有最典型的鞋子。工匠將紙質文書剪成鞋底及鞋面，以針線縫起，然後將外側塗黑。圖中箭頭標誌處可見鞋子內側的書寫文字。藉由拆解這些物件重建文書的原貌，考古學家已經對絲路沿線的生活有更深入的認識。

兩個最大的聚居地。吐魯番的中國人會邊聽伊朗音樂邊跳起狂野的胡旋舞，如彩圖14所示。對粟特人而言，吐魯番具有濃濃的「中國味」，因而他們稱吐魯番爲「中國城」。[1]

粟特人與中國人的光芒甚至超過此地的原居民，他們當中有些原來說龜茲語。吐魯番的居民在西元二七三年已經開始使用漢字，這是迄今在此綠洲所發現最早的出土文書日期。吐魯番的史料別具意義，因爲當地居民將書寫過的紙回收再利用，製作成給死者的鞋子、衣帶、帽子和衣服。如此保存下來的紀錄形成一種隨機的、未經編輯的樣本，讓我們一窺前所未見的絲路全盛期百態。

西元五〇〇年以後，絲路南道廢棄，許多旅人選擇會經過吐魯番的北道，其中有一個名叫玄奘（約西元五九六—六六四年）的僧人因爲看不懂幾部佛教典籍的漢文譯本，於是在西元六二九年決定前往印度學習其梵文原本。[2]可是朝廷才剛頒布禁止跨越新帝國邊界的命令，這個出發的時機簡直再糟糕不過。

我們知道玄奘曾踏上這段旅程是因爲他在西元六四九年回到中國後，對弟子慧立（西元六一五—（約）六七五年）詳述一路上歷盡艱險的旅程。[3]據慧立所言，玄奘出生於河南洛陽附近，少時進入寺院。西元六一八年隋朝傾覆，他也離開了洛陽。玄奘先在唐朝都城長安，後到四川研讀佛經共十一年。爲了踏上取經之旅，他學習梵語，也就是佛教的儀式語言，寺院裡也會使用。[4]

敦煌和吐魯番相距五百五十公里，今天遊客可以選擇搭乘過夜火車或是開一天的汽車。今日旅行的便利性模糊了過去這段旅程的危險。玄奘此行的第一站是涼州（今甘肅省武威），這個重要的城市「襟帶西蕃、蔥右諸國，商侶往來，無有停絕」。[5]武威是唐朝疆域內最後一個重要城市，從那裡之

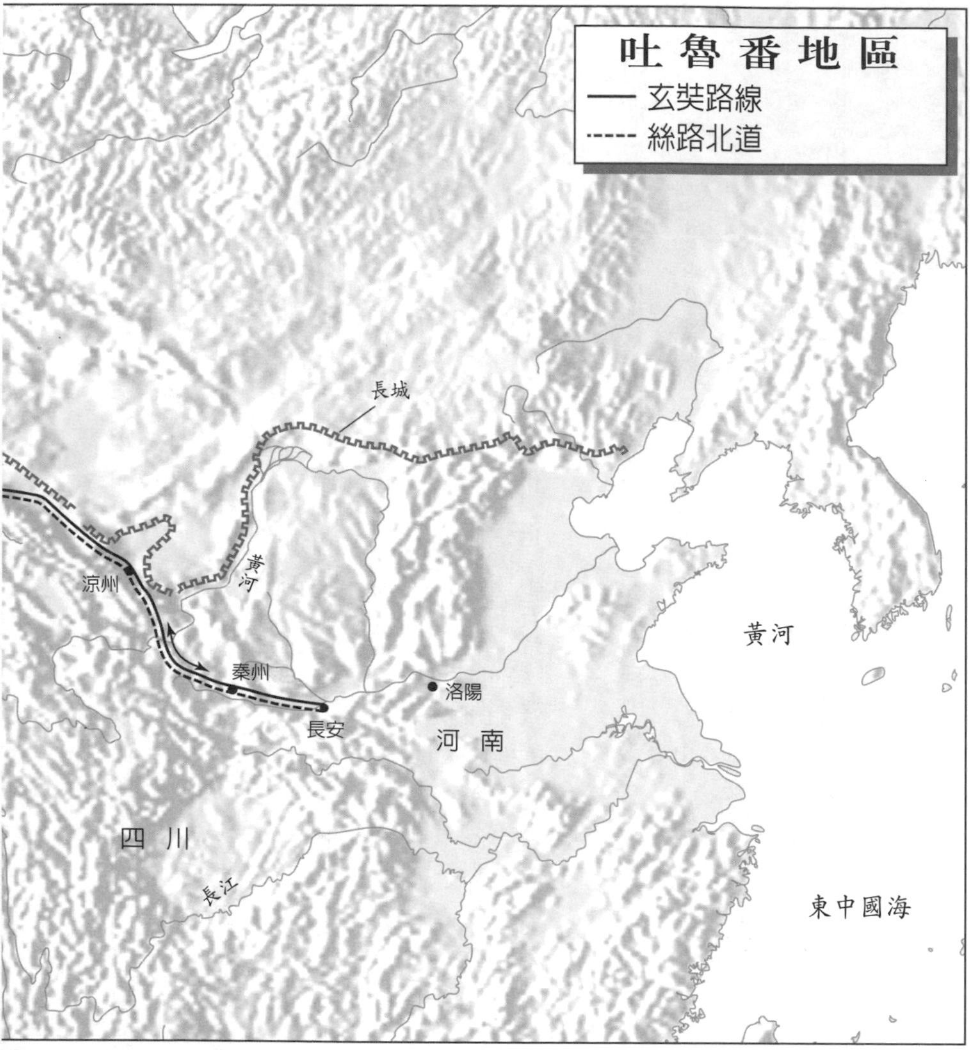
吐魯番地區
玄奘路線
絲路北道
長城
黃河
涼州
秦州
長安
洛陽
河南
四川
長江
黃河
東中國海

0 250 500 英里
0 250 500 公里
巴爾喀什湖
撒馬爾罕
塔什干
托克馬克
弓月城
伊塞克湖
北庭都護府
烏魯木齊
吐魯番
粟特地區
喀什市
焉耆
七角井
玉門市
巴爾赫
烏恰縣
喀什市
庫車（龜茲）
哈密
法札巴德
帕米爾高原
庫爾勒
噶順戈壁沙漠
野馬泉
昆都士
莎車（葉爾羌）
安西
塔什庫爾干
于闐
尼雅
且末縣
羅布泊（現代）
敦煌
開伯爾山口
哈達
白沙瓦
塔克西拉
大都護府
斯利那加
瓜州（安西）
疏勒河（葫蘆河）
5,445
天山山脈
葡萄溝
吐魯番（現代城市）
交河故城遺跡
柏孜克里克千佛洞
勝金口千佛洞
阿斯塔納墓地
南昌墓地
高昌古城遺跡
巴達木村
吐魯番窪地
艾丁湖 -154
0 25 50 英里
0 25 50 公里

後人們可以加入商隊繼續西行。

涼州都督勸玄奘打消離開中國的念頭，不過有位當地僧侶幫助他前進至瓜州。到了瓜州，刺史斯毀逮捕玄奘的通緝令，並勸他盡快上路。（玄奘沒經過敦煌，而是取道附近的瓜州。）玄奘在此得知抵達哈密（中國境外第一個主要停留點）之前會遇上幾個阻礙：首先有湍急的葫蘆河，再來是北邊連續五座烽燧監看是否有非法旅人，最後還要穿越莫賀延磧沙漠（噶順戈壁）。一九〇七年，斯坦因追蹤玄奘的足跡，估計他的旅程總共約三百五十一公里。[6]他發現慧立的紀錄相當精確，只有一處例外：慧立可能爲加快故事的步調，跳過了第一座到第四座烽燧之間的兩天路程。

由於道路沒有明確標示，玄奘僱用一位叫作石槃陀的嚮導帶領他到哈密。嚮導的姓氏「石」顯示其家族最初來自史國乞史城或沙赫里薩布茲地區，今烏茲別克撒馬爾罕城外。*他的名字槃陀，則是常見的粟特名Vandak的漢文轉寫，意思是某位神祇的「僕人」。[7]槃陀將這位年輕和尚介紹給一位已經去過哈密十五次的粟特長者，並勸說玄奘拿自己的馬與長者的識途老馬交換。玄奘想起在長安時算命先生曾預言他將騎著一匹削瘦的紅色老馬，於是同意交換。

槃陀和玄奘在午夜後出發。他們沿著葫蘆河往北，直到抵達一處可渡河的淺灘。槃陀砍下梧桐樹做成一座簡單的橋，讓兩人和馬匹可以到對岸。後來他們躺下入眠，夜裡玄奘覺得自己看見槃陀拿著刀向他靠近——這難道是場噩夢嗎？不過他向觀世音菩薩祈請救助，順利度過險境。

隔天早上槃陀解釋說他決定要回頭：「弟子將前途險遠又無水草，唯五烽下有水。必須夜到偷水而過，但一處被覺即是死人。」雙方同意分道揚鑣。玄奘給他一匹馬作爲禮物，然後獨自出發穿越沙漠。

慧立生動描述師父獨自旅行所面對的恐懼。玄奘沿著一條僅由馬糞和旅人枯骨在砂礫上標誌出的路線前進，產生了幻覺，他看見遠方有成百士兵不斷地變化著形貌。到達第一座烽燧時，他躲在一條溝裡直到夜幕降臨。當他喝足水，並從水槽充塡他的水袋時，幾支箭嗖地射過，差點命中他的膝蓋。他站起身來，喊叫：「我是從首都來的和尚。不要射我。」一名衛兵打開烽燧的門，裡面的守將邀他入內過夜。守將並承諾他的親戚會在第四座烽燧協助玄奘。抵達第四座烽燧，箭雨再次飛向玄奘，直到他再度解釋自己的身分，衛兵才讓他通行。烽燧守將勸他直接前往約五十公里外、最近的水源「野馬泉」。

玄奘繼續獨自徒步前行，漫漫長路上卻沒有找到泉水補給。有一次當他停下喝水時，水袋從指間滑落，所有的水都流光了。他感到氣餒，開始往回走，但後來決定：「與其返回東方而活著，不如西行而死！」在沙漠中整整五天四夜，玄奘再次向觀音菩薩祈求，後來他的馬總算帶著他到沙漠中的一處泉水。他從脫水的狀態中恢復。抵達哈密後，三名中國僧人在當地寺院接待他。他終於離開了中國。

玄奘從長安至吐魯番的記述不到一章的篇幅，僅僅是慧立聖徒傳中的一幕，這本書的主要目的是記錄玄奘展現的種種奇蹟。就像所有的聖徒傳，慧立誇大旅途中的危險以顯示師父的虔誠。儘管如

＊ 譯注：乞史（kesh），或沙赫里薩布茲（Shahrisabz）地區是「史國」。石槃陀應出自石國，在塔什干一帶。

此，現代讀者還是不禁懷疑一些細節。中國官員怎麼會在通緝者出現在自己面前時撕毀逮捕令？玄奘爲什麼要給一個曾持刀威脅他的嚮導一匹馬，然後獨自踏上旅途中最困難的一段？無人陪伴的玄奘如何從沙漠旅途中活下來？就算玄奘是僧侶，兩個不同烽燧的守將怎會允許一個逃犯通過？他如何能在沒有水的情況下，在沙漠中撐過五天四夜？（一八九六年，赫定倒是眞的在缺水的情況下度過了六天五夜。）8

慧立將違反帝國命令的行爲（無視旅行禁令離開中國）寫的像是玄奘獨自一人完成的。儘管玄奘一定是本來就打算去拜訪西突厥可汗（與唐朝爭奪中亞控制權的主要對手），慧立在他的聖徒傳中使玄奘成爲忠誠的唐朝臣民，他獨自離開中國，不過是在離開中國後才決定去拜見可汗。9

無論出發前究竟如何盤算，玄奘的經驗與一般絲路北道上的旅人顯然大不相同。他獨自完成從瓜州到吐魯番的這段路，然而幾乎所有人在這段路上都與商隊同行。沒有旅行禁令時，商隊可在邊境申請過所。嚮導會引著旅人走難以辨識的路徑穿越沙漠，帶領旅人避開那些曾降臨在沿路白骨身上的災難，讓他們安然無恙的完成行旅。玄奘的路線凸顯吐魯番在絲路上的重要位置。它和龜茲是西域最大的兩個城市。

根據慧立的記載，玄奘甫離開唐帝國命運就改變了。高昌國王麴文泰派使節出迎。高昌國的根據地在吐魯番。吐魯番位於絲路北道，是哈密之後的下一個綠洲。玄奘和他的嚮導在黑暗中前進，半夜抵達王宮，國王和隨從手持火把出來迎接他。國王與玄奘徹夜暢談，第二天早上玄奘還在睡覺時，國王夫妻便已在他的門外守候，希望成爲早晨第一個向玄奘請安的人，以示虔敬。玄奘在一座寺院待了十天之後，決定繼續他的旅程。

不過國王試著說服他留下：

自承法師名，身心歡喜，手舞足蹈，擬師至止，受弟子供養以終一身。令一國人皆爲師弟子，望師講授，僧徒雖少，亦有數千。

玄奘不願續留，兩人爭執不下，國王威脅要遣送他回中國。玄奘執意離開，於是國王把他鎖在宮中，每天親自送上餐食。一連三天，玄奘拒絕進食。第四天國王

高昌古城遺跡

吐魯番附近高昌城的土牆是全中國少數還在地面上的遺跡之一。參觀者可以看到居民往地下挖掘，形成夏季涼爽的住所，同時他們也將泥土壘成高牆。這裡有兩座土望樓，聳立在高昌的其他建築物之上。西元六二九年，玄奘結束絕食後，很可能從其中一座向外布道丨作者拍攝

屈服了。兩人達成一項協議：玄奘在吐魯番多停留一個月，並且教授一部名爲《仁王經》的佛經，而國王會爲他的旅程備妥禮物。

到了月底，國王指派四個新受戒的僧人和二十五名侍從伴隨玄奘，並爲他們提供面罩、手套、靴子和襪子。他也給玄奘足夠的錢和布匹，據計足以支付玄奘二十年的旅費：一百盎司黃金、三萬銀幣，還有五百匹錦緞和絲綢。在西元七世紀的絲路上，黃金、銀幣和絲綢全都可做貨幣之用。更重要的是，高昌王提供了二十四封介紹信，分別致西突厥可汗和另外二十三位從屬的國王，他們和高昌王一樣，是可汗的盟友。[10]

玄奘的路線盡可能待在西突厥及其盟友控制的領土。可汗的首都在今日吉爾吉斯伊塞克湖西北緣的托克馬克（古代碎葉），高昌王另外準備了五百匹的綾羅和兩車的美味水果（可能是乾果）要呈給可汗。雖然高昌王有冰窖，可以在冬季享用水果，不過前往可汗帳篷的旅途漫長，新鮮水果難以保存。玄奘在冬天離開吐魯番，最可能是在西元六二九年的十二月。[11]

高昌王的家族從西元五〇二年起掌權。[12]雖然他們可能不是漢人，但麴氏統治者採用許多中國制度。正史《後漢書》記載吐魯番的原居民車師人：「廬帳而居，逐水草，頗知田作。」[13]在車師王的陵墓裡，僕從埋於長方形坑，馬匹則葬於圓形坑，確認其遊牧形態。[14]西元前六〇年匈奴聯盟衰微後，當地的車師統治者轉而臣服於漢朝。其後，漢人在交河建立邊塞，直到西元四五〇年之前，這個地區大都在中國各王朝的掌控中。交河戲劇化地坐落在兩條河流交會處。遊客可依循各建築物的指標，走聯合國教科文組織鋪設的小徑穿越廢墟。[15]

在中國王朝控制的數世紀間，有許多中國移民定居吐魯番，許多本地居民也學習漢語。西元三至四世紀吐魯番就像尼雅和龜茲一樣，很少錢幣流通。吐魯番最早的漢文契約來自西元二七三年，記錄以一具棺木換取二十匹絲綢，此時居民將絲綢當貨幣。[16]契約說明絲綢是經過脫膠的熟絲，意指絲線表層的物質已經煮沸去除了，可使染料更容易吸收。數百年來，吐魯番居民始終保持對熟絲的偏好，也偏好以二手毯子和定量穀物作爲交易媒介。

從西元五〇二年開始掌權，麴氏統治者採納漢人的文化規範，並且和許多中國統治者一樣支持佛教。他們以中國爲典範建立官僚體系，用漢語做行政語言，首都的城門也以漢語命名。學生在學校學習漢文經典、王朝歷史，但將內容翻譯成當地語言，很可能是龜茲語或粟特語。[17]

西元六四〇年，唐朝軍隊打敗高昌國，征服了這個綠洲，吐魯番又更加中國化。曾經接待玄奘的麴文泰（西元六二〇—六四〇年在位）是高昌第十位、也是最後一位國王。麴文泰在驚嚇中崩潰，其子投降，於是唐朝在此綠洲建立直接行政統治，總部設在交河。唐朝並且設立安西都護府，負責監管西域事務。[18]

由於吐魯番是一個府，和唐帝國其他三百餘個州／府一樣，因此官員依照「均田制」的規定（該制度實施於全帝國）施行土地重新分配。他們必須每三年更新一次戶籍。戶籍登記列出戶長、家庭成員和同住者，以及他們的納稅義務。每個青壯男性有義務支付三種稅：傜役、穀物和布匹。戶籍還列出青年、老人、殘障者、婦女，他們負擔較少的義務，有時甚至可豁免。

盡納稅義務的回報是，每個以健全男丁爲首的家戶可獲得二十畝（一・二公頃）的永業田，與八十畝（四．八公頃）的口分田。[19]政府希望鼓勵人民在永業田上做長期投資（例如種植可供養蠶的桑樹）；個人份額的口分田則每三年重新分配，作為一般耕作之用。

西元六四〇年官員編製的戶籍資料，吐魯番計有八千戶、三萬七千七百人。[20]（一百年後，戶數增加到一萬一千六百四十七戶。）[21]由於吐魯番綠洲土地資源稀少，土地登記冊上不僅會列出每戶收到多少土地（通常約五畝，或〇．三公頃），還會列出尚欠多少。雖然當局知道他們永遠沒有足夠的土地可以補發積欠的分額，帳面的假象顯示他們遵守唐律。地方行政單位的彈性使唐律更為成功；官員得調整所有法規以順應當地情況。

多虧吐魯番人有拿回收紙再製衣物、帽子、靴子、衣帶給亡者的喪葬習俗，我們才知道吐魯番的唐朝官員記錄積欠土地的數量。生活在中國其他地區的人可能也以類似的紙衣物陪葬，不過那些脆弱的衣服早已分解。[22]佛教徒認為「天界」在塵世之上，這些生者或許相信紙張有一種能夠升天的特質。吐魯番出土、西元五世紀早期的一張紙鞋底上，就以藍墨寫著漢字「騰」（意為「升起」）。[23]

由於紙張昂貴，吐魯番居民用廢紙（有時是官方文書）製作給亡者的衣服。中國正史記載，高昌國的官員會在事情解決後將所有文書都處理掉，唯一不會丟棄的文書是戶籍登記。西元六四〇年後，吐魯番為唐朝統治，所有高昌國的文書變得過時無用。此外為節省空間，唐朝規定所有文書在三年後都必須扔掉。[24]有時製作喪葬冥衣的人也回收私人文書材料，包括信件、契約、詩歌、藥方，和學校習字簿。吐魯番文書之所以引人入勝，正是因為從隨葬冥衣取得了種類繁多的材料。

吐魯番的乾燥氣候有助保存紙張和其他脆弱的物質，例如織品。綠洲坐落在海拔極低的盆地中，它形成於數百萬年前，當印度次大陸與歐亞大陸碰撞擠壓出喜馬拉雅山時。吐魯番的最低點是艾丁湖的乾涸湖床，位於海平面以下一百五十四公尺，此處是僅次於死海、世上海拔第二低的地方。吐魯番乾又熱，炎熱的程度讓中國人有時稱之爲「火州」，夏季氣溫經常達到攝氏六十度。在沒有空調的情況下，這個溫度對人類而言是無法忍受的（不過向地下挖掘的當地民宅還是很涼爽），對吐魯番著名的瓜果和葡萄就相當完美。除了紙質文書之外，吐魯番的乾燥氣候還保存超過百具的乾屍，以及人造的絲花，如彩圖1所示。

斯坦因在一九一五年一月十八日到訪高昌城牆外的阿斯塔納墓地，發現墓葬已被徹底洗劫一空。一位名叫瑪希克（Mashik）的當地挖掘者向斯坦因保證，他和他的父親親自檢查過遺址的每座墳墓：

> 我們的特別墓地助理瑪希克長期搜索屍骨，對一切無所顧忌，他破壞頭顱的下顎骨，從口腔找出一枚薄金幣……瑪希克聲稱自己是第一個靠經驗累積懂得在死者口中找尋金銀幣的人，不過他的搜索往往罕有回報。[25]

斯坦因在阿斯塔納與哈喇和卓墓地都發現許多文物，包括瑪希克從死者口中撬出的錢幣。不過，斯坦因和跟隨他到遺址的其他發掘者並未意識到這些墓地藏有文書。

今日阿斯塔納墓地向遊人開放，參觀者可以循階梯下至兩座墓室，觀賞墓室中的壁畫。這個遺址令人印象深刻之處在於墓地的巨大規模——東西長二・四公里，寬度超過一・二公里，以及歷史學者從發現的文書中拼湊出了多少資訊。

當地的考古學者知道儘管多次被盜，阿斯塔納墓地仍藏有許多文物，不過直到一九五八年之前，此處都未曾進行系統性的發掘。這一年共產黨發起「大躍進」，這是一個相當激進的群眾動員，目的在將中國經濟提升至英格蘭的水準。每個人、每個農場、每座工廠、每個工作單位都必須增產以滿足生產額度，許多額度高的嚇人，根本不可能達成。集體生活和對農業的忽視在許多地區造成可怕的饑荒，餓死的人數達四千五百萬。[26]

新疆的考古學者也有配額，目標是發掘數量成千的文物。[27]他們嘗試在幾個不同地方挖探坑，不過在阿斯塔納最有成效。當考古學家缺錢無法支付工人挖掘時，地方當局同意讓他們跟在挖掘道路和灌溉渠道的工人旁邊工作，以節省僱用工人的成本。考古學家因而發現更多墓葬。今天吐魯番當地的考古學家在描述文物成車被運進烏魯木齊博物館的情景時，語氣就像其他人敘述二十世紀早期歐洲探險家以駝隊成批地搬運文物一般。考古學家達成被指派的額度，並持續在現場發掘直到一九七五年。這些年中國歷經許多動盪的政治運動，特別是一九六六至一九七六年間的文化大革命。在這段期間，發掘文物的數量才是重點，因此報告的水準往往很差。[28]根據這些倉促發掘的報告，我們有時候不能確定哪一件文物出土自哪一個墓葬。

遺址中文書的命運好多了。在武漢大學歷史教授唐長孺的領導之下，政府資助一群學者聚在北京分析遺址的文書。爲了拼湊文書的原貌，有時他們必須拆解不同的回收紙衣物。重建文書已經出版，每一件都有專家以現代漢字謄寫的釋文，同時附有清晰照片。一九五九年以來，考古學者已在阿斯塔納和哈喇和卓發掘四百六十五座墓葬，其中兩百零五座藏有文書。[29]到目前爲止，已經復原的文書約兩千件，當中超過三百件是契約。[30]

這些文書橫跨西元二七三（最早的漢文文書）至七六九年之間，爲瞭解絲路社群的常民生活提供絕佳的深入觀察點。在高昌國建立之前，吐魯番歷任統治者就像尼雅、龜茲的統治者一樣參與使節交換。西元四七七年，一件文書記載接待使節的開支：有來自中亞的柔然（歐洲稱之爲阿瓦爾人）、塔里木盆地南緣的斫句迦王國（Karghalik）、首都在南京的南朝劉宋（西元四二〇—四七九年）、印度北部的烏萇那王國（Uddyana Kingdom），以及「婆羅門國」——最可能是指南印度。[31]

這份使節名單揭示了與吐魯番統治者維持外交關係的周邊王國，但它並未指出誰是吐魯番最重要的貿易夥伴。不過，其他出自吐魯番的錢幣和文書一致指出是伊朗世界（而非羅馬），特別是撒馬爾罕附近的東部伊朗，先是扮演獨立的高昌國最重要的貿易夥伴，自從西元六四〇年唐朝征服高昌後，轉而成爲唐朝最重要的貿易夥伴。

早在西元三〇〇年，吐魯番居民使用根據地在伊朗西部的薩珊帝國所鑄造的銀幣。薩珊錢幣以其純度聞名（百分之八十五至百分之九十的銀），非常獨特。[32]每個錢幣的正面都有現任統治者的側身頭像，每位都能根據特有的皇冠與中古波斯語的名字識別，反面則有兩個人照料著代表祆教的火壇，如彩圖4B所示。在中國發現年代最早的薩珊錢幣來自西元四世紀，發現於高昌城遺址。許多這些早期錢幣僅有輕微磨損，顯示它們並未廣泛流通使用。[33]吐魯番出土的西元四世紀文書提到以布匹付款，證實我們對薩珊錢幣流通度有限的印象。

西元五四三年，有一份置放在墓中的物品列表首次特別提及銀幣。它列出一百枚銀幣、一百枚金幣，和一億九千（按：萬萬九千丈）腕尺長的「攀天糸（絲）」（一腕尺長度為三公尺）。[34]這份隨葬品清單未指出銀幣何處鑄造，不過此時中國錢幣是以青銅鑄造，所以銀幣一定來自薩珊帝國。墓中織品和錢幣的數量之高顯示其為仿製品，並非實物。

有關真正銀幣的最早紀錄來自西元五八四年的一份契約，契約記載某人以五枚銀幣租借一畝地。類似的契約買賣持續至西元六七七年；人們用銀幣租借土地、樹木、牛車、家園，還用來買地，僱人在當地看守烽燧、發放貸款、繳納稅款。[35]現存一件來自阿斯塔納的粟特語契約也和漢文契約傳達的訊息相符，它記錄西元六三九年有人以一百二十枚「極純」銀幣販賣一名女奴。[36]

文書記錄顯示吐魯番居民從西元六世紀晚期到七世紀晚期使用銀幣，錢幣的發現也支持這個論點。考古學家在高昌城的廢墟發掘一百三十枚薩珊銀幣，在阿斯塔納墓地也發掘三十枚，後者有許多是斯坦因的助手瑪希克從死者下顎硬拽出來的。[37]薩珊銀幣持續流通至西元六四〇年中國征服高昌之後，甚至到西元六五一年薩珊帝國亡於入侵的伊斯蘭軍隊之後，此時薩珊的征服者改用阿拉伯統治者鑄造的阿拉伯薩珊錢幣。阿拉伯薩珊錢幣就像之前的錢幣一樣，重約四克，鑄幣者以阿拉伯統治者取代薩珊皇帝的頭像，並在正面加上阿拉伯銘文。[38]

中國已發掘約一千三百枚薩珊錢幣，其中絕大多數出自新疆。[39]考古學家在吐魯番西邊烏恰鎮（維吾爾語稱為Ulugart）一條喀什城外的小路上，發現中國最大的銀幣窖藏。一九五九年修路人員用炸藥拓寬道路時，發現了九百四十七枚銀幣，許多都鏽蝕在一起。同時出土的還有藏在岩石縫隙裡的十三塊金條。這座山丘接近吐魯番和西突厥首都之間的主要路徑。銀幣發現地點位於山丘一側，一定有人刻意將錢留在那裡以保安全，最後卻沒能返回，他或許是個商人？使者？還是強盜？[40]九百四十七枚錢幣中包括薩珊和阿拉伯薩珊兩種。阿拉伯薩珊錢幣的存在說明這些文物來自西元六五一年薩珊帝國亡於哈里發軍隊之後。而中國仿製的薩珊錢幣（可能多達窖藏的四分之一）更凸顯了銀幣對西域居民持續的吸引力。[41]

西元七世紀晚期，九百四十七枚銀幣的購買力如何？我們可從吐魯番一個放貸人——名為「左憧憙」，西元六七三年去世——墓中發現的文書看出端倪。墓中有一封折疊起來的信，是一名僕人留給亡者的，他表示自己拒絕為六年前（西元六六七年）被偷走的五百枚銀幣負責。該僕人像許多中國人一樣，相信陰間的法庭會為生者和亡者主持正義。這封信顯示社會中的富裕人士可能隨時都有五百枚錢幣在手邊。

左姓放貸人墓中的十五件完整契約記錄他平時的小額放款：介於十至四十枚銀幣或是三至三十匹熟絲。政府規定大宗買賣應使用絲匹，例如奴隸和牲口，錢幣則用來購買低價物品，可能是因為錢幣經常供應不足。誠如規定所示，左姓放貸人在西元六六一年以六匹熟絲購買一名女童為奴†，西元六六八年以四十枚銀幣購買九十束乾草。八份合約記錄絲綢或銀幣的貸款，另外五份記錄土地租借，

† 譯注：不只六匹熟絲，還另付了錢五文。

其中至少有一人也曾向他借錢。和其他許多吐魯番文書不同的是，這些契約完好的放置在墓中，也許因爲左氏生前無法收回借款，希望死後可以這麼做。[42]

這些埋在墓中的契約都是按月收取百分之十至十五的利息。對當時的人來說，這樣的利率是很高的：《唐律》規定每月利息爲百分之六。[43]基於各種原因，負債的一般百姓會找放貸人借錢度過難關。我們不知道文書中的借款人發生什麼事，可以確定的是，他們未曾償還欠款，因爲如果欠款已經償還，放貸人會在收到最後一筆還款時，照慣例銷毀手上的契約。

吐魯番使用銀幣，中原則是從西元前二世紀以來便一直使用五銖錢。這種截然劃分的貨幣範圍——銀在吐魯番及吐魯番以西，青銅在中國——持續到西元六四〇年綠洲被征服後。吐魯番的人們約在西元七〇〇年才開始改用銅錢，銅錢常以一千爲單位，將銅幣串成串，稱爲「貫」。有關銀幣最晚近的記述來自阿斯塔納文書，是西元六九二年的一份稅金收據，文書說到銀幣與銅錢的兌換比：二枚銀幣值六十四枚銅錢。[44]

西元六至七世紀吐魯番的銀幣使用讓人更確定：在絲路貿易的高峰期，也就是當唐朝在西北駐紮大規模軍隊的時候，中國的主要貿易夥伴是伊朗世界，而非羅馬。目前爲止，在中國境內任何地方從未發現羅馬共和國（西元前五〇七—西元前二七年）或之後羅馬帝國諸元首（西元前二七—西元三三〇年）所鑄造的錢幣。甘肅省重要的考古學者羅豐教授進行極爲徹底的調查，辨識出中國境內所發現最早的拜占庭蘇勒德斯錢幣（solidus coins）有兩枚，鑄於狄奧多西二世（Theodosius，西元四〇九—四五〇年）統治期間，於西元六世紀前葉入土埋藏；最晚的則鑄造於西元八世紀中葉。[45]

這些拜占庭錢幣和薩珊銀幣的時期重疊，兩者經常同時出土。中國出現的金幣遠比銀幣少得多：十一枚在新疆，三十七枚在中原地區，總計有四十八枚（相對於超過一千三百枚的銀幣）。[46]這些金幣看起來都是蘇勒德斯錢幣。蘇勒德斯錢幣最早由君士坦丁（西元三〇六—三三七年在位）鑄造，含有七十二分之一「羅馬鎊」的黃金，相當於四．五五公克。錢幣正面顯示在位的拜占庭皇帝像，背面有十字架或基督圖像。[47]穆斯林軍隊擊敗薩珊王朝後，又征服了拜占庭帝國的大部分疆土，於是伊斯蘭鑄幣者移除蘇勒德斯錢幣上所有的基督教元素，就像他們過去移除薩珊銀幣上的祆教元素一樣。

若仔細檢視，許多拜占庭金幣其實都是假的。[48]有時是重量沒達到眞幣的標準，有時是皇帝肖像的細節有誤，又或者是銘文的字母不正確。[49]許多金幣有打洞，表示它們是縫在衣服上的，很可能用來當作護身符（其中一枚可見彩圖4A）。

在中國發現數量最多的一批金幣共五枚，通常一地出土數量往往只有一枚。[50]考古學者尚未發現任何可與烏恰和吐魯番出土銀幣相媲美的遺址，這也暗示無論在吐魯番或中原，拜占庭金幣使用於儀式目的，而不是眞正的流通貨幣。[51]阿斯塔納文書也沒有任何以金幣交易的紀錄，墓葬中出土的金幣往往作爲護身符之用。烏恰窖藏的九百四十七枚銀幣和十三塊金條說明一個模式：銀以錢幣的形式流通，黃金則以金條形式。

銀幣廣泛流通顯示吐魯番位於伊朗和中國兩大世界的中途站。在絲路貿易期間，吐魯番吸納許多外來移民，其中以來自撒馬爾罕的粟特人數量最多。西元四、五、六世紀，粟特人來到吐魯番定居。

西元六五一年薩珊帝國滅亡後，移民率明顯提高，西元七一二年伊斯蘭勢力征服撒馬爾罕之後也是如此。

粟特人以經商出名，但住在吐魯番的粟特人從事各式不同的工作，包括耕種、從軍、開客棧、繪畫、製作皮革，以及販賣鐵製品等等。[52]高昌國或唐朝的地方官員編戶籍時，沒有特別標明哪些是粟特人，因此現代學者必須透過分析他們的姓名識別其粟特血統。儘管中國人一般將粟特人稱爲「昭武九姓」，多數粟特人採用以下七個中國姓氏：康（來自撒馬爾罕）、安（來自布哈拉）、曹（來自澤拉夫尚河以北的劫布呾那）、何（來自撒馬爾罕和布哈拉之間的屈霜你迦）、米（來自澤拉夫尚河東南或彭吉肯特）、史（來自乞史／佉沙，即今日的沙赫里薩布茲）、石（來自柘枝／赭時，即今日塔什干）。[53]近年兩位日本粟特語學者，吉田豐和影山悅子，從漢文人名譯音中重建了四十五個不同的粟特名字。[54]許多最早移居吐魯番的粟特移民使用這些名字，至於在中國生活好幾代的粟特人則傾向給子孫傳統的中國名字，這和許多美國移民喜歡替孩子取美國名字是一樣的。

除了命名，遷居吐魯番的粟特人逐漸改變自己的喪葬習俗，向中國習俗靠攏。[55]由於祆教徒相信血肉會汙染純淨的大地，傳統上他們會先將屍體曝露給食腐動物，再把被啃食乾淨的骨頭放進納骨甕。吐魯番曾經發現兩個納骨甕。[56]祆教徒會將動物獻祭給主要的祆教神祇，包括樹木、岩石、山神、風神，以及創世主阿胡拉馬茲達（Ahura Mazda）。[57]這些祭祀很可能是由粟特社群的政治、宗教領袖，也就是具有「薩保」頭銜的人來主持。[58]

許多住在吐魯番的粟特人採用了中國喪葬習俗，包括隨葬木牘——代表在死後世界服侍亡者的僕人。[59]最近高昌城東北的巴達木村一個墓地發掘了超過八十座墓葬，其中國式墓誌上的姓氏顯示墓主是粟特人。[60]命名的規則使我們得以在不同文書中識別出粟特人，無論是記載家戶成員姓名的戶籍或者其他材料。[61]

西元六〇〇年前後，高昌國官員記錄有四十八名商人支付一種稱爲「稱價錢」的稅目，這項稅目針對他們販賣給彼此的貨物進行課徵。[62]貨物稱重後，以銀幣課稅。這件文書是從原登記帳冊的四個不同部分剪下，成爲十張紙鞋底‡，受到許多學者的關注。替西元七世紀早期某年當中一系列個別交易留下歷史剪影，是揭露最多絲路貿易商品交換訊息的一件文書，同時也體現阿斯塔納墓地出土的拼湊文書帶給研究者的樂趣與挫折：它們比其他任何材料提供了更多訊息，但缺失的部分（因爲製作鞋底而切除）意味著文書是不完整的。

即使如此，這些記錄還是凸顯粟特人在絲路貿易上的比重。文書提到的四十八個買方或賣方中有四十一個是粟特人。[63]「稱價錢」的紀錄呈現的買賣頻率不甚活躍——每週只有幾次——有許多週完全沒有該稅目可徵收。[64]

官員記錄每天所有的買賣，每月對帳兩次，清點他們收到的錢幣總額。徵稅的稅率是每兩斤銀子徵收兩枚銀幣（重八公克），稅率不到百分之一。學者們還不確定西元六〇〇年的一斤到底多重：是舊制的兩百公克，還是新制的六百公克，不過一般認爲比較可能是重量較少的舊制。由於不確定它們

‡譯注：此文書出自阿斯塔納五一四號墓中的女屍紙鞋，從其紙鞋中拆出十一段文書，而非十件。

表3.1 西元六〇〇年左右吐魯番附近稅關一年當中的「稱價錢」稅收收入

貨品	重量	賣家的姓氏 （可能的族裔背景）	買家的姓氏 （可能的族裔背景）	日期	稅金
銀	2斤	曹（粟特）	何（粟特）	正月一日	2文
銀	2斤5兩	曹（粟特）	康（粟特）	正月一日	2文
金	9斤半	翟（高車）	（破損）	正月二日	（破損）
銀	5斤2兩	何（粟特）	安（粟特）	正月三日	5文
香	572斤	翟（高車）	（破損）	正月三日	（破損）
鍮石	30斤以上	（破損）	（破損）	正月三日	（破損）
藥	144斤	康（粟特）	寧（中國人）	正月三日	（破損）
絲	50斤	（破損）	康（粟特）	（破損）	7.5文
金	10兩	（破損）	康（粟特）	（破損）	
（破損）	5斤	（破損）	（破損）	（破損）	70文
（破損）	（破損）	（破損）	（破損）	（破損）	42文
硇沙	172斤	安（粟特）	康（粟特）	正月十五日	（破損）
香	252斤	康（粟特）	康、何（粟特）	（破損）	（破損）
硇沙	50斤	曹（粟特）	安（粟特）	正月廿二日	（破損）
銅	41斤	曹、何（粟特）	安（粟特）	正月廿二日	（破損）
銀	8斤1兩	翟（高車）	何（粟特）	（破損）	（破損）
金	8斤半	何（粟特）	供勤（突厥）	（破損）	2文
（破損）	（破損）	（破損）	安（粟特）	（破損）	14文
（破損）	71斤	（破損）	何（粟特）	〔三月〕	（破損）
鬱金根	87斤	康（粟特）	車（車師）	〔三月〕	1文
金	9兩	曹（粟特）	何（粟特）	三月廿四日	2文
香	362斤	射蜜畔阤（粟特）	康（粟特）	三月廿四日	15文
硇沙	241斤	射蜜畔阤（粟特）	康（粟特）	三月廿四日	

磁沙	11斤	白（庫車）	康（粟特）	三月廿五日	（破損）
銀	2斤1兩	康（粟特）	何（粟特）	四月五日	（破損）
絲	10斤	康（粟特）	康（粟特）	四月五日	1文
（破損）	（破損）	（破損）	（破損）	（破損）	17文
（破損）	（破損）	（破損）	（破損）	（破損）	1文
銀	2斤	（破損）	何（粟特）	〔四月〕	2文
香	800斤	（破損）	（破損）	〔四月〕	（破損）
石蜜	31斤	（破損）	（破損）	〔四月〕	22文
絲	80斤	何（粟特）	（破損）	〔四月〕	8文
絲	60斤	車（車師）	白（庫車）	五月二日	3文
絲	（破損）	車（車師）	（破損）	五月十二日	1.5文
磁沙	251斤	康（粟特）	石（粟特）	六月五日	6文
香	172斤	（破損）	何（粟特）	（破損）	4文
（破損）	（破損）	康（粟特）	（破損）	七月十六日	（破損）
（破損）	（破損）	曹（粟特）	（破損）	七月廿二日	（破損）
（破損）	（破損）	（破損）	（破損）	（破損）	8文
（破損）	（破損）	安（粟特）	（破損）	七月廿五日	（破損）
金	4兩	康（粟特）	車（車師）	八月四日	〔0.5文〕
香	92斤	（破損）	康（粟特）	八月四日	2文
（破損）	（破損）	曹（粟特）	（破損）	九月五日	（破損）
金	（破損）	康（粟特）	曹（粟特）	十月十九日	4文
香	650斤以上	康（粟特）	康（粟特）	十二月廿七日	21文
磁沙	210斤	（破損）	（破損）	（破損）	
香	52斤	（破損）	（破損）	（破損）	1文
香	33斤	安（粟特）	安（粟特）	（破損）	8文

的重量，本章附表使用文書原始紀錄的「斤」與「兩」（十六兩爲一斤）。[65]

這份稱價錢帳冊列出一年中的三十七筆交易。鍮石（按：黃銅）、藥品、銅、鬱金根、還有石蜜的交易只有一次，其他貨物則較常出現：金、銀、絲線、香（泛指香料、熏香，或藥物）和硇沙（氯化銨）。紀錄中提到六次硇沙，從最低十一斤到高達兩百五十一斤都有。同樣地，香料交易也是可大可小，少者三十三斤，多者可達八百斤（這是數量最大的一筆紀錄）。黃金數量則如預期般微小，只有四分之一斤至半斤多一點，銀的最大數量則未超過八斤。令人意外的是文書中沒有提到絲匹，不過絲匹的價值是由寬度和長度決定，因此的確無法以重量課稅。[66]

「稱價錢」只羅列銷售紀錄，並未列出個別商人的全部存貨。但即使是帳冊上數量最大的八百斤（香料）也只需要幾隻馱獸便能運送。[67]同樣規模有限的貿易也見於緒論提到的證詞，就是中國商人和他商業夥伴的弟弟之間的法律爭端。[68]原告的漢名爲「曹祿山」，很明顯是粟特人，因爲「曹」爲昭武九姓之一，「祿山」則是粟特名字Rokhshan的轉寫，意思是「亮」、「光」、「光明」，和衍生自波斯語的英語人名Roxanne同源。

西元六七〇年左右，曹祿山到中國法庭控告一名中國商人，要求對方歸還一筆借款。粟特人認爲中國商人違反自西元六四〇年唐朝征服吐魯番後便生效的契約法令。身爲他兄長的繼承人，曹祿山有資格繼承兩百七十五匹絲綢。西元六七〇至六九二年間，吐魯番爲安西都護府所在地，因此曹祿山在此提出訴訟。

就像當時的許多商人一樣，曹祿山的兄長和他的中國合夥人都在長安有個家，外出經商時才長途旅行至西域。曹的兄長在弓月城（今新疆阿力麻里，靠近中國與哈薩克邊界）遇見這位中國合作夥伴，並借給他兩百七十五匹絲綢，這些絲綢只需幾頭馱畜便能載運。由於兩人之間沒有共同語言，他們透過翻譯彼此溝通。

這個例證顯示未染色的平紋絲織品與銅幣在唐朝均可當作貨幣。不過絲綢比起銅錢有許多優點。銅幣的價值波動劇烈，絲綢的價格較爲穩定。西元三至十世紀之間，每匹絲綢的尺寸出奇規律：寬一尺八吋（五十六公分），長四十尺（十二公尺）。[69]此外，絲綢也比銅錢輕；一千枚（一貫）標準單位的銅幣可能重達四公斤。[70]

貸款給中國商人之後，這名粟特人帶著兩頭駱駝、四隻牛與一頭驢南下龜茲。這七隻動物負載著他的貨品，包括絲綢、弓箭、碗和馬鞍。最終他沒有到達龜茲。法庭上一名證人推測他已被盜匪殺害，財物則被搶劫一空。隨然曹祿山沒有原借款契約的抄錄本，但他找到兩名見證契約簽署的證人，兩人均爲粟特人。根據唐律，他們的口頭證詞已構成原協議存在的充分證明。最後中國法庭做出對粟特商人手足曹祿山有利的裁決，命中國商人償還債務。

曹祿山死去的粟特兄長帶著七隻負載貨品的馱獸經商，根據現存十二件吐魯番出土的過所，其他商隊的規模也差不多。就像從尼雅和龜茲發現的類似文書，這些通行證記錄每個商隊的組成（包括人與動物），並且記錄他們從甲地同行至乙地、乃至之間獲准前往的地方。在旅程之初，每個旅人均需申請一份過所，上面列出最終目的地、數個中途站，以及同行的人與動物。此外，每當進入一個新的行政區，他會收到一份文書，驗證與他同行的人與動物。

在各行政區域之間的每個駐紮地，地方官員檢查所有同行的人——主要旅人的親屬、僕役（作人）或奴隸——以及牲畜，是否都符合該旅人過所上的登記。唐律禁止用奴役償還債務，唯一合法的奴隸是父母皆爲奴隸者，或者經政府註冊並擁有市場購買證明的奴隸。[71]唐律對動物的檢查也同樣嚴格：旅人唯有攜帶動物的市場購買證明，才可帶著驢、馬、駱駝或牛隻通過檢查哨。和龜茲官員一樣，吐魯番官員並未記錄商隊所攜帶的貨物。儘管如此，過所提供我們商隊規模的資訊：通常包括四到五人，另有約十隻動物同行。[72]

有個名叫石染典（粟特文爲Zhemat-yan，意爲「射勿神所眷寵」）的商人反覆出現在幾件不同的文書裡，我們因此可追索他在西元七三二至七三三年間的動向，並從中瞭解政府監管的程度。石染典的戶籍登記於吐魯番，過所允許他從瓜州經敦煌前往哈密，之後一路向西直到龜茲——路線與玄奘相似。現存文書記錄從瓜州到敦煌這一段中四個官員的核准。該商隊在三月十九日被檢查了兩次、二十日被檢查一次、二十一日又再次受檢。[73]啓程時，石染典和兩名僕人、一名奴隸、十匹馬同行，但在回程的路上，他多買了一匹馬（以十八匹絲綢購得）和一頭騾子。[74]因爲他持有市場購買證明，顯示牠們是合法購得，於是獲得允許繼續前行。作爲小規模貿易者，石染典以十匹馬承載他的貨品，並且不時進行動物買賣，以增加收入。

我們看到官員阻止那些行程與文件不符的商隊。西元七三三年，長安居民王奉仙在完成軍隊補給從龜茲離開時，爲了追欠他三千文銅錢的債務人偏離許可路線，於是重新申請旅行通行證。當地官員在他未被許可前往的城鎮裡逮捕他。不過當他解釋自己生病，而且有人能夠證明他所言不假，官員便

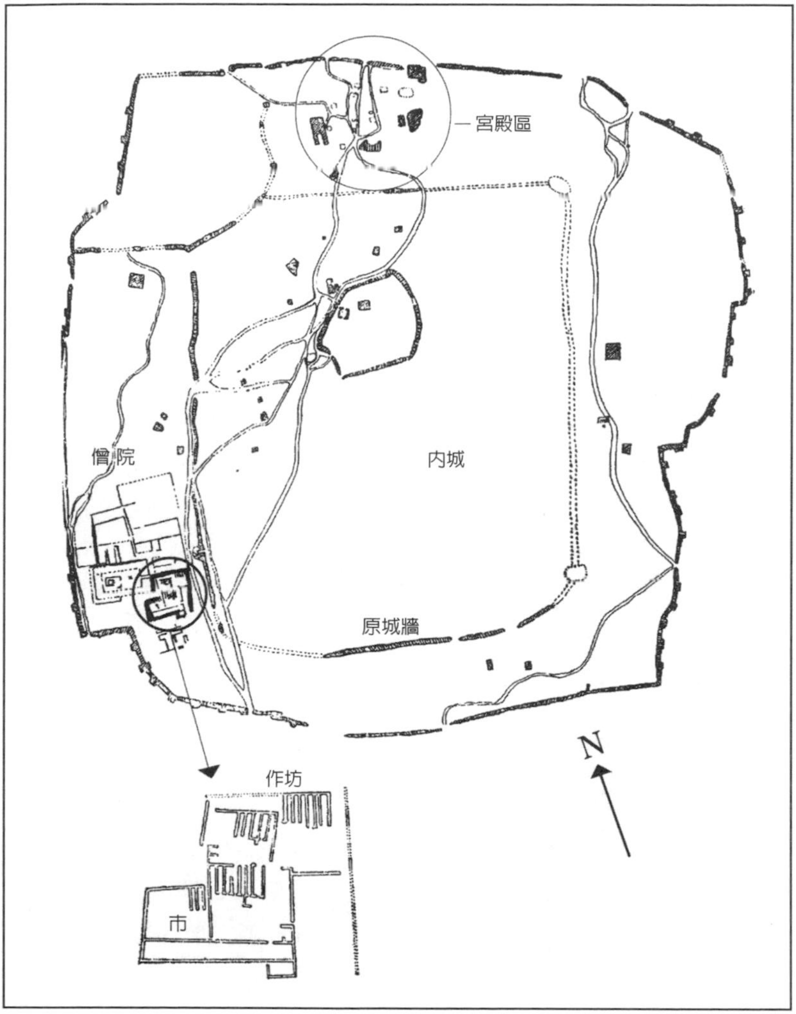

高昌城地圖

仔細審視高昌遺址的道路和建築，考古學者已經辨識出這個城市的不同區域。如同中原其他城市一般，唐朝政府將高昌城劃分成不同區塊，這些區塊在回鶻統治時也繼續沿用。在城市西南方的商業區有作坊，工匠在那裡製作工藝品，並在當地市場出售。政府當局依貨品種類將商販分群，他們各自在市場中有成行的攤位，當局還會定期訪視，記錄物價。

允許他繼續前行。[75]如同尼雅和龜茲的例證，吐魯番的旅行通行證也證明所有旅人都受到當局的嚴密監管。除非官方許可，否則不可偏離原訂路線。

一旦商隊通過官方檢查站進入新的城鎮，成員可以找尋旅店，老闆會順便替他們保管貨品；找尋醫生，替他們治療疾病；還有尋覓娼妓，不過這些人的活動只留下稀少證據，就跟今日一樣。[76]商隊造訪每個停留城鎮的市集。唐朝法律規定某些特定官員，即市場監管者「市司」，每十天巡查市場一次，並記錄所有商品的上、下、中三種價格。[77]有一份西元七四三年吐魯番主要市場的價格登記，如今遺留一百二十一件殘片。其中有些日期是某月十四日，其他的則爲二十八日，表示這些數字是官員在兩次不同場合所收集到的。[78]中國市場劃分爲一行一行，同一行的商家販賣同類商品；吐魯番帳冊列出三百五十種以上的貨品，分屬十幾行的商家攤位。

價目表提供豐富資訊，不過它並未透露有關市場的一切。部分上—中—下的訂價序列（6／5／4）似乎過於規律，啓人疑竇，例如：帳冊中所有牲畜的價格均相同，不論其年齒或整體健康狀況。帳冊中也沒有說明貨物的賣價是多少，抑或是有幾個不同攤商販賣某特定商品。

如同今日中國各地的市場，吐魯番的市場提供各式各樣的麵粉和穀物，還有洋蔥和青蔥等蔬菜。其他鍋、罐等日用品，以及牲畜，包括馬、駱駝和牛，也都在市場裡販賣。甚至可以買到一車人糞做的肥料，價格是25／22／20文錢。

市場上也有多種從伊朗世界進口的商品，其中有許多與「稱價錢」文書相重疊：硇沙（氯化銨）、香、石蜜和鍮石。市場帳冊列出七十種以上不同的藥品。許多進口貨物因爲必須跨陸運輸，體小量輕，不過我們也看到一些較沉重的物品，包括高品質的鑲嵌黃銅鐵劍，價格爲2,500／2,000／1,800文錢，這些高品質鐵劍與便宜許多的本地刀具（價格爲90／80／70文錢）同時販售。來自西方最大宗的商品是動物：如閹割過的突厥坐騎和波斯駱駝，牠們應是步行到吐魯番，可賣給駐紮當地的唐朝軍官。馬匹的價格是20／18／16匹絲綢，駱駝則爲33／30／27匹絲綢。[79]不同的織品攤位供應四川、河南與其他中國內陸省分製造的絲製品，這些正是政府付給士兵作爲薪餉的稅絲。

這些帳冊描繪一個由小規模商人——他們的商隊只有十至二十隻動物——所供應的市場樣貌，其商業規模與「稱價錢」文書和「過所」旅行通行證的記錄相符。中亞經濟的主要參與者是唐朝政府，這點有別於一般對絲路貿易的印象。自西元六三〇年代對抗西突厥起，唐朝政府挹注資金至西域支持其軍事行動。爲資助戰爭花費，唐朝在中國本土收集布匹，將它們運至甘肅的武威和秦州（今秦安），再從那裡運到更西邊、更靠近邊界的地方。[80]超過二十件來自中國本土的稅布已在新疆被發現。[81]

西元六四〇年征服吐魯番之後，留下來的唐朝軍隊大概有好幾千。雖然我們稱之爲唐朝軍隊，不過其中許多士兵並非中國人，而是當地居民。[82]西元六七〇至六九二年，唐朝在西北的領土，包括龜茲，逐漸落入吐蕃之手，導致西元八世紀開始軍事開支不斷增加。《通典》作者杜佑（西元七三五—八一二年）提到，西元七一三年戍邊的花費爲兩百萬貫、西元七四一年一千萬貫、西元七五五年一千四百到一千五百萬貫。由於唐代官員結合錢幣、穀物和布匹創造一套總合的會計單位，其價值難以掌握，也令人難以從充滿矛盾的數字中解讀其具體意義。[83]

無論如何解讀這些數字，唐朝的支出都令人吃驚。即便單一個別款項都遠遠超過吐魯番文書所有交易的總和。在西元八世紀三〇至四〇年代，中央政府每年運送九十萬匹絲綢至西域的四個都護府：哈密、吐魯番、北庭，以及龜茲。至西元七四二年，約五千餘名唐朝士兵駐紮在吐魯番，然而來自當地居民的稅收只夠補貼總花費的百分之九。[84]唐朝以絲綢發放軍隊津貼，從而挹注了大量資金至絲路綠洲的地方經濟。

唐朝中央政府的龐大支出隨著安祿山叛亂而停止。這場叛亂迫使唐朝從中亞撤軍，甚至幾乎傾覆王朝。叛亂領導者安祿山的父親是粟特人、母親是突厥人，他從負責替中國軍隊購買馬匹到後來成爲統領三個藩鎮的將軍。[85]唐玄宗（西元七一二—七五六年在位）擔心自己的部隊可能叛亂，只好接受軍隊的要求，縊死其妃子楊貴妃（傳說和安祿山有染），並且讓位給他的兒子肅宗（西元七五六—七六二年在位）。隨著叛軍控制中國本土最大的幾個州，唐朝的稅賦收入亦在西元七五五年之後暴跌，迫使軍方停止支付西北地區軍隊的薪餉。[86]在沒有其他選擇的情況下，唐朝皇帝只好僱用回鶻傭兵打仗。西元七六三年，國力大衰的唐朝總算成功平定叛亂。

在唐朝從叛變者手中重新奪回控制權的軍事行動中，回鶻傭兵在西元七六二年占領洛陽。在那裡，回鶻領袖遇到一位粟特導師，導師向他引介摩尼教的基本教義——五十年後，回鶻將統治吐魯番。[87]摩尼教是由先知摩尼（Mani，約西元二一〇—二七六年）在伊朗創立的宗教，主張光明與黑暗兩股力量爲控制宇宙持續不斷地交戰。回鶻可汗採摩尼教爲官方宗教，並在一方石碑上以三種語言（粟特文、回鶻文、漢文）記錄這個決定。[88]綜觀世界歷史，這是第一次也是唯一一次有國家以摩尼教為官方宗教。

吐蕃帝國趁著唐朝內部叛亂，伺機擴大勢力。西元八世紀八〇年代，吐蕃軍隊進入甘肅，西元七八六年征服緊臨吐魯番北方的北庭都護府，西元七九二年占領吐魯番。西元八〇三年，回鶻人從吐蕃人手中取得吐魯番。在蒙古的回鶻人隨後在西元八四〇年被黠戛斯（Kirghiz）擊敗，其中一部分回鶻人撤退至吐魯番。在西元八六六至八七二年間，他們以高昌城為都城，建立了一個新國家「回鶻汗國」（Uyghur Khaganate）。[89]第二個回鶻汗國則以東方的甘州（甘肅張掖）為根據地。

在回鶻統治之下，吐魯番當地居民繼續以契約記錄土地、奴隸和動物的買賣，不過他們以回鶻文而非漢文書寫。[90]根據西元十三、四世紀吐魯番的回鶻文契約，地方經濟在很大程度上回到以物易物的模式，人們以動物和土地交換定量的穀物或布匹（經常是棉，它取代絲作為貨幣）。

回鶻文書透露許多關於這個社群的宗教生活。在唐代，吐魯番的居民信仰佛教、道教、祆教，還有本地神祇。在回鶻統治下的吐魯番多了信仰基督教、摩尼教這兩個新宗教的信徒。

二十世紀初，德國人在此區域的第二次考察中發現基督教存在的證據。在高昌城東牆外，考古學家發現一座基督教的小教堂，他們從中搶救一幅壁畫，上面畫著棕枝主日（Palm Sunday，又稱聖枝主日）禮拜。在吐魯番北部一個名為葡萄溝的地方，他們發掘一些基督教寫本，以敘利亞文、粟特文、中古波斯語、現代波斯語和回鶻語寫成。其中有件寫本在將一首讚美詩譯成粟特文之前，還寫了一句希臘文。禮拜的主要語言是敘利亞語，不過一些讚美詩篇和歌集卻有著粟特語標題。粟特語標題顯示葡萄溝的基督徒主要是說粟特語的人，雖然突厥人名的出現和粟特文本中的語言特點都說明這些人逐漸放棄粟特語，改說回鶻語。這些寫本的年代仍無法確定，最可能是在西元九、十世紀，當回鶻以吐魯番為汗國首都之時。91

就像大多數中亞的基督徒，吐魯番的基督徒屬於東方教會，其根據地在美索不達米亞，儀式語言是敘利亞語，為亞蘭語（Aramaic）的一種方言。東方教會的教義認為基督具有神性和人性。此外，瑪麗亞是人性耶穌的母親，但不是神性基督的母親。反對者有時稱他們為聶斯脫里派，試圖將其與聶斯脫里（Nestorius，約西元三八一—四五一年）建立關聯，但教會成員並不稱自己為聶斯脫里教派。聶斯脫里是敘利亞人，西元四二八至四三一年在君士坦丁堡擔任主教，後被逐出教會。92

自從可汗改宗後，摩尼教成為回鶻汗國的官方宗教。有一件長達一百二十五行、可能來自西元九世紀的特許狀，清楚說明摩尼教寺院該如何運作。目前尚不清楚該文書是由吐魯番的回鶻政府或寺院領袖所頒發，文書任命各寺院官員監管田地、葡萄園，以及寺院倉庫。有些頭銜是摩尼教特有的，例如「選民」，不過寺院結構大抵與佛教寺院非常相似。依附於寺院的工人們耕種，提供寺院居民穀物和衣服。神職人員帶領祝祭，負責照料信眾的精神生活；信眾的主要義務則是供給神職人員素食，神職人員吃了以後，會提高他們體內光明分子的數量。93

活躍於庫車的德國發掘者勒柯克，在兩座被掩埋的回鶻時期寺院圖書館中，發現關於摩尼教最有意思的文書。許多摩尼教聖歌留存下來：有些使用儀式語言安息語（Parthian），安息語也是摩尼所講的語言；有些則使用回鶻語，這是西元一千年以前吐魯番的當地語言。聖歌中經常慶祝光明的力量戰勝黑暗的力量：

柏孜克里克的摩尼教壁畫

一棵滿載果實的生命之樹，有著三枝相交的樹幹，在柏孜克里克第三十八號洞窟的大幅壁畫中占有重要位置。此畫高一·五公尺，寬二·四公尺，是現存世界上最大幅的摩尼教藝術作品之一。樹的基部有回鶻語祈禱文，提到施主名字，他祈求守護神庇護。女性施主戴著一個不尋常的鳥形頭飾，跪在樹的右側，兩個守護神祇站在她的後方，其他三人跪在她旁邊。另一側部分被抹去，上面畫她的丈夫，戴著一個類似的頭飾。這個摹本繪於一九三一年，當時該壁畫已受嚴重破壞。

所有光明之存在，忍受巨大痛苦的義人（選民）及聞教者，將與父同享喜樂……因爲他們曾與祂一同作戰，他們克服並戰勝那「黑暗」，其吹噓已爲徒然。[94]

這類讚美詩歌使學者得以重建摩尼教的主要教義，這些教義原來不爲人知，因爲摩尼教文本極少傳世。

勒柯克發現的文本中有些有精美插圖，但受到嚴重水傷，頁面都沾黏在一起，無法分開。一件殘本保存在柏林的印度藝術博物館，此館擁有逃過二戰轟炸的四次德國探險隊全部材料。這幅細密畫描繪摩尼教年最重要的節日庇麻節（Bema festival），畫中神職人員，即選民，唱讚美詩、朗讀摩尼教誨、進食，如彩圖11A所示。[95]

雖然摩尼教是回鶻汗國的國教，可是吐魯番當地保存至今的摩尼教藝術相當有限。只有一幅在柏孜克里克的石窟壁畫經學者一致認可，確定絕對屬於摩尼教。[96]自一九三一年摹本繪製之後，上頁圖中所示壁畫已嚴重受損，遺址管理者因此鮮少讓訪客參觀。

爲什麼摩尼教藝術在吐魯番及周圍的石窟遺址幾乎找不到？西元一千年左右，回鶻汗國的統治者選擇贊助並庇護佛教，而不再支持摩尼教。[97]幾個現存的吐魯番石窟，包括柏孜克里克第三十八號石窟，見證了此一轉變：仔細審視石窟牆壁會發現壁畫往往有兩層，摩尼教層（不一定看得見）往往位於佛教層之下。回鶻汗廷支持佛教的決定，顯然迎來一個只容許單一宗教的新時代。

一二〇九年，蒙古人打敗吐魯番的回鶻汗國，不過允許回鶻國王保住王位。一二七五年，回鶻人支持忽必烈汗。後來回鶻王室被其對手打敗，在一二八三年逃至甘肅定居。雖然農民推翻中國的蒙古統治者，並在西元十四世紀建立明朝，不過吐魯番仍位於中國邊界之外。當地本來受大一統的蒙古統治，後來隸屬於蒙古察合臺汗國。一三八三年，身爲穆斯林的「黑的兒和卓」（Xidir Khoja，一三八九—一三九九年間在位）征服吐魯番，強迫其居民改宗伊斯蘭教，也就是今日當地的主流宗教。[98]吐魯番地區一直獨立於中國之外直到一七五六年清軍入侵。[99]

吐魯番的歷史可分爲三個不同時期：西元六四〇年被唐朝征服以前、唐朝治下（西元六四〇—七五五年）、西元八〇三年回鶻汗國在此立國以後。在中國統治之前與之後的兩個時期，吐魯番地區的經濟大抵自給自足。大部分文書所記錄的長途陸路移動者，不是使節，就是難民。絲路貿易的高峰恰與中國軍隊的出現同時（因爲中國軍隊是絲路貿易存在的主因）。唐政府挹注大量布匹和錢幣至當地經濟市場，使得借款利率攀高，即使貧窮農民也必須支付高利率。西元七五五年中國軍隊撤出後，當地又再恢復自給自足式的經濟。如同下面幾章將談到的，其他綠洲（特別是敦煌）保有更多關於唐政府支出模式的資訊，不過其整體模式是很清楚的。絲路貿易主要是中國政府支出的副產品，而非一般認爲的，由私家商人進行的長距離商業活動。

寄往撒馬爾罕的一封信

遺棄郵包中八件折疊紙張之一。這封書信寫在一張紙上，折疊後放入小絲袋中，並標明「送往撒馬爾罕」。書信寫於西元三一三或三一四年，是現存有關絲路貿易的文書中最重要的其中一件，因為它們的作者是一般平民（包括商人），而非政府官員 | 大英圖書館董事會提供

第四章

絲路商人粟特人的家鄉

——撒馬爾罕和粟特地區

西元六三〇年，中國僧人玄奘離開吐魯番，選擇最多人行走的路線西行。在龜茲停留後，他越過天山山脈，拜訪位在伊塞克湖西北邊緣（位於今日吉爾吉斯）的西突厥可汗，然後前往撒馬爾罕（位於今日烏茲別克）。從撒馬爾罕出發，旅客可往西到敘利亞，向東返回塔克拉瑪干的綠洲國家，或像玄奘一樣往南，前進印度。撒馬爾罕在當時是粟特人的主要城市。粟特人屬於伊朗系民族，他們在絲路貿易中扮演非常重要的角色，同時也是有唐一代境內規模最大、最具影響力的移民社群。1 粟特人說的語言是一種中古伊朗語，稱為「粟特語」，這個語言的一支在靠近塔吉克的偏遠山谷雅格諾布仍有人在使用（見前頁粟特語文書）。

在撒馬爾罕，玄奘進入了伊朗的文化範圍，他們的語言、宗教信仰與習俗和中國一樣歷史悠久且複雜，不過兩者有著深刻的差異。現代旅行者若沿著玄奘的腳步會跨越一條有別於過去、不過依然相當獨特的邊界——中國與前蘇聯的邊界。中國人戲稱這條危險的快速道路爲「鋼鐵之路」，上面散布著翻覆的卡車和金屬碎塊，這些廢金屬來自被拆除的前蘇聯工廠，準備運往中國。

西元七世紀的路線相當危險。經過兩個月等待，積雪終於融化後，玄奘離開龜茲朝天山前進。玄奘帶著龜茲王提供的駱駝、馬匹與侍衛上路，兩天後就遇上超過兩千名騎在馬背上的突厥強盜。玄奘的弟子（同時也是他的傳記書寫者）慧立說，盜匪並沒有對玄奘一行人下手，因爲他們正忙著分配稍早搶到的戰利品。

當玄奘抵達高聳的天山山脈，他對這座「淩山」留下深刻印象：

其山險峭，峻極于天。自開闢已來，氷雪所聚，積而爲淩，春夏不解，凝沍污漫，與雲連屬，仰之皚然，莫恁其際。其淩峰摧落橫路側者，或高百尺，或廣數丈（按：一丈約等於三公尺）。

這趟旅程非常艱困，慧立繼續說道：

由是蹊徑崎嶇，登陟艱阻。加以風雪雜飛，雖複屨重裘不免寒戰。將欲眠食，復無燥處可停，唯知懸釜而炊，席氷而寢。

七天後，玄奘一行人中的倖存者終於離開山區。隊伍中每十人有三至四人死於飢餓或酷寒，至於馬匹和牛隻的損失就更大了。[2]

這個死亡數字異常地高，令人懷疑玄奘一行人是不是碰到慧立未提及的雪崩。[3]由於氣候異常乾燥，冰只在天山山脈的山頂形成，此處遠高於森林線，是故冰層的下面就是沙土。當成塊的冰破裂時，滾滾而落的是沙土而非冰塊，形成駭人的雪崩。無論是否遇到雪崩，這絕對是玄奘整趟印度之行中最危險的關口。[4]

翻越天山後，玄奘一行抵達吉爾吉斯的伊塞克湖。伊塞克湖在突厥語中意爲「熱湖」，這個湖泊因有溫泉注入而不會凍結。中國人也稱伊塞克湖爲「熱海」。[5]在湖的西緣附近，靠近今日的托克馬克，有一個地方名爲阿克—貝希姆，玄奘在此與西突厥可汗相遇。可汗穿著一件細緻的綠絲綢長袍，頭上裹著十尺長的絲帶，長髮垂在背上。[6]

西元六三〇年，可汗領導一個突厥聯盟，控制的領土從吐魯番一路延伸至波斯，不過他並非直接統治全部領土，只要地方統治者——如吐魯番、龜茲和撒馬爾罕等地——願意向可汗進貢，必要時提供軍隊，並且服從命令，便能保有原來的地位。西突厥可汗和高昌王一樣，試圖說服玄奘留在托克馬克，希望他不要去印度。玄奘沒有答應，最後可汗終於讓步，並且提供玄奘一名通譯、五十件絲織品作爲旅費，還有給轄下各屬國統治者的介紹信。玄奘一行人從托克馬克向西走過美麗的高山草原，穿過荒蕪的克孜勒庫姆沙漠到達撒馬爾罕。

在詳細記錄西域各國的《西域記》中，玄奘勾勒了粟特人的基本特徵。[7]他們不用漢字書寫，

而是透過組合約二十來個字母以記錄大量詞彙。他們的服裝很簡單，以毛皮和毛氈製成。男人都和可汗一樣以布纏繞頭部，並剃掉前額頭髮。這個習俗對中國人來說很不尋常，他們總認爲身體髮膚受之父母，不該剃除。

玄奘說出中國人對粟特人的普遍看法：「風俗澆訛，多行詭詐，大抵貪求，父子計利。」[8]唐朝正史的編纂者呼應這樣的偏見，在描述粟特人如何養育兒子成爲商人時，說道：「生兒以石蜜啖之，置膠於掌，欲長而甘言，持珤若黏云。習旁行書。善商賈，好利，丈夫年二十，去傍國，利所在無不至。」[9]

遺憾的是，留存至今的粟特語

材料不夠多，無法糾正這些刻板印象。撒馬爾罕一帶不像塔克拉瑪干沙漠般乾燥，土壤酸性也較高，而且許多材料在西元八世紀早期伊斯蘭征服後被銷毀。目前只有兩批重要的粟特語文書留存：其一是斯坦因在敦煌城外發現的八封「古代信札」，來自西元四世紀早期；其二是近百件來自西元八世紀早期一座受圍攻之城的文書，於一九三〇年代在撒馬爾罕城外被發現。其他粟特語材料僅有銀碗或織品上的銘文、繪畫的榜題，以及吐魯番發現的許多宗教文本，這些史料很少提及粟特人的歷史。[10]

撒馬爾罕最早的居住文化層（西元前七世紀）是粟特人在考古紀錄中最早的遺蹟。數世紀後，亞歷山大大帝傳記作者曾評論Marakanda（撒馬爾罕的希臘語名稱）居民的凶猛抵抗，不過最終他們還是降於亞歷山大。亞歷山大死後，各個朝代輪番掌權，不過撒馬爾罕大部分時候受到以今日塔什干爲根據地的聯盟所控制。[11]

學者直到最近都還認爲，現存最早的粟特語材料是一九〇七年斯坦因在敦煌附近發現的廢棄郵包。一九九六至二〇〇六年間，考古學家在哈薩克南部庫爾脫布遺址（近阿里斯河上的奇姆肯特）發現十塊燒製的磚版殘片，上有粟特字母。經過仔細檢視，中亞伊朗語專家尼古拉斯・西姆斯—威廉姆斯（Nicolas Sims-Williams）確定其時代早於郵包中的書信。在這面牆建造之時，至少有四個粟特城邦存在，可惜文本殘缺不全，無法從中獲得更多資訊。[12]

斯坦因發現的八件粟特語信札大致完整，提供的訊息也更爲豐富。斯坦因在敦煌西北九十公里處發現這個被遺棄的郵包。其中一封信札署名寄給撒馬爾罕的居民，說明送信者是在前往撒馬爾罕的途中遺失信件。一九〇七年，斯坦因的人員在探尋一系列烽燧時發現這批書信。這些烽燧由不同的中國王朝所修築，作爲戍邊之用，彼此相距三．二公里，高度有六公尺或更高，旁邊經常有供守衛居住的小型住所。[13]斯坦因在一座編號爲T.XII.A（T代表Tun-huang，是Dunhuang〔敦煌〕的另一個英文拼寫）的烽燧中沒發現什麼特別之處，於是指派一隊人員清理通道，自己則去探尋另一座烽燧。傍晚回來時，工人們向他展示他們發現的物品：一些彩色絲綢、一個木箱、西元一世紀早期的漢文文書、一件西元四〇〇年前寫有佉盧文的絲綢，以及「一個個折疊整齊的小紙卷，上面明顯是某種屬於西方系統的書寫文字」。[14]這文字與亞蘭文相似，斯坦因想起他在樓蘭也曾發現類似的文字。直到後來，這種不爲人知的文字才被識別爲粟特文。

即使信札難以解讀，許多字也已佚失，這八張信紙提供極爲豐富的訊息。少數能讀解粟特語的學者持續爭辯每個句子的意思，甚至偶而回過頭來闡釋上一個世紀中困擾著學者的某些語詞。五封完整的信札中，有四封已被譯成英文。[15]斯坦因的發掘方法在他的時代雖然已經很先進，但終究並不完美，他的工人並未記錄在這座倒塌的烽燧中，哪些材料出自哪個層位，導致問題變得有點棘手，因爲信札本身沒有紀年。

其中有封信札提供了寫作時間的關鍵線索：「還有，閣下，如他們所說的，最後一位皇帝因爲飢荒逃離洛陽，而他的宮殿和城被放火，宮殿被燒了，城被毀了。洛陽沒了。鄴城（河南彰德府*）沒了！」[16]洛陽曾經在西元一九〇、三一一和五三五年遭受攻擊。多數粟特語學者一致認爲信中所指爲西元三一一年的事件，書寫時間爲西元三一三或三一四年。[17]作者稱入侵的軍隊爲「匈人」（Hun），入侵者的首領石勒（西元二七四—三三三年）屬於匈奴聯盟中的部族之一。這是一般將匈奴和西元四世紀晚期入侵歐洲的中亞匈人相連結的主要證據之一。[18]

這八封信札都沒有放在信封中，而是「折疊成整齊的小卷」——斯坦因如此描述之。它們長九至十三公分，寬二．五至三公分。這些信札的紙張來自中國不同的城鎮，不過尺寸相近，長寬大約爲三十九至四十二公分與二十四至二十五公分。這說明即使在當時，紙張的製造已經相當程度的標準化；有鑑於中國在西元三世紀才開始廣泛使用紙張，這個發展可說相當快速。有三封信札個別放在絲袋中；第四封、編號二號的信札（見本章開頭所示）置於一絲袋中並以麻布覆蓋，上頭寫著「送往撒馬爾罕」，不過沒有回信地址。其他信札都沒有收信地址，表示信差可能認識書信的收件人。一號和三號信札是由一位住在敦煌的女子，寫給她可能住在樓蘭的母親和丈夫，五號信札則寄自武威。

這些信札透露，西元四世紀早期的粟特社群已存在於洛陽、長安、蘭州、武威、酒泉和敦煌。第二封信札提到，在某地有四十名粟特人的聚落，另一個地方則有從撒馬爾罕來的一百名「自由人」（很遺憾這兩個地名都無法辨認），而洛陽的聚落則同時有粟特人與印度人。每當社群達到一定規模，或許是四十人，粟特人就會建造一間拜火寺廟。「薩保」負責禮儀活動，即照料聖火祭壇與主持祆教祭典，同時也以社群首領的身分仲裁糾紛。

在伊朗，祆教漸漸發展爲一神教，奉阿胡拉馬茲達爲最高的神；不過在粟特地區，信徒們崇拜許多神祇，阿胡拉馬茲達只是其中之一。[19] 祆教教義禁止中國的土葬和佛教的火葬，因爲兩者都造成汙

＊譯注：此處有誤，西元四世紀的鄴城爲舊鄴城，位於河北臨漳縣，並非安陽（彰德府），彰德府始自金代。

印度
粟特信札的城市
粟特信札提及的城市以底線標註

資料來源：Étienne de la Vaissière, *Histoire des Marchands Sogdiens* (Paris: Collège de France, Institut des Hautes Études Chinoises, 2002), Map 3.

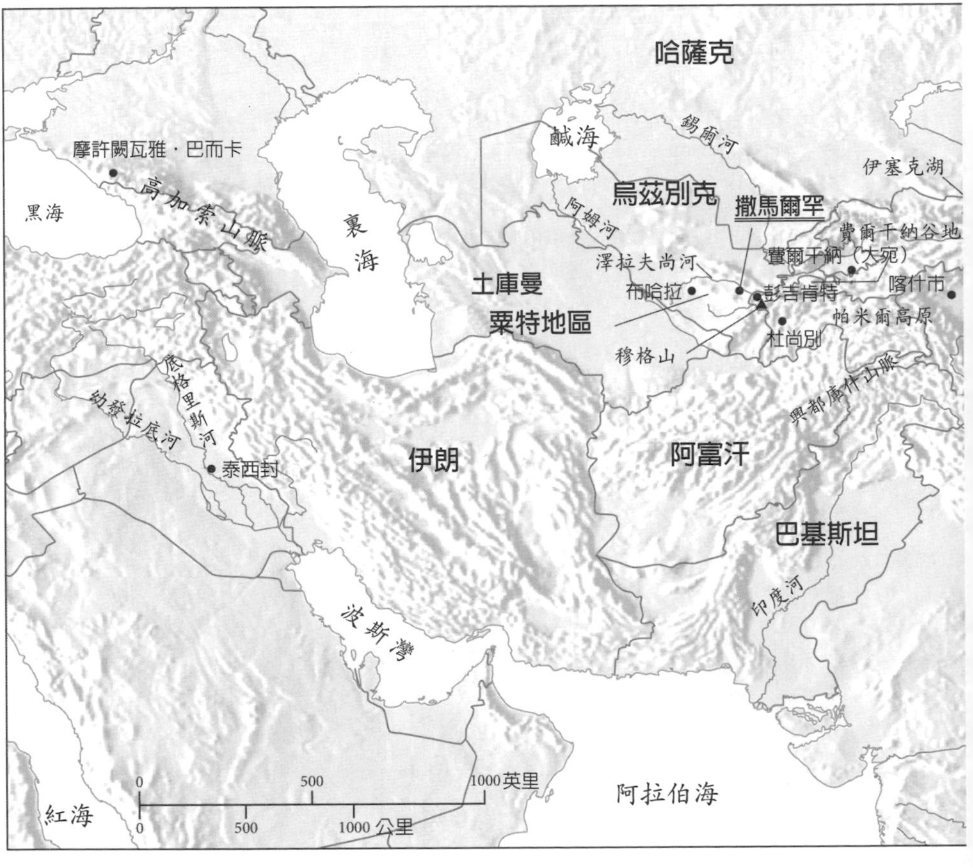

哈薩克
鹹海
錫爾河
伊塞克湖
摩許闕瓦雅·巴而卡
黑海
高加索山脈
裏海
烏茲別克
撒馬爾罕
阿姆河
費爾干納谷地
費爾干納（大宛）
澤拉夫尚河
土庫曼
布哈拉
彭吉肯特
喀什市
粟特地區
帕米爾高原
穆格山
杜尚別
底格里斯河
幼發拉底河
興都庫什山脈
伊朗
阿富汗
泰西封
巴基斯坦
印度河
波斯灣
0
500
1000 英里
0
500
1000 公里
阿拉伯海
紅海

染：土葬汙染土地，火化汙染火。祆教徒選擇曝曬亡者屍體，讓動物將骨骸的血肉清除乾淨，然後放入陶製的納骨甕裡。

寫第一和第三封信的敦煌女子蜜吾乃（Miwnay）被丈夫拋棄，背負著他的債務。她的求助名單有如粟特流亡社會的一個縮影。蜜吾乃求助於一名督導（很明顯是負責收稅的官員）、丈夫的親戚，以及第三個男人（一名生意夥伴）。每個人都以欠債還錢是她丈夫的義務，拒絕幫忙。最後她求助於「寺廟祭司」，對方總算答應給她一頭駱駝和一名男性隨從。

蜜吾乃在給丈夫的信中發洩她的挫折：「我服從你的命令，來到敦煌，不顧我母親或兄弟的要求。在我聽從你的命令的那天，眾神一定對我發怒了！我寧願做狗或豬的妻子，都好過做你的老婆！」[20] 蜜吾乃的女兒在信札後記中提到，貧困的母女被迫牧羊維生。被困在敦煌的三年間，蜜吾乃曾有五次能隨商隊離開的機會，但她沒有足夠的錢支付所需旅費：二十枚斯塔特錢幣。

學者們還無法確定信中提及的一枚斯塔特幣價值多少。它是否重十二公克，與此時期流通的其他斯塔特幣一樣？或者它是另一種流通於撒馬爾罕、更輕一點的銀幣，重約〇．六公克？（這還只是絲路研究者面對的眾多難題之一。）

那位通報洛陽淪陷的商業代理人遠較蜜吾乃富裕。他在撒馬爾罕有足夠資金能授權代他處理事務的商人「取一千或兩千枚斯塔特幣」，幫助一名他照顧的孤兒。這名代理人寫信給在撒馬爾罕的老闆，談到他在甘肅酒泉、武威僱用的人員。他的信記錄公司中的三個階層：老闆（一對在撒馬爾罕的父子）、代理人（信札作者）負責管理手下的編織工人網絡，最後則是織工本身。

二號信札還提到一些當時交易的商品，像是羊毛布和麻布。代理人報告說，他已寄出三十二「囊」（一種數值不明的單位）麝香至敦煌。麝香取自麝鹿的腺體，處理後作爲香料和定香劑之用。根據專門研究粟特人的著名歷史學家魏義天（Etienne de la Vaissière）所言，這些麝香大概重達〇・八公斤，是數量十分龐大的一批純麝香。[21]至於信中提到的羊毛布和麻布則沒有說明數量。

第五封信札署名寄給一位商隊首領，記載姑臧至敦煌之間比較地方性的商業活動。信中提到的金額較先前來得低許多：作者聲稱他只從二十枚斯塔特幣欠款中收回了四個半。他描述商隊從姑臧送到其他地點的幾種貨物，最可能的目的地是約一千四百公里外的樓蘭：「白」，最可能是鉛粉，一種以白色鉛粉爲基底的化妝品；胡椒；銀；和rysk，最後這個rysk所指爲何還不清楚。有些貨物來自很遠的地方：如胡椒（第五號信札）和樟腦（第六號信札）只在東南亞和印度買得到，而麝香（第二號信札）來自甘肅與西藏之間的邊界。第六封信札只有部分倖存，其中作者要求收信人購買某種東西，可能是「產自蠶的」，意爲絲綢或絲線。如果無法取得，作者要求收信人就改買樟腦。這是粟特信札中唯一一次提到蠶絲製品。[22]書信中提到的數量都不完全確定，不過多數學者同意它們的數量都很小，可能在一・五公斤到四十公斤之間。[23]這樣的數量只需要一頭或幾頭牲畜就可以輕易地馱載，說明絲路貿易是一種規模有限的貿易，屬於某些學者所謂的「小額（petty）」貿易。[24]

粟特文古代信札的重要性在於，它們是絲路文書中少數由商人所寫，而非來自監管商業或徵收稅款的政府當局。它們描繪一群流離的粟特人，在一個中國王朝剛傾覆、另一個王朝奮力想接替前朝的當時，以商人、農人，甚至是僕人的身分平靜地生活著，同時仍從事著商業和遠程貿易。

接下來幾個世紀，粟特人繼續說自己的語言，但改變服裝和髮型以配合新的游牧征服者——匈人、寄多羅人（Kidarites）、嚈噠人和突厥人——的要求，這些征服者有時在薩珊帝國（西元二二四—六五一年）的協助下控制撒馬爾罕。遠在西邊的薩珊帝國，首都在泰西封，靠近今日巴格達。西元五〇九年，撒馬爾罕落入嚈噠人手中，嚈噠人是一個由伊朗和突厥民族結合的聯盟，有時被稱爲白匈人，居住在阿富汗北部。[25] 後來，薩珊人和新成立的突厥聯盟在西元五六〇年左右聯手擊敗嚈噠。[26] 西元五六五年之後，撒馬爾罕被西突厥統治，這正是玄奘在托克馬克會見可汗後繼續前往撒馬爾罕的原因。雖然突厥人在西元八世紀發展出自己的書寫系統，往往還是以粟特文從事書寫，而且突厥人和粟特人之間的文化聯繫相當密切。

歷經幾世紀頻繁的政權更迭，粟特人逐漸從撒馬爾罕和布哈拉往外擴張。自從西元五世紀起，粟特人沿著澤拉夫尚河周圍建設新聚落，採用粟特風格的建築和灌溉設施。西元五世紀經濟成長快速，到了西元六、七世紀，粟特已成爲中亞最富有的國家，考古學者在彭吉肯特發現的偌大房舍和精緻繪畫均可證明。[27]

彭吉肯特位於塔吉克境內，在撒馬爾罕東方六十公里。彭吉肯特是絲路上最重要的考古遺址之一，自一九四七年以來，聖彼得堡冬宮博物館（原爲蘇聯，後來爲俄羅斯）的考古學家，每年夏天都到此地進行發掘。[28] 有別於許多中國境內的發掘，考古學者並非在此挖掘個別墓葬，而是費力地發掘整座小型城市，依次發掘一間間的房屋、一個個的探方。

彭吉肯特迄今已發掘約六至七公頃的面積，相當於這座城市的一半。這個城市從西元五世紀開始建立，並於西元七世紀達到最大規模。西元七二二年，彭吉肯特爲阿拉伯軍隊所攻陷，西元七四〇年代曾經短暫恢復，最終在西元七七〇至七八〇年徹底廢棄。[29]這座城市有五千到七千名居民，四周的城牆建於西元五世紀。城市包含幾條街道、巷弄、兩個市集和兩座寺廟，其中一座靠牆式火壇，另一座則有十尊以上的神祇圖像。[30]這座寺廟有一間帶有獨立出入口的房間，裡面放著一尊印度濕婆神的造像，坐在公牛背上，手持三叉戟。他的三叉戟和勃起的陽具雖與印度原型相符合，但腳上卻穿著粟特式靴子。

商業糧倉和市集都顯示彭吉肯特有零售貿易。雖然考古學者在粟特地區尚未找到安置商隊的永久性建築物，波斯語稱之爲caravanserai，部分現代歷史學家相信商隊旅店源於此地。地理學家伊本・郝噶爾（Ibn Ḥawqal）†曾經描述一間巨大建築的遺跡可容納多達兩百名旅客和他們的牲畜，並提供旅客和牲畜食物以及就寢的房間。[31]彭吉肯特的幾間房屋庭院寬廣，足以容納一個商隊，粟特語的旅館tym是從漢語的「店」借用而來。[32]

商隊行經彭吉肯特，因爲它位於撒馬爾罕和中國之間的路上，這條路線越過「硇沙山」，是天山山脈（位於今日塔吉克和中國之間）主要的氯化銨來源地。[33]然而，彭吉肯特發現的文物當中少有經由商隊貿易而來者，西元七世紀的小型玻璃容器是個例外。當地自西元八世紀中葉才開始製造玻璃。[34]

† 譯注：原書拼寫爲Ibn H. awqal，誤。「Ḥ」爲阿拉伯語字母ح的拉丁轉寫。

更多關於貿易的證據來自城市中所發現數以千計的銅幣，其中許多明顯是遺落或棄置於市場的零錢。薩珊帝國的銀幣在西元六世紀也有少量流通。當地最早開始鑄造錢幣的時間是西元七世紀下半葉。中央有關部門授予本地作坊製造錢幣的權力。在粟特人和中國人接觸最密切的西元七世紀，彭吉肯特居民所使用的銅錢形狀與中國錢幣相同：圓形中間有一方孔，有些上面有漢字，有些則無。

和吐魯番一樣，彭吉肯特居民有時使用金幣。一九四七至一九九五年間，考古學者發現兩枚拜占庭帝國金幣眞品，以及六枚非常薄的仿製品。其中五枚在房屋中發現，說明這些錢幣和仿製品都作爲貨幣使用。[35]

仿製的金幣也當隨葬品使用。其中兩枚金幣（也許還有第三枚）在祆教納吾斯（Naus）建物中被發現，該建物是粟特人建來安置死者的，通常同家族的成員會放在一起。這些小型的方形建築以泥磚建成，用來存放納骨甕（甕內放置清理過的骨骸）。[36]祆教文獻並未提到納吾斯建築，它最早出現在西元四世紀末或五世紀的撒馬爾罕地區，不過並未出現在伊朗中部。

有些納骨甕上的裝飾母題記錄祆教信仰：阿胡拉馬茲達會在審判日用亡者的骨頭將他們重組復原。[37]以錢幣隨葬，表示生者認爲死者會因身旁有金幣或仿製金幣而得到好處。這種做法似乎不限於富人，有一位以金幣隨葬的死者只是個陶工。[38]

並非所有死者都葬於祆教納骨甕中，彭吉肯特的一座墓地有肢體完全伸展的墓葬，顯然爲基督教葬式。有具屍體戴著銅製的十字架。[39]考古學家還發現一件敘利亞文的書寫練習，很可能是正在學習東方教會儀式語言的粟特學生的抄寫。[40]

出土房屋至今編號已超過一百三十號，其中包括普通百姓以及有錢人的住房。[41]大型房屋都有一個內含火壇的房間，是家庭祈禱的地方。待客大廳也會有可移動的火壇，以及宗教圖像和信徒畫像（通常是家族成員）。火壇在整個城市中隨處可見，顯示城中多數居民是祆教徒，但是粟特人對其他宗教信仰也保持開放。

粟特人會選擇一位在家中崇拜的神祇，然後把神祇畫像放在接待室的牆上。這些神祇有不同的特徵，目前尚未完全辨識出來。來自美索不達米亞的女神「娜娜（Nana）」顯然擁有很多信徒。[42]有位

撒馬爾罕的祆教墓葬

這個陶納骨甕發現於撒馬爾罕城外的莫拉－庫爾干村，內有清理乾淨的死者骨骸。納骨甕的蓋上有兩名穿著透明長袍的女舞者。由於沒有證據顯示撒馬爾罕地區有女祭司，她們可能是葬禮上的哀悼者，或是在死後世界迎接死者的年輕美女。甕身有一個火壇，兩側各有一位祆教祭司，他們戴著面罩和頭巾，以免任何身體物質或頭髮汙染聖火｜葛樂耐（Frantz Grenet）提供

神祇或坐在駱駝背上，或手持一尊小駱駝像，也為旅人所崇敬。[43] 有間屋子的主人將一尊小型佛像放在另一個房間中；雖然佛像的大小不比他家中的勝利之神和娜娜女神，佛像的存在顯示他願意接納非粟特的神祇。[44]

最富裕者家中的壁畫從天花板延伸至地面，而且分作好幾層。面對門口的最上層裝飾的是大型神像，下方是供養人，也就是屋主自家人。中層畫作大約一公尺高，描繪來自其他國家的知名民間故事：如伊朗史詩洛斯達姆（Rustam）、《伊索寓言》、《五卷書》（*Panchatantra*）中的印度故事。

彭吉肯特街景

最富有的城市居民住在多層住宅中，大廳可容納百人，牆上布滿精緻的壁畫和華麗的雕刻（4）。他們的家鄰近商店和工匠作坊（7）和鍛坊（8）。較貧窮的鄰居住在較小的房子，往往是雙層建築，有時有幾個房間裝飾著小型繪畫（9）。這些住在較小房屋中的居民製作工藝品，並在富人購物的商店中工作｜圖片來源Guitty Azarpay, *Sogdian Painting: The Pictorial Epic in Oriental Art*, University of California Press, 1981. © The Regents of the University of California

最下層通常約半公尺高，是如同卷軸式的連續場景，劇情可能經過說書人的編纂。由於格式大小與書頁相當，這些圖像顯然描摹自書本插圖。45

彭吉肯特的居民委託繪製許多不同主題的作品，可是幾乎沒有一幅關於商業活動的繪畫。考古學者已確認其中一座畫有豪奢宴會的房屋屋主爲商人，他就住在市集旁邊。唯一能說明畫中賓客都是商人而非貴族的證據是，其中一位賓客在皮帶上戴著一個黑色袋子，而非一般貴族配掛的劍。46

在撒馬爾罕阿夫拉西阿卜遺址發現的大型美麗壁畫上，同樣也不見商人身影。這組壁畫提供瞭解撒馬爾罕政治情勢的視覺簡介。阿夫拉西阿卜壁畫的寫實題材，有別於在彭吉肯特和布哈拉城外瓦拉赫沙堡壘所發現、專門描繪傳說和神祇的粟特壁畫。這些壁畫繪製於西元六六〇至六六一年，當時在位的粟特王是拂呼縵（Varkhuman）。拂呼縵王的名字曾出現在中國正史，因爲唐高宗（西元六四九—六八三年在位）曾授封他爲粟特地區（康居）的都督。西元六三一年，另一位粟特王曾向中國提出類似的結盟要求，但被唐太宗拒絕，原因是撒馬爾罕太遙遠，如果他們需要軍隊援助，朝廷無法派兵前往。47

這些壁畫是在一九六五年搶救下來的，當時推土機開挖新路，挖掉了房間的天花板，目前收藏於阿夫拉西阿卜歷史博物館。壁畫全幅超過兩公尺高，十・七公尺長，填滿房間的四壁，該房間格局方正、氣勢恢宏，屬於一富裕貴族家。四面牆中有三面的頂部被推土機破壞了，因此考古學者無法確定畫作原來的高度。48

阿夫拉西阿卜的繪畫值得仔細研究，因爲它們訴說粟特人對廣大世界的觀點。49有些不同的圖像

（包括一隻鵝和一個女人）帶有黑字書寫的粟特文榜題，說明其主人是拂呼縵，而拂呼縵可能與房子的主人相熟。人們隨著繪畫穿過毀損嚴重的東壁，進入房間。東壁描繪來自印度的場景，但其中細節難以辨識。50

面對觀者的西壁，描繪來自不同國家的使節與特使，其隊伍令人印象深刻。畫面最上層主持全場的人物已被推土機破壞。西壁的左側，從左邊算來第二個人物頭部佚失，穿著白色長袍，上有一則粟特文長篇題記。這則題記是壁畫中唯一的長篇文字，記錄一位使節向拂呼縵王呈國書時的話語，這位使節來自赤鄂衍那，一個撒馬爾罕南部的小國，位於今日烏茲別克的迭納烏附近：

當拂呼縵．溫那需國王向他走來，（大使）開口（說了以下的話）：

「我樸蔔槎陀（Pukarzate）爲赤鄂衍那的大臣。我自赤鄂衍那君王都攬達始（Turantash）處來到撒馬爾罕，來到國王這裡，並且（現在）我（在此）向國王致敬。對我，絲毫無須疑慮：我清楚知曉撒馬爾罕的眾神，以及有關撒馬爾罕的作品，並且未曾做過任何有害於國王的事。願您大吉！」

而後國王拂呼縵．溫那需離開了（他）。

（接著）赭時的大臣開口說話。‡ 51

‡ 譯注：引文中拂呼縵．溫那需、樸蔔槎陀、都攬達始，三處人名未曾見於漢籍，皆爲音譯。

彭吉肯特房屋

在彭吉肯特，許多富人的屋子都有一間帶著高聳柱子的大廳，裡面展示著神祇畫像，如圖所示。這家人崇拜原屬美索不達米亞的娜娜女神，不過彭吉肯特的其他房屋畫有不同神祇。特別注意神像後方牆面，上下多層的繪畫；彭吉肯特的藝術家通常將壁畫分割成像這樣的水平區塊｜圖片來源Guitty Azarpay, *Sogdian Painting: The Pictorial Epic in Oriental Art*, University of California Press, 1981 © The Regents of the University of California.

此題記呈現部分的外交儀節，接下來可能是來自赭時（今日塔什干）特使的講話。赤鄂衍那特使聲稱他對撒馬爾罕的語言與神祇二方面都有瞭解。今日我們只看到赤鄂衍那使者的發言，不過所有使節說的話最初可能都寫在壁畫上的不同位置。

藝術家顯然意圖描繪一個以撒馬爾罕爲中心的世界秩序。五個中國人站在中間，穿戴著典型的中國黑帽和長袍，帶著多卷絲綢、多束絲線，和未抽絲的繭。中國人以臣服的姿態和其他使者一樣帶著禮物前來，儘管實際上撒馬爾罕的統治者依賴中國的軍事支持。中國使節比其他使節更重要，因此被置於整個構圖的焦點位置。左上方有四個坐著的人，他們的長辮與劍顯示他們是突厥人，可能是傭兵。

畫面右邊立著一座木架，兩面旗幟對角地向下垂掛，帶著生動獸面的鼓掛在前方。兩名戴著羽毛頭飾的男子站立著，手揣在袖子裡；他們是高麗人，很可能來自高句麗（滅於西元六六九年）。[52]這兩個人與同時期的中國繪畫如此相似，很可能是以中國繪畫爲範本，而非眞人肖像。[53]他們站著望向左側的人物，簡單的服裝和頭飾和其他人的長袍形成對比。其中一人手臂上有獸皮，這些山區居民正在聽手指向天空的通譯說話。[54]

中國人的重要性在北壁也清楚呈現，北壁描繪中國婦女在一艘船上，以及一幅狩獵場景。[55]皇后船隻的右方是中國獵人以矛刺豹的狩獵場景，充滿活力。右邊不成比例的人物必定是中國皇帝，因爲粟特藝術傳統只將神祇與君王畫得比眞人大。[56]

南壁描繪祆教的儀式，有祭祀犧牲（四隻鵝）、兩個祆教高級人員手持木棍騎在駱駝背上、一匹由臉戴面罩的祆教教士帶領的馬。這種面罩，在巴赫拉維語（Pahlavi）§中稱爲padam，是一種遮住口鼻的面紗，目的是保護火壇不至接觸人類體液。該儀式很可能是曆法專家比魯尼（al-Biruni，來自撒馬爾罕西北的花剌子模〔Khorezm〕）曾描述的納吾肉孜節（Nauruz festival）。[57]（納吾肉孜節雖然並非伊斯蘭慶典，至今仍是整個中亞、高加索，甚至伊朗的主要節日。）寫於西元一〇〇〇年，也就是伊斯蘭征服該城好幾個世紀之後，比魯尼描述波斯國王帶領人民進行爲期六天的慶典，迎接春天的到來，而粟特人則在夏季慶祝此一節日。南壁構圖是北壁構圖的平行對照，但遊行隊伍中有些人物已被抹去。相對於中國皇帝的是一頭白象，上面可能載著撒馬爾罕皇后，現已不可見，而在隊伍最後的騎馬者則是撒馬爾罕的統治者拂呼縵本人。

阿夫拉西阿卜繪畫把重心放在與世界的互動，特別是與使節們的互動。畫中的外交人員正在從事類似貿易的活動，不過實際上他們進獻的都是現實生活中的商品，如絲布和絲線。西元七世紀中葉，拂呼縵描繪中國—突厥聯盟中的群像。[58]畫家將中國人置於最顯著的位置，這正符合他們身爲粟特人最重要盟友的角色。

不過，撒馬爾罕和整個中亞的政治定位即將發生巨變。繼穆罕默德在西元六三二年過世，阿拉伯人先後在正統哈里發時期（Rightly Guided Caliphate，西元六三二—六六一年）與倭馬亞哈里發時

---

§　譯注：爲中世伊朗語之一。有譯爲「巴列維語」者，因Pahlavi一詞與伊朗巴列維朝同名。但兩者時空皆異，不甚妥適。又有譯爲「婆羅鉢」、「婆羅鉢」、「鉢羅鉢」者，雖存古意，然並非史籍中眞實存在的語詞，易致誤解，且與該詞古音有所出入。故本書選擇最佳的譯名「巴赫拉維語」。

期（Umayyad Caliphate，西元六六一—七五〇年），征服了北非、西班牙南部和伊朗。西元六五一年擊敗薩珊王朝之後，他們繼續往東，經過中亞，目標鎖定撒馬爾罕。西元六七一年他們首次攻下這座城市，一名阿拉伯總督於西元六八一年在此地度過第一個冬天。[59]從西元七〇五至七一五年間，阿拉伯將軍屈底波·伊本·穆斯林（Qutayba ibn Muslim）進攻粟特地區，西元七一二年征服撒馬爾罕。

來自這個時期的粟特語文書在粟特地區（而不是中國西部）被發現，這批粟特文書是考古學家所發現數量最大的一批。一九三三年蘇聯考古學者發現一批窖藏，內有近百件文書，地點在距離撒馬爾罕東方一百二十公里位於塔吉克的穆格山。[60]這些文書從被征服者而非征服者的角度，提供有關伊斯蘭征服的獨特紀錄。為了阻擋伊斯蘭軍隊，一位統治者與突厥人、中國人及其他地方統治者協商，奮力一搏，這些文書提醒我們：伊斯蘭征服中亞的過程緩慢而充滿未

粟特人的世界

四十二個人物都是重要勢力的代表，來自撒馬爾罕阿夫拉西阿卜遺址的使節壁畫。這張復原圖以白色背景表示倖存部分，復原處則以灰色表示。這面西壁描繪粟特人所生長的真正的國際世界，不僅有從今日烏茲別克南部和塔什干來的近鄰，也有來自其他更遙遠處的中國和高麗代表｜© 2010 F. Ory-UMR 8546-CNRS.

知數，而西元八世紀初唐朝在此地政治中所扮演的角色則難以捉摸。

穆格山文書的發現者並非外國探險隊，而是當地民眾。在沙皇時代，六公里外的庫姆村居民知道穆格山頂上有某種寶藏。一九三二年春天，幾名當地牧童造訪了穆格山遺址。他們從一個坑中掘出若干皮質文書，不過只帶了最完整的一件回村莊，其他全都放回原位。[61]地方的黨委書記阿布都爾哈米得・普婁提（Abdulhamid Puloti）在塔什干學過歷史，聽聞風聲後請一個村民幫忙尋找文書，並承諾讓他當警察作爲回報。普婁提被帶到一位村民家中，主人把手伸進牆壁和門框之間，掏出一份文書。普婁提通報上級，上級又通報文化主管部門，這份文書被送到塔吉克首都杜尚別，編號爲第1.I號文書。[62]後來這件文書被塔吉克共產黨第一書記D・胡謝諾夫（D. Husejnov）沒收，並於一九三三年隨著他被政治清算而失蹤。[63]

粟特人和許多亞洲民族一樣，以統治者的年號爲文書紀年，穆格山文書中很大一部分來自提婆須倁遮（Devashtich〔音譯〕，更精準的專業羅馬字拼寫是Dēwāštīč）在位第一和第十四年之間。不過，由於提婆須倁遮在位期間的年代不明，學者們無法替文書確切定年。在穆格山發現的九十七件文書中，九十二件是粟特文、三件是漢文、一件是阿拉伯文、一件是以如尼文字（Runic script）寫成的未知語言。[64]其中一件漢語文書來自西元七〇六年，表示這些文書可能來自西元八世紀初。[65]

蘇聯阿拉伯學家I・Y・克拉區科夫斯基（I. Y. Kratchkovsky，西元一八八三—一九五一年）在回憶錄中表示，定年的關鍵是那份唯一的阿拉伯語文書。[66]提婆須倁遮在信中以完美的阿拉伯文致書呼羅珊（Khurasan）的阿拉伯總督札拉（al-Jarrah），他顯然是聘請了一位書手。他稱自己爲總督的

mawla，或受庇護者，並提議將撒馬爾罕前任統治者突昏（Tarxun）的兩個兒子送至總督處安置。[67]克拉區科夫斯基讀到這封信，想起歷史學家塔巴里（al-Tabari）曾寫到有位來自撒馬爾罕擁有大片土地的貴族，在西元七二一至七二二年抵抗伊斯蘭攻擊，這個人的名字是Divashni。[68]克拉區科夫斯基認爲Divashni是Divashti的誤寫，而Divashti則是提婆須伽遮的阿拉伯文寫法之一。這關鍵的解讀使我們能夠將穆格山文書定年在西元七〇九至七二二年間。

聽聞此一新發現，列寧格勒的社會科學院派出由蘇聯一流粟特學者A・A・福雷曼（A. A. Freiman，西元一八七九—一九六八年）領軍的探

穆格山的堡壘遺址

穆格山是個既小又偏遠的山峰，海拔有一千五百公尺），位於塔吉克，靠近與烏茲別克的邊界。穆格山三面環水，在西元八世紀早期伊斯蘭軍隊入侵時，成為約一百個家庭的理想避難所｜葛樂耐（Frantz Grenet）提供

險隊至塔吉克。一九三三年十一月，福雷曼率領科學院的人馬發掘該遺址，歷時兩週。[69]這是設立碉堡的理想地點：遺址三面為庫姆河和澤拉夫尚河所包圍，居民還修建了內外城牆加強保護。

堡壘中只有一些大陶罐用來蓄水，顯示此地居民仰賴附近村莊的人從半公里外、最近的河流挑水進城。城堡占地不大，無法容納一個部隊，應該是專門給統治者及其家人、僕人居住之處。不過必要時，城堡裡的幾個大房間和庭院可暫時容納一百個家庭。

仔細審視遺址出土文物後，考古學者也確定了這座小城堡中僅有的五個房間，用途為何。四個矩形的房間長十七．三公尺，寬一．八至二．二公尺，地面至屋頂的高度只有一．七公尺。建築本身並不奢華。房間僅南面有採光，現已不存的牆上本來開有窗戶。

令發掘者感到驚訝的是，遺址中幾乎沒有留下有價值的物品。露臺成為一個垃圾坑，覆蓋一層厚〇．五公尺的骨頭、陶土和織物碎片。一號房間有的堆積物厚達一公尺，包含九層動物糞便，中間以黏性很強的黃土相隔，顯示有人住在該堡壘的時間約九到十年。由於一號房間也有碎木屑，發掘者總結認為該房間曾經是木工作坊，在冬天也作為廄舍使用。二號房間是廚房，有大批家用器皿：陶罐、盤子破片、蘆葦籃子、小陶杯、豆子、大麥種子等，還有升火的痕跡。至於三號房間，除了一些小玻璃瓶和一把髮梳之外，幾乎完全是空的，因此考古學者認為它應該是穀倉。四號房間擁有最多文物，包括三個陶罐、許多家用器皿、三枚錢幣（其中之一是銀幣）、金屬箭頭、一些衣物和一只皮帶扣。所有這些文物都出自房子的上層，不過此層已經倒塌，落於下層的頂部之上。[70]

四號房間的北部有一個大陶罐倒在邊上。附近散布著二十三根寫有文字的柳條，彷彿從陶罐開口倒出來。這些柳條上記錄著家庭支出，是管家爲他的主人所整理的，保存在這個小巧的地方檔案中。[71]他用柳條做書寫材料而不用紙張或皮革，因爲柳條更便宜，而且更容易取得。

由於管家記錄了每次招待客人所消耗的酒和小麥數量，故這本賬簿可以提供當地經濟的概貌。有幾次附近村莊的人運了幾車的穀物到堡壘來給領主，也許是一種實物稅，賬目也記載村民收到領主發放的穀物。放牧是當地主要的經濟活動之一：人們食用綿羊和山羊，以獸皮製作服裝，有時製作衣服的獸皮多達五十塊，不過通常不需要那麼多。這類文書（A-17）的其中一件列出多項支出：一匹馬兩百迪拉姆（dirham）、一個屋頂一百迪拉姆、給祆教祭司五十迪拉姆、給醫生和倒酒者各十五迪拉姆、供新年晚餐享用的一頭牛十一迪拉姆、八迪拉姆給文書起草人、八迪拉姆買紙張、絲綢和奶油，以及五迪拉姆給一個劊子手。雖然學者不確定流通於撒馬爾罕的錢幣爲何，但在整個阿拉伯語世界中，迪拉姆已取代薩珊銀幣成爲當時銀幣的主要單位。除了紙張和絲綢來自中國，幾乎所有出現在柳條上的物品都在當地生產，這些敘述給人的印象是當地經濟主要是以物易物，至少在衝突不斷的這些年是如此。

除了柳條之外，該遺址還有將近六十件寫在紙張與皮革上的文書，這些文書原先放在二樓，在二、三號房間的一、二樓間天花板坍塌後，散落在天花板殘片之中。[72]皮革文書的第三個發現地點是前述牧童挖出的籃子。

九十七件文書當中，有三件是寫於梯形皮革的法律契約。它們透露當時複雜的法律機構。雖然皮革看似是一種笨重的書寫材料，卻廣泛使用於整個阿拉伯語世界（歐洲人在同時期使用的羊皮紙，也是用處理過的羊皮來製造），而且經驗豐富的書手可以在皮革上記下詳盡的協議。迄今最長且資訊最豐富的穆格山文書當屬一份婚約，和一份題為「新娘恰特的文書」或曰抄本的附帶文書。在附帶文書中丈夫重申他對新娘家人的義務。兩件文書都出自普斐提移交給當局的籃子。[73]

這份婚約和「新娘恰特的文書」出自突昏王統治的第十年，即西元七一〇年。兩件文書合起來有九十行整，皮革長度分別為二十一公分與十五・五公分。文書詳細說明新城（粟特城市名，位於今日哈薩克七河地區）的統治者闕爾（Cher）將粟特女子恰特（Chat）交給她的新丈夫鬱特勤（Ot-tegin）——名字清楚顯示他是個突厥人——的交換條件。恰特的父親在這項安排中不具任何角色，不過文書還是提到他的名字，恰特的監護人似乎是闕爾。

這件前伊斯蘭時期的契約引人注目，因為它透露這個社會中嚴格的責任互惠：誠如丈夫可以在某些情況下結束婚姻，妻子也可以在相同情況下結束婚姻。這件粟特契約援引法律術語，解釋在許多方面賦予夫妻同等權利的特殊婚約。[74]協議一開始就解釋，丈夫有責任提供「食物、服裝、飾品」，因為他的妻子是「他家中擁有權威的女士，這是一名高貴男子對一名高貴女子（他的妻子）理所當然的義務」。相對的，妻子「必須總是符合丈夫的福祉，並服從他的命令，這是一個妻子應有的行為，是一名高貴女子對一名高貴男子（她的丈夫）理所當然的義務」。[75]

就像現代的婚前協議，契約接下來概述如果婚姻出了問題該怎麼辦。假使丈夫娶了「另一位妻子

¶ 譯注：文書號錯誤，應為A-5。穆格山文書A-17號是一封殘缺的書信，並非帳目。

或納妾，或有另一個（他的妻子）恰特不喜歡的女人」，他承諾付給她罰款「三十枚純正且品質佳的Den型迪拉姆」，並將該名女子送走。他可以決定結束婚姻，不過必須提供妻子食物，並歸還她的嫁妝與所有結婚時她給他的禮物。無論是丈夫或妻子，都不可欠對方任何補償金。之後丈夫可以自由再婚。值得注意的是，妻子也有權結束婚姻，不過必須先歸還丈夫的禮物，她可以保留自己的財產，以及當初結婚他所支付的款項。假如婚姻結束的話，任一方都不需對對方的犯罪負責，只有犯罪者本身有義務支付罰金。

該契約也證實粟特社會階層的流動性。如果丈夫或妻子成爲別人的「奴隸、人質、囚犯或附屬者」，他／她的前配偶概不負責。在這個社會中，顯然有些人比其他人更富裕，那些簽訂三十迪拉姆罰金的人當屬有錢人，但他們和相對弱勢的人一樣，必須面對現實中各種可能性：如果時運改變，他們也可能淪爲奴隸。

妻子文書中陳述的丈夫責任，大抵重複上述訊息，但也增加一些新的條款。鬱特勤開頭說道：「還有，閣下，由密特拉（Mithra）神見證！我不會賣掉她，也不會典當她。」[76]密特拉神爲眞理和契約的守護者，是祆教三個最重要的神祇之一，位階僅次於最高的神：阿胡拉馬茲達，一般提到「神」字指的便是祂。鬱特勤承諾，無論是夫妻哪一方提起，當婚姻結束時，會將恰特送還給她的監護人。此外，如果「有人從我方或從敵方擄走她或扣留她」，他會設法讓她立即被釋放。他也承諾，如果婚姻結束，而他未能將她平安送回闕爾家的話，將支付一百迪拉姆的罰款。如果未及時付款，他必須支付未償還餘額的百分之二十作爲逾期的滯納罰金。這件文書絕大部分都在說明監護人取得付款的程序，例如，它點名一個保證人，以備監護人必要時可求助於他。所有居民都被要求監督這個協議，它在眾見證人的面前，簽署於「基礎大廳」。

另外兩件來自穆格山的契約，一件是磨坊租借（B-4），另一件是墓地買賣（B-8）**，與婚約契約的整體結構相同，但篇幅較短。兩者都明列日期（統治者年號和幾月幾日）、契約相關人等姓名、轉讓品項、轉讓條件，以及見證人和書手的名字。

在提婆須伽遮租借三座磨坊給一個男人的契約中，規定年租金爲四百六十個單位的麵粉。[77]和柳條文書一樣，這份契約要求支付實物，此處爲麵粉。然而，這件契約不僅僅是簡單的租金陳述。這是一件複雜的法律文書，全長四十二行††，具體說明承租人付款給該領主的時限，以及未能支付全額的後果。

第三件契約記錄以二十五迪拉姆租借一塊葬地。[78]契約列出兩個兒子向兩兄弟承租一泥造的eskase作爲安葬地的諸條款。它可能象徵兩個世仇家族的停戰協議——承租墓地的兩兄弟家族與他們認爲可能干擾治喪的敵對者。人死之後，祆教徒先將屍體放在現代祆教徒稱之爲「寧靜之塔」（Tower of S.lence）的露天建物，讓食肉動物把屍體的肉吃掉，接著把被啃食乾淨的骨頭放到一口井裡，契約中稱之爲eskase。[79]然而粟特地區尚未發現這樣的埋葬井，因此有人認爲，這個詞可能指

** 譯注：這兩件文書的文書號均爲西里爾字母B，應如同上下文統一轉寫爲英文字母 V-4 和 V-8，因爲穆格山文書另有以西里爾字母Б（等於英文字母B）編號者，兩者有所區分。

†† 譯注：此處有誤，V-4 文書正面二十三行，背面九行，共三十二行。

彭吉肯特所發現的那種放置遺骸的納吾斯建築。[80]

穆格山契約幫助我們瞭解，堡壘中不只是存放統治者提婆須伽遮的個人檔案。有些文書顯然是他的沒錯，譬如向他租借磨坊的租金協議。但爲什麼他會保留一份突厥人和他的粟特新娘之間的婚姻條款？或是租賃葬地的文書？

最可能的情況是，包括新娘恰特在內的穆格山居民，在最後的圍城階段帶著他們重要的法律文書到此尋求保護。他們應該是希望在阿拉伯人的威脅解除之後，能取回文書。不過直到一九三二年被牧童發現以前，這些契約一直原封不動地保留在穆格山堡壘中。這就可以解釋爲什麼穆格山文書中的信件，不只屬於統治者提婆須伽遮，還有其他幾個層級較低的領主們，因爲他們顯然也在堡壘中避難。

結合塔巴里的編年史與穆格山文書的訊息，我們可以重建穆格山城堡陷落之前的連串事件。[81]編年史記載，一位綽號「夫人」的新任阿拉伯總督，在西元七二〇年秋季至七二二年春天攻打粟特人。粟特人當時與突騎施（Turgesh）結盟，突騎施本來是西突厥的屬民，但在西元七一五至七四〇年間拿下部分西突厥的領土。[82]西元七二一年，擔任彭吉肯特地方統治者達十四年餘的提婆須伽遮，正式受冕爲「粟特之王，撒馬爾罕之主」。[83]

提婆須伽遮自稱是撒馬爾罕最後一位統治者突昏的繼承人。突昏在西元七〇九年降於阿拉伯將軍屈底波，接著在西元七一〇年一場地方暴動後死去，若非自殺，便是被處決。繼任者是一位名叫烏勒（Ghurak）的人。屈底波聲稱爲報復突昏之死，再次攻擊撒馬爾罕，並於西元七一二年取得控制。烏勒投降時，簽約承諾支付一筆兩百萬迪拉姆的款項，之後每年再付二十萬迪拉姆。[84]屈底波和一些地方領主承認烏勒爲突昏的繼承人，可是撒馬爾罕西南方的居民支持的是提婆須伽遮。這兩個山頭並立達十年之久，可惜我們對此時期所知不多。

西元七一九年，提婆須伽遮彷彿自居下位地寫信給呼羅珊的阿拉伯總督，姿態謙卑，不過到西元七二一年夏天，他卻對自己擊敗阿拉伯人的機會感到樂觀。此時他寫了封信（V-17）給阿夫順（Afshun），阿夫順是撒馬爾罕西南十二至十六公里外卡克撒爾的領主。提婆須伽遮在信中描述「大軍來到，包括突厥人和中國人」。顯然突騎施民族和一些中國人，還有東邊的費爾干納國王，已形成對抗伊斯蘭勢力的聯盟。穆格山書信是中國人參與這些事件的唯一證據，另一封信（V-18）則提到一個「中國」差役（差役這個詞還不能確定）。「中國」指的可能是來自西域的中國裔，不一定是由長安朝廷派來的武人。[85]

根據文書資料所示，一年後（應該是西元七二二年）情況完全改觀。一位信差報告各處都看不到「突厥人」，而另一個可能是驛站長的人說費爾干納的苦盞城落入穆斯林手裡，有一萬四千人投降。[86]編年史家塔巴里記載粟特人一分爲二，較大的一群至少有五千人，去了費爾干納，不過在那裡被拒絕入境，隨後遭到一支穆斯林軍隊的屠殺。[87]較小的一群也許有一百個家庭，他們支持提婆須伽遮，逃到穆格山堡壘。[88]

在阿拉伯軍隊最後屠殺中，唯有前往費爾干納那群人裡的商人能支付（給侵略者的）贖金，換取自身安全。稅收對剛被征服的中亞民族是大問題，他們希望藉由改宗伊斯蘭教，享受穆斯林專屬的優惠稅率，避免繳較重的稅。然而西元八世紀，哈里發爲了打仗迫切需要各種收入，不是每個總督都會給予改宗者優惠稅率，導致許多粟特人逃到突厥地區或者中國。

提婆須㑉遮和他的追隨者——大概只有一百個男人和他們的家庭——搬到穆格山堡壘（塔巴里稱之為Abghar）。[89]他們派出一小隊武力到堡壘外對抗穆斯林軍隊，卻遭穆斯林逼回城堡，並在圍城後徹底被擊潰。戰敗後，提婆須㑉遮向薩伊德·哈拉西（Said al-Harashi）請求人身保護，獲得對方的准許。留在城堡的一百個家庭交出堡壘裡的一切以換取自由。塔巴里寫道：是時，阿拉伯軍隊指揮官拍賣堡壘的物品，並依伊斯蘭法規定，留下五分之一給國庫。因此蘇聯考古學家在一九三三年發掘遺址時，堡壘幾乎是空的。全部有價值的物品都已經被取走，紙張和皮革文書想必是被忽略了。

雖然阿拉伯指揮官許諾提婆須㑉遮對人身安全的請求，不過他食言了。塔巴里記載了提婆須㑉遮淒涼的下場。指揮官「殺了提婆須㑉遮，將他釘在一座（祆教）墓葬建築（納吾斯）上。他告訴拉賓湛的人們：倘若提婆須㑉遮的屍身被取下，他們必須支付一百第納爾（dinar）的罰金……他把提婆須㑉遮的頭送到伊拉克，左手送給突厥斯坦的蘇萊曼·本·阿比·撒力（Sulayman b. Abi al-Sari）」。[90]此種殺害方式顯見提婆須㑉遮是個重要人物。因為提婆須㑉遮代表粟特人的反抗，阿拉伯指揮官於是選擇以一種極端手段處置他的屍體。[91]（隨後他因使用如此駭人的懲罰而被解職）。

提婆須㑉遮的死不過是伊斯蘭征服撒馬爾罕歷史中的一章，而且還是不太重要的一個段落。穆斯林軍隊在短短幾十年間牢牢拿下此地區；隨著時間過去，波斯語逐漸取代粟特語，伊斯蘭教也取代祆教。西元七五一年，在怛邏斯（Talas，今日哈薩克）一地的戰役中，穆斯林軍隊擊敗中國，主要是因為游牧民族「葛邏祿」（Qarluq）投奔伊斯蘭一方。四年後，安祿山將軍起兵反抗朝廷，唐朝被迫自中亞撤軍回師，以鎮壓叛亂。這兩個事件接連發生意味著自西元八世紀中葉起，撒馬爾罕和粟特地區周邊都不再仰仗東邊的中國。粟特地區的伊斯蘭化，促使許多已經住在中國的粟特人決定在中國定居。

穆格山文書，年代不僅早於中亞的伊斯蘭化，也比造紙技術傳到該地的時間來得早。文書使用不同的書寫材料，顯示當地統治者願意花錢購買耐用又方便的中國紙張，不過中亞居民選擇使用皮革書寫重要文件（就像克拉區科夫斯基破譯的唯一一件阿拉伯語信件），同時也持續使用柳條記錄家庭賬冊這類較不重要的事務。

穆格山當地發現的中國紙張是極爲罕見的長程貿易指標。遺址出土的三件漢語文書由八張碎片拼湊而成，寫在來自中國的回收舊紙上。在穆格山的人全都不會寫漢字。其中一件原來是甘肅武威的官方文書，武威在敦煌以東，是中國段絲路上一個繁榮的城市。這件官方文書經廢棄、當作回收紙（背面空白，仍可使用）出售之後，被絲路商人向西帶至三千六百公里外的穆格山。[92]

西元八、九世紀，中國紙張已深入中亞，直達高加索山脈的摩許闕瓦雅·巴而卡遺址，該遺址的字面意思是「木乃伊／遺骸的山溝」。遺址包含墓葬（有的在石灰岩盤上，有的則於山壁鑿出），位置靠近黑海東北邊，是迄今發現中國紙張的地點中距中國最遙遠的一處。二十世紀早期，發掘者挖出一些寫著漢字的碎紙片，最完整的一件文書尺寸爲十五公分乘八公分，包含草書的幾行日期和各種支出金額（兩千錢幣，八百錢幣）。雖然極其殘碎，依稀能辨別是一份費用帳冊。[93]該遺址的其他遺物明顯都源自中國：一塊絲絹，上有佛教神祇，以及一個騎著馬的人（是否是離開王宮前的悉達多太子？）；一張佛教文本的碎紙片；以及一個混凝紙漿製品的封套殘件。這些物品清楚說明西元八、九世紀時，中國的紙張和絹畫，甚至可能還有中國商人，均已到達高加索地區。[94]

西元八世紀時，居住在中亞的人們學會如何造紙。一則阿拉伯紀錄提到在西元七五一年的怛羅斯戰役中，阿拔斯（Abbasid）哈里發大勝中國，並將戰俘帶回首都巴格達，當中有些戰俘教導阿拉伯人如何造紙。[95]

如同其他關於技術傳播的傳說，這個故事也不一定可靠。[96]造紙技術並不難模仿——先捶打有機物和碎布的混合物成爲紙漿，再放在網上晾乾。這個技術穩定地從中國本土向外傳播，並於西元八世紀前到達中亞。西元八〇〇年後，紙逐漸取代皮革成爲伊斯蘭世界的主要書寫材料。紙有許多超越皮革的優點：成本低且製作快速，遠比皮革方便。此外，紙張也比莎草紙更容易取得，因爲莎草只生長在埃及。西元十一世紀末、十二世紀初，紙經由西班牙與西西里島的伊斯蘭門戶進入了信仰基督教的歐洲。

中國的紙張發明無疑改變了它傳播所及的社會，其貢獻截然不同於蠶絲，因爲無論蠶絲在前現代世界有多大的魅力，主要還是用於服裝或裝飾目的。當人們無法取得絲綢，可以輕易以其他織品取代之，如在中亞地區經常由棉花取代。相較之下，紙張才眞正是一種突破。隨著便宜紙張的引入，書籍從原本的奢侈品變成許多人能夠負擔得起的商品，教育水準也跟著提高。紙張不像羊皮紙或皮革會吸墨，所以可以在上面從事印刷。若沒有紙張，世界上主要的印刷術革命——無論是中國的雕版印刷還是歐洲的活字印刷——都不可能發生。

研究粟特古代信札、彭吉肯特發掘、阿夫拉西阿卜壁畫和穆格山書信的學者們，一致同意這些文書中的貿易紀錄少得出乎意料。粟特古代信札雖然由商人撰寫，但內容記錄的大多是小規模買賣。同樣的，彭吉肯特的發掘只出土少量貿易物品；壁畫中商人幾乎不曾出現，更別提實際的商業行為。阿夫拉西阿卜的壁畫也是如此。對此情況，在撒馬爾罕有豐富發掘經驗的法國考古學者葛樂耐（Frantz Grenet）曾敏銳地歸納道：「在整個粟特藝術中，除了（在阿夫拉西阿卜）供中國皇后遊樂的船之外，沒有一個商隊，也沒有一艘船舶。」[97] 彭吉肯特迄今已發掘超過一百三十間的房屋，許多牆上都繪有壁畫，不過都沒有任何商業行為。穆格山文書也一樣，除了絲綢和紙張之外，當中所涉及的均為本地製造的物品。製造絲綢和紙張的技術正巧在這個時間點從中國向西傳播至中亞。

現有證據清楚說明：絲路上的商業主要是本地貿易，由小商販短距離地進行著。工藝技術（如製造絲綢和紙張）與宗教（如祆教和後來的伊斯蘭教）則隨著移民而移動，無論定居何處，這些移民總是帶著祖國的技術與宗教信仰來到新的家園。

從不尋常處發現的文書

如果仔細觀察，可以看到紙張從這個墓俑的手腕突出來，這件墓葬人俑出土於吐魯番，年代是西元七世紀。她的手臂由回收紙製成，先捲起再彎折出形狀。這類的陪葬俑已被學者用蒸氣將各部位分開，各種文書也因此顯現，包括當票。其中一件有個斗大的黑色註銷符號，形狀如阿拉伯數字「7」，如局部放大圖所示。這些當票提到長安地區的地名，是學者確定其製造地的關鍵線索｜新疆維吾爾自治區博物館提供

第五章

絲路的世界之都終站

——歷史長安，現代西安

現代西安比中國任何其他地方更具考古的吸引力。著名的秦始皇陵兵馬俑就在一小時的車程外。此外，絲路也在這座城市留下許多蹤跡。許多非漢人少數族群居住於此，在唐朝，當這個城市被稱作長安時，城裡的種族也是如此多元。前頁的優雅人俑就是在長安製作的，她穿著結合中國與粟特元素的衣服。長安如此之大，直到近十年，現代西安才向外擴展到超越唐代長安城的範圍。西安人口超過一千萬，無疑是中國西北最大的城市。

當地人在致辭時，經常提醒訪客這座城市曾是十個朝代的首都。其中七個朝代是短命政權，僅控制鄰近地域，另外還有三個一統中國的主要王朝也以長安爲首都：西漢（西元前二〇六—西元九年）、隋（西元五八九—六一七年）與唐（西元六一八—九〇七年）。除了是政治中心，這個城市也

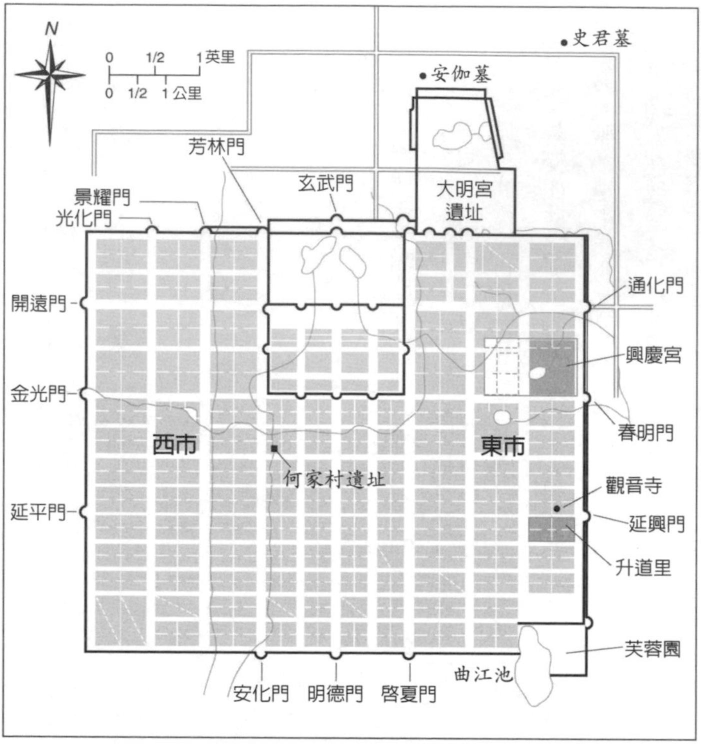
N
0 1/2 1英里
0 1/2 1公里
史君墓
安伽墓
芳林門
玄武門
大明宮
遺址
景耀門
光化門
開遠門
通化門
興慶宮
金光門
春明門
西市
東市
何家村遺址
觀音寺
延平門
延興門
升道里
芙蓉園
曲江池
安化門
明德門
啓夏門

背景為現代西安
唐代長安城牆（現已不存）
西安碑林
明代西安城牆
小雁塔
大雁塔
0 3000英尺
0 1000公尺

長安：
唐朝都城

— 城牆

◡ 城門

～ 水道

是旅人西行至絲路的啓程點，像是玄奘。出發前，玄奘拜訪長安城內住著許多粟特人的西市，因爲長安居民提供的建議會好過其他城市的居民。

這座內陸城市也是人們經海路從中國航行到西方的出發地。這些航行者透過陸路（黃河是不能航行的）到達長江各口岸，或是直接到中國沿海。他們到這些港口搭船，航行在西元一五〇〇年以前全世界最繁忙的海路上。這條路線連結中國沿海港口與東南亞、印度、阿拉伯世界以及東非海岸。[1]

綜觀西元第一千紀，這座城市吸納來自陸路與海路的旅人，當時也是絲路交通的高峰期。西元二二〇年東漢滅亡至西元五八九年隋朝重新統一中國之前，遊牧民族創立的各朝代統治著中國各個地區。在那段漫長的時期，中國未曾統一。在北方，北魏（西元三八六—五三四年）是壽命最長的政權，之後由兩個短命的政權所繼承：北齊（西元五五〇—五七七）與北周（西元五五七—五八一年）。

歷史在西安留下許多痕跡。中國法律規定每當推土機挖到古物時必須通報考古單位，這情況在西安這樣的城市經常發生，考古學家每年都發掘好幾百座自漢代到唐代的墓葬。[2]北周時期埋葬高官的一個墓地就位在今日西安的北郊。有些關於長程陸路遷徙的最新證據來自最近發現的數個粟特人墓葬。粟特人在西元六世紀晚期至七世紀早期搬遷至長安及其他中國北方的城市。

有兩座粟特墓葬特別引人注意：二〇〇一年出土的安伽墓（卒於西元五七九年）和二〇〇四年發現的史君墓（粟特名Wirkak）。二〇〇五年秋，西安考古學家也挖出了該城市的第一個印度人墓葬。他的墓誌說他是一個婆羅門，說明是來自印度的人，不過不見得是種姓制度下的高階婆羅門，其中文名是李誕＊。[3] 粟特墓葬也發現於中國其他城市，包括寧夏固原與山西太原。[4]

這些墓葬顯示外來移民（大部分是粟特人）如何順應並改變中國的文化實踐。儘管粟特地區的傳統埋葬方法是先將屍骨曝曬在外，之後再放入納骨甕或是地面上的納吾斯墓葬建築。不過，西安發現的粟特墓葬是中國式的，有一條斜坡墓道通往地底下的墓室，而且經常有一方漢文墓誌簡短介紹死者生平。

儘管如此，這些墓葬依然保有獨特的粟特元素。粟特墓葬以一座石榻或是小型石屋取代中國的棺木。有些墓主的屍骨放在石榻上或是小石屋內，有些則沒有，安伽墓就是一例。[5] 石屋的外側和納骨甕一樣有裝飾；相反的，石榻則是有裝飾向內的圍屏，像一個「翻轉向內」的納骨甕。[6] 有別於納骨甕，石榻上裝飾著墓主生前的場景，這並非傳統粟特納骨甕藝術的表現題材。極度寫實的場景顯然是以墓主的生活爲本；他們描繪的也許是現世，也可能是來世。

名列二〇〇一年十大考古發現的安伽墓，是考古學家發現時唯一未受盜擾的粟特墓葬。大多數的中國墓葬早已被盜墓賊破壞，而且經常被盜好幾次。安伽墓有一條八．一公尺長的斜坡墓道直達墓門（見彩圖15）。墓門外有一方墓主的墓誌。它屬於典型的中國墓誌，誌文刻在一個低矮的方形底座，然後覆上蓋子，誌、蓋都是石製。根據中國的喪葬習俗，安伽的屍體應該先放進棺木內，再把棺木置於石榻上。但是安伽的屍骨卻散置於墓門外的地上，而非中國人會置放屍骨的墓內石榻上。此做法令人費解，無論是祆教或儒家習俗都不會認可這樣的埋葬方式。墓誌附近的所有東西，包括牆面，都有煙燻的痕跡，似乎曾被火焚燒過。[7]

根據墓誌，安伽來自一個從布哈拉（位於今日烏茲別克）遷徙至涼州的粟特家庭。涼州是今日甘肅的重要城鎮武威，位在長安到敦煌之間的通道上，玄奘也曾在此停留。[8]安伽出生於西元五三七年，父親是粟特人，母親可能來自武威當地的中國家庭。[9]墓誌宣稱他的父親擁有兩個政府職位，其一在四川，但考慮到四川和武威之間的距離，似乎不太可能；比較合理的狀況是父以子貴，四川官銜是安伽的父親死後被追封的。[10]安伽的確小有功名。最初他在同州（今日陝西省大荔縣，位於西安北部）擔任薩保，獲得一個薩保所能達到的最高職位。[11]

自北魏以降，中原的王朝開始替粟特社群任命首領，他們採用原來的外來語詞為中國官僚系統中的職位。因此薩保產生一個新的意思：一個由中國任命的官員，負責管理外國社群的居民。安伽在北周時期得到這個職位，西元五七九年安伽六十二歲去世之前，北周是長安的掌權者。安伽墓結合中國式和粟特式的藝術母題。墓門上方畫著一個祆教火壇，下方由三隻駱駝馱負。這是粟特勝利之神的象徵。[12]

墓室為每邊三．六六公尺的方形，高三．三公尺，有一個石榻，兩邊與後方有石質圍屏。製作圍屏的工匠先在石頭上刻淺浮雕，然後以紅色、黑色、白色顏料畫在人物、建築、樹木之上，並用金彩填滿背景。一共有十二個場景（左、右各三幅，後方有六幅）。[13]在後方圍屏的中央，豐腴的安伽穿著中式服裝坐在前方有座小橋的中式建築內，身旁的女性可能是他的妻子。中國發現的粟特石榻棺床

＊譯注：原文為Li Cheng，應為筆誤，根據墓誌，墓主中文名字為李誕。

和石屋幾乎總是描繪胡旋舞，這是一種由男、女一同在宴會表演的舞蹈。安伽的石榻便描繪了三次胡旋舞（見彩圖14）。

安伽墓的石圍屏幾乎看不到商業活動。背負貨物的駱駝出現在後方石屏風上，但是從圖像脈絡看來，其外交性質大於商業性質。同一塊石屏風裡，可以看到安伽在帳篷中與突厥領袖交談。[14] 如果駱駝眞的運著貿易商品，那也是會談後雙方要交換的禮物。這種交換方式，符合前面章節提到的、以使節爲主導的貿易，撒馬爾罕阿夫拉西阿卜宮殿中所描繪的使節及其獻禮是這種貿易最著名的例子。

一位粟特領袖的中國式墓葬

安伽墓墓門上方的門楣巧妙結合中國與粟特的母題。站立的鳥祭司帶有人形的頭與身體，但下方是鳥腳和明顯的爪子。他臉上戴著稱為padam的面罩，照料著擺有碗和瓶花的桌子。這是和公雞有關的祆教神祇Srosh，負責協助靈魂通過一座從此世至來世的橋，也扮演來世的審判。鳥祭司上方飛舞著雲朵環繞的中國風格樂師。右下方人物戴著一頂白色帽子，有明顯的髭鬚，正是已故的薩保安伽本人 | 文物出版社

第二座粟特墓葬，二〇〇三年在安伽墓東方二．二公里處發現，提供我們一個相當有意思的對照。[15]墓主名字是Wirkak——一個源自「狼」字的粟特名，他的中國姓氏是「史」；墓誌上留給中文名的地方空白，無從得知。和安伽墓一樣，史君墓有中國式的斜坡墓道直抵墓室。安伽墓有石榻，史君墓有一座長二．四六公尺、寬一．五五公尺、高一．五八公尺的石屋，牆外四周裝飾著不同場景。墓中曾積滿沙土，考古學家在墓室內只發現這間屋頂破損的石屋，沒有其他隨葬品。

史君的墓誌在石屋門上方，是很不尋常的位置。更不尋常的是，他的墓誌有兩個版本：粟特文在右，漢文在左。[16]兩者對史君一生事蹟的紀錄彼此重疊，但它們並非同一文本的翻譯。兩份文本的書手對兩個語言的掌握都不佳。文本一致顯示史君卒於西元五七九年，他的妻子在同一年去世；有三個兒子；在甘肅武威擔任薩保，安伽也曾爲此地薩保。粟特文本的末尾總結道：「這座石頭製成的墓（神的居所），是毗黎沙漫盤陀（Vreshmanvandak）、射勿盤陀（Zhematvandak）、拂露吐盤陀（Protvantak）爲了他們的父母，擇福地而建。」此處提到的「神的居所」一定是指墓室內如屋子般的石槨。[17]

屋形石槨有屋頂和基座，正面有兩扇門和兩扇窗。與安伽墓墓門上方相似的祭司鳥神，在窗戶下照料火壇，石屋的許多元素都和安伽墓的母題極爲相似。宴饗、狩獵場景、墓主在帳篷內與不同族群的人交談。不過，有些圖像讓人摸不著頭緒，舉例來說，在北側左邊洞穴中的苦行者是誰？老子？一個婆羅門（brahman）？從粟特人對其他宗教的神祇抱持開放態度的角度來看，這些圖像也許永遠都無法被辨識。

石屋東側描繪死者靈魂穿越審判之橋（Chinwad Bridge）的情景。這個引人注目的場景是如此鉅細彌遺，勝過任何有關死者命運的祆教信仰描繪，無論是粟特地區或是位在祆教中心的伊朗。

每個母題都暗示史君和他的妻子即將進入天堂：有羽翼的戴冠馬匹，帶翅膀的樂師，背後有飄帶的戴冠人物（伊朗藝術中描繪君王的傳統方式）。欲辨識此場景中的不同元素，我們必須比較石槨上的雕刻與現存西元九世紀版本的祆教文本。比較顯示，西元六世紀住在中國的粟特人十分熟

到達彼世的危險渡河

這個場景來自史君墓的屋形石槨。畫面右下方，兩位祆教祭司戴著面罩，面對著橋。他們在那裡主持儀式，將亡者的靈魂送向彼世。在畫面左側，史君和他的妻子領著一隊人馬穿過橋樑，包括兩個小孩（他們先史君夫婦而亡？）、動物、兩匹馬和一頭駝負貨物的駱駝。重要的是，史君和他的妻子已安全通過那些等在下方水中、齜牙咧嘴的怪獸。根據祆教教義，唯有說實話和行為正直的人才能安全無恙地過到橋的另一側，其他人則會掉下橋受死，因為橋會越變越窄，直到變成刀鋒般｜楊軍凱提供

悉這些祆教文本——這是一項重要發現，因爲至今在中國還沒發現任何祆教文本。[18]

安伽和史君都在西元五七九年過世，時逢北周末年政治驟變之際。西元五七八年，北周統治者安排其繼承人迎娶一位將軍的女兒。繼任者於西元五八一年上位，可是很快便死去，留下年幼的皇子繼承大位。起初，楊堅擔任攝政，不久後便在同年奪取權力，建立隋朝。接下來八年，他的軍隊橫掃全中國，逐步取得領土，直到西元五八九年重新統一中國。

西元五八二年，隋文帝定都長安†——許多過去相當強盛的王朝的首都。他選擇在北周都城（與漢代都城位置相同）東南方建立全新且審愼規劃的都城。隋文帝在位將近三十年，直到西元六〇四年自然死亡。他的兒子繼位，並對高句麗展開一系列軍事行動，不過從未成功。龐大的損失導致一位將軍起而推翻皇帝，並於西元六一八年建立唐朝。[19]除了兩次短暫中斷，唐朝的首都一直都在長安。

新都城竣工時，高四．六公尺的城牆橫貫東西九．五公里、南北綿延八．四公里，形成占地約八十平方公里的長方形城廓。寬廣的大道將都城分隔成幾個區塊，最寬的道路有一百五十五公尺，相當於一條四十五線道的高速公路。[20]城中有一百零九個稱爲「坊」的區。每個坊都有坊牆圍繞著，管理都城的官員每晚都會關閉坊門，嚴格實行宵禁。在都城的北方，長方形城廓外，是皇宮和各政府部門，包括文官與武官。唯有官員和皇室成員能進入該區。官員和大臣傾向住在城市的東半部，因爲他們有能力負擔更寬廣、帶有園林的房舍，而且城市東半部的人口密集度也比較低。一般百姓大部分都

† 譯注：此句原文爲「隋朝最初定都揚州，靠近中國中部海岸。西元五八二年，隋文帝遷都長安」，與作者通訊後證實爲筆誤，並依循作者要求改爲「西元五八二年，隋文帝定都長安」。

住在西半部。

兩座市場，東市與西市，各占約一平方公里的區域。[21]一條寬一百二十公尺的大道環繞市場外邊，以利人、車通行；市場內有更多的街道。兩座市場都有牆，市門有人守衛，就和城中的坊一樣。五品以上的官員不得進入市場，這是因爲爲唐太宗（西元六二七—六四九年在位）編纂《唐律》的官員們視商業爲害，唯一的例外是負責管理市場的官員。他們負責檢查重量，每十天訂一次物價。[22]市場的管理者發出所有權證明給牲畜、奴隸的購買者。每次有牲畜、奴隸跨越邊界時，所有人必須提交這些證明。官員也確保市場只從中午開始，日落前兩小時關閉。[23]

東市專售本國物品，西市提供較多的外來品，許多都是由駝隊運來。販售相同物品的商鋪，聚集在稱作「行」的窄小路上（直到今日，中文仍稱專家「內行」；一般人則是「外行」）。東市有二百二十群販賣不同貨品的商鋪，包含中國毛筆、鐵器、布料、肉、酒和印刷品。西市提供食品，以及皮製品，像是馬勒和馬鞍，也有來自歐亞大陸的首飾和寶石。市場擠滿貨品；西元八四三年的一場火災燒燬了東市十二行內的四千個房舍。[24]

來到市場的遊人享受餐廳、酒館、小吃攤、妓院，旅行的商人可以把貨品儲放到倉庫，把錢存到類似銀行的機構，並且住進旅店（有些旅店的房間多達二十間）。第三章曾討論粟特商人曹祿山與中國商人李紹謹的紛爭，可以看出中國官方如何處理漢人和非漢人之間的紛爭；他們使用的是中國律法。唐律令規定，如果來自相同國家的外國人對自己的同胞犯了罪，以其母國法律處理之。但如果罪案牽涉不同國籍的外國人則使用中國法律。[25]上述這兩人都住在首都，並且都爲了做生意而旅行至西北。

許多旅人造訪唐代首都長安，根據正史記錄，長安共有三十萬戶、九十六萬人口。[26]在百萬人口中，居民的主體是中國人，不過城裡的外國社群也有一定規模，主要集中在西市。[27]有些外國人在中國定居是因爲協議。東突厥於西元六三一年臣服唐朝，之後有將近一萬戶獲令搬遷至長安，其中許多是替突厥人工作的粟特家庭。[28]每當唐朝以武力征服中亞王國，便要求被征服王國的統治者將子嗣送到長安當人質，進一步增加長安的外國人數量。最有名的避難者大概是薩珊王朝皇族的後代。西元六五一年，他們在穆斯林軍隊攻陷首都泰西封時逃離伊朗。最後一位皇帝伊嗣俟三世（Yazdegerd III）在逃亡途中去世，不過他的兒子卑路斯（Peroz）、孫子納爾斯（Narseh）都永久移居至這座城市。[29]

移民帶來他們的宗教信仰。長安城裡至少有五或六座祆祠，其中四座在西市附近。[30]一座屬於東方教會（景教、聶斯脫里教派〔Nestorian〕）的教堂就座落在西市北邊。在今日的西安，碑林博物館收藏中國各地所發現的、數以百計的石碑，其中最有名的是大秦景教流行中國碑，幫助我們認識唐朝治下的基督教歷史。[31]

根據這個石碑，第一位抵達長安的基督徒是一名男子，名爲阿羅憾（Aluohan），西元六三五年獲塞琉西亞—泰西封（今日的伊拉克）東方教會派遣，在中國建立了最早的東方教會據點。[31]這座教會的創建正好與大批波斯移民湧入的時間相同。他們從當時正受到穆斯林軍隊包圍的家鄉伊朗遷徙到中國或其他東方國度。緊接在主要碑文後的是七十個以敘利亞文書寫的名字（每個都有漢文對照名字），以及這些人在教會中的位階。有些名字，例如Sabranīšō'（hope of Jesus）無疑是基督徒；然而其他名字，如Māhdād Gušnasp，本來源自祆教，但已成為美索不達米亞各地普遍使用的名字。每一個名字都有漢文對照，七十位署名者絕大多數似乎是外國人，而非中國人。

東方教會在幾個主要的中國城市建立教會，包括：長安、洛陽、廣州，可能還有少數其他地方。東方教會的成員主要是伊朗人和粟特人，他們在西元七、八世紀時得到唐朝政府的支持；不過唐朝皇帝於西元八四五年下令禁止外來宗教，儘管禁令針對的主要目標是佛教，基督教也包括在內。最終佛教存活下來了，景教卻沒有。

無論是東方教會或任何其他宗教機構，都並未在今日的西安留下歷史痕跡。事實上，陸地上的西安保留極少唐代長安鼎盛時期的建築。遊客不可能找到歷史長安城輝煌的大道遺跡。我們今天看

唐首都的基督教遺物

這方碑額頂端有東方教會常用的四等分十字架，碑文刻於西元七八一年。石碑發現於西元一六二五年，一位中國官員將拓片拿給幾個耶穌會傳教士看，這些傳教士非常開心地發現他們並非第一批來中國的基督教傳教士，將拓片寄回歐洲。西元一六七〇年代，中文及敘利亞文兩部分的文本均已譯出 | 文物出版社

到的城牆十分宏偉，大到可以在上面騎腳踏車或駕駛高爾夫球車，不過這是明代（西元一三六八—一六四四年）的城牆，而非唐代。直到如今還矗立著的唐代建築是兩座磚塔：大雁塔及小雁塔。唐太宗造大雁塔是爲了存放玄奘從印度帶回的典籍：玄奘在此主持譯經團隊。

唯有探索地底、墓葬，我們才能找到這座城市過去的榮光。有別於絲路上其他遺址，西安的氣候比塔克拉瑪干來得潮濕，因此埋藏的紙張最終都分解殆盡。儘管如此，多虧有廢紙再利用的習慣，一批耐人尋味的長安當鋪收據才得以化身人俑的手臂傳世。這個人俑出土自吐魯番的阿斯塔納墓地。文書提到幾個唐代首都特有的地名，幾乎可以確定是來自長安。

長安城工匠利用廢棄當鋪紙條所製造的人俑，後來被放入阿斯塔納的夫婦合葬墓中。[33]這位丈夫卒於西元六三三年，在中國占領此地（西元六四〇年）以前，妻子則卒於五十多年後的西元六八九年。人俑細緻的織錦服飾與精心製作的頭部（見彩圖8）看起來也像出自首都的作坊。根據文書中提到的地名，這些當票大約來自西元六六二至六八九年間——西元六六二年是觀音寺改名的時間，西元六八九年則是妻子下葬的時間。

廢棄當票有助瞭解西元七世紀長安升斗小民如何維持收支。每張當票都按照相同的格式：典當物品、借貸者姓名、時間（月、日，沒有年）、借貸金額、償還金額、住址，有時有借貸者的年齡。這張紙條按名字列出二十九人，但只有兩人有職業：其一是東頭染家（染工），另一位是南坊釵師（髮夾工人）。典當物品被贖回時，當鋪員工在當票上大筆一揮（7字形），取消交易。十五張紙共記錄五十四筆交易（最後十六筆不完整），這是現存在中國發現最早的當鋪紀錄。絕大多數交易中，借貸者往往抵押一件衣服（有時是絲的，有時只是布），或一塊布（在唐代也作爲一種通貨），然後換得一定數量的錢幣，通常大約是一百文。只有兩筆交易涉及衣服或布匹以外的物品：有一人拿一面銅鏡典當了七十文，另一人則以四串珍珠借得一百五十文。借貸者需負擔《唐律》規範之內每月百分之五的利息（遠低於同時期吐魯番借貸者所付的利率）。

另有一批紀錄也被做成人偶，我們於是發現那些光顧觀音寺旁當鋪的人比較富裕。這批當鋪文書共列出六百零八筆交易，甚至是長安店鋪借給居民的小額貸款（居民付給店鋪「藥、布、小豆、麩」）。其中四分之一的交易來自女性，證明都城中的女子會離開家門拋頭露面，即使儒家強調有德女子應待在家中。[34]

另一項驚人發現（這次來自都城內）讓我們得以一窺社會光譜的另一端，對城裡最富裕的居民有更多瞭解。[35] 一九七〇年文化大革命期間，西安的考古學者在南郊何家村發掘兩個陶甕（高六十四公分）和一個銀罐（高二十五公分）。它們被埋在地底一碼深（九十公分）的地方，彼此間隔一碼。當時當局正在興建拘留所，如今座落著招待政府官員的會館。這三個罐子盛裝超過一千件不同的器物，包括金銀器、珍貴的寶石和礦石、藥物，以及一批特別的錢幣。就算這批窖藏最初還包括其他更脆弱的物品，例如織品或書籍，現在也已經不存在了。何家村窖藏是中國境內規模最大的窖藏之一，其中必然包括最珍貴和製作最精美的絲路文物。

考古學家沒發現關於窖藏主人身分的明確證據。幾乎所有人都假設窖藏主人應該是打算在某個未知的動亂過後返回，不過卻再也沒有回來。那是一場叛亂？盜匪入侵？或是天災？窖藏埋在一個坊

表5.1 何家村窖藏出土物品列表

金類	銀類	錢幣
3 碗	55 碗	1 齊國即墨法貨刀幣
5 杯	53 碟	1 春秋鏟幣
3 藥具	6 盤	4 西漢錢幣
10 釵	12 杯	11 新莽錢幣
2 釧	46 藥具	2 六朝錢幣
12 赤金走龍	12 水器	1 吐魯番的高昌吉利（西元五或六世紀）
1 金梳脊	1 燈頭（？）	1 東羅馬希拉克略（610-640在位）金幣
4388 金箔	4 提梁罐	1 波斯霍斯勞二世（590-628在位）銀幣
126 麩金	1 熏爐	5 日本元明天皇和同開珍銀幣（708-715）
	1 銀熏球	421 銀開元通寶（包含一些銅？）
	1 盒	
	23 鎖	30 金開元通寶
	1 銀器流口	

礦物及玻璃		藥物
1 鑲金牛首瑪瑙杯	55 白瑪瑙馬具	1 光明砂
1 瑪瑙羽觴	53 白玉帶飾	15 各種礦物粉末，裝在雕刻容器內，包括鐘乳石和金
1 瑪瑙臼	6 藍寶石	
1 玉杵	12 紅寶石	
1 白玉刻花羽觴	46 綠瑪瑙	
1 白玉帶飾	12 黃玉	
1 水晶杯	1 鑲金白玉鐲	
1 玻璃碗	4 珊瑚	
9 白玉帶胯	1 琥珀	

中，在西市東邊約一公里、東市西方約三公里。關於窖藏年代的最佳線索是幾塊銀餅，上面的標記顯示它們是稅款。西元七八〇年以前，唐代政府要求人民繳交三種不同的租稅：租（穀物）、庸（勞役）、調（布匹），但不同地區得以其他物品代替。四塊圓形的銀餅，直徑約十公分，重超過四百公克，上頭刻有拙劣文字，說明它們是來自廣東兩個縣的稅款。其一來自西元七二二年，另外三塊是西元七三一年。銀餅上的銘文刻有具體重量，以及測量其重量的官員姓名。

官方收到這類銀餅後會將其鎔鑄成更大的銀塊，最大的重逾八公斤。銀塊上頭用墨筆標明存放的倉庫（例如東市庫），以及它們的重量和負責測量的官員。[36]由於官員會將從地方徵集來的銀餅鎔鑄成較大的銀塊，因此這個窖藏最可能埋於西元七三一年後不久，也就是銀餅上最晚的日期。窖藏內許多作工繁複的金銀碗也有相似的標示，均以墨書標明重量，這表示它們可能也存於官方倉庫。顯然，政府官員存放三種不同的稅銀，它們各處於不同的生命階段：地方上繳的初鑄銀餅、銀餅鎔鑄而成的銀塊，以及最終製成的金銀器皿。

四十六件做盛裝藥材之用的銀器皿，上面標示著內容物的重量和等級：「上上乳」或「次上乳」。窖藏有超過兩公斤不同等級的鐘乳石粉。唐代醫書認爲，每天攝取約四十公克的鐘乳石粉，持續一、兩百天，可以鎮定神經或增強元氣。一百二十六公克的金粉可能也具備藥物用途，另一塊密陀僧也是，它是一種氧化鉛，加在皮膚軟膏中以治療割傷及斑痕。[37]

關於絲路或唐代長安城的博物館展覽經常以何家村金銀器作爲特色展件，因爲它們以極爲悅目的方式結合了伊朗與中國藝術中的不同元素。[38]仔細觀察現存的粟特繪畫，像是中亞彭吉肯特的壁畫

何家村窖藏出土的鎏金銀杯

這件鎏金銀杯，高五．一公分，口徑九．一公分，帶有幾個可辨識的粟特特徵：八瓣形、上連三角形鹿紋飾牌的扣環，以及底座邊緣的連珠裝飾。銀杯外側一如撒馬爾罕阿夫拉西阿卜房屋北壁壁畫，交替裝飾著承自伊朗皇室藝術傳統的男子狩獵動態場景，以及著中國長衫的仕女日常活動，如裝扮或樂器演奏｜文物出版社

或中國境內發現的墓葬石圍屏，我們發現粟特藝術家經常把粟特人的生活（例如狩獵或宴席），和社會中其他族群（往往是中國人）的活動，混合在一起。

沒有人能夠只是看一眼金屬杯或容器，就知道它在哪裡製造或由誰製造。不過，科技史學者傾向認爲不具中國裝飾母題的傳統粟特造型器物是在粟特製造、進口至中國（如果它們在中國被發現的話），相較之下，所有造型有別於粟特原型的器物都可能是由長安城的粟特或中國工匠所製。根據這個標準，何家村器物中只有少數很明顯是粟特形制，更多都有著中國風格的造型。

窖藏的主人將進口物品與其他寶藏分開，並將它們埋在帶有把手的銀罐中。銀罐的蓋上列出了這些物品。[39]一件迷你水晶碗，高只有二．五公分，口徑九．六公分，有標準的粟特八瓣形。水晶為天然形成，但完美無瑕的水晶看起來好似玻璃。玻璃和水晶的主要成分都是矽，熔化天然水晶可以製成玻璃，但溫度必須超過攝氏一千七百度，是現代以前的作坊無法達到的高溫。除了水晶碗，窖藏中還有一件一定是從西方進口的玻璃器，因為雖然中國工匠在古時候就知道如何製作不透明玻璃，但很晚才學會製造透明玻璃。[40]在過去，大多數玻璃都是由砂、石灰石與碳酸鈉製成。

銀罐中的進口品包括唐帝國境內沒有開採的寶石：七顆藍寶石、兩顆紅寶石、一顆黃玉，以及六顆瑪瑙。最大的黃玉重一百一十九公克（五百九十六克拉），最小的（其中一顆紅寶石）只有二．五公克（十二．五克拉）。紅寶石及藍寶石產自緬甸、斯里蘭卡、泰國、印度喀什米爾；黃玉也來自緬甸、斯里蘭卡，還有日本與俄羅斯的烏拉山。何家村不尋常的、顏色像苔蘚的綠瑪瑙，可能來自印度。[41]一只美麗的「來通」（rhyton）角杯材質是紅玉髓（一種棕紅色的瑪瑙），大概是犍陀羅或是阿富汗吐火羅地區所製。[42]

由少量進口物品和許多本地器物所組成的窖藏，很符合絲路貿易的整體型態。經由長程陸路運輸而來的物品相對較少，而且經常是珍貴的寶石，既小又輕，便於攜帶。隨著穆斯林軍隊不斷擴張領土，越來越多的移民來到中國，並選擇在已有許多非漢族人口的長安定居，其中包括不少技術精湛的金屬工匠。粟特金屬工匠遷徙至中國後，在此定居，製造與過去在母國所製造相似但不完全相同的器物。當他們學到更多中國母題，適應了新的客戶群，粟特工匠製造出更多混合式的產品，像是結合中國及伊朗元素的銀杯。

在安祿山叛變之前，這位突厥粟特混血的將軍曾經與皇帝交換禮物，清單包含許多可與何家村窖藏相對照的品項：伊朗風格銀壺、局部鎏金的銀碗、瑪瑙盤、玉腰帶、珊瑚、珍珠、香以及金銀器中的香藥。作爲回禮，安祿山送了伊朗風格的瓶（胡瓶）以及金銀盤。[43]這份禮物清單證實何家村窖藏內的器物來自長安社會的最頂層，也就是皇帝與朝廷高官。

何家村窖藏文物中，最難解釋的是一批四百七十八件的錢幣。其中六件確定是在中國境外製造：一枚薩珊皇帝霍斯勞二世在位期間（Khusrau II，西元五九〇—六二八年，《舊唐書》稱庫薩和）所鑄造的銀幣，以及五枚來自日本的銀幣，介於西元七〇八至七一五年。至於第七枚錢幣，顯然是拜占庭皇帝希拉克略（Heraclius，西元六一〇—六四〇在位）所鑄的金幣，不過誠如許多中國境內發現的拜占庭錢幣，它是在中國製作的仿製品，並非眞的拜占庭錢幣。同樣不尋常的還有二十枚中國古錢幣，最早的來自約西元前五百年，形狀像是鏟與刀，是中國最古老的貨幣；另外還包括漢朝與唐以前分裂王朝的貨幣。最後一批錢幣的數量最多：四百五十一枚開元通寶。開元通寶包括銅幣（當時流通最廣），也有銀幣與金幣，後者顯然是爲帝王特製，以便在宴席發送（根據正史記載，西元七一三年曾有過這樣的宴饗）。[44]這批錢幣包括外國的、古代的與當代的，讓有些人不禁懷疑這是否屬於私人蒐藏家。[45]

如何解釋何家村窖藏的五花八門？雖然有些品項看似屬於某個人，如藥粉及錢幣，可是有更多窖藏物卻像來自官方倉庫，特別是銀餅。所有標示重量及稱重官員姓名的物品也指向官方。這批錢幣或許屬於某私人蒐藏家，但目前沒有發現其他同樣來自唐代的蒐藏。它們也可能是由政府鑄幣部門所持有，作爲鑄幣的參考。在前現代的中國，個人和政府財產的界線不如現代社會嚴明。也許某位鑄幣官將部分個人蒐藏連同政府財產一起埋藏在此。

長安居民最可能埋藏這樣一批珍寶的時間爲何？西元七五五年，擾亂唐朝一個半世紀和平的第一場大叛亂發生，安祿山率領軍隊反叛唐玄宗。安祿山及叛軍在攻下洛陽後，於西元七五五年攻陷長安，迫使唐玄宗與楊貴妃逃離首都。在往四川的途中，禁軍威脅若皇帝不處死楊貴妃就要造反，於是玄宗下令楊貴妃自縊，並將皇位傳給其子。

新任皇帝沒有足夠兵力擊退叛軍，並且被迫拿收稅權交換地方節度使的軍事援助。接下來七年，戰事依舊持續。儘管安祿山在西元七五七年被暗殺，副手也在西元七六一年被暗殺，叛軍還是不斷威脅中央，直到唐朝皇帝向回鶻可汗尋求協助。回鶻軍隊在西元七六三年擊敗叛軍。[46]作爲向唐朝效力的獎賞，回鶻人獲准掠奪長安，重創了這座城市。

當軍隊最後終於重新取得對帝國的控制，唐朝將叛亂歸咎於粟特人，並對粟特人採取一些措施。他們把都城內門與街的「安」字都改掉；許多姓安的人（無論是不是粟特人）也都改姓。[47]根據一則關於叛亂的記載，將北京從叛軍手中收回的新羅人將軍高鞠仁曾「令城中殺胡者（伊朗人，大多是粟特人）重賞，於是羯胡（胡的分支，安祿山所屬）盡殪，小兒擲於空中，以戈承之，高鼻類胡而濫死者甚眾」。[48]

鎖定粟特人爲迫害目標的行爲，寫下絲路史上醜陋的新頁。過去朝代曾經下令關閉寺院，強迫僧尼還俗，但沒有統治者曾將廣大人口中特定少數族群設為迫害目標。這種屠殺式的攻擊並未發生在所有粟特人居住的地方，但長安城內已出現過去不曾見的敵視氣氛。即便如此，許多住在長安的外國人決定留在中國，其中有不少輾轉遷徙至（今日河北省）北京以南的區域，而不願冒險回到伊斯蘭化的粟特地區及中亞地區。

叛軍的消滅並未給被包圍的首都帶來和平。西元七六三年底，剛統一的吐蕃帝國攻擊長安，並在長安劫掠了兩週才撤退。接下來的二十年，他們持續攻擊與劫掠。唐朝軍隊無力對抗吐蕃，繼唐帝國之後，吐蕃與回鶻成為亞洲主要軍事力量長達逾一個世紀。

當吐蕃人接連在西元七八〇年代控制甘肅、西元七九〇年代控制龜茲，唐朝的收入也更加縮減。西元七八七年為了因應甘肅的陷落，宰相李泌提出一項刪減預算的措施：對所有住在首都的外國使節削減補助。「知胡客留長安久者，或四十餘年，皆有妻子，買田宅，舉質取利，安居不欲歸。」[49]他指出外交使節的人數有四千人，多為粟特人，考慮到在安史之亂後，許多外國人已逃離或是隱瞞身分，這個數字高得令人驚訝。

筆記小說記錄了這些粟特人的生活，特別是西元七六三年後還留在長安的豪商。「傳奇」（一種新類型的短篇）的熱潮在西元九世紀早期達到高峰。[50]不同作者筆下的粟特人都具有相同特徵：極度慷慨，極佳的物品鑑定能力，特別是珠寶。遠離家鄉流亡在外，這些人往往出身貴族，但在敘事中他們被迫從事卑微的工作以便能在中國掙飯吃。

有個故事以安史亂後的長安為背景，[51]一個出身富裕中國家庭的年輕人，在海灘發現一塊不尋常的石頭「半青半赤，甚辨焉」。他撞見三十個外國商人的年度集會：「寶物多者，戴帽居於坐上，其餘以次分列。」這位年輕人看著他們互相比較財富身家：一位商人有四顆漂亮的珍珠，其中一顆直徑大過一寸。其他人展示他們的物品，大多是珍珠。當年輕人拿出他的石頭給集會的商人看，他們立刻起身，引他到象徵榮耀的上位。當年輕人給石頭開價一百萬貫，他們反駁：「何故辱吾此寶？」並堅持付他一千萬貫。原來，這個寶石是遺失超過三十年的國家珍寶，這批商人稱它爲「珍寶之母」，因爲他們的國王將它放在海邊，晚上向它祈禱。隔天早上當他再回到海邊，發現寶石自動圍繞住這顆石頭。寶石的神秘力量滿足傳奇必有的神異性，但故事中的背景相當寫實：三十多名粟特商人在長安進行年度集會是絕對可能發生的事。

刻板印象中的粟特富商也出現在另一個不同的文類：斷案範本。在唐代，特別是西元七五五年之後，參加科舉考試的年輕人增加，他們是這類文學的現成消費者。這些範本並非根據眞實的法律案件，而是透過假設情況，讓作者們展現他們的論理技巧。

其中有一則斷案範本和一對住在長安的粟特兄弟有關。[52]兄弟中一人非常富裕，其花園、池塘、房屋、傢俱及奴婢可「比侯王」，另一人卻相當貧窮，無法償還某粟特富商借給他的衣服。粟特富商不滿兄弟中富裕的一方不願替貧窮的另一人償還借貸，提出控告，地方官判定富裕的兄弟必須給貧窮的兄弟一些家畜牲口，讓他不至於餓死。

傳奇及斷案範本讓我們看到一強而有力的刻板印象：由於珠寶交易的關係，唐代作者認爲粟特商人極爲富有。粟特商人的確經手珠寶及寶石——它們具有高價與輕便雙重優勢，但這樣的刻板印象和現實有所出入，我們不能妄下定論，以爲絲路貿易繁盛到讓數以千計住在長安的粟特人因而致富。事實上，商人在數以千計定居唐代城市的粟特人中只占少數。[53]數量龐大的是使者、軍眷、難民、農人、金屬工匠及士兵。

西元八四三年，唐武宗禁摩尼教，彰顯了長安持續的排外情緒。兩年後，他又下令禁佛教、祆教、景教，聲稱下令熔掉銅像與銅鐘是爲了增加鑄幣金額。此外，當局沒收了幾乎全部佛寺的財產，只有少數長安和洛陽的寺院倖免於難。西元八四七年，武宗過世，繼任者撤銷對佛教的禁令，但其他宗教仍舊被禁。

這些措施頒布於唐代勢力衰弱、地方勢力取得西北大量領土之際。地方勢力多是過去的軍事將領，不但控有自己的軍隊，而且逐漸拒絕向朝廷繳交賦稅。西元七五〇年代，唐朝軍隊撤出塔克拉瑪干的綠洲城市之後，陸路逐漸凋零，海上交通開始成爲主流。[54]儘管危險，幾世紀前便已有旅人取道海路，許多乘風破浪的旅人都從長安開始他們的旅程。

東南亞居民自古以來就航行於南中國海及西太平洋之上。他們一步步串連不同的海上路線，形成更長的航道。至少在西元一世紀，航行者已經知道如何利用季風，也知道如何渡過麻六甲海峽，可以一路從中國航行到印度，不過他們必須在佛逝（今日的巨港，位於印尼蘇門達臘島上）停留數個月，等待季風。[55]

僧人法顯（活動於西元三五〇—四一四年）就中國和印度海上交通的困難留下了生動記載。法顯在世時間比玄奘早了超過兩個世紀，不過他去印度的動機也是爲了學習中國所沒有的佛教原典。去程，他橫越陸路，從長安經過于闐抵達印度。在恆河邊的佛教中心學習超過六年之後，法顯在塔姆盧克港（位在胡格利河河口、西孟加拉的加爾各答南方）搭上一艘前往斯里蘭卡的船。[56]前往斯里蘭卡的旅程爲期兩週，是他海上行旅中最平安的一段。在斯里蘭卡，法顯參拜一尊由玉和其他珍貴材料製成的佛像，高六．六公尺。他在寺廟裡看見一名商人，也許是中國人，捐獻了一面白絹扇。在一條罕見的私人注記中，法顯透露自己突然無法克服思鄉之情，開始哭泣。[57]法顯在斯里蘭卡多待了兩年，他在那裡見到許多「居士、長者、薩保與商人」。[58]誠如粟特文古信件第五號所示，粟特人用薩保一詞指稱社群的領袖，而此處法顯則將粟特薩保與中國商人對比。

法顯沒有說明爲何選擇海路而非陸路回到中國。但對從塔姆盧克或斯里蘭卡出發的人來說，海路較快也較經濟。在蘇門答臘，法顯搭上一艘載著兩百人的大商船，大船還繫著一艘可作爲救生艇的小船。[59]三天後，海上刮起一陣大風，或許是颱風，一連十三天都未停息。小船裡的人趕緊切斷與大船的連接，還在浸水大船上的商人急著自救，把許多貨物丟下船，法顯拒絕丟棄歷經千辛萬苦取得的佛經。他向觀音菩薩祈求護佑。他說觀音菩薩回應了他的禱告，當風暴停息，大船已停靠在一個島嶼，船員得以修補船身的裂縫，繼續前往蘇門答臘。

法顯在蘇門答臘停留五個月，再次搭上另外一艘同樣可搭載兩百人的大船，還帶了五十天的補給，啓程前往廣州。這趟航程比斯里蘭卡到蘇門答臘更加危險。在海上航行超過一個月後，船隻遭遇「黑風暴雨」，法顯再次向觀音祈求。印度乘客則有不同的反應：他們將暴風雨歸咎於中國僧人，決定將法顯單獨留在某島嶼，繼續航行。法顯稱這些印度乘客爲「婆羅門」——這是漢民族稱呼印度人的普遍用語。替法顯支付旅費的人替他出頭，威脅乘客說，中國的統治者本身是佛教徒，他們若拋下僧人將受到中國統治者的懲罰。印度人猶豫了，不敢就這樣拋下法顯，於是准許法顯繼續他的旅程。

持續不斷的陰天使船員無法確定航道。他們並未使用羅盤，只能靠觀察日、月、星辰的位置來設定航道。每當遇到下雨或陰天就無法判斷自己的位置。雖然知道往中國的旅程大約需要五十天，可是他們就是無法知道自己身在何處。這艘船持續在海上航行，食物和飲水消耗得很快。在海上七十天後（比預計多了二十天），船員將兩升水分配給所有旅客，並開始以海水煮食。這艘船轉向西北，尋找陸地。十一天後，終於抵達陸地。

根據海邊所看到的植物，乘客認為他們應該是到了中國的某處，於是派法顯去詢問。法顯回到船上，告訴他們目前船隻所在處是山東半島的南部海岸——距原目的地廣州約一千六百公里。法顯的旅程生動描繪西元一千年以前海上旅行的危險。中國人約在西元一千年開始用羅盤輔助航行（他們已在陸地上使用羅盤超過一千年）。[60]即便遇到諸多危險，法顯的海上旅程還是比去程的陸路快了三年，陸路花了他六年時間。

西元七世紀晚期，僧人義淨（西元六三五—七一三年）赴印度取經也以海路往返。他和法顯一樣從長安出發，前往位於今日江蘇的口岸揚州。在那裡，他遇到一位使節願意幫忙支付前往廣州的船資。抵達廣州後，他與一艘「波斯船」的船長達成協議（波斯船可能指船上有一位波斯船員或船長，或者只是一艘波斯風格的船），搭船前往蘇門答臘島上的佛逝。

兩人在西元六七一年末出發，二十天內抵達巨港。義淨描述天上的星座，顯見當時船員仍然靠著

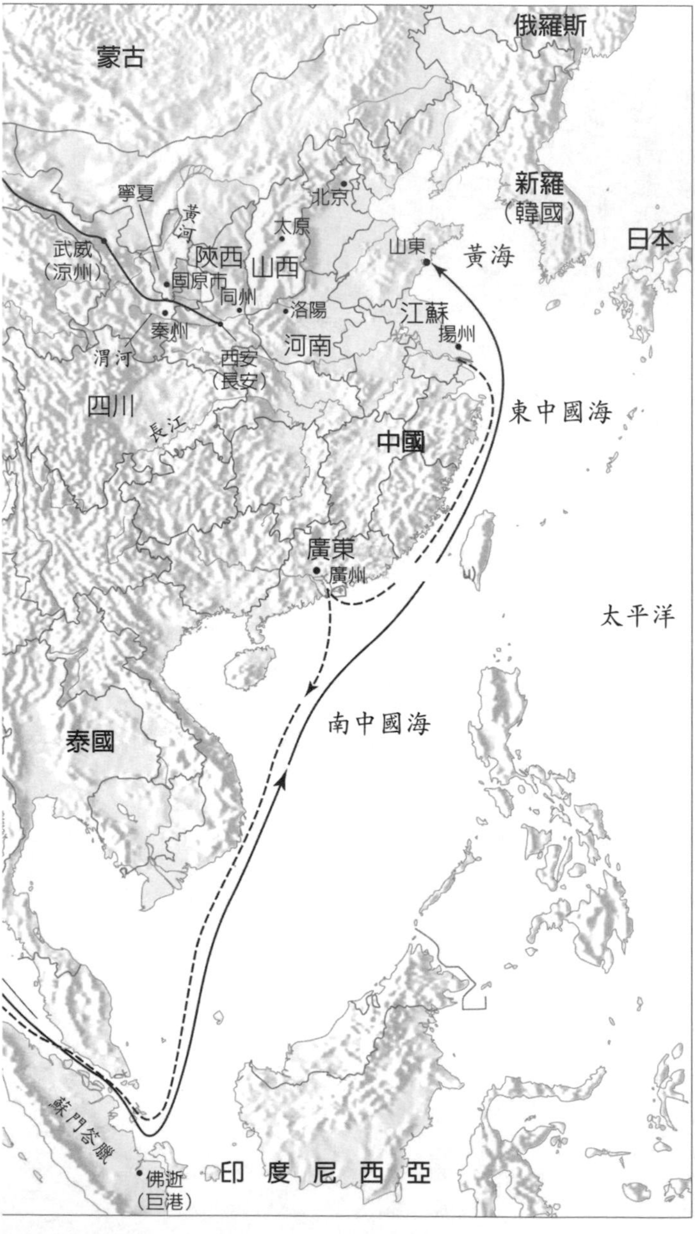

俄羅斯
蒙古
新羅
（韓國）
日本
寧夏
黃河
北京
太原
山東
黃海
武威
（涼州）
陝西
山西
固原市
同州
洛陽
江蘇
揚州
秦州
渭河
河南
西安
（長安）
四川
長江
東中國海
中國
廣東
廣州
太平洋
南中國海
泰國
蘇門答臘
佛逝
（巨港）
印度尼西亞

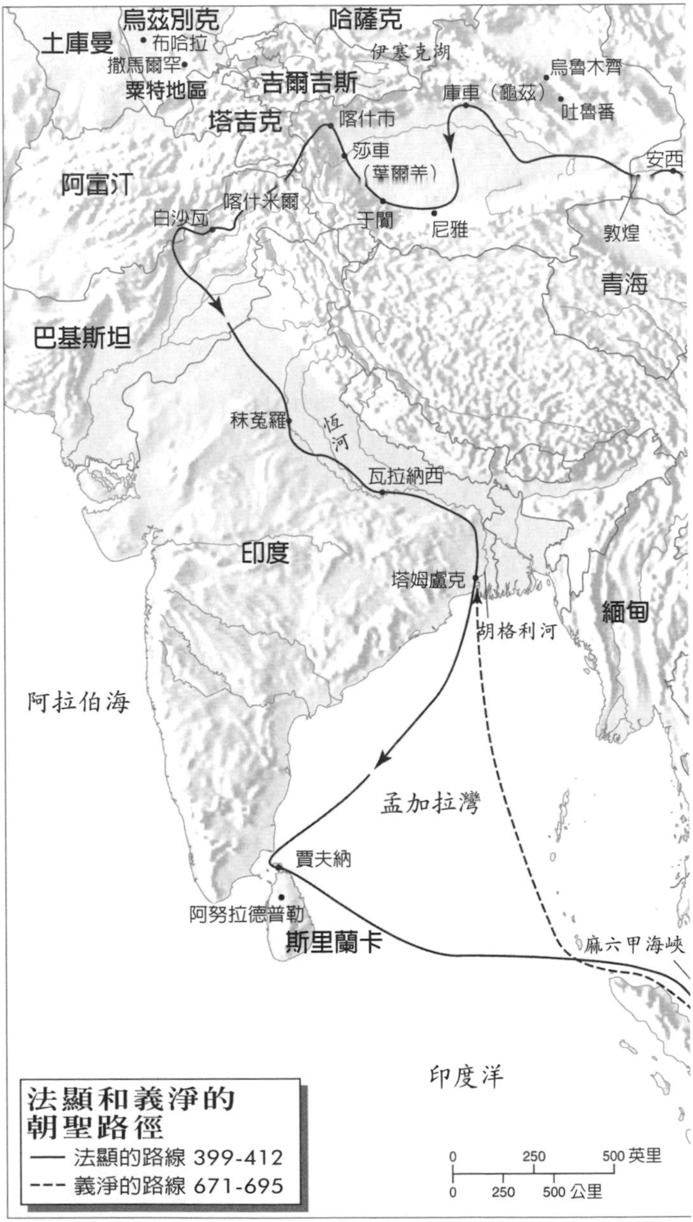
烏茲別克
哈薩克
土庫曼
布哈拉
撒馬爾罕
伊塞克湖
烏魯木齊
粟特地區
吉爾吉斯
庫車（龜茲）
吐魯番
塔吉克
喀什市
莎車
（葉爾羌）
安西
阿富汗
喀什米爾
白沙瓦
于闐
尼雅
敦煌
青海
巴基斯坦
秣菟羅
恆河
瓦拉納西
印度
塔姆盧克
緬甸
胡格利河
阿拉伯海
孟加拉灣
賈夫納
阿努拉德普勒
斯里蘭卡
麻六甲海峽
印度洋
法顯和義淨的
朝聖路徑
— 法顯的路線 399-412
--- 義淨的路線 671-695
0 250 500 英里
0 250 500 公里

星座導航，並未使用羅盤。在巨港學了六個月的梵文後，義淨沿著蘇門答臘島的北邊航行，直接穿越印度洋，並未停泊斯里蘭卡。西元六七三年初，義淨抵達靠近今日加爾各答的塔姆盧克港口。自中國出發算起，前後只花了一年多。

義淨走同路線回到巨港，打算在那裡抄錄更多經典。西元六八九年，他寫信給中國的施主尋求紙、墨，以及支付寫手抄經的費用。爲了寄送信件，他登上一艘停在港口的船隻，就在此時，商人覺得風向大好，於是揚起帆，載著不情願的義淨一路回到廣州。[61] 義淨說他會到廣州都是業力（karma）使然，不過這經驗或許顯示自法顯在西元四百年的行旅之後，海上交通已越來越熱絡。哪怕有人不小心上錯船，從巨港前往廣州的特快船可是說走就走。

抵達廣州後，義淨表示想回到巨港。在友人的介紹下，他認識另一位想要前往印度學習的僧侶，同年、季風轉向後，兩人一起到蘇門答臘，取回義淨留下的書籍。義淨續留至西元六九五年才再次搭船回到中國。

巨港到廣州顯然已是一段固定航程，義淨因此能夠三次往返，當然還有更多人也在這條航線上定期來回。回到中國後，義淨編寫了五十六位曾經前往印度的僧侶傳記，其中四十七位是中國人，一位是粟特人，還有八位來自朝鮮半島新羅王國的僧人。在這五十六位僧侶中，二十一人走陸路，三十人走海路。義淨的例子可能放大了海上貿易的規模，畢竟他所記錄的僧人都是在海上旅行和停留巨港期間所獲悉的。即便如此，他的調查還是彰顯西元七世紀海上旅行的盛行。

海路的重要性持續增加。西元九世紀，航行到中國口岸的許多是從伊拉克港口來的阿拉伯人，特別是巴斯拉，這趟航程大約五個月。[62]一則以阿拉伯文書寫，關於中國的較早描述，年代是西元八五一年；一位匿名作者搜集了曾親自造訪中國的人們的說法。[63]他報導說，中國官方在廣州——來自伊拉克的人進入中國的主要港口——扣押所有外國商人的貨物，收取百分之三十的稅，然後在六個月後歸還貨物。中國商人購買象牙、乳香、紅銅鑄品、玳瑁，並以銅幣支付；作爲交換商品，他們提供「金、銀、珍珠、絲、與豐足富饒之物」以及「一種極佳的、帶粘性的青泥，他們以之製成像小玻璃瓶（phial）一樣細緻的杯子，裡面的水光可以看得到」，那就是瓷器。[64]官方要求這些商人要有旅行通行證，就跟從陸路進入中國的人一樣，因此所有商人在進入中國之前，必須報告他們確切的行程。這位作者對中國的態度極爲正面。他描述中國的法律系統是公平的（對外國人也一視同仁），而且還鉅細彌遺地描述中國的破產法。

西元九一六年，一位名爲阿布．宰德（Abu Zayd）的地理學家完整抄錄上述紀錄，並且撰寫續篇。整體而言，他認爲之前的記載是精確的，他還提到一位「信用無可懷疑之人」幫助他校正。他寫到，這位提供資訊的人，「也告訴我們，在那之後（西元八五一年之前）之後，中國的事務變得截然不同；相關的有很多，只能說明爲何前往中國的航程中斷，以及那個國家是如何被破壞，許多習俗如何被拋棄，帝國如何分裂。」他進一步提到：西元八七七年廣州的一場叛亂，由一位名爲黃巢的前科舉應試者領導，造成「除了十二萬中國人，還有之前來到這個城市避難的穆斯林、基督徒、猶太人、以及祆教徒」的死亡。[65]另一則阿拉伯資料報導二十萬人死於廣州，許多人質疑這個數字的正確性，但中國資料完全沒有具體數字。[66]無論確切的死亡人數是多少，黃巢之亂對廣州以及海上貿易均造成重創。

劫掠廣州之後，叛軍在西元八八一年初到達長安，燒毀西市，占領皇宮，洗劫破壞整座城市。官軍成功地將叛軍逐出長安，接著官軍繼續劫掠這個城市。皇帝淪為傀儡。詩人韋莊描述叛軍離開之後，這個城市的景象：

長安寂寂今何有？廢市荒街麥苗秀，
採樵砍盡杏園花，修寨誅殘御溝柳。
華軒繡轂皆銷散，甲第朱門無一半，
含元殿上狐兔行，花萼樓前荊棘滿。
昔時繁盛皆埋沒，舉目淒涼無故物，
內庫燒為錦繡灰，天街踏盡公卿骨。67

長安持續做了二十年的首都。西元九〇四年，在背後實際統治唐朝的將軍，下令殺掉皇帝的近臣；皇宮也被破壞了，並沿著渭水往下流到洛陽。西元九〇七年，他殺了唐朝最後一位皇帝，奪取政權，創立新朝。曾經輝煌的唐代首都成為斷垣殘壁，再也無法回復。前往首都的貿易路線中斷，隔絕了西北的沙漠綠洲，絲路貿易進入一個新的、沉靜的時代。

第六章

絲路歷史的時空膠囊

——敦煌石窟

如果只能造訪絲路上的一個點，你一定要去敦煌。那裡的自然環境相當壯觀，深綠色的白楊樹、柳樹圍繞著茂盛的綠洲。岩壁環繞，五百多個石窟裡有極美麗的佛教壁畫，融合來自印度、伊朗、中國與中亞的母題。藏經洞發現超過四萬卷的經卷（如下頁圖片所示），是絲路沿線所發現規模最大的文件與文物儲藏。[1]藏經洞裡不同宗教的文本——佛教、摩尼教、祆教、猶太教與東方教會——顯示敦煌社群的高度國際化。綜觀西元第一千紀，敦煌曾經是重要的邊塞城鎮、佛教朝聖中心，以及貿易據點。但在西元一〇〇〇年以後，這座城市逐漸衰微荒廢。一九〇七年，當斯坦因決定第二次中亞探險的目的地是敦煌時，只有幾個歐洲人曾經踏足此地。在敦煌的發現不但讓他獲封爵位，也確立他在中國永久的惡名。

斯坦因將先前的經驗帶進第二次探險中，包括：帶隊穿越塔克拉瑪干沙漠、發掘文書與文物、即時發表探險所得。自于闐、尼雅第一次探險後，這六年間英國與其他國家間的競爭加劇；我國、德國、日本與法國都率隊至新疆探險，攫取古物。[2] 斯坦因申請了足以在外探勘整整兩年的經費補助，他的目標是複製上次從喀什米爾到于闐的路線，然後越過沙漠直達甘肅西邊的敦煌，這段路程直線距離爲一千三百二十五公里，實際要走上一千五百二十三公里。

斯坦因第一次聽說敦煌石

斯坦因處理過的敦煌藏經洞照片

這張是第十六窟的照片，中央平臺上有一尊佛像，照面最右邊有一個小而高的門通往祕密藏經洞，這道門在西元一〇〇〇年後被封閉。藏經洞約一九〇〇年被發現，內藏約四萬卷文書，以漢文、藏文，以及其他較罕為人知的絲路語言寫成，這是絲路上所發現規模最大的一批原始文書。斯坦因透過重疊兩張負片，將兩堆經卷加到原本的石窟照片中。

窟是在一九〇二年，當時匈牙利地理學家拉喬斯・洛克齊（Lajos Lóczy）在德國漢堡的東方學者會議上發表了一篇論文。洛克齊在一八七九年造訪敦煌，是首位來到此地的歐洲人之一；當時只有兩個僧人終年居住在這個靠近沙漠的地方。洛克齊是土壤及岩石的專家，他指出石窟中佛教壁畫的重要性，中國學者多半忽略這些壁畫，而對卷軸上的繪畫比較有興趣。[3]敦煌最早的壁畫可追溯至西元五世紀，比任何現存畫在絹上的繪畫都要早得多。

如同第一次探險，第二次探險的成員包括：照料駱駝與馬匹的人、肩負拍照職責的調查員、專屬僕人與廚師。團隊中還加入一位能夠穿越沙漠數百里而不迷路的信差，他的工作是到附近城鎮替斯坦因收發信件，並領取印度政府以銀塊支付的探險經費。

斯坦因對維吾爾語（他稱這種語言爲Turki）的掌握有利於他在新疆的考察，但在以中文爲主的甘肅便不然。敦煌首次受中國統治是在西元前一一一年，漢代在成功的軍事行動後，於敦煌建立邊塞（懸泉驛站就是敦煌的一部分）。中國斷斷續續地控制這個地方，直到西元五八九年隋代再次統一中國。自此以後，敦煌持續受到中國統治。[4]在這個地區性的學習中心，當地人在學校學習漢字，並以漢文書寫。[5]在喀什的英國領事推薦下，斯坦因雇用了一位中國祕書名叫蔣孝琬。蔣孝琬不會說維吾爾語，斯坦因則從未學過中文，起初雙方溝通困難。但兩人一起旅行數週之後，斯坦因學會用簡單的口語中文表達自己。

一九〇七年春前往敦煌的路上，一位正在躲債的穆斯林商人告訴斯坦因，據傳石窟中不只有壁畫。商人把王圓籙的發現告訴斯坦因。王圓籙曾是一個士兵，離開清軍後，在一八九九或一九〇〇年

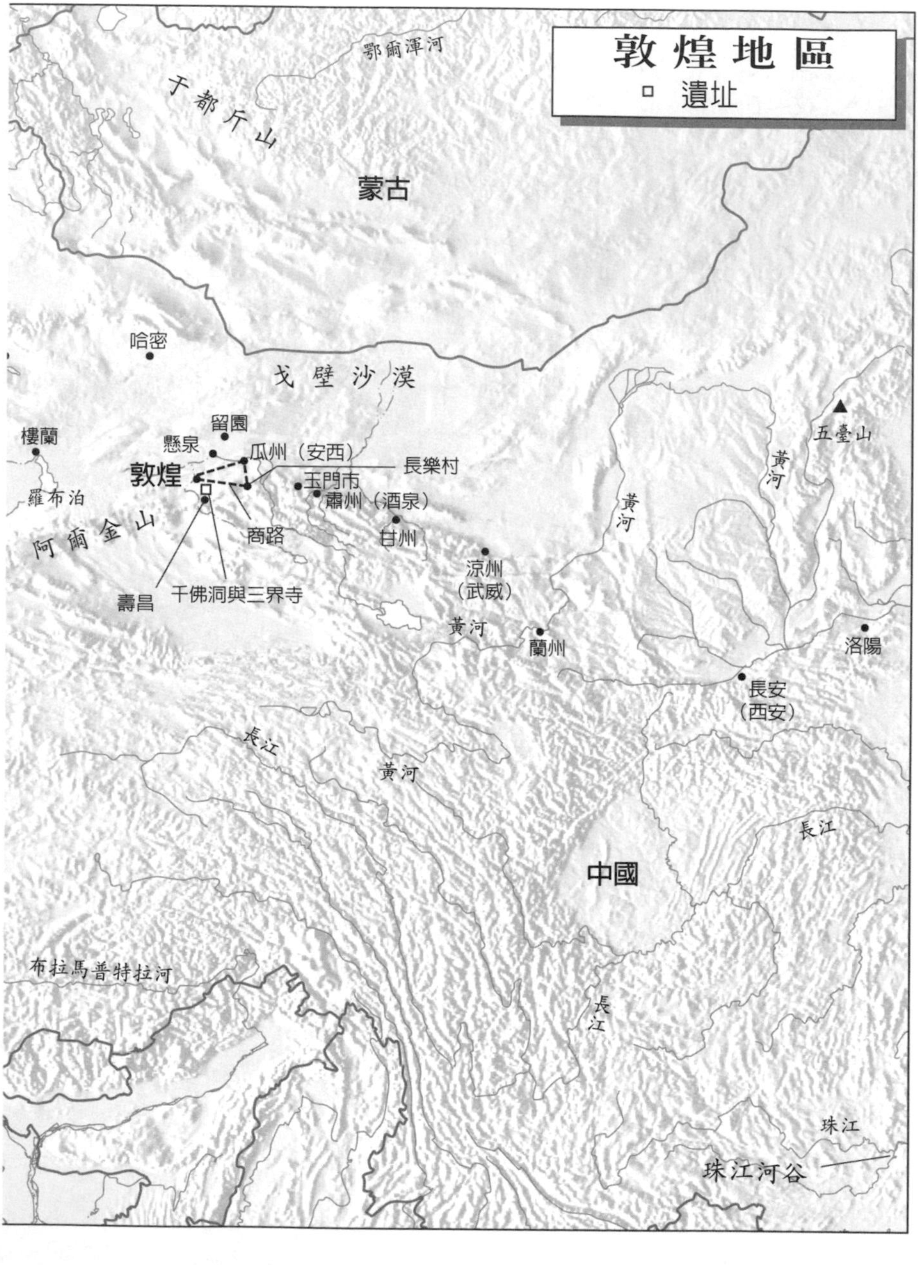
敦煌地區
遺址
鄂爾渾河
于都斤山
蒙古
哈密
戈壁沙漠
樓蘭
留園
懸泉
瓜州（安西）
長樂村
敦煌
玉門市
肅州（酒泉）
羅布泊
阿爾金山
商路
甘州
涼州
（武威）
壽昌
千佛洞與三界寺
黃河
蘭州
五臺山
洛陽
長安
（西安）
長江
中國
布拉馬普特拉河
珠江
珠江河谷

0 100 200 300 英里
0 100 200 300 公里
錫爾河
巴爾喀什湖
哈薩克
七河地區
北庭都護府
烏茲別克
天山山脈
烏魯木齊
伊塞克湖
吐魯番
澤拉夫尚河
吉爾吉斯
焉耆
庫車（龜茲）
阿姆河
塔里木河
喀什市
塔吉克
塔克拉瑪干沙漠
葉爾羌河
于闐河
莎車（葉爾羌）
米蘭
帕米爾高原
尼雅
阿富汗
于闐
崑崙山脈
喀布爾
喀什米爾
喀喇崑崙山脈
巴達克山
巴基斯坦
喜馬拉雅山
西藏
恆河
印度河
印度
尼泊爾
那爛陀

來到敦煌。和許多士兵一樣，他因遇到巡遊的道士改信道教，所以斯坦因稱他「王道士」。他幾乎不識字。王道士抵達敦煌後不久，有天敲一個石窟的牆壁，聽出裡面是空心的，於是便發現了牆後的藏經洞（第十七窟）。[6] 拆掉石牆後，王道士將一些卷軸拿給地方與省級官員，其中至少有一位官員瞭解其重要性，他是一個金石學者，名爲葉昌熾。然而，清廷在義和團事變後財政嚴重吃緊，於是決定不移動這些文書，並下令將經卷保留在石窟內，由王道士看管。

一九〇七年三月，當斯坦因和他的祕書蔣孝琬首次來到這裡，王道士因「向信眾化緣」不在，他們趁機漫步崖上的石窟。這些石窟受風雨侵蝕，完全沒有守備。斯坦因注意到有則西元十世紀的描述十分精確：

> 山谷中有諸多古老的佛教寺院及精舍；還有一些大鐘。山谷南北兩端，矗立著天王寺，以及一些供奉其他神祇的祠；牆上繪有吐蕃贊普及隨從的畫像。整個山壁的西側，南北長約兩里（一公里），開鑿出許多高挑寬敞的砂窟，內有佛的造像與繪畫。數一數這些石窟，開鑿這些石窟的花費一定相當龐大。這些石窟前面，上下搭建了好幾層的亭子。一些寺院中有巨大的佛像，高達一百六十尺（四十九公尺），而小祠寺則不計其數。所有寺院都以迴廊相連，便於儀式性的繞行以及隨意觀看風景。[7]

斯坦因發現，雖然大多數石窟前的亭子早已崩壞，許多造像與繪畫都保持得相當完好。[8]

根據一個石窟內的題記，西元三六六年一位僧人曾造訪此地，那也是第一個石窟開鑿之時。在千佛洞遺址的四百九十二個石窟中，敦煌研究院將最早的石窟訂於北涼時期（西元四二一—四三九年），最晚的則是西元十三或十四世紀。[9]早期石窟的繪畫就像尼雅和龜茲所見，呈現的都是個別佛像或佛陀前世的場景；建造於西元六〇〇年後的石窟則經常描繪佛教文本的敘事場景。這些石窟開鑿自極易碎裂的鬆軟礫岩，西元六、七世紀就發生過幾次坍塌。近

斯坦因當初所見的敦煌石窟

一九〇七年斯坦因剛抵達敦煌時，石窟並沒有門，而是完全暴露在外。參觀者必須爬上山壁，穿過連接石窟的洞穴。如今在敦煌研究院的管理下，所有石窟都有牆及上鎖的出入口，還有水泥步道及階梯連接遺址的四百九十二個洞窟｜大英圖書館董事會提供

年來絡繹不絕的遊客對石窟造成更大破壞，敦煌研究院於是造了一些複製石窟，希望藉由減少觀光客進出，降低對繪畫造成的損害。他們現在只開放少數石窟，最有名的石窟往往要價不菲（一名遊客幾百美元並不罕見）。

一九〇七年，在斯坦因與蔣孝琬完成遺址的初步考察後，他們遇到一位年輕的西藏僧人。後來，蔣孝琬與他單獨見面，僧人拿出一件漢文寫本給他看。儘管蔣孝琬知道「菩薩」這個詞多次出現，但他沒有閱讀佛教材料的經驗，並不瞭解文本內容。斯坦因想要酬謝僧人拿卷軸給他們看，但蔣孝琬「建議要節制，太慷慨的禮物可能讓人懷疑別有用心」。折中價錢後，斯坦因給了僧人一塊「碎銀，相當於三盧比或四先令」。誠如斯坦因在此次發掘最早的出版品《中國沙漠中的遺址》（*Ruins of Desert Cathay*）所解釋，「在我與蔣的密談中，我們花很多時間討論如何才能看到這批出土文物，以及必要時如何破解來自道士的任何阻礙。」

斯坦因和蔣孝琬瞭解任務的敏感性，因此對彼此間的討論極為保密。有別於斯坦因過去從事挖掘的其它地點，敦煌是一個有「實際信仰功能」的地方，斯坦因揣測著將會遇到什麼樣的「困難」。「住在這裡的宗教人士是否會不介意——並且受物質利益影響——這些神聖物件被搬走，裝作沒看見？倘若果真如此，我們是否能夠依賴他們的精神影響力，平息實際贊助這個朝聖地點、更為迷信的一般信眾可能產生的疑慮？」甚至早在認識王道士之前，斯坦因已決定將行動局限於拍照和素描，因為信眾肯定會反對他帶走任何塑像或繪畫。

既然王道士不在，斯坦因決定先調查自敦煌向西一路延伸的烽燧，於是發現了粟特文古信件。當他在一九〇七年五月十五日回到石窟，他目睹「整整一萬人」參加的年度宗教法會。在斯坦因保持距離的同時，蔣孝琬說服了王道士與斯坦因會面。機警的王道士將通往藏經洞唯一的門堵起來。兩人終於見面後，斯坦因記下他對王道士的第一印象：「他這個人看起來非常怪異，極度害羞和緊張，偶爾露出不友善的狡猾表情。很顯然，他將是個難搞的人。」。

在描述敦煌經驗時，斯坦因不斷間接提及他和畢勒爾（Georg Bühler，他在維也納大學的指導教授）在印度收集梵文手抄本所面對的難題。畢勒爾在一八七五年一度瞥見他專程到印度所要研究的手抄本，可是手抄本的主人隨後把它藏起來，畢勒爾死前都未再見到那個抄本。斯坦因在印度最偉大的學術成就之一就是在十四年後買下了這個手抄本。[10]

斯坦因瞭解敦煌藏經洞與在沙漠中迷路或在尼雅挖掘廢棄遺址，前者的挑戰非常不同：他必須用他在印度學到的能力，從守衛者手中取得手抄寫本。在第一次與王道士見面後，斯坦因已準備面對「長久且艱難的包圍戰」。

在蔣孝琬的建議下，斯坦因決定刻意不和王道士討論學術或考古。他選擇召喚佛教朝聖者玄奘的記憶，稱玄奘爲他的「中國守護聖人」。斯坦因描述他以零落的中文對王道士說：「我崇敬玄奘：我跟隨他的腳步，從印度越過不毛的山脈與沙漠；我追尋他所拜訪與描述的聖地遺跡等等。」斯坦因繼續維持玄奘信徒的僞裝；在六月十三日離開前，他甚至贊助一尊新的玄奘「泥像」。蔣孝琬和斯坦因告訴王道士，這些書卷是爲了印度一所「供學習的寺院」，試圖誤導王道士，讓他以爲斯坦因就像數世紀前的玄奘，蒐集佛教寫本是爲了一個遠方的寺院圖書館。

第一次會面後，斯坦因留下蔣孝琬獨自與王道士協商。當晚，王道士在夜幕的掩蓋下帶了一卷卷軸給蔣孝琬。這卷軸正是玄奘翻譯的佛教文本，蔣孝琬立刻告訴王道士，這是個吉兆。王道士於是將先前築來擋住洞窟通道的臨時牆移除。

此後協商進展得更爲順利。他們三人同意有必要絕對保密。根據斯坦因的描述，王道士要求：「除了我們三人，沒人知道什麼被搬走了，並且只要我（斯坦因）還在中國的土地上，這些『發現』從何而來絕對要完全保密。」接下來三個星期，王道士拿給蔣孝琬不同的卷軸，然後他和斯坦因再把最重要的放一邊。就在他們即將離開之前，王道士焦慮了起來，並把所有東西都放回石窟，蔣孝琬於是再次介入。在蔣孝琬和斯坦因進行最後的挑選之後，由斯坦因最信任的兩個人將卷軸縫入大袋中，掩人耳目。

斯坦因報導過程中有關價碼的談話。當他和蔣孝琬設定目標之後，蔣孝琬直接出面與王道士協商。斯坦因這是照著當時普遍的做法：住在亞洲的外國人，經常委託他們的員工和僕人代表他們購買雜貨或其他物品。蔣孝琬和王道士達成協議，以一百三十英鎊換取七箱寫本、五件繪畫及其他物品，斯坦因在給好友珀西．斯塔福德．阿倫（Percy Stafford Allen）的信中開心說到：「光是一件貝葉上的梵文寫本加上其他幾件『老東西』就要這個價錢。」11

一九〇七年夏天，斯坦因離開後，王道士繼續變賣藏經洞文書支付洞窟區的整修費用。蔣孝琬在那年秋天又回到敦煌，買了兩百三十綑文書寄給斯坦因。斯坦因騙得的文書總計一萬一千件。一九〇八年，法國漢學家伯希和買了七千件文書運到巴黎。12 一九一〇年，中國政府下令將剩下的一萬件漢文文書（不包括藏文）運到北京，但王道士保留了一些，結果其餘文書都在運往北京的路上被偷走。[13] 一九一二年俄國人S．F．奧登堡（S. F. Ol'denburg）買下大約一萬件，斯坦因在一九一四年最後一次回到敦煌，又買了六百多卷。[14]

一九二九年，斯坦因在哈佛大學的一系列演講中，向現場聽眾驕傲地重述他在敦煌的經驗。當斯坦因一九一四年回到敦煌，王道士溫暖地迎接他，並給他看詳細的紀錄，看他如何用這些錢整修石窟。「看到官方的處理，以及他珍視的中文卷軸寶庫受損，他表示後悔之前沒有勇氣和智慧，接受我透過蔣師爺（蔣孝琬）所提出一次購買全部藏品的提議。」[15] 由於斯坦因比其他人付給王道士更多的錢（中國政府一毛都沒付），他認爲自己應該買下全部的文書送出中國。即使在一九二九年許多歐洲和中國學者都認爲中國古物應該留在中國，斯坦因絲毫不覺得將文書和文物帶離中國有任何問題。

回顧敦煌文書被搬到其他國家的歷史，我們應該避免以現代標準評斷斯坦因，而應該以他身處時代的標準。許多今日的觀察者支持將帕德嫩神廟的大理石雕歸還希臘。不過斯坦因和其他探險家都是在第一次世界大戰前、帝國主義鼎盛之時來到中國，當時各歐洲強權及日本都派遣隊伍至新疆挖掘，但鮮少有當時的觀察者表達疑慮。少數幾位有疑慮的是德國的格倫威德爾與俄國的奧登堡，他們都批評勒柯克及其他人將壁畫從原遺址移走的行徑。[16]

外國人有合理的理由認爲將藏經洞文物搬離敦煌會比較安全。自一八六二至一八七七年，敦煌石窟曾因穆斯林動亂而受損，而且斯坦因也敏銳察覺當地民眾的躁動不安。[17] 一九〇七年六月，斯坦因才離開一個月，敦煌就因穀價而爆發動亂。

近年來，中國方面對斯坦因的觀感已漸趨緩和。文化大革命期間，斯坦因在中國人眼中就是個小偷，簡單明瞭。一九八〇年代中期，我研究所的一位中國同學曾在課堂上怒髮衝冠，只因教授說：如果他自己是敦煌文書，情願被帶去巴黎或倫敦，因爲那裡的保存條件比北京好太多了。一九九八年，《西域考古圖記》全文被譯成中文，內容包括斯坦因在敦煌交涉的詳細紀錄。中譯本收錄一篇由著名中國考古學家孟凡人所撰寫的、思慮周到的前言。《西域考古圖記》一書由作者群翻譯了斯坦因發現的不同材料，展現「一九二〇年代以前，此一領域的最高研究成果」，然而關於斯坦因的個人行爲，孟凡人總結認爲，它們構成「掠奪行爲，應該受到嚴厲且公正的批判」。[18]

出版工作的開展，使外國收藏的敦煌文書越來越容易爲中國學者所利用：起初是一九七〇年代晚期微卷的使用，接著清晰可辨的照片以套書形式於一九九〇年代出版，現在則是持續將照片傳到以倫敦爲中心的「國際敦煌項目」（International Dunhuang Project）網站。[19]二〇〇五年，北京大學唐史學者榮新江教授，在中國的一級學術期刊《歷史研究》上發表了一篇文章。在這篇文章裡，他比較斯坦因和伯希和的行爲：斯坦因並未告訴中國學者他的發現，而伯希和則把他所購買且寄到巴黎的文物照片提供給他的中國同事。榮教授提醒讀者一件無可爭辯的事實：雖然所有二十世紀早期的中國學者都呼籲要保護敦煌文書，但沒有人曾離開自己舒服的家，沒有人追隨斯坦因和伯希和的腳步，親自走訪敦煌遺址。結果就是，敦煌文書被大批搬離。[20]

儘管如此，就算依照斯坦因當時的標準來評判，他的行爲似乎還是欺騙。他宣稱自己是玄奘的信徒。他明明知道行情，卻以低於市價許多的報酬購買卷軸和繪畫。他刻意維持祕密，只在夜間行動，而且只告訴極少數人他在做什麼。我們不禁納悶，斯坦因爲何公開地描寫自己偷偷摸摸的行爲。

斯坦因並未在敦煌的討論中明確提到威廉・馬修・弗林德斯・佩特里（William Matthew Flinders Petrie），他經常在其它作品中承認佩特里對他的影響。[21]在埃及從事發掘的英國重要考古學家佩特里於一九〇二年拜訪結束第一次探險的斯坦因。在《古代和闐》（*Ancient Khotan*）的前言中，斯坦因稱佩特里爲一位「具有出眾經驗的考古探險家」。[22]一九〇四年，佩特里出版《考古的方法與目標》（*Methods & Aims in Archaeology*），就發掘的各個階段逐步說明：準備探險的裝備、田野發掘、發表成果。佩特里曾在埃及進行發掘，他指導考古學家如何在較貧窮的國家工作，解釋如何以少量金錢讓工人上繳那些小件易於攜帶的發掘品給發掘者，而不是自己賣掉，他總結道：「沒什麼比付錢更有效的了。」佩特里也建議其他考古學家分兩卷發表成果，一個便宜而較少圖片的版本給「學生及大眾」；「一個氣派的版本給圖書館、藏書家，以及有錢的業餘愛好者。」斯坦因謹遵他的建議，就連書籍版面和字體都複製佩特里。[23]

在〈考古學的倫理〉這具有先見之明的一章中，佩特里解釋說，一旦考古學家完成遺址的發掘，現場便不再保有任何可供後代發現的遺存。考古學者可以將文物放在博物館中，但它們必將不見天日，最終只留下出版書籍作爲發掘的唯一記錄。他總結道：「唯一正確的試驗就是獲取現在與未來最大量的知識。」佩特里蔑視經常通過規定限制外國考古學家發掘卻任憑「無知農民」隨意「挖掘及破壞」的政府。斯坦因在《古代和闐》的前言引用佩特里的指示說，調查者必須「極小心地工作、記錄所有細節、完整發表所有資料」。[24]斯坦因對於違反中國政府規定以及與王道士交涉之坦白，正體現佩特里書中的務實精神：斯坦因與他的導師一樣，試圖獲取「現在與未來最大量的知識」，並且對於將文書及文物運離中國沒有任何疑慮。

本著佩特里的指導，斯坦因嘗試盡其所能地重建第十七窟的原始樣貌。石窟中層層交疊的材料顯示它們並非隨機留下的文書與繪畫，某個個人或團體顯然刻意將這批特定材料放在石窟中。爲什麼這麼做呢？碎紙片的存在

藏經洞的北牆

除了北牆之外，這個隱藏的藏經洞，四面牆壁都是空白的。北牆繪有兩名脇侍及兩棵樹，繞著中央臺座上的僧人洪辯塑像。右側站著一個比丘尼，手持裝飾鳳凰花紋的團扇；左側則是一個穿著男性長袍的在家女性，手持行杖。這幅畫是繪於洞窟作為洪辯墓葬石窟之時。

促使斯坦因推測，石窟可能是廢紙的存放處。

榮教授將斯坦因的紀錄與中國資料和伯希和的紀錄進行交叉比對。儘管斯坦因沒有機會仔細審視藏經洞，他對洞窟的描述仍是最詳盡。在王道士先是爲斯坦因打開洞窟，第二年又爲伯希和再開一次洞窟之後，已無可挽回地破壞了窟內原先的布排。榮教授挑戰廢棄說，對文書被置於藏經洞提出另一個解釋。[25]

就許多方面而言，斯坦因使用「藏經洞」這個詞造成誤導。藏經洞並不是獨立的一個石窟，而是一個方形的小儲藏室，室內空間不到二·九平方公尺，高度不到二·六六公尺。它原來是隱藏的，經王道士敲打第十六窟的牆面，發現牆後還有一個空間。王道士打破牆發現這個儲存室。

藏經洞的起源是爲了紀念一位德高望重的僧侶洪辯，西元八五一年，他被唐朝皇帝任命爲僧統。西元八六二年去世後，他的弟子將與他相關的物件放置在石窟中，往後也持續前往石窟致敬。[26] 西元十世紀早期，僧人開始將石窟當作寫本的儲藏室。[27] 一九〇〇年左右，王道士清空這個儲藏室，將塑像移走。之後敦煌研究院又將塑像放回原處，也就是它現今所在位置。

許多藏經洞中的文本標記著所屬寺院。西元十世紀的敦煌是佛教中心，當地有約十五所寺院，而三界寺是其中比較小的一所。[28] 由於藏經洞的文本上經常出現三界寺的標記，石窟很可能被三界寺用來存放其寫本。

關於藏經洞用途的一條重要線索，可參見僧人道眞（活躍於西元九三四—九八七年）替一部佛教典籍所寫的序。他解釋他爲寺院圖書館搜集材料的原因：「見當寺藏內經論部不全，遂乃啓顙虔誠，誓發弘願，謹於諸家函藏尋訪古壞經文收入寺，修補頭尾，流傳於世。」[29] 道眞在西元九八七年以後去世，其他僧侶繼續爲三界寺搜集寫本。

敦煌的寺院都有各自想要獲得的經文目錄，顯示他們在藏經洞封閉的前幾年仍在收集文本和繪畫。洞中最早的文本是一件西元四〇五年的佛教典籍，最晚的則是西元一〇〇二年。[30] 藏經洞中的書卷不僅僅是佛教文本，還包括其他更多。[31]

紙張在敦煌是昂貴的，因此寺院學生在空白邊框或是廢棄佛教文書的背面習字。寺院訓練學生讀和寫，有些學生成爲僧侶，有些沒

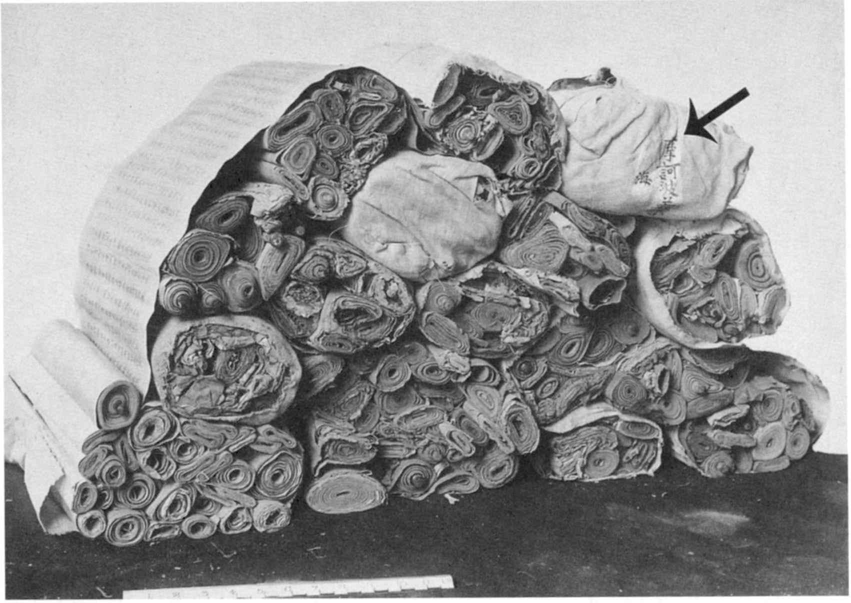

佛教藏經室的分類編號

第十七窟的漢文經卷大約每打綑成一個包裹（帙），每個包裹（帙）外面用一個封套包住。難得的是，右上方有一個標籤還清晰可見，記有該佛教文本的名稱和千字文編號（就像現代圖書館的分類編號）｜大英圖書館董事會提供

有。[32]剛開始這些學生就像今天學中文的學生一樣，一遍一遍地抄寫每個字，接下來逐漸進展到學習較困難的文本。敦煌寫本中有許多錯誤，因爲不是所有學生的程度都一樣好；老師經常劃去學生的錯字，在旁邊插入正確的寫法。學生們在學習識字的路上，抄寫各種材料：當然有佛教文本，也有契約、書信範本、文學練習，以及名爲「變文」的長篇敘事。[33]

藏經洞最有名的文本是《金剛經》，不過這並非以手抄寫的，而是以雕版印刷而成的。中國人在西元八世紀早期首先發展出這個技術，他們發現可以拿一張寫上字的紙，字面朝下附著在木頭上，刻除字跡以外的木頭，成爲左右相反的鏡像，再用這塊木板印出正面的圖像。敦煌的《金剛經》是由黏在一起的七張印紙所構成（參見〈結論〉第一張圖片）。

題記解釋，有一位佛教信徒代表雙親委託此文本，以求眾生之福。印經可替他的雙親與他個人累積功德。《金剛經》留下的日期紀錄爲西元八六八年四月十五日。第十七窟內藏有西元八六八年以前雕版印刷書籍的殘片，包括一本西元八三四年的曆書，不過《金剛經》是全世界最早的完整印刷書。[34]學者指出，敦煌與四川不同，它不是印刷中心；石窟中絕大多數文本都是手抄的寫本。

敦煌的僧侶用一種複雜的方法替佛教文本編目。他們參考唐朝首都長安的大型佛寺藏書目錄，這些目錄將所有佛教文本分類，例如：說法、戒律或歷史。[35]《千字文》是一部啓蒙書，包含一千個不重複的字。管理圖書的僧侶給每部佛教文本指定一個出自《千字文》的字，再將許多卷漢文經卷組在一塊，成爲斯坦因所稱的「藏經室一般包裹」。

一千零五十個包裹裡裝有十二卷左右的漢文書卷；此外，還有八十袋及十一部大型文書寫在貝葉上，藏文稱爲梵筴，該語言於西元七八六年引入中國。[36]那一年，吐蕃幫助唐朝平定叛亂，不過當唐朝未依約履行所承諾的付款，吐蕃於是征服敦煌。這些文書包裹原來都有封套，但由於最早看到這些封套的人——王道士、蔣孝琬、斯坦因或是伯希和——不理解它們的重要性，因此僅少數留存。

除了漢文和藏文書卷的一般包裹之外，藏經洞保管者還放入另一種斯坦因稱爲「雜類」或「混合性」的包裹。[37]這些包裹包括寫在貝葉上的佛教梵筴文書，或梵文、于闐文、藏文、回鶻文、粟特文經卷。它們有些是佛教文本的完整抄本，有些則是部分抄本。他們還在藏經洞中放入繪畫（幾乎總是佛教神祇）、繪畫殘片、受損的佛經軸頭，還有個別的紙張。此外，他們也保留一些材料殘片，以便日後修復佛經寫本。較大型寺院的管理者可能會丟棄這些殘片，但三界寺藏書的規模較小，因此管理者顯得更加謹慎。由於任何材料日後都可能有用，因此所有寫著字的東西都值得保留。基於這些理由，第十七窟內收藏的材料種類繁多。有別於吐魯番的回收紙鞋底，這些不是隨機的文書收藏，第十七窟的所有東西，無論是寫在佛教文書的背面或是由寺院的學生所寫，一切都與佛教有某種關聯。

梵文、粟特文、藏文、回鶻文、于闐文：藏經洞中不同語言的材料完全符合斯坦因給它的標籤：「多語的圖書館。」[38]有些紙張僅透露一個宗教社群或是單獨旅人的存在，除此之外沒有更多資訊。第十七窟中有一張紙是以希伯來文寫成的十八行祈禱文，每行都以一個希伯來文字母起首，接著是《聖歌》節選，如彩圖12所示。它被摺疊了好幾次，然後縫進一個小包內當作護身符，很可能是讓使用者戴在脖子上。[39]這或許表示曾有一位猶太旅人來到敦煌，不過也可能是有人買了這個護身符（字母形狀顯示它製於巴比倫），然後帶到敦煌。同樣的，還有兩張紙記錄了一個粟特語祆教社群的存在。一張寫有來自祆教最早經典《阿維斯陀》（*Avesta*）的文字，另一張則畫著兩個面對面的祆教女神。[40]

伊朗的祆教是「三夷教」之一，中國學者用「三夷教」來稱祆教與摩尼教這兩個伊朗宗教，以及以敘利亞爲根據地的東方教會。這些宗教都源於中國之外，在唐代進入帝國，並在西元八四五年頒布宗教禁令後消失。藏經洞管理者的兼容並蓄，使第十七窟成爲絲路各宗教相關一手材料訊息最豐富的典藏庫。

藏經洞中的宗教文書顯示，敦煌居民對彼此的信仰有超乎尋常的寬容。把這些文書擱放在一邊的僧侶，不一定知道這些文書使用的語言，而且大概也無法閱讀這些文本，但他們願意保存用其他語言書寫的文書，這點凸顯絲路國際化的特色。即使住在約三萬人口的小社群，這些人懂得尊重其他人的語言與文字，甚至認同其他人享有信仰自由的權利。[41]

藏經洞中的材料特別重要，因爲它們就像吐魯番的文書與西安的景教碑，提供我們來自信眾而非高階僧侶或中國官方的觀點。官方的觀點過去經常形塑關於宗教的歷史紀錄。儘管敦煌文書資訊豐富，但並未描述各宗教集會，因此很難得知這些宗教的規模。如果現存某宗教的全部文書均以外文寫成，我們可以推測這個宗教沒有吸引太多中國信眾。相反的，如果有漢文譯本，表示可能有地方改宗信徒的存在。

現存的吐魯番摩尼教文書有多種伊朗語言——安息語、中古波斯語、粟特文——以及古突厥文，而敦煌的摩尼教文書則是漢文。這些不同語言的摩尼教文書，使學者可以研究一個世界宗教的教義，過去對摩尼教的認識主要都是透過聖奧古斯丁（Saint Augustine）的紀錄。聖奧古斯丁在《懺悔錄》（*Confessions*）中寫到，他在改信基督教前曾是摩尼教徒。[42]藏經洞共保存三部以漢語寫成的摩尼教文書。

即使有些文書以漢語寫成，它們顯示大多數摩尼教信徒說的是一種伊朗語言。三部漢語文書中最長的是一卷聖歌，以漢字表音的方式記錄二十首粟特語聖歌及祈禱文。由於該文本並沒有翻譯這些聖歌，因此以漢語爲母語的人是無法讀懂的。會說而不會讀粟特文的人，例如移民至敦煌的粟特人小孩，可以透過這些發音指南在宗教聚會中吟唱。[43]聖歌卷軸中的《下部讚・歎明界文》（*Praise of the World of Light*）似乎是一部吐魯番出土的安息語文書的直接翻譯。但是漢語版本將光明世界等同於阿彌陀佛的西方極樂世界。光明世界是「極樂世界」，在那裡「並是光明無暗所」；「諸佛明使於中住」。同時，「光明普遍皆清淨」，「常樂寂滅無動俎」。[44]爲了吸納改宗者，摩尼鼓勵他的追隨者使用既有宗教的詞彙。這份文書完美地展現因地制宜的策略，它將摩尼與佛陀及老子並列，尊他們爲中國最重要的三位導師；摩尼在故事裡取代了孔子的位置。

另一件摩尼教文書更是加倍地模仿漢語文書。這個小卷軸的前言聽起來完全就像佛教著名典籍《金剛經》的前言。不過在這個版本中，摩尼而非佛陀，向信徒宣講：「善哉！善哉！汝爲利益無量眾生，能問如此甚深祕義。汝今即是一切世間盲迷眾生大善知識，我當爲汝分別解說，令汝疑網，永斷無餘。」[45]就連標題也充滿誤導性：文書名爲《摩尼光佛教法儀略》（*The Compendium of the Teachings of Mani the Buddha of Light*）。這份文本和佛教文本極爲相似，甚至連像伯希和這樣的專家都受騙，因此沒有把它帶回巴黎，而今日這是北京國家圖書館最重要的文書之一。粟特傳教者以這個譯本回應西元七三一年頒布的帝國詔令；他們希望能夠改變中國皇帝本人的信仰。

各教會傳教者對典籍的翻譯有不同做法。摩尼教徒隨意地採用佛教詞彙，東方教會的基督徒則堅持要做到精準翻譯，無論譯本是否反而會讓人感到疑惑。[46] God the Father, the Son, and the Holy Ghost該如何轉譯爲漢文才是最好？聖歌〈榮歸主頌〉（Gloria in Excelsis Deo）的翻譯者選擇貼近字面意思翻成：「慈父、明子、淨風王。」這三個詞彙中僅「慈父」對中國改宗者還算有意義。同一紙頁上還有一份聖書名單，題爲「尊經」。它說「皇父」、「皇子」及「盧訶寧俱沙」三者的身體構成一個整體，也就是聖三位一體。這又是一個必定教中國讀者感到困惑的教義。[47] 書單最後有一條注提到景淨（或是亞當），也就是長安景教碑的作者，說明這件文書與景教碑都是寫於西元八世紀晚期（東方教會活躍於中國的時期）。

藏經洞材料的性質在西元八世紀中期出現相當顯著的轉變。安史之亂以前，幾乎所有的藏經洞文書都來自中亞，而且都是佛教文書。洞窟中來自長安最晚的文書紀年爲西元七五三年；在此之後，所有的文本都來自當地。[48] 此時俗人學生開始抄寫佛教文本以外、更多元的文書材料，包括契約、社約，以及文學作品。他們甚至在文書的邊框塗鴉。[49] 一件手抄的市場執照，大約在西元七四二至七五八年間寫成，記錄以二十一匹生絲購買一個十三歲非漢族男童奴的交易。這件文書完全按照《唐律》的規定，仔細列出賣者、奴隸、五位保證人的姓名與年齡，證實《唐律》施行於中國全境。[50] 西元七四五年，唐朝中央將一筆一萬五千匹絲的款項，分兩批送到敦煌附近的某個屯駐地。[51] 一件關於薪餉的公文讓我們得以瞭解唐朝政府支付款項的實際流程。中央存放兩批次的絲在涼州某郡——涼州位在敦煌以東七百公里，是區域軍事總部所在。這兩批絲從該郡被運往敦煌屯駐地。誠如法國學者童丕（Eric Trombert）精準指出，「此乃軍事護衛隊的具體例證，每個護衛隊帶著超過七千匹絲，與我們印象中私人商隊的形象完全不同。」[52]這各七千匹絲的款項比吐魯番文書記錄的所有交易都高出許多，吐魯番文書最多只涉及幾百匹絲。文件顯示中央給駐軍的款項有多麼重要。

唐朝政府有一套複雜的貨幣系統，三種通貨並行：織品（麻與絲）、穀物及錢幣。令人困擾的是，中央使用一套單一的總合單位來表示三種物品。付給敦煌駐軍的款項包括六種不同的絲織品及絲線，這是因爲地方單位往往用當地生產的布來繳稅，政府又直接將這些織品轉運到敦煌邊塞。駐軍官員先將稅布換成錢幣，再換成穀物，有些供駐軍士兵食用，有些直接支付給當地商人。這則紀錄讓人一瞥安史之亂前送到軍隊的款項：唐政府以織品的形式，直接挹注龐大資金至敦煌經濟。

正如先前章節曾提到的，西元七五五年中央政府失去對西北的控制。爲了平定叛亂，唐朝皇帝向吐蕃贊普尋求協助。吐蕃的雅隆王朝（Yarlung Dynasty）崛起於中亞政治的時間相對較晚。西元六一七年以前，海拔約四千至五千公尺的西藏高原北方有牧民在草原上養馬，南方則有農人在河谷中種大麥。[53]他們沒有自己的書寫系統，以結繩刻符的方法記事。大約在西元六一七年，吐蕃雅隆王朝的統治者（雅隆一詞來自拉薩西南的河谷）首次統一西藏。他們修改梵文字母，形成自己的書寫系統，同時也採用唐代法律制度的元素。

西元七五五年安史之亂爆發後，唐朝皇帝致書吐蕃，承諾以巨款換取協助平亂。吐蕃人是優秀的騎士，而且軍事裝備受中國人讚賞，例如唐朝正史記載：「其鎧胄精良，衣之周身，竅兩目，勁弓利刃不能甚傷。」[54]雖然表面上效力唐朝，西元七六三年秋天撤退之前，吐蕃士兵襲劫了長安兩週。直到西元七七七年，每年秋天他們都持續進犯長安，而孱弱的唐朝軍隊亦無力阻擋。

西元七六○與七七○年代間，當他們勢力如日中天之際，吐蕃一路將領土擴張至甘肅。西元七八一年，吐蕃征服敦煌南方的壽昌鎮。西元七八六年，唐朝政府未按約定支付協助平亂的款項，吐蕃於是攫取敦煌郡治。吐蕃統治了河西走廊八個唐朝屬州，並指派由將軍組成的議事會來治理這些軍事區域。他們立即建立起二元行政系統，以一位吐蕃軍事統領加上最高文官為首——在敦煌後者多由漢人出任。每個區域劃分為一千個單位，這一千個單位再細分為二十個五十戶的小單位。五十戶小單位的首領給每戶分派工作，以達成對國家的勞力義務。[55]

有些吐蕃占領區的男性住民被編入軍隊，其他的則在軍事殖民地勞動。除了守備工作，殖民地的男子種植作物，並以穀物支付農稅，為了將這些穀物運至收稅點，有時他們需要旅行好幾天。此外，吐蕃人以徭役的方式徵兵，並不像唐朝那樣支付士兵布匹、穀物或錢幣。

正如藏文及漢文契約所示，敦煌的吐蕃統治對當地經濟造成立即影響。[56]西元七八八至七九○年，吐蕃取得敦煌數年後，一些倉庫的財務紀錄中有提到錢幣，這是目前所知有關錢幣年代最晚的漢文紀錄。[57]有些西元七五五年以前鑄造的中國錢幣，可能在西元九、十世紀時仍在流通。但在吐蕃治下，錢幣基本上不再使用。吐蕃時期，一切價格以穀物或布匹計算。[58]一件西元八○三年的代表性契約，記錄一頭牛要價小麥十二石（七百二十至一千零八十公升）和粟二石（一百二十至一百八十公升）。違約的罰金也是以穀物計價：小麥三石（一百八十至兩百七十公升）。[59]只有少數提到dmar（藏文「銅」字，指的大概是銅錢），契約記錄的交易幾乎全以穀物進行。[60]有時人們借貸布匹或紙張，不過總是以穀物償還。

早期分析者將西元七八六到八四八年的吐蕃占領時期，視為敦煌歷史的短暫中斷，認為吐蕃並未留下太多持續性影響。然而六十年的時間已足夠讓敦煌居民採納一些吐蕃習俗。在吐蕃統治早期，大多數漢人的名字依循中國習慣，姓在前而名在後。隨著時間過去，住在敦煌的漢人採用越來越多聽起來像吐蕃人的名字。到了吐蕃統治下的第二代或第三代，有些人甚至放棄漢人姓氏，而像吐蕃人一樣只使用名字。

吐蕃治下的某些漢人改變更大：他們不再用漢字而改採吐蕃字母書寫。為了替官員起草官方文書，或是替講吐蕃語的人寫契約，敦煌當地書手在吐蕃征服後旋即學起了藏文。在西元八一五至八四一年間，吐蕃軍事統領發起大規模的佛教經典抄寫。這個計畫雇用超過一千名書手，其中許多是漢人。[61]隨著抄寫經典，這些書手越來越熟悉藏文的書寫，同時意識到使用表音字母比起記誦上千個漢字來得簡單。

統治者贊助大量佛經抄寫，以期累積功德，同時他們也資助新石窟的興建。六十六座建於吐蕃時期的石窟有幾個獨特之處：在許多密教元素之外，曼陀羅或宇宙圖像隨處可見。此一時期的石窟壁畫更著重於彰顯供養人的重要性，尤其是吐蕃王。[62]

敦煌的畫家在吐蕃時期繪製五臺山，到了西元十世紀、曹氏家族統治敦煌時依然如此。敦煌最壯麗的石窟之一——第六十一窟，年代大概落在西元九五〇年。[63]整個西壁的上半部，高三．五公尺、寬十五．五公尺，畫著山西的聖地五臺山。畫面最頂端呈現的是佛國世界，中段繪有五臺山九十座不同建築，每座都有榜題，底部是前往山中的旅人們。這幅畫並非聖地的精確地圖，它也許是一幅指南，爲無法親自前往聖地的觀者而做。石窟的供養人包括西元九四四至九七四年間敦煌的統治者曹元忠，以及曹元忠的妻妾們，其中一位來自于闐。

儘管偶有武裝衝突爆發，吐蕃時期，敦煌統治者始終保持與唐朝及印度的聯繫。由吐蕃、中國、印度統治者派遣的僧侶及使節，在吐蕃與中國之間往返，他們經常在行旅中停留敦煌。缺乏流通的貨幣並不妨礙使節與僧侶從一個綠洲前往下一個綠洲；就像早期一樣，統治者會提供這些使節護衛、交通運輸與飲食。

西元八四八年，漢人政權再次控制敦煌，不過藏文在當地仍持續使用。早期學者以爲第十七窟的藏文材料必定寫於西元八四八年以前，不過近來學者已認清即使在西元八四八年之後，藏語在敦煌仍然是通行語言。[64]在吐蕃治下，從吐蕃途經敦煌前往五臺山的朝聖路線日益發達。藏經洞中還有五封藏文書信抄本，是爲一名前往吐蕃的中國僧人所寫的介紹信。這些信的年代也在西元八四八年以後，那時漢人軍隊已將吐蕃人趕出敦煌。[65]書信說明這位僧人是要去印度，到偉大的佛教中心那爛陀學習，並取得舍利。他從五臺山出發，在到敦煌的路上已造訪好幾個城鎮，他將這些書信留在敦煌，大概因爲去吐蕃就不需要這些書信。

另一件藏文寫本是由一位印度僧侶向吐蕃弟子口述。這名弟子略懂梵文，但留下許多拼字錯誤。

文書說道，西元九七七年（或者可能是九六五年）印度僧侶德瓦布扎（Devaputra）從印度前往吐蕃，再到五臺山。他回程在敦煌附近將所學教授給一名弟子。文本中有許多藏文的技術用語，並附上約略的梵文拼音。[66]吐蕃僧侶鼓勵學習梵文可能因爲他們自己的字母是以梵文爲本，掌握起來比較容易。[67]至少有部分僧侶一定是以梵語與人溝通，對象最可能是寺院中其他有學問的僧侶，就像玄奘當年去印度時一樣。

西元八四二年，過去支持統治者的部落聯盟突然瓦解，雅隆王朝解體，吐蕃對敦煌的控制減弱。西元八四八年，漢人將軍張義潮組織軍隊驅逐殘餘的吐蕃人。[68]比起安史之亂前，唐朝國力已大幅衰弱，即便在中國中部（此區經常稱爲「中土」，包括長江、黃河及珠江流域），其政治控制也已落到地方節度使手上，他們自行收稅，供給自己的軍隊，有時繳納一些收入給中央。如同這些節度使，張義潮在西元八五一年受冊封爲歸義軍節度使。張義潮發誓效忠唐朝，但實際上他幾乎將敦煌當作獨立王國治理。在張氏家族的統治下，敦煌派遣使者到首都長安向皇帝進貢，就像其他中亞的獨立王國統治者一樣。

張義潮並未在西元八四八年全面掌控敦煌；一部名爲〈張義潮變文〉的作品曾提到西元八五六年，張的軍隊再次與吐蕃作戰。在所有第十七窟保留的文學類別中，散文、韻文交替的變文是最特出的。變文結合吟唱的詩歌與誦讀的散文（這種文類也存在於龜茲語）。藏經洞保存三十例左右的漢語變文，這些作品都不見於其他地方。[69]廣義而言，變文一詞指的是創作的不同變形；說故事的僧侶藉著表演這些故事，幫助聽眾脫離生死輪迴——也就是佛教信眾試圖擺脫的輪迴。變文中帶有一種說故事的格套：「……處，若爲陳說？」[70]陳述這些故事時，說故事者會指著畫卷中的特定場景，讓聽眾可以想像他們所述說的事件。

〈張義潮變文〉描述西元八五六年，張義潮軍隊對抗吐蕃部落的幾場戰役，變文描繪當時的場景如下：

> 賊等（吐蕃部落）不虞漢兵忽到，都無準備之心。我軍遂列烏雲之陣，四面急攻。蕃賊獐狂，星分南北；漢軍得勢，押背便追。不過五十里之間，

接著，敘事者指著一個畫著軍隊的場景，說道：「煞戮橫屍遍野處。」[71]這些畫卷都並未保存下來，不過有一幅繪於西元八六一年的石窟壁畫確實記錄了張義潮軍隊的巡行。[72]

這個石窟完成於西元八六五年。四年前，張義潮的侄子張淮深開始開鑿這個石窟，這是統治的張氏家族資助的第一個石窟。題記解釋道，張淮深：

> 更欲擕龕一所，躊躇瞻眺，余所竟無。唯此一嶺，嵯峨可劈。匪限耗廣，務取功成。情專穿石之殷，志切移山之重。
>
> 於是，稽天神於上，激地祇於下。龜筮告吉，揆日興功。鑿齒施才，其山自坼。未經數日，裂圠轉開。再禱焚香，飛沙時起。於初夜分，炊爾崩騰，惊駭一川，發聲雷振，豁開青壁，崖如削成。[73]

作者描述開鑿石窟的每一個步驟：工人首先鑿出石縫，逐漸擴大到可以容納壁畫及塑像。開鑿石窟的過程需要密集勞力，不過不需要使用昂貴的材料。本地工匠就住在現場，考古學家已在北方石窟群發現許多工匠作坊，有些還有顏料罐。74 西元九世紀，大多數工匠隸屬於當地作坊，到了西元十世紀中葉，地方政府甚至設立一所由畫家任職的畫院。75

如同過去的吐蕃統治者，張淮深及其繼任者資助許多新石窟的建造。建造石窟是一件極富宗教性的行爲：當統治者決定開鑿石窟，他和他的妻子必須茹素一整個月，然後燃燈、焚香，並請僧侶誦經、抄經，盼望能夠藉由這些舉措累積佛教功德。完成這一連串動作之後，石窟才會開始動工。76

部分敦煌石窟內有張義潮及其繼任者的畫像：西元九一四年推翻張氏的曹議金在西元九二五年左右，委託工匠繪製第九十八窟中一系列的前任統治者畫像。遊客看到這些畫像可能以爲政權的繼承相當順利（這正是曹氏贊助者所希望達到的效果）。事實不然。張義潮的侄子張淮深於西元八六七年張義潮死後繼位，其政權在西元八九〇年畫下句點，因爲張義潮的一個兒子殺了他、他的妻子和六個小孩。新任統治者張淮鼎上任一年後自然死亡；繼任者在未成年的情況下繼位，後來被監護者索勳推翻。西元八九四年，一位前任統治者重掌政權，並執政直到西元九一〇年。張氏家族政權的最後歲月正好與唐朝滅亡的時期相當，這是一段政治非常動盪不安的時期，唐朝皇帝先是被軟禁，接著在西元九〇七年被推翻。77

西元九一五年，曹議金取得王位，他是張氏家族最後一任統治者的女婿，其家族一直統治到西元一〇〇二年。在此之後，沒有任何紀錄提到曹姓，顯示以甘州（今日的甘肅省張掖）爲根據地的回鶻汗國控制了敦煌。回鶻在西元八世紀本來是統一的，但西元八四〇年黠戛斯人摧毀了一統的回鶻汗國，促使回鶻人逃至吐魯番（西回鶻汗國包括北庭、高昌、焉耆、龜茲）和甘州，回鶻於是分裂。甘州成爲另一個較小的回鶻汗國的所在地。[78]西元一〇二八年，甘州回鶻汗國首先敗給党項（Tanguts），敦煌接著在西元一〇三〇年代繼而陷落，兩者皆成爲西夏領土的一部分。西夏王國轄下還包括部分的中國西北。由於第十七窟中沒有留下任何材料，也沒有出土文書曾記述這些

張義潮的軍隊

張義潮的軍隊帶著飄揚的旗幟，有些人穿著漢人喜歡的素色外袍，另外一些身上穿著回鶻及其他非漢人族群經常穿的紋飾織品。這幅繪畫讓我們看見張氏政權支持者的族群多元性 | Amelia Sargent繪製

事件，我們並不清楚西元一千年之後的政治糾葛。

在西元八四八至一〇〇二年間，最常出現在文書紀錄中的旅行者是使節及僧侶，過去在吐蕃統治時期也一樣。張氏、曹氏政權都與每個鄰國維持外交關係；他們派遣使者向長安進貢並接受贈禮，也和其他臨近統治者禮尚往來，其中最值得注意的是于闐與回鶻汗國的統治者。[79]許多文書雖然記錄著使節往返，不過鮮少提供他們獻了什麼禮物、又收到什麼回禮的細節。因此，一份由西元八七七年前往長安的使節團所留下的禮物收送清單，顯得特別重要。

西元八七七年，張義潮的侄子張淮深統治敦煌已經十年，但唐朝皇帝還未承認他是合法繼承人。他派遣使節團向

表6.1 西元八五一至一〇〇二年間敦煌的統治者

統治者	統治期間
張義潮	851—867
張淮深	867—890
張淮鼎	890—892
索勛	892—894
張承奉	894—910
曹議金	914—935
曹元德	935—939
曹元深	939—944
曹元忠	944—974
曹延恭	974—976
曹延祿	976—1002

唐朝請求頒賜旌旗，承認他為敦煌歸義軍節度使（張義潮生前所獲封的頭銜）。西元八七七年的使節團獻了一團玉（重量不明）、一支犛牛尾、一支羚羊角（推測為藥用）以及一封致唐朝皇帝的書信。80

唐朝接待使節團將近四個月（他們在十二月二十七日抵達，四月十一日離開），並將使節團的成員分為三個等級（最高的三位官員、十三位較低階官員，以及十三位搬運者），按階級給予不同禮物。舉例來說，最高等級的三位收到十五匹布（文書並未說明是哪一種）、一個銀碗、一套錦服。第二等級與第三等級成員，相應地收到較少的禮物：第二等級的十三人得到十匹布、一個銀杯、以及一套衣服，最低等級的十三人收到八匹布、一套衣服，沒有銀器。加上來自其他政府部門的禮物，這個使節團一共收到五百六十一匹布、五個銀碗、十四個銀杯，還有五十套衣服。此外，使節團每位成員還收到四十三匹布以支應旅費，也就是「駝馬價」，總計達一千兩百四十七匹布，超過使節團收到布匹總數的兩倍。他們將所有的禮物聚集，列出一張清單，並將所有物品放入帶有木牌的皮袋，在木牌上蓋印記。這些禮物在抵達敦煌時才能打開。西元八七八年，使節團未得到旌旗而返，唐朝遲至西元八八八年才冊封張淮深為敦煌歸義軍節度使。81

雖然唐朝皇帝沒有賜與他們想要的旌旗，不過負擔了招待使節的所有費用，並賜給使節團成員諸多禮物。綜觀整個絲路歷史——可追溯至懸泉的粟特使節團記載——使節團成員在進獻正式禮物的任務之外，往往會另外進行私人貿易。我們不清楚個別成員從各自的交易中獲利多少（他們不記錄這些交易）但每人得到的絲綢數量無疑是一項大禮。

從記錄提供外賓酒與糧食的文書中，我們發現曹氏政權統治期間，敦煌有許多使節前來造訪。[82]其中一筆應該是來自西元九六四年，記錄五十多位來訪使者在七個月內的消耗酒量：一位來自宋朝、十四位來自吐蕃、十一位來自于闐、一位來自吐魯番的回鶻汗國、七位來自伊州的回鶻汗國、十七位來自甘州的回鶻汗國。[83]大多數訪客只停留數天，但有一隊人馬待了兩百零三天。這對每天早晚要供應麵粉，午餐還要提供圓形扁餅的主人來說，一定是個負擔。

登記文書顯示，敦煌官員在這段期間招待來自社會各階層的人：于闐王子、使者、僧侶、工人、書手、藝術家，甚至還有一位「走來胡」——最可能是指某種在各地巡迴走動的商人。另有一件類似的文書提到一位「波斯僧」和一位「婆羅門」，兩人顯然也是獨自旅行。[84]拜這些詳盡紀錄所賜，我們對某些旅人有所瞭解，但無從認識許多未曾在歷史中留下任何痕跡的敦煌旅人。

包括逃難者及盜匪等其他群體也在旅行。竊賊大概是最少被記錄的一群人。玄奘曾被洗劫一空，連衣服都不剩。旅人經常提及遇到犯罪的風險，因此總是結隊而行，避免被搶劫。

官方使節團的成員非常確定進貢能夠帶來獲利，所以會爲了進貢之旅貸款租借駱駝。第十七窟便有五件這樣的租約。[85]契約上預期各種可能導致無法歸還駱駝的原因：牲畜可能在途中生病或死亡，可能走失或被偷，甚至可能被使者自己偷走。[86]所有契約都按相同格式，載明租借駱駝的人是要參與進貢任務，註明駱駝租金（總是以布匹計價），在租借者歸還時支付，最後明定租借者未能歸還的罰款。這些契約上已經不見唐代所使用的標準絲匹；它們明定每匹借貸絲綢的長度與寬度，進一步證實在西元九、十世紀，敦煌經濟的運作已與西元七五五年以前的唐盛世不同。不僅沒有銅錢流通，隨著絲路經濟回到一種自給式經濟，標準尺寸的絲匹也不再流通。

儘管有些人（如使節與僧侶）會旅行至敦煌以外的城鎮，但更多人只是陷在地方經濟之中。許多敦煌居民互助結社，從他們簽署的約定可以看見他們生活上的擔憂。一群當地人（通常介於十五到二十人之間）透過結社匯集資源。有些團體主要是交誼性的，每月聚會一次，而且社約規定每位成員都要攜帶點東西——定量的穀物或酒——來參加聚會。其他團體旨在協助彼此度過意外。如果團體中某位成員需要為親戚打理婚喪，就可以支用當月的款項。收入相近的人們

絲路上的搶劫

畫中有一名強盜手持長劍威脅一群商人，他們將貨物卸下放在地上，向強盜跪地求饒。他們的驢子在後方看著。這是絲路上罕見的強盜繪畫，講述佛教觀音顯現神蹟，回應信徒祈禱，驅逐盜匪｜Amelia Sargent繪製

財力相當，進而組成互助團體。[87]敦煌最富裕的人則加入佛教結社，贊助新石窟的興建。[88]

寺院是當地社會最富裕的機構。他們有足夠的剩餘穀物可以借貸給窮人，如今有許多這樣的租約留存下來。當地人們必須借貸穀物，才有足夠的種子在春天播種，他們的生存全靠這些借貸。這些窮人在生存邊緣掙扎：父母親經常被迫賣掉自己的子女或將他們送養。[89]

寺院記錄借貸並製作寺院財產的詳盡清單。[90]由於富人經常向寺院布施以求功德，佛寺（如同歐洲的修道院）擁有大批有價值的物品。但因爲考古學家尚未挖掘出任何寺院寶藏庫，目前研究只能依賴記錄寺院財產的清單。許多品項都被冠上「番」字，意指外來的，一些學者認爲這些物品必然是外國製造，但實際上並不然。法式著條並非法國製造；只是受到法國啓發。[91]同樣地，寺院財產清單所列品項，在沒有一件可取得的情況下，無法判斷它們眞的是外國製造或只是外國風格。

寺院清單中的物品分成四類：織物、金屬器皿、香藥、寶石。有些織品顯然是當地製造（例如于闐氈），其他像「番錦」或「胡錦」看起來則像是進口的。但這些織品也可能並非在中國境外製造，而是外國絲綢的仿品。清單上的三十七件金屬製品也是如此。「銀香爐并銀獅子」有可能來自伊朗世界，但「胡鎖」的重量和實用性都不像長途運送的理想選擇。這些鎖也許是當地鐵匠所製。「胡粉」常被譯爲「伊朗粉」，經常出現在香藥的清單中；這是鉛白，一種白色、以鉛爲底的化妝品粉末，也出現在粟特古書信中。「胡」這個形容詞在敦煌文書中經常意味「伊朗的」或「伊朗式的」，但在這個例子中，它的意思是「糊」，因爲鉛白在塗上皮膚前必須和水調和。[92]

寺院目錄中只有一類確定是舶來品：寶石，包括青金石（來自阿富汗東北角的巴達赫尚省）、瑪瑙（來自印度）、琥珀（來自歐洲東北部）、珊瑚（來自海洋，最可能是透過吐蕃），以及珍珠（通常來自斯里蘭卡）。唐代傳奇中的外國商人幾乎總在買賣寶石，而且寶石夠輕，長途旅行的商人可以攜帶一小袋在身上。其他來自敦煌的材料也證實我們對絲路經濟的分析，亦即以流通地方製造商品爲主。這些商品包括各種不同的絲綢、棉、毛皮、茶、陶器、藥品、香料、于闐玉、馱獸。

誰把這些物品帶到敦煌？許多使節往返時一邊從事貿易，是最可能的傳遞者。敦煌是周邊城鎮使節聚集的中心，使節團經常獻上他們在旅途中購買的物品，例如編織於吐魯番的棉織品，或是來自于闐的玉石。[93]出自第十七窟的材料將使節這群人的行動記錄得最爲完整，商人則很少被提到。有趣的是，提到商人的都是非漢語材料，特別是粟特文、回鶻突厥文，或是「突厥化粟特文」（一種混合兩者元素的語言）。這些材料讓人得以一瞥商隊的往來。

西元一○○○年左右，粟特語開始逐漸消失。粟特文不再用於書寫，許多（但不是全部）過去講粟特語的人改講突厥語。第十七窟中部分文書見證了這個語言轉換的當下。這些文書以突厥化粟特語寫成，基本上是粟特語，但帶有強烈的回鶻語影響，有借自突厥語的外來語，更重要的是，帶有早期粟特語所未見的突厥語式結構。[94]這部分文書包括一位低階商人的紀錄，他向僱主報告從製造者處取得哪些不同商品。這位作者可能是東方教會教徒，他在村落間移動，從不同的紡織戶取得織好的布，而這些紡織戶很可能是個別製造布匹的家庭。他記錄這趟旅程的距離：一百公里到甘肅的長樂村（位在敦煌東北方一百公里、瓜州西方五十公里處）。這件紀錄與第十七窟的漢文及吐蕃文書所言錢幣短缺的狀況相符。

有封書信開頭就寫著商人攜帶的布匹總量：一百件白的、十九件（用來製作保暖冬衣的）紅raghzi布料。[95]（Raghzi是粟特語，意指羊毛或是用毛製成的某種衣料。）染成紅色衣料比沒染色的更值錢；這名商人通常以三件未染色的交易兩件染色的衣料，四件染色的衣料可換一頭羊。在下一筆交易中，他取得四件染色的和二十一件未染色的衣料。他仔細記錄每一筆交易，而每筆金額都不大。這是一個經典的商販路線：涵蓋有限範圍，買賣當地製造的貨品，並且主要是以物易物。

這封書信來自西元九世紀晚期，它的作者嫻熟於書寫粟特及回鶻文。西元十一世紀中葉，辭典編纂者麻赫穆德．喀什噶里（Mahmud of Kashgar）描述七河地區（位於今日哈薩克）的粟特居民同時講粟特與回鶻兩種語言，但在兩百年內粟特語就消亡了。[96]

另一群回鶻語文書，使突厥化粟特語文書中的商販貿易圖像更為完整。回鶻語是回鶻汗國的語言。第十七窟只有少數文書是以回鶻文寫成，大約四十件左右。[97]這些文書包括宗教文本、商品列表、書信，以及法律判決，當中提到各種當地製造的物品：布料（包括絲、羊毛、和棉）、奴隸、羊、染料、駱駝、漆杯、梳子、炖鍋、小鋼刀、鋤、手帕、刺繡、乳清，以及果乾。像銀碗或銀箭袋之類的少數商品可能是外國製造，唯有麝香跟珍珠可以肯定是外來的（一封書信中提到一百一十七顆珍珠，是最值錢的一個品項）。[98]這些史料作者所描述的世界，其東至肅州，現代的甘肅省酒泉；北至新疆哈密，以及鄂爾渾河上游的于都斤山；西至近吐蕃邊界的米蘭；西南至于闐。回鶻文史料描繪一個完全如突厥化粟特語材料所呈現的商業世界：本地商販在有限的範圍內移動，並以一項當地生產的物品交換另一項。

其他學者將這些突厥化粟特文和回鶻文文書視為絲路貿易繁盛的證據。[99]光是提及貿易就讓他們感到欣喜。雖然史料所呈現的僅僅是以本地商品為主的小規模交易，但已有預設立場的學者卻認為這樣的證據已足夠證明大規模絲路貿易的存在。然而，本書所檢視文書——除了羅列給西北駐軍大筆薪餉的政府文書之外——所指向的都是小規模、本地的交易，而非興盛的長程貿易。

斯坦因在一九〇七年三月二十三日首次抵達敦煌時，遇到一位來自阿富汗喀布爾的商人，名叫薩爾·阿里·汗（Sher Ali Khan）。他的商隊有四十匹駱駝，從阿富汗旅行到和闐再到甘肅中部，回程也走絲路南道。他的生意模式很簡單。他出售在喀什米爾及葉爾羌購買的英國織品給中國人，購入中國絲及茶葉於返回喀布爾途中販售。薩爾·阿里·汗提議幫斯坦因帶信到喀什，總是樂於與朋友聯繫的斯坦因立刻提筆，並在凌晨三點完成書信。斯坦因接著出發探索敦煌的烽燧，並在那裡發現粟特文古書信。一天晚上，斯坦因返回營帳時，不安地瞥見薩爾·阿里·汗的商隊，「十一天走不到八十英里。」原來是商隊雇用沒有經驗的嚮導，因此在沙漠中迷路。兩匹值錢的小馬走失更加延誤商隊的行程。斯坦因再次與薩爾·阿里·汗道別，令他驚訝的是那些信後來真的抵達英格蘭。他的朋友們在九月底收到信，距他寫信時大約六個月。[100]

西元二十世紀早期，薩爾·阿里·汗的商隊攜帶的多是當地商品，除了新出現在喀什米爾及葉爾羌的英國織品。他的商隊路線涵蓋大片土地，不過多數斯坦因與赫定遇到的商人都沿著較短的路線移動。第十七窟文書顯示一千年以前的商隊基本上也是如此。

本地製造的商品在西元九、十世紀的敦煌經濟中小量流通。長途交通不常發生，外來商品也很罕見。貿易對當地居民的衝擊不大，他們持續過著自給自足的生活。國家派遣的使節團在商品移動中扮演關鍵角色；使節（包含僧侶）是唯一已知確實有在異地間移動的一群人。這幅絲路貿易圖像，與其他遺址出土材料所呈現的圖像相符。與其試圖解釋敦煌文書為何沒提到與羅馬或其他遙遠異地的長程貿易，我們應該去體會這些文書描繪絲路貿易的精確性。

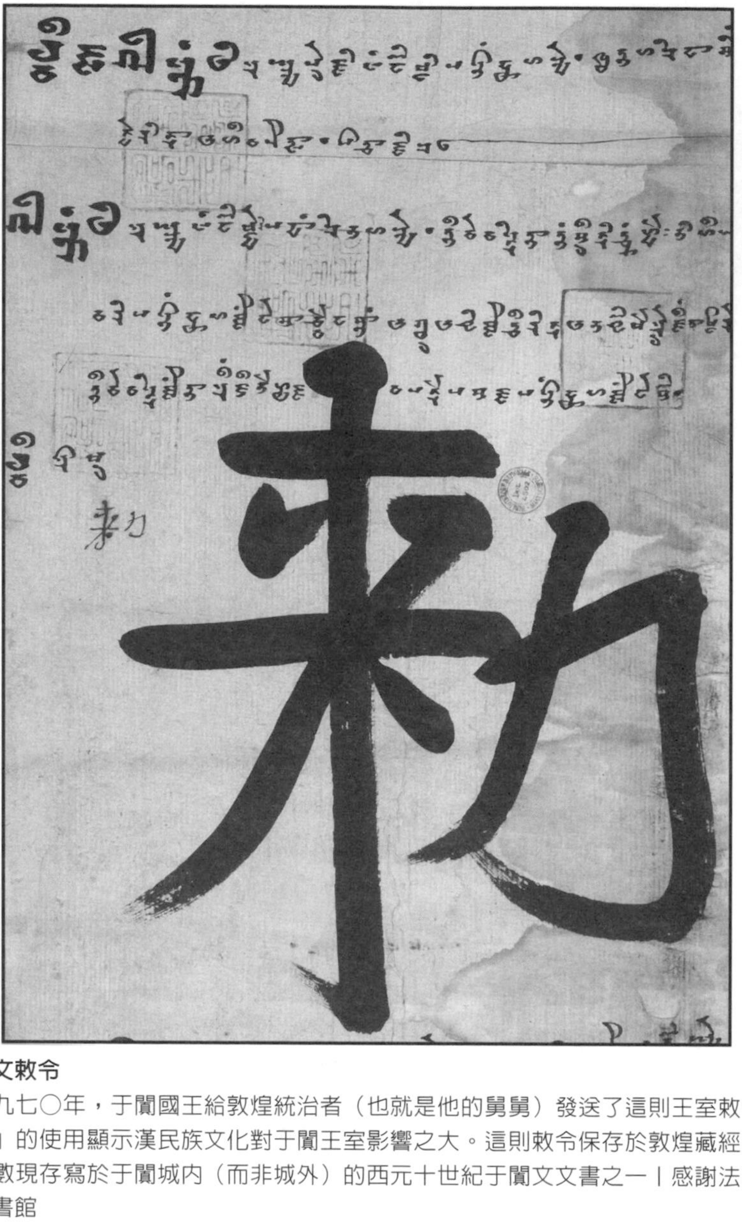

于闐文敕令

西元九七〇年，于闐國王給敦煌統治者（也就是他的舅舅）發送了這則王室敕令。「敕」的使用顯示漢民族文化對于闐王室影響之大。這則敕令保存於敦煌藏經洞，是少數現存寫於于闐城內（而非城外）的西元十世紀于闐文文書之一｜感謝法國國家圖書館

第七章

佛教與伊斯蘭教進入新疆的大門

——于闐

和闐與鄰近的喀什一樣，都以週日市集聞名，在那裡遊客可以買到當地製作的手工藝品、饢餅和成串的烤羊肉。當遊客看到農夫為一頭驢子激烈地討價還價時，很容易想像和闐一直以來都是這個模樣，但事實並非如此。人口占優勢的非漢人族群也讓人直覺反應：他們當然是最早的絲路定居者的直系後裔。事實是，一個巨大的歷史斷裂將今天的和闐與絲路過往的于闐劃分開來。西元一〇〇六年，伊斯蘭教征服佛教王國，為此地帶來劇烈重組。和闐居民也像周邊的綠洲城市一樣改信伊斯蘭教，使伊斯蘭教成為今日該地區最主要的宗教。[1]他們也逐漸放棄于闐語（如前頁所示），改說維吾爾語——這是今日人們在這兒最常聽到的語言。

幾乎所有關於前伊斯蘭時期的于闐材料都出自這座城市之外。因為于闐綠洲坐落在兩條大河交匯

處，環境中的水分相對充足。大範圍灌溉與不定期氾濫造就潮濕環境，導致紙張與木頭無法保存。有關于闐的文書，以及出自于闐的文物都保存在鄰近的、乾燥許多的沙漠區域。主要遺址有九個：山普拉、尼雅、熱瓦克、若羌、瑪利克瓦特、約特干、丹丹烏里克、達瑪溝，以及敦煌。其中以來自山普拉的西元三世紀發現爲最早，最晚的來自伊斯蘭征服前夕的敦煌藏經洞。有些遺址位於今日和闐市境內；相較之下，敦煌則在和闐以東一千三百二十五公里處。

這些發掘自不同遺址的材料，讓重建于闐的輝煌歷史成爲可能。

于闐是新疆西南部最大的聚落，因此也成爲鄰近地區各宗教傳入西域的理想門戶。第一批佛教徒約在西元兩百年前後從印度來到此地，接下來八百年，隨著佛教東傳並成爲中亞首要宗教，于闐成爲研讀及翻譯佛典的一大重鎮。

西元六四四年，當前往朝聖的中國僧人玄奘經過于闐時，此處居民將自己王國的建立與以下傳說相連結：偉大的佛教統治者阿育王（Ashoka，西元前二六八—二三二年在位）有一個兒子，他被印度孔雀王國流放之後，越過帕米爾來到于闐，成爲一名牧羊人，帶著他的羊群穿過荒蕪的沙漠，尋找水草。由於沒有子嗣，他在一座寺廟前停下，對著佛教的北方守護神（按：即毘沙門天）祈禱。一名小男孩隨即出現在神祇的前額，與此同時，「廟前地生奇味，甘香如乳」哺養男嬰。[2]在這個神話後來的版本中，來到于闐的主角（有時是王子的大臣們）換了又換。此外，有些版本說從地下冒出的是一對泥乳房。無論如何，它們一致認爲這個聚落是由印度移民建立的。

這些王國創建的早期版本與考古證據並不相合，後者指出此地最早的住民是來自歐亞草原的游牧民族，而非印度移民。位於于闐東邊三十公里的山普拉墓地擁有西元前三世紀（此王國聲稱的建國年代）至西元四世紀間的材料。[3]這個古墓地值得一遊。遺棄的頭骨、木頭工具、亮紅色的殘毛片均半隱半現於地表，這處遺址已有兩千年歷史。古墳就坐落在一片現代穆斯林墓地旁，穆斯林墓地的管理者與考古當局協力合作，試圖保護已受到嚴重破壞的遺址免於更進一步的掠奪。

二十世紀初，幾名尋寶者賣給斯坦因一些出自山普拉的碎紙片與小型木製品，不過斯坦因本身從未造訪過該遺址。[4]過去不曾有人有系統地發掘過這個遺址，直到一九八〇年代早期，一場大雨沖刷出許多墓葬。一九八三至一九九五年間，當地考古學家在六平方公里的範圍內挖掘出六十九座墓葬與兩個馬坑。如同許多草原民族，山普拉的居民體面地下葬馬匹，其中一匹還有編織精美的鞍毯作爲陪葬品。

山普拉墓地也包含一些合葬墓，某單一墓坑就埋有兩百人之多。女人著寬鬆的毛裙下葬，這些裙子上有許多汙點和各種補綴痕跡，可見是生前所使用。這些陪葬毛裙有高十六公分、另外用小型織布機織成的織錦裝飾帶；每當要換顏色時，織布者會剪斷緯線*，換上新的顏色。[5]

山普拉遺址有許多與西方居民交流的鮮明證據，沒有什麼比從織毯上剪下做成的男人褲管更能說明一切，見彩圖13（所有此地發現的其他褲子都沒有裝飾）。褲管上半部是半人馬，下方是有西方人臉部特徵的士兵。儘管半人馬圖像顯示羅馬是可能來源地，然而某些母題——特別是士兵矛上的獸首†——卻把更可能的來源地指向位在北伊朗、更接近于闐的安息王國。[6]

埋葬於山普拉墳墓中的還有其他地區的物件。四面中國製作的鏡子可能出自西元一世紀末——當時中國首次在于闐駐軍。漢代正史記載這個綠洲的人口有一萬九千三百人，共計三千三百戶。[7] 如同尼雅的發現，這些鏡子最可能是中國使者獻給當地統治者的禮物。

合葬墓在西元三百年左右消失，這是文化變遷的一個重要指標。山普拉後期墓葬都是埋葬單人的長方形墓坑，非常接近尼雅和營盤的墓葬。這暗示一群與尼雅、營盤有關的人可能在西元三至四世紀移居于闐，並取代了早先的住民。

尼雅佉盧文書（時常提到位於尼雅西方約兩百五十公里的于闐），就是來自上述年代。儘管對于闐的騎兵攻擊與侵襲多所抱怨，尼雅官員很歡迎來自于闐的避難者。

---

* 譯注：原文warp threads（經線）有誤，應爲weft threads（緯線）。一般織品採「通經斷緯」，所以剪斷的應爲緯線。

† 譯注：彩圖13不見此樣式，與作者通訊確認得知獸首位於圖片截切處更下方。

獨特的漢佉二體錢——一面是漢文，另一面是佉盧文——證實于闐人與其鄰居廣泛接觸。于闐國王結合貴霜與中國錢幣的元素，創造了自己的混合錢幣。研究錢幣的學者們始終無法將錢幣上的帝王名字與中國史料記載相對應，因此難以爲這些錢幣確切地定年，不過它們很可能鑄造於西元三世紀前後。8

隨著貴霜帝國在西元二或三世紀逐漸衰微，跨越帕米爾的印度移民把佛教引進于闐，誠如他們將佛教引介至尼雅一般。西元二六〇年，有位知名中國譯經者爲了找尋一份重

出自山普拉的裝飾裙帶

這件裙帶上有一頭雄鹿，牠的頭被誇張填滿整個垂直邊框的鹿角壓低。粉紅色、紅色與藍色的四條腿與尾巴，在藏青色的背景裡格外突出。一隻動物——或許是頭部朝上的鳥——騎在牠的背上。帶有巨大鹿角的鹿經常出現在中亞周邊游牧民族的藝術中 | © Abegg-Stiftung, CH-3132 Riggisberg, 2001. 照片: Christoph von Viràg.

給死者的裙子，出自山普拉

這是山普拉所發現最大件的裙子之一，纏在死者腰部的上緣有一．八八公尺。下緣展開來的長度足足有五．〇三公尺。這件裙子穿起來過於笨重，是專門做給死者的 | © Abegg-Stiftung, CH-3132 Riggisberg, 2001. 照片: Christoph von Viràg.

要的梵文原本，從洛陽行至于闐。經過二十二年的努力，他將梵文佛經抄本送回洛陽，自己則選擇留在于闐，後來在此過世。[9]這個事蹟保存在一份西元六世紀早期的漢文佛教文獻目錄，也是第一個提到于闐佛教的文字紀錄。

于闐最壯觀的佛教遺跡熱瓦克同樣來自這個時期。這座遺址位在于闐北方六十三公里的沙漠、玉龍喀什河之東。今天的旅客可以搭乘汽車或巴士到附近數公里外下車，接著轉步行（如果沒有過熱）或騎乘駱駝。沙漠極炎熱，而且細小的沙子無孔不入，不過其中充滿生命：腳邊有繁殖旺盛的小植物、蜥蜴、兔子，頭上則有鷹隼與雲雀盤旋。最後旅客將到達一間警衛室，那裡有條很不搭調的鏈條橫過馬路，還有一個指示著考古遺址的標誌。在

于闐外圍的熱瓦克佛寺牆址

這張由斯坦因團隊拍攝的照片，展示了熱瓦克的方形中央窣堵波及其超過一公尺高的內牆。這道長五十公尺、寬四十三公尺、環繞著窣堵波的牆，其所圍繞區域略小於半個美式足球場。這道牆形成一個迴廊，供信徒繞行中心的窣堵波。

那裡可以看到一座被殘垣環繞著的遺蹟。沙子覆蓋大部分遺蹟，我們可以輕易想見，這座宏偉建築在數年內便會被不斷移動的沙丘所掩蓋。

一九〇一年四月抵達熱瓦克時，斯坦因被深深震懾。斯坦因意識到，要對此地進行測繪首先得把大量的沙子移走，於是他額外雇用多名勞工幫助團隊編制裡的十幾名工人。春天的暴風把沙子吹進每個人的眼睛與嘴巴，使肢體勞動變得更加困難。經過按部就班的清理，斯坦因團隊終於把放置佛舍利的中心窣堵波清出來。此建築高達六・八六公尺，極爲驚人，平面呈十字形，四周各有一個階梯。[10]隨著工人將沙子鏟走，他們又清理出一道巨大的長方形內牆，此外也發掘出外牆的西南角落。原有的外牆一路延展包圍了整個內牆。

當參拜者環繞建築時，他們會置身一條令人印象深刻的走道，兩邊都是塑像。斯坦因推測內牆與外牆之間的走道過去必定覆蓋著木屋頂，畢竟這些塑像非常易碎。一些高達約四公尺的特大塑像描繪佛陀，尺寸較小者則為脇侍。

由於沒有發現可進行碳十四鑑年的木頭，因此只能藉著與其他佛教雕塑的風格比較來為塑像定年。由於熱瓦克的塑像與來自印度犍陀羅與秣菟羅的最早的佛教塑像極為近似，遺址第一階段的營建可能介於西元三至四世紀，緊接其後的第二階段則在西元四世紀晚期至五世紀早期，約與米蘭遺址年代相當。[11]

熱瓦克要比任何南道上的其他窣堵波來得巨大宏偉（包括由中日探險隊在尼雅發現的方形窣堵波）。其大小說明這座綠洲的富庶。西元四〇一年，前往印度的中國僧人法顯途經于闐時也留意到當地的繁榮，以及大眾對佛教徒的支持程度。據法顯記載這些人各自在家門前立起小型窣堵波。

于闐擁有十四座大型佛寺和許多規模稍小的寺院，法顯與其同伴就住在其中一座大型佛寺。每年這座寺院都會在某個盛大的佛教遊行中贊助一輛四輪車。花車高逾七公尺，並且飾以珠寶、旗幟，上面放著金銀製成的佛像與二名脇侍。法顯也描述綠洲西邊有座新落成的寺院，這座寺院蓋了八十年，直到那時才剛竣工。建築群包含一個大廳堂、僧人居所，以及高約六十公尺的窣堵波。[12]

法顯有時會誇大佛教徒的數目及其虔敬程度，不過他並沒有扭曲基本事實。于闐的佛寺確實相當

熱瓦克脆弱的泥塑像

在清除沙子後，斯坦因檢視這些泥塑像，認為塑像裡面原來應該有木製骨架。由於內部骨架已經瓦解，塑像變得極為脆弱，無法搬運。斯坦因選擇將這些塑像攝影保存，並且命令手下用繩子撐起塑像頭部，但脆弱的塑像頭部終究還是斷裂了。

富有。住在于闐的僧侶與住在尼雅的非常不同，後者與他們的家人同住，僅偶爾參與佛教儀式，于闐佛教徒則得到帝王及其他富有贊助者的支持，得以將所有時間投入學習與實踐儀式。

在地方統治者的熱切支持下，于闐接下來幾個世紀持續扮演佛學中心的角色。玄奘在西元六三〇年造訪于闐，羅列了當地的主要產品：毯子、細緻毛氈、織品與玉。于闐以玉聞名（專業用語是軟玉），當地居民在綠洲周圍的河床發現大塊玉石。于闐最大的兩條河流名叫玉龍喀什（維語意為「白玉」）與喀拉喀什（「黑玉」），它們在城市的北邊匯流成于闐河。在兩條河中發現的玉石色澤有所不同，一座位於安陽（中國本部）的貴族墓曾發現以顏色較淡的和闐玉做成的器具，製作年代為西元前一二〇〇年。

當斯坦因於一九〇〇年初次來到于闐時，居民們仍在河床裡探尋著玉石。此外，他們的目標也擴及黃金與古董。他挖苦道：「『尋寶』——亦即在一個廢棄聚落裡尋找意外發現的貴重金屬——確實是整個于闐綠洲歷時悠久的職業，它提供那些運氣極差的人一種樂透似的魅力，並讓他們厭惡持續努力地工作。」[13]這正是斯坦因從事發掘與探險工作高度倚賴的一批人。

在于闐，斯坦因購買古代都城約特干遺址的出土物。不過，令他感到挫折的是約特干沒有留下任何廢墟。遊客今日可見到斷垣殘壁這些引人注目的證據散布於一片廣大區域，但不知為何斯坦因卻沒有開挖。他只發現隨處可見的小泥猴塑像。[14]

旅客今天可以拜訪約特干，不過瑪利克瓦特更有趣，這是一個位在玉龍喀什河上、和闐市以南三十五公里的廢墟。在那裡，眾多沙丘座落在不毛（卻能召喚強烈情感）的月球般地表，它們占據面積

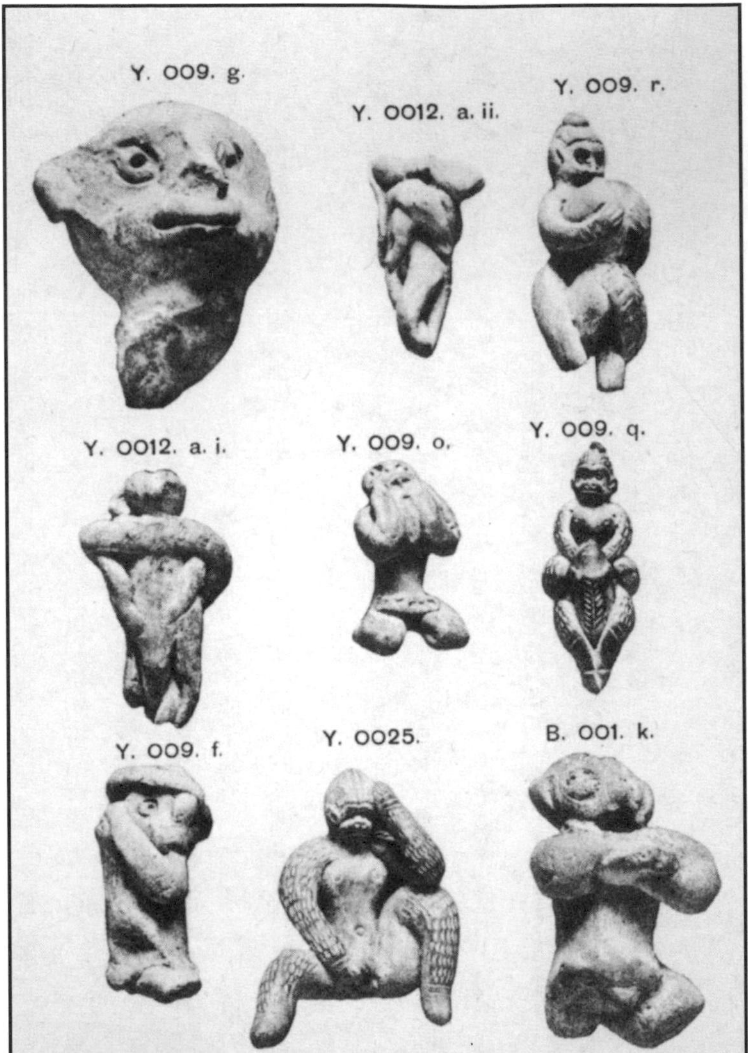

約特干的泥猴

出於習慣，斯坦因在托盤上仔細標號，將他在約特干發現的各種泥猴塑像並排方便拍攝。它們突顯性徵的姿勢意味著泥猴是用來增強生育力的護身符。

十平方公里的一座古城，將其淹沒在沙丘之中。人們可以租一輛驢車在沙丘間漫遊或者步行前進。當地小孩會拿出各種在地上撿到的東西來賣，遊客們則會掃視他們盤中明顯的贗品，希望找到一件眞貨。

一九〇一年，斯坦因離開尼雅西行‡八天之後，在于闐東邊三百五十公里的綠洲若羌發現一塊木牘，這是本土于闐語年代最早的證據。這塊木牘出土自一間靠近窣堵波的房屋廢墟。如同尼雅文書，它也是用佉盧文書寫的，不過筆法、拼音與尼雅出土的文書並不完全相同。因爲有許多相似之處，多數學者推定這片木牘的年代是西元三或四世紀。[15]

由於這件文書對于闐研究極爲重要，讓我們讀一下全文：

> 王中之王的于闐國王Hinaza Deva Vijitasimha的三年十月十八日。城中一位名叫Khvarnarse的男人說道：「那裡有隻屬於我的駱駝。那隻駱駝有一個醒目的標誌，標誌烙印在牠身上，像這樣——VA SO。現在我要用八千瑪莎（masha，很可能是中國錢幣）的價格賣給suliga Vagiti Vadhaga。」Vagiti Vadhaga代表駱駝，用瑪莎支付全額，Khvarnarse也接受了。交易完成。從現在起，這隻駱駝成爲Vagiti Vadhaga的財產，隨便他想怎樣，只要他喜歡就好。未來無論是誰抱怨、告知，或提出關於這隻駱駝的爭議，他必須按王國律法要求繳納罰金。這份文件（？）是我Bahudhiva應Khvarnarse要求所書寫。

‡ 譯注：根據地圖若羌在尼雅東邊，應爲「東行」而非「西行」。

這份文書記載一名于闐人以八千中國錢幣，將一隻駱駝賣給名爲Vagiti Vadhaga的粟特人。（用來描述Vagiti Vadhaga 的suliga本來意爲「粟特人」，不過後來含義擴大爲「商人」。）以于闐國王的紀年記錄契約日期，顯示文書是先在于闐擬定，然後才被帶到若羌。于闐語學者觀察後發現契約中所有人名——國王、賣方、買方、書寫者——全都採用伊朗文形式。「王中之王」就是稱呼統治者的標準伊朗語詞，hinaza是伊朗字彙，意爲「將軍」的。這件木牘（斯坦因再次偶然發現）於是證實有一種伊朗語言流通於西元三或四世紀的于闐，鄰近的同時期尼雅住民正說著屬於印度語言的犍陀羅語。

一八九五年，第一批于闐文書出現在古董市場。一位名叫S・H・高佛雷（S. H. Godfrey）的英國船長從幾個當地商人手中購得文書——他們聲稱這些文書在庫車被發現——然後馬上寄給孟加拉皇家亞洲學會的祕書奧古斯塔斯・弗里德里克・魯道爾夫・霍恩雷（Augustus Frederick Rudolf Hoernle）。這個人曾釋讀新疆發現的第一個重要抄本：包爾文書（Bower Manuscript）。接下來幾年，英國駐喀什領事喬治・馬戛爾尼（George Macartney，按：在世時漢名爲馬繼業）買了更多文書，並請霍恩雷幫忙釋讀。[16]一八九九年，霍恩雷離開印度，退休回到牛津；斯坦因延續前人的做法，持續將所有用婆羅米文字書寫的抄本全部寄給他。婆羅米文是西元四百年左右佉盧文不再使用之後，取而代之的文字。[17]

早在一九〇一年，霍恩雷已經意識到有些寫本儘管以婆羅米文字寫成，不過卻是一種不同於梵文的語言：「雖然只有少數字彙或片語可以確定，不過似乎有充分證據證明，這些文書的語言有些特點和中亞西方高地（Western Highlands）的方言相通，它是一種印度－伊朗方言（Indo-Iranian dialects），與波斯語和印度的地方語言皆有關係。」[18]起初，霍恩雷不知道于闐文究竟是一種借用大量梵語詞彙的伊朗語，還是一種帶有許多伊朗單字的梵語系語言。語言學家碰到英文時也會面臨類似問題：英文看起來或許像是一支帶有大量日耳曼語彙的羅曼語（Romance）§，但它其實是一種日耳曼語，在諾曼人（Norman）西元一〇六六年征服該地以後吸收了大量法語單字。一九二〇年，學術共識逐漸成形：于闐文是一種借用大量梵語詞彙的伊朗語，使用年代與中古波斯語、粟特語同期。

由於不同時期的于闐文，其書體、拼法和文法皆有差異，哈佛大學伊朗文阿迦汗講座教授普洛德·奧克托爾·薛佛（Prods Oktor Skjærvø），遂將此語言之歷史劃分爲三個不同階段：古于闐文（西元五至六世紀）、中古于闐文（西元七至八世紀），以及晚期于闐文（西元九至十世紀）。各階段皆有與之相應的特定出土寫本：古于闐文文本幾乎全來自（出處不明的）佛典譯本；中古于闐文文本來自丹丹烏里克；至於晚期于闐文文本則來自敦煌的第十七窟（藏經洞）。[19]

古于闐文寫本只有一件不是從梵文翻譯過來的佛教文本：《贊巴斯塔之書》（*The Book of Zambasta*）。[20]這份文本以委託製作的官員來命名：文中有好幾處提到，「官員贊巴斯塔（Ysambasta）與其子札庫拉（Ysarkula）命令書寫此書。」（英文字母z最接近y與s合念的音。）這個于闐文最重要的文學作品是一本佛教選集。作者很謙虛，他解釋道：「無論我的知識有多

§ 譯注：一種由拉丁文而來的印歐語，主要使用於法國、西班牙、葡萄牙、義大利、羅馬尼亞等地。

麼渺小與貧乏，我已將此文集翻譯成于闐文，因此我祈求神聖的諸佛寬恕我所扭曲的任何文義。無論我由此獲得什麼功德，希望透過這些功德，我眞能與萬有一同實踐菩提（bodhi）。」菩提——亦即伴隨著悟道而來，對佛教義理的知識與理解——是此文本的關鍵教義，就像「空」一樣。

《贊巴斯塔之書》的內容涵蓋所有學佛者熟悉的範圍。其中一章的主題相當突出，是關於女性誘惑與如何抗拒，佛教選集一般很少收錄這樣的討論。[21]它警告信徒「這些女人的詭計是不學自成的」，並總結道：「官員贊巴斯塔與他所有的子（與）女」——這是贊巴斯塔的女兒唯一一次被提及——「令（我）書（之）。盼我必能成佛。」作者最後評論道：「阿闍黎（Acarya，「上師」，對僧侶的尊稱）Siddhabhadra爲抑制自己的心思，反覆閱讀關於女人的章節，他說：『當我讀這部佛經，我就如大海一般激動。老實說，我再也無法保持平靜，就像睫毛、眉間的毛髮、臉頰上的毛髮。』」這段自白是枯燥文集裡罕見的人性筆記。

順著章節前進，《贊巴斯塔之書》重述了某些佛教故事，許多與大乘佛教的教義相關。它提及佛陀如何智取異教術士跋陀羅（Bhadra）的故事——跋陀羅以法術將一片墓地變成一座「神殿」。其中一章述說佛陀生平還有他的悟道，另一章則講述他的離世，以及將這個世界託付給彌勒佛。彌勒佛的章節與從twghry語翻成回鶻語的文本有著相同內容，進一步支持了西格與西格靈二人對吐火羅語的識別。根據《贊巴斯塔之書》，我們得知于闐確實是此區各國行旅僧人的主要樞紐，因爲此書選編並重述了來自梵文、中文、藏文，還有回鶻文和其他語言的文本。[22]

現存的《贊巴斯塔之書》並不完整。原本的兩百九十八頁中，有兩百零七頁分別藏於加爾各答、聖彼得堡、倫敦、紐哈芬、慕尼黑與京都的圖書館。俄國領事尼古拉．彼得羅夫斯基（Nikolai Petrovsky）向喀什當地人購得一百九十二頁，沒人知道這本書的原始發現地點。[23]學者們辨識出五種不同的寫本，最早的定年介於西元四五〇至五〇〇年間。[24]

《贊巴斯塔之書》成書時，于闐是個獨立王國，西元七世紀早期乃淪爲西突厥的附庸。西元六三〇年，玄奘在前往印度途中造訪此地時它仍屬西突厥聯盟。接下來的二十年，唐太宗（西元六二九—六四九年在位）從西突厥手中奪過中亞控制權；唐朝軍隊在西元六四〇年占領吐魯番，並於西元六四八年占領龜茲——是年，于闐國王改變其效忠對象。他將一個兒子與三百頭駱駝送去援助唐朝軍隊，拜訪首都長安，並把他的兒子留在長安當人質。于闐於是成爲唐朝安西四鎮之一，另外三個是龜茲（今庫車）、疏勒（今喀什），和焉耆（西元六七九至七一九年間，碎葉〔今托克馬克〕取代了焉耆的位置）。

西元六四八年以後，于闐的歷史開始與龜茲相互交織：西元六七〇至六九二年間，藏人征服並統治此二綠洲。西元六九二年中國重新奪回控制權，統治該地直到西元七五五年，接著安史之亂迫使中國自中亞撤兵。[25]如同吐魯番與龜茲，于闐的絲路交流高峰亦發生在西元七、八世紀唐朝軍事最盛的時候。

數量最多的于闐語文書來自和闐市東北方一百三十公里的丹丹烏里克遺址。赫定曾於一八九六年一月造訪此地，那是他第二次的塔克拉瑪干之旅（他在悲慘的第一次冒險中損失兩名隊員）；一則關於大漠中消失古城的剪報驅使斯坦因向印度政府申請資助。[26]在一九〇〇年啓程之前，斯坦恩獲得英

繅絲的祕密如何傳出中國

斯坦因在丹丹烏里克最著名的發現是這件木版畫，長四十六公分、高十二公分，是信徒欲獻給佛陀的奉獻品。畫中一個女人手指向公主的皇冠。根據傳說，這個公主將蠶繭偷渡出中國，將繅絲的祕密透露給住在西域的人們。事實上，養蠶與繅絲的知識與造紙術西傳一樣，都是由沿著絲路遷徙的人們所帶出去的。

國駐喀什領事馬戛爾尼與俄國領事彼得羅夫斯基的協助，因而得以詰問曾販售小型文物及出土抄本給他們的那些人。其中兩名販子建議斯坦因聯絡一個名叫吐爾迪（Turdi）的維吾爾人。斯坦因解釋說：「即便在一般人眼中全然一致、看似毫無地標的沙丘中，他也能找到方向」。[27]當雇用的嚮導無法找到丹丹烏里克，引著斯坦因一夥人抵達此廢墟的正是吐爾迪。

斯坦因在丹丹烏里克測繪了十五座沙漠中的小建築群。最小的建築爲方形，每邊約一・五公尺；最大的長七公尺、寬六公尺。有些建築物看來是居所，內部發現的文書顯示屋主是官員，他們用漢文與于闐文從事記錄。

其中一座遺蹟保存多種佛教文本貝葉，顯然它原是個圖書館。其他建築很明顯是宗教性建築，室內有泥塑像，牆上有壁畫，其中許多畫著神祇。有些建築甚至有被埋進地底的木牘。

斯坦因歸結說，丹丹烏里克因爲相當遙遠，所以多數在市場上販賣的東西，必定是少數個人（或獨自、或組成小隊）在短程旅途中發掘的成果。[28]斯坦因對丹丹烏里克的判斷錯了。此處的確位於塔克拉瑪干沙漠的中間，不容易發現，不過只要有充分決心終究能夠抵達。美國地理學家艾爾沃斯・杭廷頓（Ellsworth Huntington）於一九〇五年來到此地，隨後德國旅行家艾米爾・特林克勒（Emil Trinkler）及其瑞士同伴沃爾特・博薩德（Walter Bosshard）於一九二〇年代也來拜訪。一九九八年，瑞士旅行家克里斯托弗・鮑莫（Christoph Baumer）乘著駱駝來到丹丹烏里克，在未經許可的發掘中發現好幾幅新的繪畫，這讓考古當局大爲震驚。[29]近年來，全球定位系統與越野交通工具等現代科技的發達，使盜掠者前往丹丹烏里克更加容易。

自一九九八年以來，許多來源不明——不過最有可能出自丹丹烏里克或附近——的于闐語文書與文物出現於古董市場。中國的博物館與大學面臨和西方博物館員相同的困境：他們是否該購買這些盜掘品，保存給學者研究？或者他們應該拒絕購買，讓盜掘者停止洗劫古代遺址？如果他們不買，這些抄本就會佚失；如果他們買了，這些未經許可的發掘行爲就會持續，甚至加速。

二〇〇四年，北京的中國國家圖書館決定購買一批來自丹丹烏里克的文書。于闐文專家密集作業，將這些文書定年、釋讀與翻譯，以辨識出處（在某些情況下是可能的，因爲文書提到的一些人名也出現在其他發現地點已知的文書當中），最重要的是，說明它們的重要性。這些新發現已改變我們對絲路史關鍵發展的理解。

丹丹烏里克區域最早的文書來自西元七二二年。[30]這些木牘出自位在丹丹烏里克南方、中文名爲達瑪溝的小型聚落，它們寬約二．五公分或不足，長度從十九至四十六公分不等。木牘有個可以繫在穀物容器上的圓洞，此外還有官員每次收到穀物稅時以墨水標上的等距分布刻痕。以下是一個典型的例子：

〔漢文原文〕拔伽勃邏道才，送小麥柒碩（大約四十二公升）。開元十年（西元七二二年）八月五日，典何仙，官張並、相惠。

〔于闐文原文〕*birgmadara bradāysai ganaṃ bauḍi kūsa 7 ṣau marṣä salya.*[31]

漢文與于闐文兩者皆載有納稅者名字、所納穀物數量與年分。漢文文本提供較多訊息，包含納稅的確切月、日，以及收稅者和他上司的名字。這些木牘共提到三種稅糧：大麥、小麥，還有小米。[32]所有木牘（中國國家圖書館買的那一組有三十五支；其餘爲私人收藏）都遵循相同的樣式。

這些帳目讓我們一窺唐代稅收系統如何在于闐運作。這些文書都是雙語。生活在現代的我們已經習慣歐盟與其他國際組織的多語文件。然而，這些雙語的穀物木牘還是具有某種獨特之處。西元八世紀，中國的國家勢力往下延伸至最底層，即使最小額的穀物支付都以于闐文（當地語言）與漢文（統治者的語言）加以記錄。同樣的，所有的政府官員都同時擁有漢文和于闐文頭銜。于闐官僚雇用能把于闐文文書翻譯爲漢文的書記；有些漢語文書提到當地人的于闐文請願文書，這些文書被翻成漢文，以便中國官員能夠瞭解。[33]

另一批僅以于闐文書寫、很可能與上述木牘同期的木質文書，提供我們更多有關當地社會的訊息。這些文書以兩片木頭組成、形狀像個小盒子，下面的木片托住上蓋的木片，有把手可將上蓋像抽屜一樣拉進拉出。文字幾乎布滿每一處，包括兩片木頭的裡面、外面與四邊。它們記錄著不同居民間的契約協定。34

這些文書提到有個「集會」，負責執行官方所做的決定，這是于闐社會的特出之處。有件爭端牽涉到使用灌溉水的費用。有司聽聞案件後，規定某個人應暫時接收屬於整個村莊的水，而村莊應保有未來使用灌溉水的權力。這個決定以此句做結：「此案之前曾上呈仲裁集會」，並寫下兩名官員的名字。35

此案例顯示，西元八世紀初或更早以前，于闐已發展出一套複雜的司法系統，人們在司法架構下記錄各種交易，如灌溉權轉移、借貸或收養小孩。證人爲協議的內容做擔保，官員（照慣例在集會群體的面前）簽署文件，確保交易雙方都能信守承諾。一旦做出決議，社群內的每位成員都必須遵守。整個村莊必須負擔一些集體稅；當這個村莊付完應付的稅額，官員便發出收據（不過一定要全額給付）。

西元七五五年，中國爆發安史之亂時，此套系統便已存在。隔年，于闐國王派遣五千兵力（許多是戍守于闐的中國士兵）援助唐朝鎮壓叛亂。西元七五五年以後，中國僅對于闐保有微弱的掌控，權

¶ 譯注：榮新江文作「開元十年八月四日」。

力落在地方節度使手中。身爲中國官員，節度使經常無法將消息傳達給首都的上級，因爲長程陸路交通實在過於艱難。

西元七五五年以後的數十年，中國政府停止支付駐紮西北的軍隊薪餉，敦煌於是經歷貨幣短缺。即使是西元七五五年以前，中國錢幣在于闐也不總是能夠輕易取得；舉例來說，一對父母爲領養小孩付了五百錢，然後以白絲替代應付的剩餘兩百錢，可能就是因爲貨幣短缺。[36]

一些出自丹丹烏里克、西元七八〇年代的漢文文書，記載著總數超過一萬錢的借款。[37]我們無法辨別人們是否眞的以錢幣支付，或只是作爲記錄單位，實際支付則以布帛或穀物替代。在一份雙語契約中，漢文提到以錢幣付款，然而于闐文版本卻說明應付多少布帛以代替錢幣。[38]截至西元八世紀末，一種以定量織品與穀物作爲通貨的自給式經濟，取代了早先的貨幣經濟。

中國軍隊持續向于闐百姓徵稅，正如一份爲製作士兵冬衣而徵收羊皮的文書所顯示。這件文書——如同其他發現於丹丹烏里克的窖坑——是寫給一位名爲思略（Sidaka）的地方官員，他出任薩波（spata），是負責非軍事性事務的村莊首領。文書作者同樣也是薩波，他說明道：由於思略的村民擁有九十匹羊，所以他們需出二十八塊羊皮；其稅率爲每六．五匹羊課兩塊羊皮，或者說整個村莊需繳二十七．六九塊羊皮。思略繳了二十七塊羊皮，不過他的同事說，除非村落繳足了應付的額度，否則不會核發收據。這份文件存在的前提是詳細的戶口登記，上面不僅列有村莊的人口，還包括他們擁有的牲口。如果沒有這樣的紀錄（有些已被找到了），控制此地的中國政府是不可能知道需向這個村莊課徵多少羊皮的。

京都大學語言學教授吉田豐費心地找出四個發現于闐語文書的不同地點。兩個在丹丹烏里克，（西元七七七到七八八年間）提及思略的文書就出自其中一處。[39]誠如此件與其他出自相同地點的文書所示，于闐在西元七七七至七八八年間有個漢人政府。幾十年間，吐蕃人乘唐代中央孱弱不堪之際，雄心勃勃地擴張至中亞。西元七八六年攻占敦煌以後，又在西元七八九年與吐魯番的回鶻人展開為期三年的戰爭，至七九二年將其擊潰，並在七九六年之前征服了于闐。[40]西域史家已知吐蕃帝國於西元八四〇年代分崩離析；同一時期，黠戛斯人打敗以哈喇巴喇哈遜（位在今日的蒙古國）為根據地的回鶻帝國，許多回鶻人因而南逃至今日的新疆。這批丹丹烏里克的新發現文書，幫助我們瞭解落入吐蕃人或回鶻人手中的綠洲有哪些，以及它們陷落的確切年代。

麻札塔格是一座軍事堡壘，位於龜茲與于闐（位在堡壘南方一百五十公里處）間重要的戰略路線上。它正好座落在沙漠中杳無人煙的地帶；于闐的廚師與衛兵固定輪值到那裡服勤。[41]隨著于闐被征服，吐蕃控制了這個原本有許多中國士兵的前哨基地。西元七九八年的一件文書要求收信官員將堡壘內的男人與牛群疏散到鄰近城鎮。文中沒有指出敵人是誰，不過很可能是在西元八〇〇年左右占領龜茲的回鶻汗國。[42]

吐蕃大致保留此地過往的行政系統；當地好幾個有頭有臉的人物，在吐蕃政權接管之前與之後都持續著他們的職務。他們同時用于闐文與中文發布命令，顯示中國文官系統對于闐人及吐蕃人都有深刻影響。[43]少部分官員繼續使用漢字簽名。書手草擬契約，將各種中文詞彙按照字面意思翻譯成吐蕃文。這些契約——儘管從未在吐蕃使用——建立了敦煌藏文契約的模範。[44]吐蕃間接地統治于闐；當他們有任何需要，最高官員（節度使或軍鎮）便向他的于闐代理人提出要求，再由他發布命令給相應的地方官員。[45]

丹丹烏里克的稅務材料如此豐富，卻未透露誰在絲路上旅行？爲什麼旅行？關於絲路文化交流最具說明性的文書之一，是由一群工人在斯坦因不再支付酬勞後持續挖掘才發現的。在丹丹烏里克開挖十七天後（從一九〇〇年十二月十八日至一九〇一年一月四日），斯坦因解散部分人員，並帶著剩餘人員到約十一公里遠的鄰近遺址考察。

斯坦因回到營地的第一天傍晚，很驚訝地看到幾個被遣散的工人在那裡等著他。當他們拿出他們的發現時，斯坦因更加詫異了：這群工人在靠近丹丹烏里克第十三號建築物的角落，挖掘出一件皺巴巴、寫有希伯來字母的文書。斯坦因解釋爲何他相信工人們確實是從他們所聲稱的地方發現這件文物：製作與擺放一件贗品需要大量的準備，但這份文書的紙張眞的很古老（西元八世紀）。[46] 斯坦因對僞品特別敏感，因爲他才剛揭發伊斯拉姆．阿克洪（Islam Akhun）的騙局，其巧妙僞造的文書瞞過霍恩雷，讓他誤以爲自己發現另一種新的語言。[47]

斯坦因在丹丹烏里克時，曾清理十三號建築內的沙子。吐爾迪說他年輕時曾在那裡發現許多銀錠，價值兩百盧比或十三英磅（約等於今天的一千英鎊）。[48] 即使這座建築物很大——有一面長十八公尺，而且有一間長六．七公尺、寬五．五公尺的房間，但當他的工人只發現了一座火爐與一個木框，斯坦因便決定不在此進行挖掘。[49] 斯坦因離開後，被遣散的工人挖開一個先前盜掘者留在廢墟旁的垃圾堆，竟發現這件用希伯來字母書寫的文書。

這封信以新波斯語（New Persian）寫成，此語言於西元九世紀在伊朗取代中古波斯語。少量的猶太波斯語文書在全世界的不同角落被發現：赫拉特附近、阿富汗、南印度的馬拉巴爾海岸，還有巴格達。丹丹烏里克文書並非這類文書中最古老的——最早的來自西元七五〇年代——不過它是現存最古老的猶太波斯語文書之一。[50]

這份殘破信件僅頁面中央部分倖存，而且開頭與結尾的幾行文字皆已佚失，難以釋讀。信件作者寫給一位生意夥伴——明顯是他的上級，內容涉及羊隻、衣服、甘松（spikenard，一種用於製作藥物與香料的植物）、一個馬鞍、馬鐙，和皮帶等不同交易。他極可能是一名商人，想要知道他的「利益與損失」。我們不知道他爲何離開伊朗，不過可以推測他（或者他的祖先）東移是爲了躲避伊斯蘭的征伐，最後他在極爲動盪的時期來到于闐地區。

這封信直接證明，至少有一名說著波斯語的猶太人身處在西元八世紀晚期的丹丹烏里克，除此之外，信件的殘破狀態讓我們很難再得到其他結論。距離最初發現的一百多年後，一件徹底出人意料的事發生了：第二封猶太波斯語信札幾近完好地出現在拍賣市場，中國國家圖書館立即購入。北京大學碩士、現於（本書出版於二〇一二年）哈佛大學攻讀博士的研究生張湛，在二〇〇八年以中文發表完整的釋文與翻譯；他計畫在未來出版英文翻譯。[51]

新信札與舊信札的相似程度使張湛很有信心地推斷，兩封信是在同個時間、同個地點由同一人所寫——也就是在西元九世紀初的于闐。他的定年根據是信中一句來自喀什的最新消息：「吐蕃人已被屠殺殆盡。」[52]比對幾件同樣發現於丹丹烏里克的于闐文信札可知，如果信件提到回鶻擊敗吐蕃，那麼它的年代應爲西元八〇二年，此年回鶻人擊退了吐蕃，拿下喀什。

新信札開頭是八行問候語，由「身在遠方」的作者寫給他的「主人Nisi Chilag」一家。收件人Nisi Chilag極可能是住在丹丹烏里克的一名猶太人。新信札作者接著詳述自己與一名「地主」因羊隻而起的爭端：雖然他已送上包含麝香與糖果的禮物，但仍未收到他應擁有的羊。有趣的是，他還提到地主將他誤認爲「粟特人」的一則對話。考慮到絲路沿線粟特商人之多而猶太商人罕見，誤認是可以理解的。

猶太商人僅在絲路上留下些許痕跡。喀喇崑崙公路上最晚的碑銘之一就是以希伯來文書寫。有則阿拉伯紀錄記載有關西元九世紀晚期的一場大屠殺，文中提到，猶太商人在南方城市廣州（廣東）與穆斯林、基督徒、袄教徒毗鄰而居。敦煌十七號洞窟有一張摺疊起來的紙，上頭寫著十八行希伯來禱詞與聖詩選（見彩圖12）。

除了一張希伯來文禱詞與數以萬計的中文、藏文文書，敦煌藏經洞還有約兩千件的于闐文文書，其中許多是殘片。[53] 如同許多住在強鄰環伺小國的人民，于闐人很擅長學習語言。一名于闐書手老練到可以抄寫吐蕃文文本；因爲他用于闐數字標頁碼，所以我們知道他是于闐人。[54] 連字典都沒有的于闐人究竟是如何迅速地學習語言呢？

敦煌藏經洞保存了幾張于闐語和漢語常用語的手冊殘頁。[55] 這些參考書不拘泥於漢字，直接用婆羅米文字記錄漢文語句的發音，接著用于闐文標示語義。一些研究這些文本的語言學者，技巧性地逆向操作，從于闐文版本的十世紀漢語反推，重建原來的漢語句子。如同任何一本好的語言教科書，這份漢語—于闐語雙語參考手冊一再重複非常短的關鍵句型，讓學生可以練習：

菜擔來。
瓜擔來。
胡瓜擔來。**

這份常用語手冊還包括一些市場買賣可以使用的句子。考量到于闐與敦煌在西元十世紀接觸之頻繁，各行各業的于闐人——使者、僧侶、商人——似乎都可從基礎的漢語指導中獲益。

相較之下，梵文—于闐文雙語文本針對的是更小眾的讀者。[56] 對于闐文使用者而言，梵文很容易學習；因爲它們都是用婆羅米文字書寫，語言學習者可以直接抄錄、背誦梵文語句。全長一九四行的于闐文—梵文常用語手冊，以一簡單對話作爲開頭：

你好嗎？
很好。謝謝你！
那你呢？

** 譯按：此處文字轉引自高田時雄，《敦煌資料による中國語史の研究》，頁205。

一份新發現的猶太波斯語信件

這封信的作者（很可能是一名說波斯語的猶太人）在西元九世紀初期以希伯來字母書寫新波斯語，寄給另一位住在丹丹烏里克的猶太人。這位作者敘述他與地主的爭執——該地主未將欠他的羊隻還清｜中國國家圖書館提供你打哪兒來？

我從于闐來。

這些對話也提到其他地點：印度、中國、吐蕃和甘州（回鶻汗國所在，位於今日的甘肅省張掖市）。這本常用語手冊教人如何買馬匹和取得乾草，如何求得針線，還有如何請人洗衣服。有些對話暗示著衝突：

不要生我的氣。

我不該拉你的頭髮。

當你擺臭臉時，

我就會發火。

有的甚至談到性：

他愛很多女人。

他做愛。

有些對話可以辨識出預設的使用者：

你有書嗎？

我有。

（什麼書？）

佛經（Sutras，修多羅）、佛論（Abhidharma，阿毘曇）、佛律（Vinaya，毗奈耶）、金剛乘（Vajrayana）。

你有前述的哪一些？

你喜歡前述的哪一些？

我想讀金剛乘。

只有僧人或進階的佛教學習者才可能用到這些句子。「佛經」是所有佛教文本的一般性稱呼，「佛論」指的是教義類的文本，「佛律」爲佛教戒律，「金剛乘」則爲密教文本。從中國到印度的所有寺院都講梵文，于闐也是如此。另一則對話透露更多的目標讀者：

我要去中國。

你到中國有什麼事？

敦煌石窟供養人于闐國王與皇后

這幅出自敦煌九十八號窟的壁畫，描繪于闐國王尉遲烏僧波（西元九一二－九六六年在位）和他的妻子——敦煌統治者曹議金的女兒。這兩個家族聯繫緊密，于闐王族經常為敦煌石窟的興建挹注資金｜Amelia Sargent繪圖

我要去看文殊菩薩。

其預設讀者是那些行走在（西元八世紀變得盛行的）朝聖路線上的僧人們。他們從吐蕃或于闐出發東行，在敦煌停留，最後的目的地是山西五臺山的文殊菩薩道場（位於北京西北方，車程約四小時）。

現存文書的缺口，意味著我們對西元八〇二至九〇一年間的于闐歷史知之甚微。西元八〇二年是丹丹烏里克文書的年代下限，西元九〇一年敦煌藏經洞文書記載一名敦煌官員提供于闐使者一綑又八張細緻的紙張。[57]在西元十世紀，于闐國王與敦煌統治者曹氏家族皆屬於同一個國際秩序：他們相互派遣使者，也與位在甘州與吐魯番的回鶻汗國、中原的不同王朝互派使者。要前往中原，于闐使者會先到敦煌，接著是甘州，再前往靈州（今日寧夏省靈武縣††），那裡是代表團至首都途中的重要停靠站。由於去中原的變數很多，所以于闐和兩個回鶻汗國派遣的進貢使臣最遠常常只到敦煌——他們有時稱之爲「中國」。[58]

敦煌曹氏家族與于闐王族有著緊密聯繫。西元九一二至九六六年，統治于闐的國王尉遲烏僧波（Visa Sambhava）也有個漢名，叫「李聖天」。[59]他在西元九三六年前已經與曹議金的女兒結婚。于闐王家在敦煌有個居所，王儲就住在那兒，尉遲烏僧波的妻子也經常待在那裡。[60]皇子居所被當作于闐代表處。十七號窟發現的于闐文書，很可能就是皇子居所捐給敦煌三界寺的一批檔案。[61]

西元九三八年，尉遲烏僧波從于闐派遣使者至後晉的首都河南開封。在他統治期間，于闐共五次派使者至中國（西元九六〇年宋朝統一中國），這是其中一次。[62]這些漢文紀錄通常很簡短，例如，「（建隆二年，西元九六一年）十二月四日，于闐國王李聖天遣使貢玉圭一，盛以玉柙」給宋朝創立者。[63]中國人通常會記錄日期、進貢國家、進貢物，有時還記錄使者名字，但基本上也僅此而已。相較之下，一群保存在十七號窟、約十五件的于闐文文書，提供了關於某個使節團的豐富細節。該使團由七位王子及隨從組成，他們也許是在西元十世紀中葉、接近尉遲烏僧波統治末期離開于闐。[64]這些文書透露許多絲路貿易的本質，特別是在情勢艱難的西元十世紀。

這些王子與隨從們帶著重約三百六十公斤的玉石啓程。[65]此外，他們還帶了一些皮革製品，最可能是馬鞍、馬轡或其他的馬具。馬匹與玉是最常見的于闐貢物，其他有記載的貢物還包括駱駝、鷹隼、犛牛尾、織品、毛皮、藥物、礦物、藥草、一些香料、琥珀，還有珊瑚。[66]有鑑於當時是自給式經濟，統治者也彼此交換奴隸。[67]

統治者們喜歡這些貢物，同時也不吝於表達。于闐與甘州的回鶻汗國曾有十年的外交中斷，可汗於是寫信給于闐王（這封信只留下于闐文譯本，原來可能是用中文或吐蕃文撰寫，它們是西元十世紀西北地區的兩個外交語言）。回鶻可汗渴望以前于闐代表團帶給他的「五花八門的美好物品」。[68]除此之外，他可能也很懷念有關敵對勢力的軍事情報，因爲唯有使節才能提供這些資訊。[69]

從一個王國到另一個王國的旅程頗爲緩慢，即便對當時的人而言也是如此。例如陪王子從于闐出

†† 譯注：原文爲Wuling County，拼音有誤，實指寧夏省靈武縣。

發的使者便抱怨：「我將走到敦煌爲止，是一趟步行得花上四十五天的艱難旅程，若我有在空中飛翔的能力，一天就能完成。」[70]那些騎馬的人要花十八天才能走完一千五百二十三公里的路程。[71]也難怪他們會羨慕鳥兒的飛翔。

王子們最終沒能到達中國首都，因爲敦煌統治者認爲去甘州的旅程太過危險。回鶻可汗死後，三支軍隊正爲繼位問題打得不可開交。敦煌統治者堅持要他們留在敦煌。這趟旅程簡直是災難，王子們在家書中大吐苦水。他們被迫拿隨行的各式貢物支付開銷，最終落得身無分文，誠如信中所寫：

> 我們一行人的牲畜全沒了。我們的衣服沒了。……沒有人可以帶我們離開此地、前往（？）甘州。我們既沒有貢物，也沒有給中國皇帝的信，要怎麼去朔方（造訪中國首都的使者最初會在此地被接待）？……許多人死了。我們沒有食物。假使有命令來該如何？我們怎麼能走進一個無法抽身的火坑？[72]

一封來自王子侍衛的信件則解釋隨行的每隻牲畜是如何死掉的。[73]

禁止王子們繼續旅程的統治者認爲王子們的目標與其同行僧人大不相同。僧人有時是以朝聖者的身分旅行，有時則是官方代表團的成員。統治者接待僧人是因爲他們相信，招待法力高強的僧人能夠帶來立即效益，無論是神蹟的出現或是提高供養人聲譽。當王子們的代表團分崩離析之後，僧人們離開團隊，取走一些原來要給中國人的禮物，與妻子定居下來。這完全不是一般認知的、發誓獨身的佛教徒，不過這情況與出土材料所見的其他佛教徒倒是完全吻合，無論在尼雅或是敦煌。

由於動亂，王子們無法向甘州前行：敦煌統治者擔心于闐貢物要是沒送抵中國首都，他會被中國朝廷追究個人責任。[74]不過他允許三名僧侶前去——只要他們在免除他個人責任的公文上畫押——因爲他認爲未攜帶貢物的神職人員比較不會遭遇危險。

兩名代表團成員解釋了部分成員在隊伍四散時的反應。每個案例中的成員都帶著于闐王要給中國的貢物潛逃。[75]這八個人當中，只有兩個最後去了中國：一個是希望獲得自由的奴隸，另一個是計畫進獻「一百張毛毯給宮廷」的商人。[76]其他人則帶著竊取的貨品返回于闐。

在不同時間點，代表團成員藉由交易貢品支付旅費。其中兩名男子給已經繼續上路的三名僧人送信後，便離開甘州，前往敦煌「經商」。[77]他們隨後在瓜州遇劫。在這趟艱難的旅程中不僅王子的牲畜死了很多，另有兩人「遺失了貨品」，還有一個粟特商人既找不到他的馱獸、也找不到「他事先藏在山裡的貨品」。[78]和這運氣不佳使節團同行的商人們顯然也遭逢一些相同的困境。

王子們也做生意。一位名爲Capastaka的于闐王子以十八公斤的玉與敦煌當局交換兩百匹絲綢：其中一百五十匹名義上爲給于闐國的禮物，另外五十匹則是要給王子的母親Khi-vyaina夫人。當他的兄弟Wang Pa-kyau寫信給母親抱怨Capastaka欺騙他時，也請求母親寄玉石給他：「當使者到時，您是否設法寄一小塊玉石來呢？」[79]他似乎想學他的兄弟以玉石交換絲綢，支應途中開銷。

根據另一群于闐旅人的支出費用，可知成匹的絲綢是旅人的主要貨幣。他們用絲匹購買大麥、一頭駱駝、一些馬匹，聘雇一名嚮導，並給予「四十位商人同胞」。絲綢並非總是被當通貨使用；旅人也用一匹絲做了件袍子。除了用絲綢付帳，這行人還交易活生生的羊以及羚羊皮，暗示在西元十世紀的絲路經濟中人們接受實物交易。[80]

傑出的東京大學于闐文學者熊本裕教授解釋，這份支出清單的不尋常處是：「這是少數在敦煌發現的于闐文商業文書。他們值得注意的地方在於，西元九、十世紀的當地漢文文書僅提到于闐使者與僧侶，幾乎完全沒有于闐商人的蹤影。」[81] 熊本裕的看法完全正確：西元十世紀的材料鮮少提到商人，特別是作爲一個群體的商人。

長久以來，絲路被視爲一條快速道，行走其上的商人領著一列駱駝前進，爲個人利益做生意。現有的文書挑戰了這個印象。關於七位王子的于闐文書提到代表團中的不同參與者：官階或高或低的使者、王子、僧侶和俗人。[82] 這些群體之間的界線是可以跨越的，特別是局勢艱困時。即使是王子們也得出售玉石獲取絲綢，藉此籌措旅費。在此情況下，每個人都必須從事交易，不過這樣的交易其內涵是地方製造或在地貨品的臨時交換。當某人需要某一特定物品時，如果他有絲綢可能會用絲匹來支付，但他也可能用一頭羊、甚至一張羚羊皮來交易。值此動盪之時，少有人會在這條路上冒險。那些經常依附官方代表團的人能同享特殊待遇——即便對代表團的禮遇並不總是被遵守。

敦煌藏經洞的于闐文材料，幾乎完全聚焦在于闐與其東鄰的關係：敦煌、回鶻汗國、唐朝及其後繼者。不過，西邊的變局使于闐徹底改變。

西元八四〇年，黠戛斯擊敗回鶻，回鶻核心人口於是從蒙古大舉南遷至吐魯番與甘州，在那裡成立較小的繼承國，名爲回鶻汗國。西元八四〇年的事件導致另一部落聯盟的形成：當時的文書稱他們爲khans或kaghans，現代學者稱之爲喀喇汗國（Karakhanid），以便和其他突厥族群做區別。西元九五五年前的某個時候，喀喇汗國的統治者薩圖克・博格拉汗（Satuq Bughra Khan）改信伊斯蘭教，他的兒子接續其軍事行動，並努力讓突厥人改信伊斯蘭教。西元九六〇年，穆斯林編年史記載：「二十萬個帳篷的突厥人」改信伊斯蘭教。[83]編年史並沒有指明是哪些突厥人，或者他們的確切所在，不過現代學者認爲這些段落指的就是喀喇汗國，其根據地在于闐以西五百公里的喀什。自從喀喇汗國改信伊斯蘭教後，政府下令軍隊摧毀包含佛寺在內的所有非穆斯林宗教建築。

喀喇汗國位在伊斯蘭世界遙遠的東緣，與阿拔斯王朝的首都巴格達相距甚遠，其統治者可能是爲了攀附伊斯蘭勢力的強大威望才改信伊斯蘭教。好幾位當時的統治者，包括可薩（Khazars）、基輔羅斯（Kievan Rus'）與匈牙利人等，都在權衡中古世界幾大宗教——猶太教、基督教和伊斯蘭教——的優勢後，才從中做出抉擇。喀喇汗國改信伊斯蘭教亦是如此。[84]

于闐起先在西元九七〇擊敗喀喇汗國的軍隊，奪得喀什的控制權。尉遲烏僧波之子、于闐王尉遲輸羅（Visa Sura，西元九六七—九七七年間在位）發了一道敕令給他的舅舅——敦煌統治者，他是自敦煌曹家嫁過來的于闐皇后的兄弟。‡‡

這封信解釋于闐爲何延遲進送貢品給敦煌與中國。于闐王對他們在喀什獲得的「美好物品、妻兒、大象、價值不菲的純種馬匹等」大感歡欣——不過也有一點抱怨：「占領一塊異域領地並維持統

‡‡ 譯注：關於于闐王母親的出身，原文作「嫁入曹家」，但尉遲輸羅之母本出自敦煌曹家，因此應爲嫁入于闐。

治，是多麼鉅大且艱難的工作。身為一名外來者，我們的掌控有限。」他也強調其統治被廣大幅員消耗：「錢增加了，穀物、馱獸、人力與軍隊也是，但也有許多衝突以及垂死的人們。」儘管于闐戰勝，喀喇汗國的軍隊就在喀什的門外不遠處。這不算是一場決定性的勝利。

信末列出贈與其舅父的禮物清單。國王從于闐寄送了一些常見的物品：三塊玉石（每塊皆標示重量）、一件皮甲、一些工具與器皿。他在從喀喇汗國掠奪的物品裡，挑了一個帶有銀匣的杯子和一件附有蓋子的鋼製工具。[85] 攻占喀什顯然是于闐的一大勝利，漢文史料記載于闐國王寫信給中國，請求允許他們進貢一頭自喀什捕捉到的「舞象」，中國政府也欣然同意。[86]

西元九七〇年以後，于闐與喀喇汗國持續交戰，不過史料並沒有提供任何關於戰爭進展的細節。我們僅知在西元一〇〇六年，喀喇汗國領袖優素福・卡迪爾汗（Yusuf Qadir Khan）向西方發起一場重要軍事行動。因此學者推測他可能在西元一〇〇六年之前（但不會早太多）便已成功征服于闐。[87] 麻赫穆德・喀什噶里（Mahmud al-Kashgari，卒於西元一一〇二年）曾寫下一首關於征服于闐的名詩：

我們如一場洪水掃過他們，
我們從他們的城市退去，
我們折毀了偶像廟宇，
我們拉屎在佛陀的頭上！[88]

一波波的恐懼向東邊擴散。敦煌十七號窟沒有記錄于闐的陷落，原因很可能如北京大學榮新江教授所推測：于闐佛教建築被毀的消息促使了（保有豐富于闐文材料的）藏經洞之封閉。[89]

于闐的佛教信仰在一夜之間中止。歷史記載非常稀少。我們知道，于闐陷落不久，遼代的契丹統治者贈與敦煌統治者以馬匹和「美玉」，後者只能出自於被征服的于闐。[90]下一個提到于闐的是漢文史料，記載一個來自西元一〇〇九年喀喇汗國治下的于闐進貢團。[91]

這些材料絕大多數是聚焦於統治者的編年史，很少透露伊斯蘭教對喀喇汗國的新子民所造成的衝擊。唯一的例外是一些阿拉伯文與回鶻文文書，它們「發現於一九一一年，在莎車外一座花園的某棵樹下」。莎車約在于闐西邊一百六十公里處。誠如許多此處發現的其他文書，這批文書也被送到英國領事馬戛爾尼處保管，包括三件回鶻文契約與十二件阿拉伯文契約（其中五件用回鶻字母寫成）。這些契約反映從回鶻到阿拉伯字母間的過渡，年代介於西元一〇八〇至一一三五年間，大約是喀喇汗國征服此地後的一百年。

這些契約全都涉及土地買賣；三份法律判決分別處理守衛的任用、財產分配，以及土地權力。最晚在一一〇〇年以前，喀喇汗國（至少在莎車）推行了初步的伊斯蘭法律。法律官員通曉的阿拉伯文足以幫他們草擬簡單的法律文書，接著再譯成回鶻文給相關關係人與證人——他們有些用阿拉伯文簽名，有些用回鶻文。[92]其中三件阿拉伯文書清楚說明，這些文件被譯成關係人所能理解的語言，並大聲朗誦給他們聽。最起碼喀喇汗國的法律官員是熟悉伊斯蘭法律的，不過國家改信伊斯蘭教對普通百姓造成的影響仍不甚清楚。93

雖然喀喇汗國改信伊斯蘭教，其他西域綠洲王國卻沒有這麼做。在不同時期，龜茲與吐魯番的回鶻統治者同時支持摩尼教與佛教。西夏也信佛教，它統治著甘州、敦煌，以及于闐以東的絲路南道。94 新疆的三分鼎立狀態一直持續到西元十二世紀，直到新疆名義上被納入西遼——中國北方遼朝（西元九〇七－一一二五年）的繼承者。在西遼治下，東方教會加強了它在整個新疆的影響力，特別是對蒙古的克烈部（Kereit）與乃蠻部（Naiman）。95

接著在西元一二一一年，一位名叫屈出律（Küchlük）的乃蠻領袖拿下了西遼。屈出律起初是東方教會信徒，其後轉信佛教，並成為伊斯蘭教的殘暴反對者。他攻打喀什與于闐，迫使兩地居民放棄伊斯蘭教，改信基督教或佛教。不過，屈出律是這個地區最後一個禁止伊斯蘭教的統治者。西元一二一八年，他被成吉思汗（Chinggis Khan，Genghis Khan是從這個波斯拼法轉寫過來的）所擊敗。成吉思汗在西元一二〇六年統一蒙古並發起一系列驚人征伐。他廢黜屈出律的宗教政策。96

蒙古人的征伐在西元一二二七年成吉思汗過世後依然持續著；直至西元一二四一年，蒙古人已征服大部分歐亞草原，創建史上最大領土相連帝國。他們推行宗教寬容政策：支持所有的聖職人員，同時尊崇他們本身的薩滿傳統。在蒙古統一時期（有時亦稱為「蒙古承平時期」〔Pax mongolica〕），從歐洲一路旅行到蒙古帝國最東邊的中國成為可能——此乃世界史上頭一遭。踏上這趟旅程的人很多，其中有些留下了紀錄。多數旅人從克里米亞半島啓程，一路穿越從歐亞大陸綿延至今日蒙古的廣袤草原。他們不走環繞塔克拉瑪干的傳統絲路路線。

馬可波羅（Marco Polo）是個例外。他聲稱自己經由絲路南道穿越于闐，沒人知道他爲何不選擇更多人走的草原路線。十七歲的馬可波羅在西元一二七一年離開威尼斯，與兩個叔父一同旅行。蒙古帝國甫於十年前分裂爲四個汗國，各由成吉思汗的一個兒子統治。其中，察合臺汗國（Chagatai Khanate）從東邊的吐魯番一路延伸至西邊的布哈拉，並且涵蓋今日的新疆。馬可波羅在叔父的陪同下，在前往中國途中造訪了莎車與于闐，二者都位在察合臺汗國：

> 讓我們轉到路程五天的莎車省。這裡的居民遵循穆罕穆德的律法，也有一些聶斯托里派基督徒。他們臣屬於人汗的姪兒——我先前已經提過他了。那裡物資充足，特別是棉花。……但那裡並沒有什麼值得在本書一提的東西，所以我們直接跳到坐落在東北東方向的于闐。
>
> 于闐是個路程有八天長的行省，隸屬於大汗。居民都信仰穆罕穆德。境內有很多的城市與鄉鎮，其中最壯麗的是與行省同名的于闐——也是王國的首都。那裡物資充足。棉花大量生長。有很多葡萄園、莊園、果園。人們靠貿易與手工業維生，一點都不好戰。[97]

這些莎車與于闐的描述是典型的馬可波羅敘事。內容重複，缺少具說服力的細節，讀起來完全不像目擊者的現身說法。馬可波羅接著描述一個名叫培姆（Pem）的地方，該地還沒有被學者辨識出來。這則記載重複許多與于闐相同的訊息，不過多了一則關於玉石的重要記載：

> 從這裡朝著東北東方向走上五天，我們來到培姆省。這裡的居民也信仰穆罕穆德，並臣屬大汗。此處有很多城市與鄉鎮。最壯麗的城市並且是該行省首都名叫培姆。彼處有川河，河中有豐富的碧玉與玉髓礦石。物產都很豐富。很多棉花。人們靠貿易與手工業維生。

馬可波羅的訊息似乎不太正確：所有關於培姆的訊息都適用於于闐。不過他口中的培姆有可能是媲摩（Phema），亦即木尕拉（維語稱作克里雅）的古名，是介於于闐和尼雅之間的綠洲。[98] 馬可波羅繼續描述培姆：

> 下面的習俗非常流行。如果一個女人的丈夫留下她，到外地進行超過二十天的旅行，那麼只要丈夫一離開，她就會找另一個丈夫。

歷史學家針對馬可波羅記述的眞實性已爭論了好幾個世紀；大體說來，比起研究蒙古的歷史學家，研究中國的歷史學家對馬可波羅的態度比較保留，這或許是因爲他們可取得非常多來源不同的其他史料。研究蒙古的歷史學家則以元朝宮廷政治的內幕爲依據，非常支持馬可波羅紀錄的可靠性。[99] 所有人都有一個共識，中古旅行紀錄經常描述一些作者未曾實際造訪的地方，像是于闐與培姆。中古時期的讀者並不預期馬可波羅對他提及的每個地方都有直接認識。

商人如馬可波羅和他叔父，爲蒙古人提供關鍵的服務。因爲他們是生意人，知道如何轉換戰場獲得的黃金、白銀與其他掠奪物，以有創意的方式換成蒙古人眞正想要的東西，例如織品。蒙古人借了大筆白銀給他們合作的商人夥件；商人用這筆錢去購買貨品。他們絕大多數是中亞的穆斯林，不過也有敘利亞人、亞美尼亞人和猶太人。馬可波羅和他的叔父或許也加入類似的合夥協定。[100]這些合夥關係是過去中國王朝前所未見的。

西元十四世紀，蒙古帝國開始解體，不同汗國各自獨立。儘管在中國的元朝皇帝沒有改信伊斯蘭教，但其餘三個汗國的統治者都改信了——包括察合臺汗國。西元一三三〇年代早期，察合臺汗國的第一位穆斯林統治者即位，他鼓勵他的士兵改信伊斯蘭教。他的子民中已經包含一些穆斯林，此舉又增加他們的數量。[101]在穆斯林帖木兒（Timur the Lame，亦作Tamerlane，西元一三七〇—一四〇五年在位）統治時期，伊斯蘭教在中亞的影響力日增。西元十四世紀晚期，察合臺汗國統治者的後人獲得新疆大部分的控制權，明朝則成功迫使蒙古人從中原回到他們的蒙古家鄉。接下來的幾個世紀，今日新疆境內的綠洲持續向北京明廷朝貢。根據使者描述，直到西元一四〇〇年，佛教在吐魯番都還相當興盛。[102]

西元一六〇二年，一名蓄鬍、留長髮的歐洲人鄂本篤（Bento de Goes）——在亞速群島（按：葡萄牙領地）出生的耶穌會士——僞裝成一名波斯商人，從印度一路旅行至中國。[103]他使用Abdullah Isai這個名字。Abdullah乃阿拉伯文，意爲「上帝的僕人」，Isai則是阿拉伯名字Isa（耶穌）的西班牙文版本。鄂本篤在第一站喀布爾遇見于闐國王的母親（同時也是莎車國王的妹妹），她遭人劫掠、亟需資金。鄂本篤賣掉一些物品，籌了六百塊黃金借她，不收取利息，而她也向鄂本篤保證會用和闐玉償還。這條從西邊越過帕米爾前往莎車的路線危機四伏，他的五百人商隊雇用了四百名守衛。

安全抵達莎車後，鄂本篤前往于闐領取他應得的玉石。隨後他停留在莎車一整年，等待前往北京的商隊。組織商隊很困難。在這個案例中，中國規定商隊只能有七十二名商人。莎車的統治者把商隊領導的位子賣給出價最高者（付了兩百袋的麝香），其他七十一個員額的價格較低。每個位子都填滿後，商隊便在西元一六〇四年的秋天沿著塔克拉瑪干北道出發。

鄂本篤離開主商隊，與兩名同伴造訪吐魯番、哈密與嘉裕關。他獲得入境中國的許可，於西元一六〇五年的聖誕節抵達肅州（今天的甘肅酒泉），並寄了封信給從西元一六〇一年就一直待在北京的利瑪竇（Matteo Ricci）。利瑪竇派遣一名改信基督教的人前去拜訪鄂本篤。抵達後，鄂本篤的猜想得到證實：過去旅人提到的Cathay和China其實是同一個地方。十一天後，鄂本篤過世，是年一六〇七。

鄂本篤的旅伴瓜分其財產，顯然還撕毀他的日記，只留下耶穌會士同伴設法搶救、寄給利瑪竇的一小部分。他對朝貢貿易的描述是現存者中最詳盡的。從中亞旅行到中國的商隊並不多；他們總是僞稱要進貢給明朝皇帝。此時的商隊藉壯大隊伍保護自身安全。

由於很少商隊在西元十七、十八世紀進入新疆，所以幾乎沒有旅人在這幾個世紀間離開該區域。一小撮以新疆與甘肅爲根據地的穆斯林旅行至中東，通常是去向蘇菲老師學習；有些是前往麥加的朝聖者。西元十七世紀，一名蘇菲派（Sufi）導師從帕米爾之西進入南新疆與甘肅，他在那裡布道，相當成功。他在哈密出生的兒子和卓阿帕克（Afaq Khoja）延續其教學，聲名遠播。西元十八世紀，他的繼承者們前往葉門，在納克什班迪教團（Naqshabandi）的老師門下學習。回來後，他們擁有非比尋常的影響力，說話極具分量，因爲罕有穆斯林有機會到新疆之外學習。[104]最後，這些蘇菲派的後裔成了于闐和莎車的和卓領袖，他們施行伊斯蘭法律，他們的子民在清眞寺禱告，而且禁食豬肉。受到他們的影響，新疆徹底伊斯蘭化。

西元一七五九年，清朝的滿洲軍隊擊敗他們最後的敵人，取得西域控制權。[105]清廷設立新疆省，意爲「新的疆界」。滿州官員給予地方領袖代理權，他們使用阿拉伯字母將皇帝詔書譯成維吾爾文。約束新疆居民的律法有別於中原的律法：相較於滿人要求中國臣民薙髮留辮，新疆的穆斯林得以保留他們自己的髮型。唯有高階的穆斯林可以向政府申請留辮許可，他們將此視爲成功的象徵。[106]

清朝統治期間，經濟改善。就像在唐代，供養軍隊的錢幣與織品大量流入，貿易連結重新復甦，商人也開始冒險行走在較長的貿易路線上。不過西元一八六四年新疆暴亂後，清朝便失去對該省的掌控。西元一八六五年，一個名叫阿古柏（Ya`qub Beg）的強人取得此區域的控制權。俄國與英國意識到這是一個取得據點的良機，因此各派出貿易使團至阿古柏的領地，他們的報告極爲樂觀。儘管絕大多數在市場販售的商品都是在地製造的，英國與俄國的代理人都將此地形容爲外國商品的巨大潛在市場，特別是織品與茶（它們不再來自中國）。阿古柏西元一八七七年過世後，中國重獲對新疆的微弱控制。[107]

西元二十世紀早期，當斯坦因與其他外國人帶著清朝發放的旅遊文件進入新疆，他們遇到許多中國官員，其中有些人主動幫助他們挖掘、將古物運出此地。隨著一九一一年的革命及清朝的崩潰，新疆雖然仍受到敷衍民國政府的中國軍閥所控制，實際上是獨立的。西元一九二〇與一九三〇年代，俄國對當權的各強人施加影響力。一九四五至一九四九年間，在當地突厥領袖的帶領下，北新疆實際成爲蘇聯的附庸區。本書探討的南新疆，除了一九三〇年代早期的幾次叛亂，皆處於中國軍閥治下，直到一名領導人於一九四四年承認國民黨的統治。一九四九年，當地軍閥的結盟對象從國民黨變成中國共產黨，新疆於是加入中華人民共和國。

自一九四九年開始，新疆歷史在許多方面都跟隨著中國的發展。一九五〇年代早期相對寬鬆。一九五八年的大躍進開始長期的集體主義，限制宗教信仰自由。一九七六年，文化大革命結束。在鄧小平帶領下，共產黨給中國公民較多的經濟與宗教自由，包括新疆人民。經過近三十年的經濟成長，維族與漢人之間依然存在緊張關係——偶爾還爆發暴力事件，就像二〇〇九與二〇一一年夏天。包括新疆在內的所有內陸地區都被發展快速的沿海區域拋在後頭。

于闐給人的感覺比新疆其他城市更不中國。在百分之九十八爲維族的人口當中，中國臉孔是罕見的。幾乎所有計程車司機和導遊的母語都是維語——西元九、十世紀引進此區、完全取代了于闐語的突厥系語言。

被喀喇汗國征服的記憶依舊活在今日的新疆，那裡的現代穆斯林聚集在麻札（mazar）。儘管伊斯蘭教並不冊封聖人，穆斯林很早便接受特定個人與上帝有較親近的關係，可以代表凡人居間調和。[108]在麻札，朝聖者讀著《可蘭經》、獻上犧牲，行禮如儀。他們也祈求小孩健康、病者早日康復，或是家族成員的福祉。最大且最多人造訪的麻札之一，是首位改信伊斯蘭教的喀喇汗國統治者薩圖克・博格拉汗（Satuq Bughra Khan）的陵墓。它坐落在距喀什車程不到一小時的阿圖什（見彩圖16A）之內。[109]另一座重要的麻札是距英吉沙縣約兩小時的額丹・帕迪沙麻札（Ordam Padishah Mazar），它被認爲是博格拉汗孫子的墳墓。[110]應該是西元十六世紀由一名蘇菲導師所建。[111]

即便今日，不是任何想朝聖的人都可以去：二〇〇九年獲得許可從中國前往麥加的一萬兩千七百名朝聖者中（出自約兩千萬的穆斯林人口），有六百人來自于闐。[112]那些無法前去朝聖的人，有時會依序朝拜當地的麻札，一年中超過一半時間都在朝拜。最有名的在于闐與喀什，那裡的麻札埋葬著辭典編纂家麻赫穆德・喀什噶里（Mahmud of kashgar）、新疆的何卓統治者及其女性親屬。參與這些儀式的人，有時把于闐視爲「聖地」。有鑑於這座綠洲很早便改信伊斯蘭教，這的確是個合適的名稱。

結論：
橫貫中亞的長程陸路史

如果說任一時間點的運載量、交通量或旅人數量，是評估一條路線重要性的唯一判準，那麼絲路可說是人類史上旅行量最低，或者說是最不值得研究的一條路線。

不過絲路改變了歷史，多虧有那些設法橫越部分絲路或全程的人，將自己的文化如異國種子般帶到遙遠的土地上播種。他們在新的家鄉茁壯，與本來就住在當地的居民通婚，而且往往持續與後來的新族群融合。作爲經濟活動持續發展的據點，這些綠洲城市宛如燈塔，吸引著更多的人越過高山、穿過沙海而來。儘管絲路不能算是一條商業路線，不過它具有歷史重要性——這個路線網成爲地球上最著名的文化動脈，溝通著東西方的宗教、藝術、語言與新技術。

嚴格說來，絲路指涉自中國往西，通過中亞，抵達敘利亞（及其後地點）的所有長程陸路路線。

這條路上沒有任何不尋常的地景會吸引飛越上空者的目光。描述此路所經之地特徵的不是人造物，而是百分之百自然的高山隘口、山谷，以及沙漠中的泉水。這裡沒有任何道路鋪設，絲路的系統性繪圖直到二十世紀才出現。從西元三至十一世紀——亦即中國勢力深入此區域的高峰期——生活在各個路線上的人不曾使用「絲路」一詞。請記住，一八七七年，李希霍芬首次在地圖中（見彩圖2-3）使用「絲路」之前，這個詞根本不存在。

這些路線可回溯至人類的

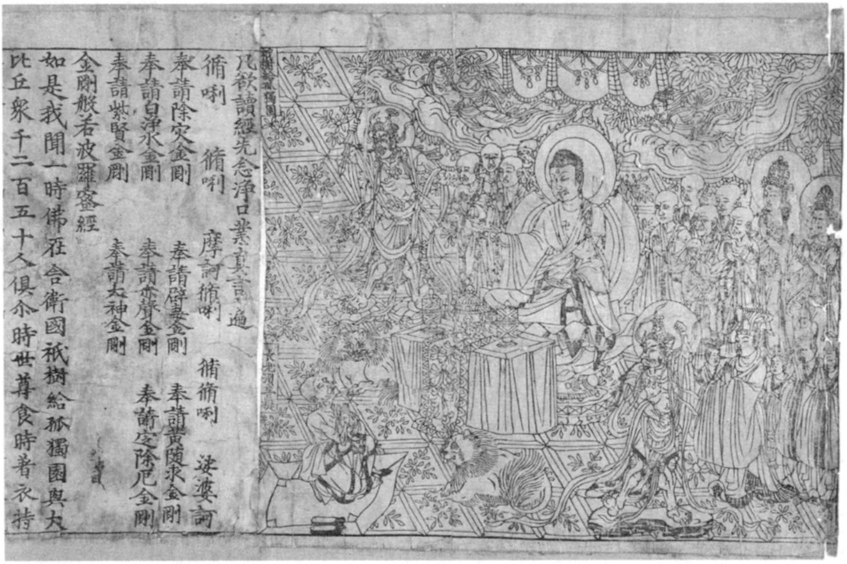

世上已知最早的印刷書

《金剛經》可說是絲路文書裡最出名的，它是世界上第一本保存完好的印刷書，是一件由七張頁面黏合成卷軸的完整作品。注意卷首的佛說法圖和全文字的第二張紙之間的間隔。卷尾的題記提供印版雕刻的年代：西元八六八年。比東亞第一件雕版印刷作品晚了大約一百五十年。累積功德的渴望是印刷術發展的一個主要動力｜大英圖書館提供起源。任何能走路的人都有辦法長途跋涉、穿越中亞。在遙遠的史前時代，人們沿著這些路線遷徙。現存最早的跨境貿易證據大約出於西元前一千兩百年，我們發現產自于闐的玉出現在黃河以北河南省安陽的商王墓。中亞周邊各社會間的接觸，像是中國、印度、伊朗，在西元前第一千紀一直持續著。

西元前二世紀，漢朝統治者派出第一位前往此區的外交使者張騫。中國希望能夠促成一個共同抵抗其勁敵匈奴（居住在今日的蒙古）的聯盟。張騫注意到北阿富汗有中國商品在販售，回國後將此事稟告皇帝。許多書籍將張騫出使西域視爲絲路的開端。但皇帝派張騫出使是基於安全考量，而非因爲重視貿易——規模甚微，而且皇帝先前也不知道當地有貿易存在。漢朝後來派兵至西北，並在當地駐防，其目的總是爲了防止北方敵人的侵擾。中國屯駐地的士兵與當地居民的接觸很有限。當地住民、來自印度的移民，以及中國士兵最初的長期接觸發生在尼雅和樓蘭，本書的第一章便由此開始。

本書討論的各個絲路社群——尼雅、樓蘭、庫車、吐魯番、撒馬爾罕、長安、敦煌與于闐——都存在貿易，但規模有限。在尼雅發現的近千件西元三、四世紀佉盧文書中僅一件提及「商人」，當商人從中國到來，當地人就可以請他幫忙估量絲綢的價錢。爲數不多的行旅商人受到嚴密監視。地方官員發給他們通行證，上頭列出隊伍中同行的每個人與每頭牲畜，並按順序確實標明他們獲准造訪的城鎮。中國官員不是唯一監視貿易的單位；龜茲官員也做同樣的事。政府在絲路貿易中扮演重要角色，他們是商品與服務的消費者。

不同的城鎮裡都有市集，不過比起舶來品，他們販售更多當地的產品。西元七四三年在吐魯番的一個市集，當地官員爲三百五十種不同商品標上三種價錢（上、中、下），包括典型的絲路商品硇沙、香料、糖，以及銅器。買家可以購買各種在地種植的蔬菜、生活用品與牲畜，其中有些商品已跋涉很長一段距離。市場裡賣著眾多織品，它們在中國境內編織後運到西北（因爲中央政府用織品當作支付士兵薪餉的通貨，然後士兵再拿織品到市場上購買商品）。

大量財富從中原轉移至重兵駐守的西北，這就是絲路貿易在西元七五五年以前（唐代最盛期）繁盛的原因。西元七四五年，有兩批總量一萬五千匹的絲運送至敦煌的一座要塞。晚期類書也提到，在西元七三〇與七四〇年代，唐朝政府每年輸送九十萬匹絲至四個西域邊疆的軍鎮（位於今日的甘肅與新疆）。在數量上，源源不絕的士兵津貼遠勝於任何文書記載的私人貿易，它們支撐著此區域的繁榮。就在西元七五五年，突厥與粟特混血的安祿山崛起之後，唐朝終止在此區域的財政支出，絲路經濟幾乎立即崩潰。

西元七五五年以後，絲路經濟回到與早期接近的自給式貿易。一名商人在敦煌附近約兩百五十平方公里的區域裡旅行，僅銷售地方生產的貨品，而且大部分時候是以物易物。他的記述證實西元八〇〇年後西北地區貨幣嚴重匱乏。在絲路貿易高峰期過後，這種小額貿易持續很長一段時間。即便到了二十世紀初期，斯坦因與赫定兩人都遇過這樣的移動商販。這些交易對絲路沿線居民的經濟生活並沒有帶來什麼衝擊。靠土地吃飯的人繼續從事農作，他們既不購買也不生產那些使絲路聲名大噪的奢侈品。

本書引用許多文書顯示絲路貿易經常是地方性的，而且規模很小。即便最熱切相信貿易量大且頻繁的人，也必須承認被大肆吹噓的絲路貿易並沒有太可靠的實證基礎。或許有人會對這些零星證據提出與本書不同的解釋，然而不可否認的是，意見相左是因爲證據不足，而非證據充足。

由於每個遺址相距遙遠，而且保存著不同語言的材料，多數學者主要研究單一絲路遺址。他們各自注意到他們研究的遺址沒有留下太多絲路貿易的直接證據，並且不遺餘力地解釋其中原因。本書證明所有發現出土文書的絲路遺址，對貿易方面的資訊都同樣的沉默。

絲路貿易的擁護者也許認爲地表下還有更多證據尚未被發現。我們不能反駁這樣的觀點：畢竟，誰能預言未來會有什麼發現？不過本書還是針對現有證據進行了一次仔細的、批判的審視，這是更進一步瞭解絲路歷史及貿易的唯一方法。出土證據在本書中占最重要的位置，因爲它是眞實的、一手的：與實際的繳稅清單或商人的通行證相比，關於貿易的各種綜述顯得蒼白無力。的確，可用的證據少之又少，而且關鍵部分時常佚失，不過它們來自各個不同的發現地，爲一個地方性的、小規模的貿易圖像提供可信依據。

儘管貿易有限，可是隨不同族群沿著不同路線穿越中亞，東西之間確實發生文化交流——先是中國與南亞，接著是中國與西亞，特別是伊朗。難民、藝術家、工匠、傳教士、搶匪以及使者，全都沿著這些路線前行。他們有時從事交易，不過那不是他們旅行的主要目的。

在沿著絲路移動的族群中，最重要且最具影響力的是難民。一波波的移民從家鄉帶著技術遷徙，在新的家園靠這些技藝營生。爲逃避家鄉戰亂或政治衝突的族群遷徙經常發生，這意味著有些技術會東傳，有些則會西傳。造紙與繅絲的技術從中國西傳，玻璃製作技術則在同一時間傳入中國。四處遷徙的藝術家也沿著這些路線移動，他們帶來了畫稿，將家鄉的藝術母題引介至新的地方。

西域最早的移民來自犍陀羅地區（今日的阿富汗與巴基斯坦），他們到尼雅定居。這些來自印度的避難者將佉盧文字及書寫技術（雙層木牘）引介給當地住民。他們也帶來不同的信仰——佛教。早期的佛教戒律規定僧人要獨身，不過有些尼雅佛教徒不僅結婚，還生兒育女。他們住在家裡，只有參加重要儀式時才會造訪佛寺。

中國西部最醒目的移民社群是粟特人，他們的家鄉在撒馬爾罕及其周圍城鎮，位在今日的烏茲別克。在每個中國城鎮裡幾乎都有粟特人聚落，在那裡，粟特的薩保首領負責管理地方事務。有些粟特移民是商人；他們在小說中頻繁地出現，甚至形塑出一種「有錢的粟特商人」的刻板印象。

對絲路貿易最鉅細靡遺的描述出自保存在敦煌郊外的一個廢棄郵包，其中有八封粟特古信件。這些定年為西元三一三或三一四年的信件，提到了特定商品：羊毛與亞麻、麝香、化妝鉛粉、胡椒、銀，也許還有絲。數量並不大，約在一．五公斤至四十公斤之間，全都與商隊經營的小規模交易相符合。

商隊經常沿著不同的路線移動。在第三封信中，一名叫作蜜吾乃的粟特女子表示她曾經有五次機會可以離開敦煌——她被遠行的丈夫遺棄在那兒。為了餬口，她最後只好與女兒一同照料羊群。其他的粟特人定居中國後，在選擇工作上也同樣具有彈性，他們種田、成為工匠、獸醫，或是從軍。

長安這座歷史之都以其絲路藝術聞名，其中文物含量最高的應該是何家村窖藏，它有超過百件混合中西藝術母題的華美金銀器。仔細檢視會發現許多器物其實是當地製造的，若非出自流亡異鄉的粟特人之手，便是出自採用粟特母題的中國工匠。唯有珠寶無疑是進口的：它們小巧輕盈，便於長程陸路運輸。

就像其他的避難者，粟特人也把他們的宗教信仰帶到中國。有些粟特人放棄原有的禮俗——像是曝曬屍骨後將骨頭放進稱為「納骨罐」的陶製容器裡——轉而採納部分中國喪葬習俗，譬如將死者埋進有一斜坡道通往地下墓室的墳墓。在西安與其他中國城市，考古學家已發掘一些裝飾祆教死後世界的墳墓。其中一座還有一方以漢文和粟特文寫成的雙語墓誌。

西域每個社群都擁有許多移民群體，很多人繼續奉行家鄉的宗教信仰。相較於被迫離開家園的難民，宗教學徒旅行各地是為了學習，宗教導師們則定居於城市以吸引學生。詳盡的旅行記述有一部分來自曾到印度習佛的中國僧人——不論是走陸路或海路。他們生動記述旅行的風險。西元五世紀初，和法顯同船的印度水手差點就要把他丟到船外，直到他們發現他是唯一會講中文的人，而且能幫忙確認船隻當時停靠的地點（結果偏離航線數百公里）。

兩個多世紀後，僧人玄奘先是越過凍死他許多同伴的高山隘口，然後又被洗劫一空（包括一身衣服），幸好還保住了性命。他也曾遇見忙著分贓、無心對他下手的盜匪。他是少數大談盜匪的旅人。尼雅的守衛報告記載了一小群避難者的損失，他們攜帶珍珠、鏡子、精美的絲綢或羊毛衣物，以及銀飾，不過並沒有逮到兇手。敦煌有面壁畫呈現商人擔心被武裝強盜襲擊的恐懼——直到觀世音菩薩介入才解救了他們。

佛教宣教者如玄奘，是最重要的一些翻譯者。他們設計出一套系統，將不熟悉的外國術語（如梵文術語）譯成漢文，這套系統至今還在使用。漢文共吸收約三萬五千個新字彙，有些是專門的佛教術語，有些則是常見的生活用語。說不同語言的人們經常在絲路上相遇。有些人自小就學習好幾種語言，鳩摩羅什就是一例。還有些人在成年後才學習外國語言，有鑑於當時的語言學習工具非常缺乏，學習的過程想必比今日還痛苦。

現存的常用語手冊透露學生的身分，以及他們學習語言的理由。在西元第一千紀用於佛寺的梵文吸引非常多學生，不過于闐語、漢語、吐蕃語的學習者也大有人在。西元七五五年以後，更多的佛教朝聖者從于闐和吐蕃前往敦煌，再到山西的五臺山；有些人則往相反方向走，一路走到印度重要的佛學重鎮那爛陀寺。

有些朝聖者獨自上路；有些則接受統治者的派遣，以使者的身分去造訪另一個統治者。使節們留下的足跡紀錄，遠勝於其他在絲路上移動的群體。這些外交使者帶著不尋常的禮物與信件；同時，他們也把有關家鄉的資訊帶給東道主，並將旅途中的見聞傳達給派遣他們的統治者。他們當中有些無疑是間諜。

敦煌的懸泉木牘記載西元元年前後中國與西方統治者之間定期的使節交換，外交使者的派遣在接下來幾個世紀裡仍持續著。在絲路的巔峰時期，每個主要政治勢力都彼此交換使節。中國使者前往撒馬爾罕，撒馬爾罕的粟特使者則走相反方向。撒馬爾罕的阿夫拉西阿卜壁畫將使者們（每位都帶著來自母國的物產）放在畫面中最重要的位置。

即使在絲路經濟大規模緊縮的西元七五五年以後，使節團的交流仍持續進行。由七位于闐王子率領的使節團無法完成他們的旅程，因爲旅行變得如此之危險，以致敦煌的統治者不准他們離去。使節團成員只好隨機應變，用成匹的絲、活羊，甚至羚羊皮換取當地貨品，以應付其旅行支出。即便是于闐王子也得仰賴出售玉石來支應開銷。

關於王子們落難的文件是敦煌藏經洞四萬份以多種語言寫成的文書之一。藏經洞約在西元一〇〇二年後不久關閉，成為保存絲路多樣性的時空膠囊。保存這些文本的僧人收集他們自己的宗教教義，但也保留所有將來可能有用的廢紙。他們保存了用梵文、于闐文、吐蕃文、回鶻文與粟特文書寫的摩尼教、祆教、基督教、猶太教與佛教諸文本。在所有藏經洞文書當中《金剛經》是最出名的，因為它是世界上紀年最早的印刷書，不過其他的文本更是不尋常：想想那件摺疊起來、上面有希伯來文詩篇的護身符，或是那件以粟特語吟唱、以漢字拼音書寫的摩尼教聖歌。整個藏經洞體現了絲路社群維持近千年的宗教寬容特質。

封閉藏經洞的僧人並沒有說明這麼做的理由，不過他們知道發生在佛教盟國于闐和穆斯林喀喇汗國之間的戰爭。即使一〇〇六年于闐陷落沒有促成藏經洞的封閉，它仍舊標誌著此地轉奉伊斯蘭教的新紀元。在接下來的幾個世紀，各綠洲變成一個個自足的伊斯蘭教邦國，而少數曾到麥加朝聖的人在回歸故里後，成為極具影響力的人物。成功穿越此區域的歐洲旅人（馬可波羅可能是，鄂本篤則毫無疑問）所描述的同質性孤立社群，和早期的國際化城鎮非常不同。

當赫定在一八九五年至塔克拉瑪干進行第一次劫掠，他進入了一個歐洲人全然未知的遙遠世界。這些託此區乾燥氣候之福，赫定、斯坦因與其他人得以找到眾多在伊斯蘭教到來之前的文書與文物。這些文物的保存狀況吸引著今日的遊客，他們希望一窺有關這個世界的最新發現——一個已經逝去但曾兼容並蓄的世界。

誌謝

這個研究是我多年來的心血結晶，期間許多人提供材料、解答問題，以不同的方式幫助我。關於我獲得的協助在每個注釋與章節裡都有詳細說明，但這在裡，我想單獨對幾個人表示感謝，因爲他們的幫助已遠遠超越一般學術共治的範疇：

感謝耶魯大學（Yale University）的Phyllis Granoff與篠原亨一，經常在自家的家庭聚餐上提供關於種種亞洲宗教傳統的博學見解。

感謝法國國家科學研究中心（Centre national de la recherche scientifique）的Frantz Grenet向我傳授中亞藝術知識，並與我分享他的個人圖像收藏，其中部分收藏的作者是才華洋溢的François Ory。

感謝耶魯大學的Stanley Insler同意與我共同教授一門絲路的課程，鼓勵了我踏進這個領域，而且總是在一次又一次Gourmet Heaven的午餐時光回覆我數不盡的問題。

感謝維吉尼亞美術館（Virginia Museum of Fine Arts）的Li Jian邀請我參與代頓藝術博物館

（Dayton Art Museum）的絲路展覽，介紹我認識了何家村窖藏。

感謝賓州大學（University of Pennsylvania）的Victor Mair，自從三十多年前選修他教授的敦煌文書研究所討論課之後，對我的幫助從不曾間斷。

感謝冬宮隱士廬博物館的Boris Marshak在二〇〇六年過世以前，始終慷慨地在對話與演講中與我分享有關粟特人的知識。

感謝華東師範大學的牟發松在二〇〇五至〇六學年度招待我與家人，並與我分享他的指導教授唐長孺先生的治學方法。

感謝法國高等研究院（École Pratique des Hautes Études）Georges-Jean Pinault在印歐語言方面的指引，尤其是吐火羅語。

感謝北京大學的榮新江和我分享他對絲路地區深厚的知識底蘊，並不吝出借他的個人藏書。

感謝麥克馬斯特大學（McMaster University）的Angela Sheng以織品的專業知識與友誼幫助我。

感謝倫敦大學亞非學院（School of Oriental and African Studies, University of London）的Nicholas Sims-Williams與倫敦大英圖書館（British Library, London）的Ursula Sims-Williams，極富耐心地訂正我提交給《亞洲研究院學報》（*Bulletin of the Asia Institute*）論文中的諸多錯誤，以及在中亞語言方面的指引，尤其是于闐文。

感謝哈佛大學（Harvard University）的Prods Oktor Skjærvø多年來回覆我頻繁地提問，幾次到耶魯大學發表演講，並提供他未發表的翻譯檔案。

感謝法國高等研究院的Étienne de la Vaissière始終熱心答覆粟特相關與中亞方面的問題，快則一個小時內，慢也不超過一天（在我修訂稿件的最後一週也是如此）。

感謝中國人民大學的王炳華與我分享他對新疆考古的豐厚知識，尤其是尼雅與樓蘭遺址方面。感謝大英博物館的Helen Wang以精熟的貨幣學知識幫助我，並且精讀本書數章內容。

感謝京都大學文學部的吉田豐提供我粟特與于闐語言歷史上的建議。

我在牛津大學出版社（Oxford University Press）的編輯Susan Ferber自從十多年前簽下本書便一路支持我。此外她對每章的修訂使本書增色不少。她以非凡的警覺性回覆所有詢問，是我合作過最勤奮的編輯。感謝資深編輯Joellyn Ausanka以絕佳效率監督本書的製作，也謝謝Ben Sadock溫婉而敏銳的文字加工。

美國國家人文研究基金會（National Endowment for the Humanities）提供一年的獎助金讓我學習俄文。我也在Asel Umurzakova的幫助下靜心鑽研穆格山文書。傅爾布萊特學者計畫（Fulbright Scholar Program for Faculty）資助我二〇〇五至〇六學年度在上海華東師範大學的學習。蔣經國國際學術交流基金會慷慨補助本書的地圖與繪圖費用。

這些年來，耶魯大學大學部與研究所修習絲路課程的所有同學，是幫助我釐清本書論點的一大助力。Elizabeth Duggan 閱讀本書引言初稿，提供非凡見解。二〇一〇年春季班絲路討論課上的同學們Mary Augusta Brazelton、Wonhee Cho、Denise Foerster、Ying Jia Tan與Christine Wight，以及二〇一一年春季班的Arnaud Bertrand，都讀了接近定稿的本書書稿，並且給予我很多修訂上的寶貴意見，像是每章都以一份文書作爲破題。我的研究助理Mathew Andrews爲本書勞費苦心。即便身爲耶魯法學院一年級新生課業繁重，但就連準備圖片這樣單調乏味的工作，他都能以好心情迅速完成任務。耶魯大學照片與設計單位（Photo + Design unit）的Joseph Szaszfai與其他工作人員，將許多有問題的圖檔轉換成可供印刷的電子檔。

賓州大學中文研究圖書館員（Chinese Studies librarian at the University of Pennsylvania）Brian Vivier細心編輯所有注釋。博學多聞的Jinping Wang幫忙解決數個付印前的問題。CartoGraphics的Alice Thiede繪製漂亮的地圖，這份工作充滿挑戰性，畢竟地圖上的地名許多都是她未曾聽聞的地方。耶魯大學研究學院（Yale Graduate School）副院長Pamela Schirmeister在我交稿前幾天提供極富建設性的評論。

我的老公Jim Stepanek和我們的孩子Bret、Claire與Lydia，總是以幽默的方式支持我的寫作與教學。有他們或他們當中某人同行的旅行，就是最棒的旅行。交稿前最後一個月，我們在中國，全家人都投入校對、準備圖表和修潤文字的行列。出生於我投入絲路研究不久前的Bret，如今再也不能拿每日寫作字數調侃我，我真好奇往後家人之間的新話題會是什麼？

二〇一一年九月三十日

北京

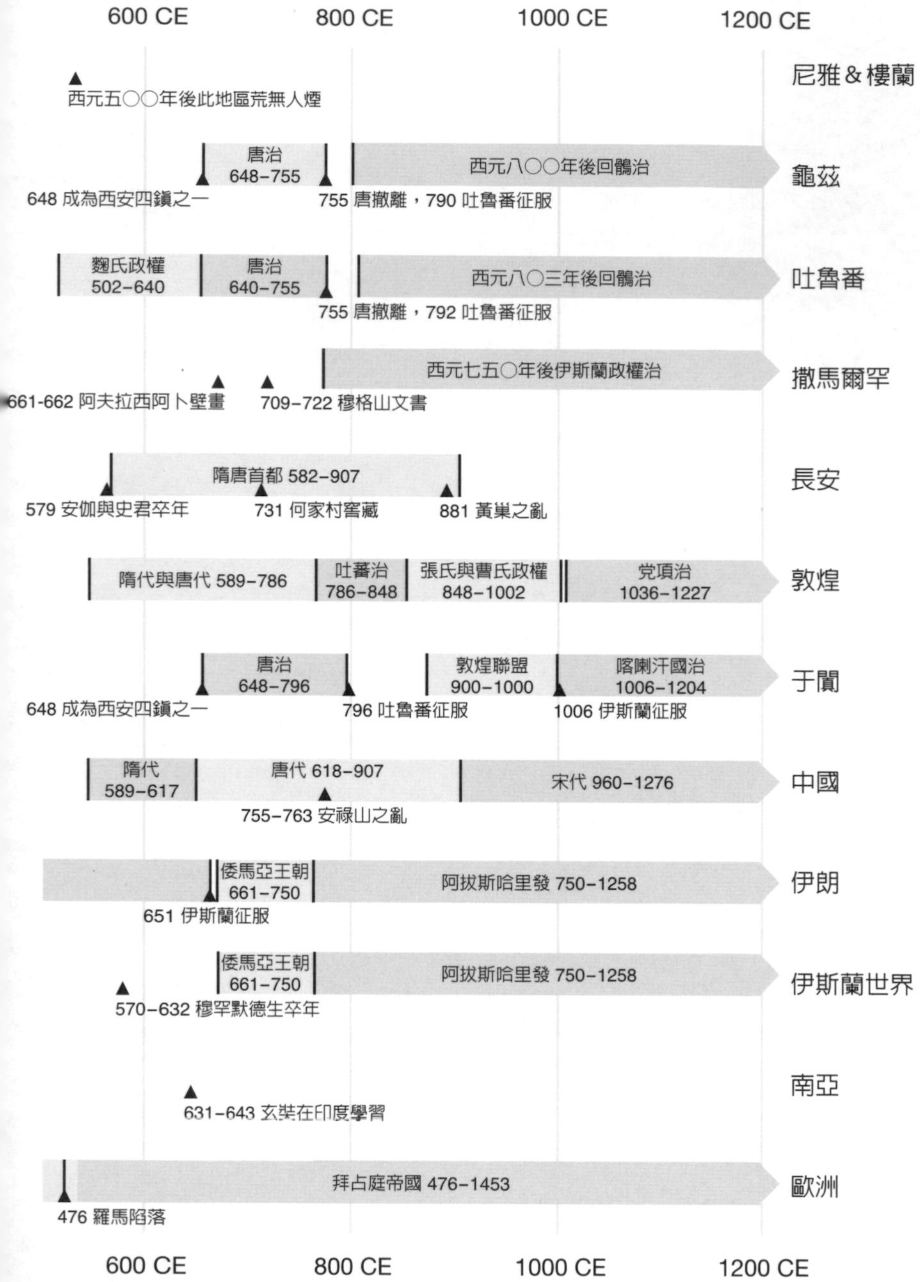
600 CE
800 CE
1000 CE
1200 CE
尼雅＆樓蘭
西元五〇〇年後此地區荒無人煙
唐治
648–755
西元八〇〇年後回鶻治
龜茲
648 成為西安四鎮之一
755 唐撤離，790 吐魯番征服
麴氏政權
502–640
唐治
640–755
西元八〇三年後回鶻治
吐魯番
755 唐撤離，792 吐魯番征服
西元七五〇年後伊斯蘭政權治
撒馬爾罕
661-662 阿夫拉西阿卜壁畫
709–722 穆格山文書
隋唐首都 582–907
長安
579 安伽與史君卒年
731 何家村窖藏
881 黃巢之亂
隋代與唐代 589–786
吐蕃治
786–848
張氏與曹氏政權
848–1002
党項治
1036–1227
敦煌
唐治
648–796
敦煌聯盟
900–1000
喀喇汗國治
1006–1204
于闐
648 成為西安四鎮之一
796 吐魯番征服
1006 伊斯蘭征服
隋代
589–617
唐代 618–907
宋代 960–1276
中國
755–763 安祿山之亂
倭馬亞王朝
661–750
阿拔斯哈里發 750–1258
伊朗
651 伊斯蘭征服
倭馬亞王朝
661–750
阿拔斯哈里發 750–1258
伊斯蘭世界
570–632 穆罕默德生卒年
南亞
631–643 玄奘在印度學習
拜占庭帝國 476–1453
歐洲
476 羅馬陷落
600 CE
800 CE
1000 CE
1200 CE

歷史時間軸

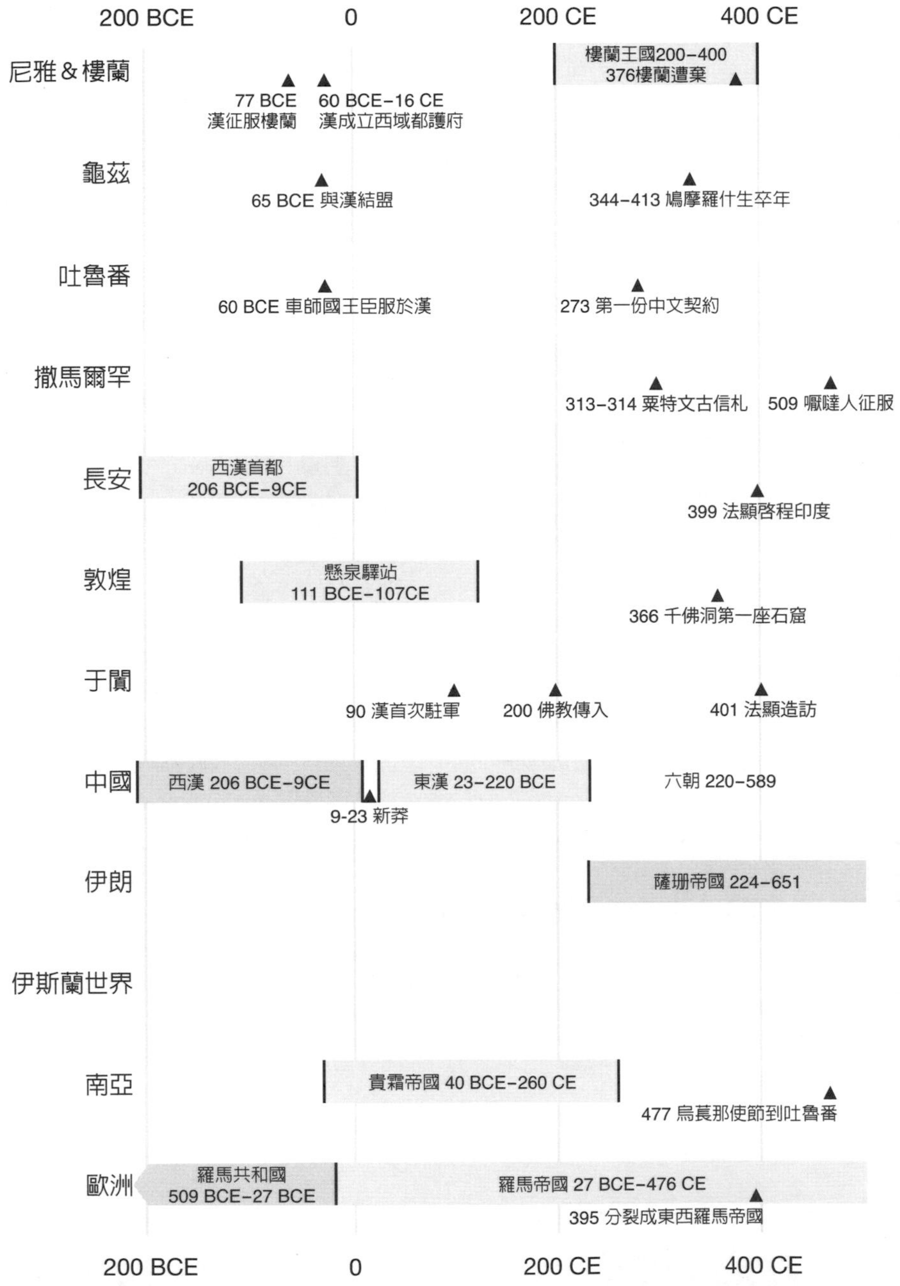
200 BCE
0
200 CE
400 CE
尼雅＆樓蘭
樓蘭王國200–400
376樓蘭遺棄
77 BCE
漢征服樓蘭
60 BCE–16 CE
漢成立西域都護府
龜茲
65 BCE 與漢結盟
344–413 鳩摩羅什生卒年
吐魯番
60 BCE 車師國王臣服於漢
273 第一份中文契約
撒馬爾罕
313–314 粟特文古信札
509 嚈噠人征服
長安
西漢首都
206 BCE–9CE
399 法顯啓程印度
敦煌
懸泉驛站
111 BCE–107CE
366 千佛洞第一座石窟
于闐
90 漢首次駐軍
200 佛教傳入
401 法顯造訪
中國
西漢 206 BCE–9CE
東漢 23–220 BCE
六朝 220–589
9-23 新莽
伊朗
薩珊帝國 224–651
伊斯蘭世界
南亞
貴霜帝國 40 BCE–260 CE
477 烏萇那使節到吐魯番
歐洲
羅馬共和國
509 BCE–27 BCE
羅馬帝國 27 BCE–476 CE
395 分裂成東西羅馬帝國
200 BCE
0
200 CE
400 CE

* BCE 代表西元前
CE 代表西元

柔然　Rouran
撒馬爾罕　Samarkand
勝金口　Sängim
塞琉西亞－泰西封　Seleucia-Ctesiphon
七河地區　Semirech'e
沙赫里薩布茲　Shahrisabz
沙得讓　Shaldïrang/Tchalderang
山普拉（遺址）　Shanpula
夏提歐（遺址）　Shatial
七個星鎮／錫克沁　Shorchuk
疏勒　Shule
朔方　Shuofang
粟特人、粟特語　Sogdian
粟特地區　Sogdiana
佛逝（室利佛逝、三佛齊）　Srivijaya
敘利亞　Syria
敘利亞人　Syrians
塔克拉瑪干沙漠　Taklamakan Desert
塔姆盧克港　Tamluk, the port of
党項　Tanguts
塔什庫爾干　Tashkurgan
塔克西拉　Taxila
玉龍喀什河／白玉河　Yurungkash River
吐火羅斯坦　Tocharistan
碎葉（昔）／托克馬克（今）　Tokmak
德拉戈拔爾隘口　Tragbal Pass
圖賓根　Tübingen
吐魯番　Turfan
烏茲別克　Uzbekistan
瓦拉赫沙　Varakhsha
威尼斯　Venice
五堡遺址　Wubao Site
武威　Wuwei
懸泉　Xuanquan
雅格諾布　Yaghnob
新湖　Yangi-kol
長江　Yangzi River
焉耆　Yanqi
莎車（昔）／葉爾羌（今）　Yarkand
葉爾羌河　Yarkand River
黃河　Yellow River
英吉沙縣　Yengisar
營盤遺址　Yingpan site
約特干　Yotkan
澤拉夫尚河　Zerafshan

喀喇崑崙山脈　Karakorum
哈喇和卓墓地　Karakhoja Graveyard
喀什市　Kashgar
克里雅／木尕拉　Keriya
乞史（城）　Kesh
卡克撒爾　Khakhsar
于闐（昔）／和闐（今）　Khotan
苦盞（城）　Khujand
紅其拉甫隘口　Khunjerab Pass
克孜爾石窟　Kizil, Caves of
克孜勒庫姆沙漠　Kizil Kum desert
庫爾勒　Korla
樓蘭（王國）　Kroraina
龜茲（昔）／庫車（今）　Kucha
庫車河　Kucha River
庫爾脫布（遺址）　Kultobe, the site of
庫姆河　Kum/Qom River
庫木吐喇石窟　Kumtura, Caves of
屈霜你迦　Kushaniyah
吉爾吉斯　Kyrgyzsta
拉合爾　Lahore
賴里克碼頭　Lailik Pier
艾丁湖　Lake Aiding
涼州　Liangzhou
羅布泊　Lop Nor
馬拉巴爾海岸　Malabar Coast
麻六甲　Malacca
瑪喇巴什（昔）／巴楚（今）
Maralbashi
秣菟羅　Mathura
麻札塔格　Mazar Tagh
瑪利克瓦特　Melikawat
木吉　Merket
明鐵蓋達秔（隘口）　Mintaka Pass
米蘭　Miran
莫賀延磧沙漠／噶順戈壁
Mohoyan Desert
莫拉一庫爾干　Molla-Kurgan
摩許闕瓦雅．巴而卡遺址
Moshchevaia Balka, the site of
五臺山　Mount Wutai
穆格山遺址　Mount Mugh, the site of
木扎爾特河　Muzart River
那爛陀　Nalanda
南迦帕爾巴特峰　Nanga Parbat peak
新城　Navikat
尼雅　Niya
鄂爾渾河　Orkhon River
于都斤山　Ötükän
烏滸水（昔）／阿姆河（今）
Oxus River
巴基斯坦　Pakistan
巨港　Palembang
帕米拉　Palmyra
帕米爾山結　Pamir Knot
彭吉肯特　Panjikent
安息（王國）　Parthia
巴澤雷克遺址　Pazyryk, the site of
培姆　Pem
白沙瓦　Peshawar
媲摩　Phema
龐廷大草原　Pontic steppe
且末　Qiemo
拉賓湛　Rabinjan
熱瓦克　Rawak
熱瓦克佛寺　Rawak monastery

地理名詞中英對照表

翻譯／原文

阿夫拉西阿卜　Afrasiab

阿旃陀石窟　Ajanta Caves

阿克－貝希姆　Ak-Beshim

阿克蘇河　Aksu River

阿力麻里　Almaligh

亞壁古道　Appian Way

阿里斯河　Aris River

阿斯塔納墓地　Astana Graveyard

阿圖什　Atush

亞速群島　Azores

大夏　Bactria

巴達木村　Badamu Village

巴爾赫　Balkh

巴米揚　Bamiyan

巴斯拉　Basra

勃達嶺隘口　Bedel Pass

北庭／別失八里　Beshbaliq

柏孜克里克　Bezeklik

布哈拉　Bukhara

葡萄溝　Bulayik

布爾濟爾隘口　Burzil Pass

輪臺（昔）／策大雅（今）　Cedaya

赭時　Chach

赤鄂衍那　Chaghanian

齊拉斯　Chilas

奇姆肯特　Chimkent

君士坦丁堡　Constantinople

柯斯島　Cos

克里米亞半島　Crimean Peninsula

泰西封　Ctesiphon

丹丹烏里克　Dandan Uiliq

迭納烏　Denau

達瑪溝　Domoko

都勒都爾—阿護爾　Duldur Aqur

杜尚別　Dushanbe

安得悅　Endere

費爾干納　Ferghana

犍陀羅　Gandhara

恆河　Ganges River

河西走廊　Gansu Corridor

甘州　Ganzhou

吉爾吉特　Gilgit

吉爾吉特河　Gilgit River

吉爾吉特－巴爾蒂斯坦省
Gilgit-Baltistan Province

瓜州　Guazhou

哈密　Hami

何家村　Hejiacun

赫拉特　Herat

喜馬拉雅山脈　Himalayas

興都庫什山脈　Hindu Kush

霍德爾鎮　Hodur

胡格利河　Hoogly River

罕薩河　Hunza River

居延　Juyan

劫布呾那　Kabudhan

喀布爾　Kabul

哈喇巴喇哈遜　Karabalgasun

喀拉喀什河／黑玉河　Karakash River

UNISCI Discussion Papers 17 (2008): 175.

109 Hamadi Masami, "Le mausolée de Satuq Bughra Khan à Artush," *Journal of the History of Sufism* 3 (2001): 63–87.

110 Rahilä Dawut, "Shrine Pilgrimage among the Uighurs," *Silk Road 6*, no. 2 (2009): 56–67. 線上瀏覽網址爲 http://www.silk-road.com/newsletter/vol6num2/srjournal_v6n2.pdf.

111 Joseph Fletcher, "Les voies (turuq) soufies en Chine," in *Les Ordres mystiques dans l'Islam,* ed. Alexandre Popovic and Gilles Veinstein (Paris: EHESS, 1986) 13–26, esp. 23.

112 Jane Macartney, "China Prevents Muslims from Hajj," *Muslim Observer*, November 29, 2007, 可線上瀏覽，網址爲： http://muslimmedianetwork.com/mmn/?p=1545; "Mapping the Global Muslim Population: A Report on the Size and Distribution of the World'sMuslim Population" (Washington, DC: Pew Research Center, 2009).

Oriental and African Studies 47 (1984): 261; Monika Gronke, "The Arabic Yarkand Documents," *Bulletin of the School of Oriental and African Studies* 49 (1986): 454–507.

93 Jürgen Paul, "Nouvelles pistes pour la recherché sur l'histoire de l'Asie centrale à l'époque karakhanide (Xe–début XIIIe siècle)," in "Études karakhanides," ed. Vincent Fourniau, special issue, *Cahiers d'Asie Centrale* 9 (2001): 13–34, 特別是33n64。

94 Map 2 in O. Pritsak, "Von den Karluk zu den Karachaniden," *Zeitschrift der Deutschen Morgenländischen Gesellschaft* 101 (1951): 270–300.

95 對西元1000年迄今的新疆歷史，最好的入門書是James A. Millward, *Eurasian Crossroads: A History of Xinjiang* (New York: Columbia University Press, 2007).

96 W. Barthold, *Turkestan Down to the Mongol Invasion, 3d ed., trans. T. Minorsky* (London: Luzac, 1968), 401–3; René Grousset, *The Empire of the Steppes: A History of Central Asia*, trans. Naomi Walford (New Brunswick, NJ: Rutgers University Press, 1970), 233–36.

97 Marco Polo, *The Travels of Marco Polo*, trans. Ronald Latham (New York: Penguin Books, 1958), 82–83. 爲了一貫性，引文有稍作修改。

98 Ursula Sims-Williams, "Khotan in the Third to Fourth Centuries," 138.

99 Frances Wood, *Did Marco Polo Go to China?* (London: Secker & Warburg, 1995); Igor de Rachewiltz, "Marco Polo Went to China" *Zentralasiatische Studien* 27 (1997): 34–92.

100 Thomas Allsen, "Mongolian Princes and Their Merchant Partners, 1200–1600," *Asia Major*, 3d ser., 3 (1989): 83–126; Elizabeth Endicott-West, "Merchant Associations in Yüan China: The Orto γ," *Asia Major*, 3d ser., 3 (1989): 127–54.

101 Michal Biran, "The Chaghadaids and Islam: The Conversion of Tarmashirin Khan (1331–34)," *Journal of the American Oriental Society* 122 (2002): 742–52.

102 Morris Rossabi, "Ming China and Turfan, 1406–1517," *Central Asiatic Journal* 16 (1972): 206–25.

103 L. Carrington Goodrich, "Goes, Bento de," in *Dictionary of Ming Biography, 1368–1644*, ed. L. Carrington Goodrich (New York: Columbia University Press, 1976), 472–74.

104 Jonathan N. Lipman, *Familiar Strangers: A History of Muslims in Northwest China* (Seattle: University of Washington Press, 1997), 58–102.

105 Perdue, *China Marches West*.

106 James A. Millward, *Beyond the Pass: Economy, Ethnicity, and Empire in Qing Central Asia, 1759–1864* (Stanford, CA: Stanford University Press, 1998), 204–5.

107 Kim, *Holy War in China*; A. A. Kuropatkin, *Kashgaria: Eastern or Chinese Turkistan*, trans. Walter E. Gowan (Calcutta: Thacker, Spink, 1882).

108 Komil Kalanov and Antonio Alonso, "Sacred Places and 'Folk' Islam in Central Asia,"

了一個可能的日期："Le pays des Tchong-yun, Cungul, ou Cumuda au Xe siècle," *Journal Asiatique* 265, nos. 3–4 (1977): 351–79, 特別是頁368。

69 張廣達、榮新江，《于闐史叢考》，頁18。

70 P2958；譯文見Bailey, "Altun Khan," 97。

71 Prods Oktor Skjærvø, "Perils of Princes and Ambassadors in Tenth-Century Khotan," 未刊文章

72 IOL Khot S. 13/Ch. 00269.109–20; translated in Skjærvø, *Catalogue*, 514.

73 Khot. S. 13/Ch. 00269; as translated in Skjærvø, *Catalogue*, 512.

74 Kumamoto, "Khotanese Official Documents," 218.

75 Kumamoto, "Khotanese Official Documents," 225.

76 Or. 8212.162.125-b5；譯文見Kumamoto, "Khotanese Official Documents."

77 P2786; 譯文見 Kumamoto, "Khotanese Official Documents," 120.

78 IOL Khot. S. 13/CH. 00269; 譯文見Skjærvø, *Catalogue*, 511.

79 P2958; 譯文見Bailey, "Altun Khan," 98.

80 P2024; 譯文見Kumamoto Hiroshi, "Miscellaneous Khotanese Documents from the Pelliot Collection," *Tokyo University Linguistics Papers (TULIP)* 14 (1995): 229–57. P2024 的譯文在頁231–35，討論則在頁235–38。

81 Kumamoto, "Miscellaneous Khotanese Documents," 230–31.

82 Kumamoto, "Khotanese Official Documents," 119, 150, 182.

83 Peter B. Golden, "The Karakhanids and Early Islam," in *The Cambridge History of Early Inner Asia*, ed. Denis Sinor (New York: Cambridge University Press, 1990), 354.

84 Andreas Kaplony, "The Conversion of the Turks of Central Asia to Islam as Seen by Arabic and Persian Geography: A Comparative Perspective," in *Islamisation de l'Asie Centrale: Processus locaux d'acculturation du VIIe au XIe siècle, ed. Étienne de la Vaissière* (Paris: Association pour l'Avancement des Études Iraniennes, 2008), 319–38.

85 H. W. Bailey, "Sri Visa' Sura and the Ta-uang," *Asia Major,* n.s., 11 (1964): 1–26, P5538的譯文在 頁17–20。

86 《宋會要》，〈藩夷〉，7:3b；Kumamoto, "Khotanese Official Documents," 64.

87 William Samolin, *East Turkistan to the Twelfth Century: A Brief Political Survey* (The Hague: Mouton, 1964), 81.

88 Mahmud al-Kasgari, *Compendium of the Turkic Dialects*, ed. and trans. Robert. Dankoff and James Kelly, vol. 1 (Duxbury, MA: Tekin, 1982), 270.

89 脫脫，《遼史》（北京：中華書局，1974），卷14，162。

90 脫脫，《遼史》，卷14，162。

91 《宋會要》，〈藩夷〉，7:17b–18a；Kumamoto, "Khotanese Official Documents," 64–65。

92 Cl. Huart, "Trois actes notariés arabes de Yarkend," *Journal Asiatique* 4 (1914): 607–27; Marcel Erdal, "The Turkish Yarkand Documents," *Bulletin of the School of*

of Great Britain and Ireland (October 1903): 735–60, 特別是頁735–40，斯坦因在該處解釋了發掘時的狀況。Bo Utas已發表了最精確的翻譯，“The Jewish-Persian Fragment from Dandan-Uiliq,” *Orientalia Suecana* 17 (1968): 123–36.

50 W. J. Fischel and G. Lazard, “Judaeo-persian,” *Encyclopaedia of Islam Three*, ed. Marc Gaborieu, vol. 4 (Leiden, The Netherlands: Brill, 2010), 308–13. 訂閱後可線上瀏覽，網址爲：http://www.brillonline.nl/subscriber/entry?entry=islam_COM-0400.

51 張湛、時光，〈一件新發現猶太波斯語信札的斷代與釋讀〉，《敦煌吐魯番研究》11（2008）：71-99。感謝張湛讓我拜讀他還未出版的英文譯稿。

52 Skjærvø, “End of Eighth-Century Khotan,” 119.

53 P. Oktor Skjærvø估計17號洞窟包含了超過兩千件用于闐文寫成的「個別殘片」。日期爲2003年8月29日的E-mail。

54 Dalton, Davis, and van Schaik, “Beyond Anonymity.”

55 S2736, S1000, S5212a1, Or. 8212.162, P2927; Skjærvø, *Catalogue*, 35–36, 44–45; 高田時雄（Takata Tokio），《敦煌資料による中國語史の研究》（東京：創文社，1988），頁199–227。

56 P5538; H. W. Bailey, “Hvatanica III,” *Bulletin of the School of Oriental Studies* 9, no. 3 (1938): 521–43; Skjærvø未發表的手稿有更新的翻譯。

47 P4640; 張廣達、榮新江，《于闐史叢考》（上海：上海書店，1993），頁112。

58 H. W. Bailey, “Altun Khan,” *Bulletin of the School of Oriental and African Studies* 30 (1967): 98.

59 Rolf A. Stein, “‘Saint et divin,’ Un titre tibétain et chinois des rois tibétains,” *Journal Asiatique* 209 (1981): 231–75, 特別是頁240–41。

60 張廣達、榮新江，《于闐史叢考》，頁110。

61 Valerie Hansen, “The Tribute Trade with Khotan in Light of Materials Found in the Dunhuang Library Cave,” *Bulletin of the Asia Institute* 19 (2005): 37–46.

62 有關這些使團的一張很有用的列表，參見Hiroshi Kumamoto（熊本裕）, “Khotanese Official Documents in the Tenth Century A.D.” (Ph.D. diss., University of Pennsylvania, 1982), 63–65.

63 《宋會要輯稿》（北京：國立圖書館，1936），〈蕃夷〉，7:1b。原文作「李聖文」，當爲「李聖天」之誤。

64 Hansen, “Tribute Trade,” 42n5, 此文對涉及這七位王子的不同文書及其翻譯，給予了充足的參考文獻。學者們對於這些文書究竟該繫年於890年代或者966年，仍沒有共識。

65 他們帶了六百斤，而每斤重約六百克。見 “Table of Equivalent Measures,” in Hansen, *Negotiating Daily Life*, xiii.

66 Kumamoto, “Khotanese Official Documents,” 211–13.

67 P2786; 譯文見Kumamoto, “Khotanese Official Documents,” 122，討論則見頁197。

68 P2958；譯文見Bailey, “Altun Khan,” 96. James Hamilton對993年的這封信推定

33 Yoshida, "On the Taxation System," 104n19.

34 P. Oktor Skjærvø, "Legal Documents Concerning Ownership and Sale from Eighth Century Khotan," 待刊稿 。關於這些文本的定年，見Prods Oktor Skjærvø, "The End of Eighth-Century Khotan in its Texts," *Journal of Inner Asian Art and Archaeology* 3 (2008): 119–38，特別是頁129–31。有關這些文本的一個實用概括圖表，見表44， "Contracts," in Helen Wang, *Money on the Silk Road*, 100.

35 Or. 9268A；譯文見 Skjærvø, "Legal Documents," 61, 63.

36 Or. 9268B；譯文見Skjærvø, "Legal Documents," 65–66.

37 Helen Wang, *Money on the Silk Road*, 95–106，特別是表46，"Payments Made Part in Coin Part in Textiles," 101. 吉田豊認爲少數錢幣可能流通於770和780年代，亦即檔案庫1與2的時代："On the Taxation System," 117n43.

38 Hoernle, "Report on the British Collection," 16; Helen Wang, *Money on the Silk Road*, 103.

39 另一個位在丹丹烏里克的檔案庫，是被繫于798年的檔案庫3，裡頭保存了許多簽有Sudarrjam 這位官員之名的文件，他的位階是*tsisi spata* （比單純的「薩波」要高上一級），他在簽署文件時，會用中文字「副」作爲他的簽名。Yoshida（吉田豐）, "On the Taxation System," 97–100.

40 這段時期的事件發生順序迄今仍未被精確地建立起來。見Yoshida Yutaka（吉田豐）, "The Karabalgasun Inscription and the Khotanese documents," in *Literarische Stoffe und ihre Gestaltung in mitteliranischer Zeit*, ed. Desmond Durkin-Meisterernst, Christiane Reck, and Dieter Weber (Wiesbaden, Germany: Dr. Ludwig Reichert Verlag, 2009)，349–62，年代表在頁361；Skjærvø, "End of Eighth-Century Khotan," 119–44; Guangda Zhang and Xinjiang Rong, "On the Dating of the Khotanese Documents from the Area of Khotan," J*ournal of Inner Asian Art and Archaeology* 3 (2008): 149–56; 森安孝夫（Moriyasu Takao），〈吐蕃の中央アジア進出〉，《金澤大學文學部論集(史學科篇)》4 (1984)，頁1–85。

41 Yoshida, "On the Taxation System," 100, 117.

42 這裡我依循的是吉田豐，他對觀點的解釋見"Karabalsagun Inscription," 353–54。

43 Yoshida, "On the Taxation System," 112–13n35.

44 Takeuchi, *Old Tibetan Contracts*, 118–19.

45 Yoshida, "On the Taxation System," 114.

46 Stein, *Ancient Khotan*, 1:282, 307–8.

47 Ursula Sims-Williams, "Hoernle."

48 Economic History Association: "Measuring Worth: Five Ways to Compute the Relative Value of a UK Pound Amount, 1830 to Present," 該文使用了零售物價指數（retail price index），線上瀏覽網址爲：http://www.measuringworth.com/ukcompare.

49 D. S. Margoliouth, "An Early Judæo-Persian Document from Khotan, in the Stein Collection, with Other Early Persian Documents," *Journal of the Royal Asiatic Society*

hoernle-augustus-frederic-rudolf.

18 A. F. Rudolf Hoernle, "A Report on the British Collection of Antiquities from Central Asia, Part 1," *Journal of the Asiatic Society of Bengal* 70, no. 1 (1898): 32–33; Ronald E. Emmerick, *A Guide to the Literature of Khotan*, 2d ed. (Tokyo: International Institute for Buddhist Studies, 1992), 6n19.

19 Skjærvø, *Catalogue*, lxx–lxxi.

20 R. E. Emmerick, ed. and trans., *The Book of Zambasta: A Khotanese Poem on Buddhism* (New York: Oxford University Press, 1968)，Ysarkula的命令(163)、作者的注記 (9)、女人的詭計(283)、章末對女人的議論(285)、神殿(19)。

21 道世，《法苑珠林》，一本編纂於西元668年的佛教類書，裡面包含了一個專論俗世女性的部分。*Taisho shinshu Daizo kyo*, vol. 53, text 2122, 443c–447a. 篠原亨一（Koichi Shinohara），個人通信，2010年6月25日。

22 H. W. Bailey, "Khotanese Saka Literature," in *The Cambridge History of Iran*, vol. 3, *The Seleucid, Parthian and Sasanian Periods*, ed. Ehsan Yarshater, part 2 (New York: Cambridge University Press, 1983), 1234–35.

23 Skjærvø, *Catalogue*, lxxiii; Emmerick, *Guide*, 4–5; Emmerick, *Book of Zambasta*, xiv–xix.

24 Mauro Maggi, "The Manuscript T III S 16: Its Importance for the History of Khotanese Literature," in *Turfan Revisited: The First Century of Research in the Arts and Cultures of the Silk Road*, ed. Desmond Durkin-Meisterernst et al. (Berlin: Reimer Verlag, 2004), 184–90, 547；年代最早的抄本之定年，見頁184。

25 對於這個混亂時代的最好英文說明是Kumamoto（熊本裕）, "Khotan."

26 Hedin, *My Life As an Explorer*, 188. 在赫定的初版中，他將這個遺址稱作「古城塔克拉瑪干」（the ancient city of Taklamakan）；其後他才用丹丹烏里克這個名字。Stein, *Ancient Khotan*, 1:236.

27 Stein, *Ancient Khotan*, 1:240.

28 Stein, *Ancient Khotan*, 1:241.

29 Christoph Baumer, *Southern Silk Road: In the Footsteps of Sir Aurel Stein and Sven Hedin* (Bangkok: Orchid Books, 2000), 76–90.

30 Rong Xingjiang and Wen Xin, "Newly Discovered Chinese-Khotanese Bilingual Tallies, " *Journal of Inner Asian Art and Archaeology* 3 (2008): 99-11, 209-15. 中文版見《敦煌吐魯番研究》11（2008）：45-69，刊在一個于闐研究專欄。

31 Rong and Wen, "Newly Discovered Chinese-Khotanese Bilingual Tallies, " 簡2。

32 吉田豊（Yoshida Yutaka）為于闐的穀物栽種提供了最新的中文與于闐文之譯名："On the Taxation System of Pre-Islamic Khotan," *Acta Asiatica* 94 (2008): 95–126, 特別是118. 這是吉田豐重要日文論著的精簡英文版：《コータン出土 8-9世紀のコータン語世俗文書に関する覚え書き》（神戶：神戶市外国語大学外国学研究所，2006）。

Central Asian Woolen Textiles from the Second Century BC to the Second Century AD (Riggisberg, Switzerland: Abegg-Stiftung, 2001)；下文提到的鞍毯，見頁37，圖39；刀形墓穴（cleaver-shaped pit）的圖解，見頁50，圖48。

4 Stein, *Innermost Asia*, 1:127; 3:1022, 1023, 1027.

5 盛餘韻（Angela Sheng），個人通信，2010年6月28日。

6 Elfriede Regina Knauer, *The Camel's Load in Life and Death: Iconography and Ideology of Chinese Pottery Figurines from Han to Tang and Their Relevance to Trade along the Silk Routes* (Zurich: Akanthus, 1998), 110. 整個帷幕的尺寸是二．三公尺長，四十八公分寬。

7 余太山，《西域傳》，94–95；班固，《漢書》，卷96上，3881；Hulsewé, *China in Central Asia,* 96–97.

8 依循Joe Cribb，Helen Wang亦將漢佉二體錢定年於西元第一、二世紀：*Money on the Silk Road*, 37–38. Hiroshi Kumamoto, "Textual Sources for Buddhism in Khotan," in *Collection of Essays 1993: Buddhism across Boundaries; Chinese Buddhism and the Western Regions* (Taibei: Foguangshan Foundation for Buddhist and Culture Education, 1999), 345–60, 提到國王們的名字與中國史料並不相符，是以將它們定年於稍晚的第二世紀與第三世紀初期。

9 《出三藏記集》，97a–b；Kumamoto, "Textual Sources for Buddhism in Khotan," 345–60，特別是347–48。

10 這段描述引自Stein, *Ancient Khotan*, 2:482–506及圖40。

11 Rhie, *Early Buddhist Art*, 276–322. 亦可見Debaine-Francfort與Idriss對鄰近的克里雅遺址的討論：*Keriya, mémoires d'un fleuve* , 82–107.

12 法顯，《高僧法顯傳》，857b–c; Legge, *Record of Buddhistic Kingdoms*, 16–20.

13 Aurel Stein, *Sand-buried Ruins of Khotan: Personal Narrative of a Journey of Archaeological and Geographical Exploration in Chinese Turkestan* (London: T. F. Unwin, 1903; repr., Rye Brook, NY: Elibron Classics, 2005), 202.

14 Madhuvanti Ghose, "Terracottas of Yotkan," in Whitfield and Ursula Sims-Williams, *Silk Road*, 139–41.

15 Burrow, *Kharosthi Documents*, no. 661; 在斯坦因的編號系統為E.vi.ii.1，Stein, *Serindia*, 1:276. 照片與扼要的討論，參見Ursula Sims-Williams, "Khotan in the Third to Fourth Centuries," in Whitfield and Ursula Sims-Williams, *Silk Road*, 138. 亦見Thomas Burrow, "The Dialectical Position of the Niya Prakrit," *Bulletin of the School of Oriental Studies* 8, no. 2–3 (1936): 419–35, esp. 430–35. 此文件可能是一份年代更早的文件的副本：Peter S. Noble, "A Kharost hi.. Inscription from Endere," *Bulletin of the School of Oriental Studies* 6, no. 2 (1931): 445–55.

16 Skjærvø, *Catalogue*, xxxviii–xl.

17 Ursula Sims-Williams, "Hoernle, Augustus Frederic Rudolf," *Encyclopædia Iranica*，線上版，2004年12月15日瀏覽，網址為 http://www.iranicaonline.org/articles/

Monasteries in Ninth- and Tenth-Century Dunhuang," *Asia Major*, 3rd ser., 17, no. 1 (2004): 15–34; 中文版見胡素馨（Sarah E. Fraser）編，《寺院財富與世俗供養》（上海：上海書畫出版社，2003），頁246-260。Asia Major文章中頁31-34的表列出所有寺院的財產以及其出現的文書，特別有用。

91 這個比喻我要感謝我的同事Peter Perdue。

92 Schafer, "Early History of Lead Pigments and Cosmetics," 413–38, esp. 428.

93 鄭炳林，〈晚唐五代敦煌貿易市場的外來商品輯考〉，《敦煌歸義軍史專題研究續編》，頁399。

94 *Corpus Inscriptionum Iranicarum,* part 2, *Inscriptions of the Seleucid and Parthian Periods and of Eastern Iran and Central Asia,* vol. 3, *Sogdian,* section 3, *Documents turco-sogdiens du IXe–Xe siècle de Touen-houang*, by James Hamilton and Nicholas Sims- Williams (London: Corpus Inscriptionum Iranicarum and School of Oriental and African Studies, 1990), 23; Takata, "Multilingualism in Tun-huang," 51–52.

95 突厥化粟特語文書A(P3134)，錄文及分析見Hamilton and Nicholas Sims-Williams, *Documents turco-sogdiens*, 23–30.

96 Vaissière, *Sogdian Traders*, 328–30.

97 James Russell Hamilton翻譯這些寫本，見*Manuscrits ouïgours*。

98 Hamilton, *Manuscrits ouïgours*, 176–78.

99 森安孝夫，《シルクロードと唐帝国》（東京：講談社，2007），頁103-111。

100 Stein, *Ruins of Desert Cathay*, 2:38, 68, 99.

第七章

Mathew Andrews、熊本裕、Prods Oktor Skjærvø、Nicholas與Ursula Sims-Williams、文欣、吉田豐和張湛等人，皆親切地回答筆者的提問，並提供未出版的材料，謹此致謝。

1 關於于闐簡要的歷史，參見 Hiroshi Kumamoto（熊本裕）, "Khotan ii. History in the Pre-Islamic Period," in *Encyclopædia Iranica, Online Edition*, April 20, 2009, 可線上瀏覽：http://www.iranicaonline.org/articles/khotan-i-pre-islamic-history; *Corpus Inscriptionum Iranicarum, part 2, Inscriptions of the Seleucid and Parthian Periods and of Eastern Iran and Central Asia*, vol. 5, *Saka Texts*, section 6, *Khotanese Manuscripts from Chinese Turkestan in the British Library*, by Prods Oktor Skjærvø (London: British Library, 2002). 依學術慣例，以下注腳皆稱此書爲*Catalogue*。

2 Heili（慧立）, *Biography of the Tripitaka Master*, 164；〈大唐大慈恩寺三藏法師傳〉，《大正新修大藏經》（*Taisho shinshu Daizokyo*），no.2053，50:251a。

3 我對山普拉遺址的討論，是以瑞士阿貝格基金會（Abegg Foundation）所出版的一本書爲基礎，它包涵了所有以中文出版的早期遺址資料及報告的大量翻譯：Dominik Keller and Regula Schorta, eds., *Fabulous Creatures from the Desert Sands:*

73 Whitfield, *Singing Sands*, 327, P3720的翻譯, 張淮深求功德的記載如馬德所引，〈莫高窟記淺議〉，《敦煌學輯刊》2（1987），頁129。

74 Ma Shichang, "Buddhist Cave-Temples and the Cao Family at Mogao Ku, Dunhuang," *World Archaeology* 27, no. 2 (1995): 303–17.

75 Sarah E. Fraser, *Performing the Visual: The Practice of Buddhist Wall Painting in China and Central Asia, 618–960* (Stanford, CA: Stanford University Press, 2004), 4 (the painting academy); 37 (donors' preparation); 18–19, figure 1.1 (position of donors' por- traits in cave); Fraser, "Formulas of Creativity: Artist's Sketches and Techniques of Copying at Dunhuang," *Artibus Asiae* 59, nos. 3–4 (2000): 189–224.

76 Rong Xinjiang, "The Relationship of Dunhuang with the Uighur Kingdomin Turfan in the Tenth Century," in *De Dunhuang à Istanbul: Hommage à James Russell Hamilton, ed. Louis Bazin and Peter Zieme* (Turnhout, Belgium: Brepols, 2001), 275–98, 特別是頁287。

77 榮新江，《歸義軍史研究》，是敦煌此一時期政治史的定論。

78 Moriyasu Takao, "Sha-chou Uighurs and the West Uighur Kingdom," *Acta Asi- atica* 78 (2000): 28–48, esp. 36–40.

79 Rong, "Relationship of Dunhuang with the Uighur Kingdom," 275–98.

80 這份文書並未被擴展研究，鄭炳林在他研究敦煌貿易的論文中，分析了P3547文書，見鄭炳林，〈晚唐五代敦煌商業貿易市場研究〉，《敦煌學輯刊》45（2004），頁108。另見榮新江，《歸義軍史研究》，頁8。

81 榮新江，《歸義軍史研究》，頁8。

82 漢字「酒」最好翻譯爲「啤酒」。Éric Trombert, "Bière et Bouddhisme—La consummation de boissons alcoolisées dans les monastères de Dun- huang aux VIIIe–Xe siècles," *Cahiers d'Extrême-Asie* 11 (1999–2000): 129–81.

83 P2629及兩份相關文書被重製並錄文於唐耕耦、陸宏基編，《敦煌社會經濟文獻眞跡釋錄》（北京：書目文獻出版社，1990），第三冊，頁271-276。馮培紅將部分資訊製表，省略了一些訪客，見馮培紅，〈客司與歸義軍的外交活動〉，收入鄭炳林編，《敦煌歸義軍史專題研究續編》（蘭州：蘭州大學出版社，2003），頁314-317。

84 馮培紅討論S1366及S2474，〈客司與歸義軍的外交活動〉，頁318。

85 Jacques Gernet, "Location de chameaux pour des voyages, à Touen-huang," in *Mélanges de sinologie offerts à Monsieur Paul Demiéville* (Paris: Institut des Hautes Études Chinoises, 1966), 1:41–51.

86 Gernet, "Location de chameaux," 45, P3448的法文翻譯。

87 寧可、郝春文，《敦煌社邑文書輯校》（上海：江蘇古籍出版社，1997）。

88 馬德，《敦煌莫高窟史研究》，頁255-261。

89 Trombert, *Le crédit à Dunhuang*, 27, 190.

90 Rong Xinjiang, "Khotanese Felt and Sogdian Silver: Foreign Gifts to Buddhist

61 Takata Tokio, "Multilingualism in Tun-huang," *Acta Asiatica* 78 (2000): 49–70, esp. 60–62.

62 Lilla Russell-Smith, *Uygur Patronage in Dunhuang: Regional Art Centres on the Northern Silk Road in the Tenth and Eleventh Centuries* (Leiden, The Netherlands: Brill, 2005), 22; Whitfield, Singing Sands, 318–26.

63 ErnestaMarchand,"ThePanoramaofWu-t'aiShanAsanExampleofTenthCen- tury Cartography," *Oriental Art* 22 (Summer 1976): 158–73; Dorothy C. Wong, "A Reassessment of the Representation of Mt. Wutai from Dunhuang Cave 61," *Archives of Asian Art* 46 (1993): 27–51; Natasha Heller, "Visualizing Pilgrimage and Mapping Experience: Mount Wutai on the Silk Road," in *The Journey of Maps and Images on the Silk Road*, ed. Philippe Forêt and Andreas Kaplony (Leiden, The Netherlands: Brill, 2008), 29–50.

64 Jacob Dalton, Tom Davis, and Sam van Schaik, "Beyond Anonymity: Paleo- graphic Analyses of the Dunhuang Manuscripts," *Journal of the International Association of Tibetan Studies* 3 (2007): 12–17, 網址可見http://www.thlib.org/collections/ texts/jiats/#jiats=/03/dalton/.

65 F. W. Thomas, "A Chinese Buddhist Pilgrim's Letters of Introduction," *Journal of the Royal Asiatic Society* (1927): 546–58; Sam van Schaik, "Oral Teachings and Written Texts: Transmission and Transformation in Dunhuang," in *Contributions to the Cultural History of Early Tibet*, ed. Matthew T. Kapstein and Brandon Dotson (Leiden, The Neth- erlands: Brill, 2007), 183–208; Whitfield, *Silk Road*, 126–27, photo on 127; Sam van Schaik and Imre Galambos, *Manuscripts and Travellers: The Sino-Tibetan Documents of a Tenth-Century Buddhist Pilgrim* (Berlin: De Gruyter, 2011).

66 Matthew T. Kapstein, "New Light on an Old Friend: PT 849 Reconsidered," in *Tibetan Buddhist Literature and Praxis: Studies in Its Formative Period, 900–1400*, ed. Ron- ald M. Davidson and Christian K. Wedemeyer (Leiden, The Netherlands: Brill, 2006), 23.

67 Takata, "Multilingualism in Tun-huang," 55–56.

68 榮新江整理了848到1043年的完整年表，附有文書編號。見榮氏著，《歸義軍史研究》，頁1-43。在英文，有說服力的敦煌史摘要見Russell-Smith, *Uygur Patronage in Dunhuang*, 31–76.

69 Victor H. Mair的學術生涯致力於研究文本的轉變。他的第一本書翻譯而且標記了當中的四份文本：*Tun-huang Popular Narratives* (New York: Cambridge University Press, 1983). 他接下來的書則大幅擴展了我們對於世界各地說話傳統的理解。

70 Mair, "Lay Students," 5.

71 Mair, *Tun-huang Popular Narratives*, 169. Mair將文書斷代爲856至870年之間（頁11）。

72 156窟的南牆見於馬德，《敦煌莫高窟》4，圖133；更清楚的照片可見：ARTstor.org

into Chinese," in *Cultural Encounters: China, Japan, and the West*, ed. Søren Clausen, Roy Starrs, and Anne Wedell-Wedellsborg (Aarhus, Denmark: Aarhus University Press, 1995), 83–108; J. G. Haloun and W. B. Henning, "The Compendium of the Doctrines and Styles of the Teaching of Mani, the Buddha of Light," *Asia Major*, n.s., 3 (1952): 184–212. 《摩尼光佛教法儀略》的部分翻譯包含了聖歌的完整英文翻譯：Tsui Chi, trans., "Mo Ni Chiao Hsia Pu Tsan; 'The Lower (Second?) Section of the Manichæan Hymns," *Bulletin of the School of Oriental and African Studies* 11, no. 1 (1943): 174–219.

44 Mikkelson, "Skilfully Planting the Trees of Light," 87, S3969, P3884的部分翻譯.

45 Mikkelson, "Skilfully Planting the Trees of Light," 93.

46 這些文書的最新研究，見Riboud, "Tang," 4–7, 他認爲某些不確定來源的基督教文書在1916到1922年間被日本買家收購，其他只是贋品。

47 A. C. Moule, *Christians in China before the Year 1550* (New York: Macmillan, 1930), facing p. 53, reproduces P3847; 翻譯見頁53–55，其他翻譯見 Riboud, "Tang,"

48 Jean-Pierre Drège, "Papiers de Dunhuang: Essai d'analyse morphologique des manuscrits chinois datés," *T'oung Pao*, 2nd ser., 67 (1981): 305–60.

49 Mair, "Lay Student," 644–45.

50 Hansen, *Negotiating Daily Life*, 50.

51 P3348錄文見池田溫，《中國古代籍帳研究概觀・錄文》（東京：東京大學出版會，1979），頁463-464。.

52 Trombert, "Textiles et tissus," 111.

53 R. A. Stein, *Tibetan Civilization*, trans. J. E. Stapleton Driver (Stanford, CA: Stanford University Press, 1972), 對吐蕃的地理及歷史提供極好的介紹。

54 歐陽修，《新唐書》卷216上，頁6073。

55 Tsugihito Takeuchi（武內紹人）, *Old Tibetan Contracts from Central Asia* (Tokyo: Daizo Shuppan, 1995); Takeuchi, "Military Administration and Military Duties in Tibetan- Ruled Central Asia (8th–9th century)," in *Tibet and Her Neighbours: A History*, ed. Alex McKay (London: Edition Hansjörg Mayer, 2003), 43–52. 詳細資訊包括匈牙利學者Géza Uray的前瞻性研究，見其參考書目。

56 中文契約見Trombert, *Le crédit à Dunhuang*; 吐蕃文則見Takeuchi, *Old Tibetan Contracts*.

57 池田溫，〈敦煌の流通経済〉，收入《講座敦煌3：敦煌の社会》（東京：大東出版社，1980），頁297-343，316-317所引P2763, P2654。

58 Yamamoto and Ikeda, *Tun-huang and Turfan Documents*, 13–18.

59 Takeuchi, *Old Tibetan Contracts*, 325; Yamamoto and Ikeda, *Tun-huang and Turfan Documents*, no. 257.

60 敦煌的提到錢幣的吐蕃文占卜文書中 (P1055, P1056)，使用譯自中文「銅子」的吐蕃詞彙dong-tse。見Takeuchi, *Old Tibetan Contracts*, 25–26.

32 Victor Mair 提供了各地學生複製的寫本數量明細，見 "Lay Student Notations from Tun-huang," in *The Columbia An- thology of Traditional Chinese Literature*, ed. Victor H. Mair (New York: Columbia Uni- versity Press, 1994), 644–45. 亦可見Erik Zürcher, "Buddhism and Education in T'ang Times," in *Neo-Confucian Education: The Formative Stage*, ed. Wm. Theodore de Bary and John W. Chaffee (Berkeley: University of California Press, 1989), 19–56.

33 Giles, *Six Centuries at Tunhuang*.

34 Frances Wood and Mark Barnard, *The Diamond Sutra: The Story of the World's Earliest Dated Printed Book* (London: British Library, 2010). About the almanac (Dh 2880), 見 Jean-Pierre Drège, "Dunhuang and the Two Revolutions in the History of the Chinese Book," in *Crossing Pamir: Essays Dedicated to Professor Zhang Guangda for His Eightieth Birthday*, ed. 榮新江、陳懷宇編，Brill即將出版。

35 Jean-Pierre Drège, *Les bibliothèques en Chine au temps des manuscrits (jusqu'au Xe siècle)* (Paris: École Française d'Extrême-Orient, 1991).

36 現在歷史學家將吐蕃占領敦煌斷代爲786年，絕不是781年，大概也不是787年。山口瑞鳳，〈吐蕃支配時代〉，收入榎一雄編，《敦煌の歷史》，《講座敦煌2：敦煌の歷史》（東京：大東出版，1980），頁195-232，特別是頁197-198。特別感謝Sam van Schaik 及岩尾一史提示。

37 Rong Xinjiang, "Nature of the Dunhuang Library Cave," 251–54.

38 Stein, *Serindia*, 2:813.

39 原編號爲Pelliot Hébreu 1; 現今則是 Manuscrit hébreu 1412, Bibliothèque Nationale. Wu Chi-yu, "Le Manuscrit hébreu de Touen-huang," in *De Dunhuang au Japon: Études chinoises et bouddhiques offertes à Michel Soymié*, ed. Jean-Pierre Drège (Geneva, Switzerland: Librairie Droz, 1996), 259–91 (photo of document on 291). 照片可見網址：http://expositions.bnf.fr/parole/grand/018.htm.

40 阿維斯陀祈禱文，見K. E. Eduljee, *Scriptures Avesta*. 網址可見http:// www.heritageinstitute.com/zoroastrianism/scriptures/manuscripts.htm; 繪有兩位神祇的紙張，見Frantz Grenet and Zhang Guangda, "The Last Refuge of the Sogdian Religion: Dunhuang in the Ninth and Tenth Centuries," *Bulletin of the Asia Institute* 10 (1996): 175–86.

41 在缺乏九、十世紀明確資料的情況下，學者採用755年以前唐代正史中人口數字：4265戶，16250人。歐陽修，《新唐書》卷40，頁1045。

42 Jason David BeDuhn, *The Manichaean Body in Discipline and Ritual* (Baltimore: Johns Hopkins University Press, 2000).

43 Peter Bryder, *The Chinese Transformation of Manichaeism: A Study of Chinese Manichaean Terminology* (Löberöd, Sweden: Bokförlaget Plus Ultra, 1985); Gunner B. Mikkelson, "Skilfully Planting the Trees of Light: The Chinese Manichaica, Their Central Asian Counterparts, and Some Observations on the Translation of Manichaeism

predvaritel'ny otchet [The Russian Turkestan Expedition (1909–1910): Short preliminary report] (St. Petersburg: Imperatorskaya Akademiya Nauk, 1914).

17 Hodong Kim, *Holy War in China: The Muslim Rebellion and State in Chinese Central Asia*, 1864–1877 (Stanford, CA: Stanford University Press, 2004).

18 Helen Wang, *Sir Aurel Stein in The Times: A Collection of over 100 References to Sir Aurel Stein and His Extraordinary Expeditions to Chinese Central Asia, India, Iran, Iraq and Jordan in The Times Newspaper 1901–1943* (London: Saffron Books, 2002), 147–51, appendix 2: "Meng Fanren's Preface to the Chinese Translation of Serindia."

19 Hao Chunwen, "A Retrospective of and Prospects for Historical Studies Based on Dunhuang Conducted this Century," *Social Sciences in China* 20, no. 4 (1999): 95–110. 譯自《歷史研究》1998。

20 榮新江，〈中國敦煌學研究與國際視野〉，《歷史研究》2005：4，頁165-175。

21 Valéria Escauriaza-Lopez, "Aurel Stein's Methods and Aims."

22 Stein, *Ancient Khotan*, ix.

23 W. M. Flinders Petrie, *Methods & Aims in Archaeology* (London: Macmillan, 1904), 35 (baksheesh), 119 (publishing), 175 ("test of right"), 187 (government regulations).

24 Stein, *Ancient Khotan*, ix, citing Petrie, *Methods & Aims in Archaeology*, 175.

25 Rong, "Nature of the Dunhuang Library Cave," 247–75.

26 榮新江，《歸義軍史研究：唐宋時代敦煌歷史考索》（上海：上海古籍出版社，1996），頁3。

27 John C. Huntington, "A Note on Dunhuang Cave 17: 'The Library,' or Hong Bian's Reliquary Chamber," *Ars Orientalis* 16 (1986): 93–101; Imaeda Yoshiro ¯, "The Prov- enance and Character of the Dunhuang Documents," *Memoirs of the Research Department of the Toyo Bunko* 66 (2008): 81–102. 亦可見ARTstor.org database (搜尋 "Dunhuang," "cave 16," 及 "QTVR").

28 Éric Trombert, *Le crédit à Dunhuang: Vie matérielle et société en Chine médievale* (Paris: Collège de France, Institut des Hautes Études Chinoises, 1995), 76; 所引S2729由藤枝晃指出，見藤枝晃，〈敦煌の僧尼籍〉，《東方學報》29（1959），頁293-295。

29 0345文書的部分翻譯見Rong, "Nature of the Dunhuang Library Cave," 260; 全文翻譯見Stephen F. Teiser, *The Scripture of the Ten Kings and the Making of Purgatory in Medieval Chinese Buddhism* (Honolulu: University of Hawai'i Press, 1994), 142–43.

30 最早的文件(S 797), Stein, *Serindia* 2: 821n2a; 施萍婷等編，《敦煌遺書總目索引新編》（北京：中華書局，2000），頁27。整理了斯坦因、伯希和，及北京收藏的所有寫本目錄（但不包含俄國收藏）相當有用。最新的資料，見Rong, "The Nature of the Library Cave," 266.

31 討論一部分非佛教典籍的寫本，見*Cahiers d'Extrême-Asie* 7 (1993–1994)的禪學研究特輯。

第六章

1 國際敦煌項目（The International Dunhuang Project）, 網址見http://idp.bl.uk, 該項目提供了四萬件石窟內的文物圖像。Victor Mair提供收藏在各地的寫本數量明細，見"Lay Students and the Making of Written Vernacular Narrative: An Inventory of Tun-huang Manuscripts," CHINOPERL Papers 10 (1981): 95–96.

2 Mirsky, *Sir Aurel Stein,* 212–29.

3 Lilla Russell-Smith, "Hungarian Explorers in Dunhuang," *Journal of the Royal Asiatic Society,* 3rd ser., 10, no. 3 (2000): 341–61.

4 年表見Roderick Whitfield, *Dunhuang: Caves of the Singing Sands: Buddhist Art from the Silk Road* (London: Textile & Art Publications, 1995), 341–43.

5 Éric Trombert, "Dunhuang avant les manuscrits: Conservation, diffusion et confiscation du savoir dans la Chine médiévale," *Études chinoises* 24 (2005): 11–55.

6 Rong Xinjiang, "The Nature of the Dunhuang Library Cave and the Reasons for Its Sealing," trans. Valerie Hansen, *Cahiers d'Extreme-Asie* 11 (1999–2000): 247–75. 斯坦因相信王圓籙在1905年發現藏經洞，*Ruins of Desert Cathay*, 2:164.

7 Lionel Giles, *Six Centuries at Tunhuang: A Short Account of the Stein Collection of Chinese Mss. in the British Museum* (London: China Society, 1944), 28.

8 本章中所提到斯坦因第一次前往敦煌的紀錄，可見Stein, *Ruins of Desert Cathay*, 2:28–30, 159, 165, 798; Stein, *Serindia*, 2:805, 813, 825.

9 Donohashi Akio, "A Tentative Inquiry into the Early Caves of the Mo-kao Grottoes at Tun-huang: Questions Regarding the Caves from the Sui Dynasty," *Acta Asi- atica* 78 (2000): 1–27, 特別是頁2。

馬德曾在九個不同地方素描興建於四到九世紀的崖面：《敦煌石窟營造史導論》（臺北：新文豐，2003），頁119-150，圖1-9。每一時期石窟開鑿數量的年表，見馬德，《敦煌莫高窟史研究》（蘭州：甘肅教育出版社，1996），頁43-46。

10 Mirsky, *Sir Aurel Stein*, 36–37.

11 Mirsky, *Sir Aurel Stein*, 280, 所引斯坦因在1907年10月14日寫給斯塔福德・阿倫的信。

12 Paul Pelliot, "Une Bibliothèque Médiévale Retrouvée au Kan-sou," *Bulletin de l'Ecole Française d'Extrême-Orien*t 8 (1908): 501–29; Stein, *Serindia*, 2:820.

13 Rong, "Nature of the Dunhuang Library Cave," 256.

14 James Russell Hamilton, ed. and trans., *Manuscrits ouïgours du IXe-Xe siècle de Touen-houang* (Paris: Peeters, 1986), ix.

15 Stein, *On Central Asian Tracks*, 211.

16 Asel Umurzakova, "Russian Archaeological Exploration of the Silk Road," paper for the seminar "The Social History of the Silk Road," dated April 30, 1999, citing S. F. Ol'denburg, *Russkaya Turkestanskaya ekspeditsiya (1909–1910 gg.): Kratkiy*

安——粟特人在中國的文化遺濔》（北京：北京圖書館出版社，2004），頁137。

54 Axelle Rougelle, "Medieval Trade Networks in the Western Indian Ocean (8th– 14th centuries)," in *Tradition and Archaeology: Early Maritime Contacts in the Indian Ocean*, ed. Himanshu Prabha Ray and Jean-François Salles (New Delhi: Manohar, 1996), 159–80.

55 巨港（Palembang）的古名是佛逝（Bhoga）。

56 這個港口的古名是摩梨帝（Tamralipti）。

57 James Legge, trans., *A Record of Buddhistic Kingdoms: Being an Account by the Chinese Monk Fa-Hien of Travels in India and Ceylon (AD 399–414) in Search of the Buddhist Books of Discipline* (1886; repr., Delhi: Munshiram Manoharlal, 1991), 103, 37.

58 學者對此段文字有不同的解釋， 羅豐斷句爲「薩保與商人」，其他學者將「薩保」視爲形容詞，斷爲「薩保商人」。Luo Feng, "Sabao: Further Consideration of the Only Post for Foreigners in the Tang Dynasty Bureaucracy, " *China Archaeology and Art Digest* 4, no. 1 (2000): 165–91, 特別是178–79; Legge, *Fa-Hien*, 104, 38.

59 Legge, *Fa-Hien*,111,42.

60 Joseph Needham, *Science and Civilisation in China, vol. 4, Physics and Physical Technology, part 3, Civil Engineering and Nautics,* by Joseph Needham, Wang Ling, and Lu Gwei-Djen (Cambridge, UK: Cambridge University Press, 1971), 563–64.

61 Beal, Si-yu ki, xxxiv; 《大唐西域求法高僧傳》，收入《大正新脩大正藏》51冊，頁2066，1-12b，特別是11a。

62 Schafer, "Iranian Merchants in T'ang Dynasty Tales," 404n8.

63 Park有很精彩的討論，見Park, "Delineation of a Coast- line," 87–99.

64 Sulayman al-Tajir, *Ancient Accounts of India and China, by Two Mohammedan Travellers Who Went to Those Parts in the 9th Century*, trans. Eusebius Renaudot (London: Printed for Sam. Harding at the Bible and Author on the Pavement in St. Martins-Lane, 1733), 20 (list of goods), 21 (porcelain), 40 (later editor's views); 可以透過Google Books或是需訂閱的資料庫*Eighteenth Century Collections Online* (http://mlr.com/DigitalCollections/products/ecco/), Range 1831. 線上閱讀。另一部分翻譯，見S. Maqbul Ahmad, trans., *Arabic Classical Accounts of India and China* (Shimla, India: Indian Institute of Advanced Study, 1989).

65 Robert Somers, "The End of the T'ang," in Twitchett, *Cambridge History of China, 3*:682–789.

66 Park, "Delineation of a Coastline," 98.

67 Edward H. Schafer, "The Last Years of Ch'ang-an," *Oriens Extremus* 10 (1963): 133–79, esp. 157–58, citing Lionel Giles, "The Lament of the Lady of Ch'in," *T'oung Pao, 2nd* ser., 24 (1926): 305–80, 詩見頁 343–44.

39 François Louis, "The Hejiacun Rhyton and the Chinese Wine Horn (Gong): Intoxicating Rarities and Their Antiquarian History," *Artibus Asiae* 67, no. 2 (2007): 201– 42, esp. 207–8.

40 Liu Xinru, *Ancient India and Ancient China: Trade and Religious Exchanges, AD 1–600* (Delhi: Oxford University Press, 1988), 160–61; Jens Kröger, "Laden with Glass Goods: From Syria via Iraq and Iran to the Famen Temple in China," in Coins, *Art and Chronology: Essays on the pre-Islamic History of the Indo-Iranian Borderlands*, ed. Michael Alram and Deborah E. Klimburg-Salter (Vienna: Österreichische Akademie der Wissen- schaften, 1999), 481–98.

41 Li Jian, ed., *The Glory of the Silk Road: Art from Ancient China* (Dayton, OH: Dayton Art Institute, 2003), 208, 第116項。

42 Louis, "Hejiacun Rhyton," 207–8.

43 Louis,"Hejiacun Rhyton,"210; Yao Runeng, *Histoire de Ngan Lou-Chan* (Ngan Lou-Chan Che Tsi), trans. Robert des Rotours (Paris: Presses Universitaires de France, 1962), 81–84.

44 劉昫，《舊唐書》卷8，頁171。

45 François Thierry, "Sur les monnaies Sassanides trouvées en Chine," *Res Orientales* 5 (1993): 89–139.

46 Charles A. Peterson, "Court and Province in Mid- and Late T'ang," in *The Cambridge History of China, vol. 3, Sui and T'ang China, 589–906, Part 1*, ed. Denis Twitchett (Cambridge, UK: Cambridge University Press, 1979), 474–86.

47 榮新江，〈安史之亂後粟特胡人的動向〉，紀宗安、湯開建主编《暨南史学》2，暨南大學出版社，2003.12（2004.4），102－123。

48 Vaissière, Sogdian Traders, 220, 200n77; Yao Runeng, *Histoire de Ngan Lou-chan*, 238, 239, 254, 346.

49 榮新江, "Migrations and Settlements," 138–39; 司馬光，《資治通鑑》（北京: 古籍出版社，1957），卷232，頁7493。

50 Edward H. Schafer, "Iranian Merchants in T'ang Dynasty Tales," in *Semitic and Oriental Studies: A Volume Presented to William Popper, Professor of Semitic Languages, Emeritus, on the Occasion of his Seventy-Fifth Birthday, October 29, 1949,* ed. Walter J. Fischel (Berkeley: University of California Press, 1951), 403–22, 411 ("wonder tale"), 409n58 (definition of "hu"). 亦見Francis K. H. So, "Middle Easterners in the T'ang Tales," *Tamkang Review* 18 (1987–88): 259–75.

51 李昉，《太平廣記》（北京：人民出版社，1959 ），卷403，頁3252–3253。

52 判決收入在敦煌文書P3813《文明判集殘卷》中。劉俊文，《敦煌吐魯番法制文書考釋》（北京：中華書局，1989），頁444-445; 榮新江，《中古中國與外來文明》，頁81; Rong, "Migrations and Settlements," 139.

53 只有一方商人墓誌留存。榮新江，榮新江、張志清主編 ，《從撒馬爾干到長

26 劉昫，《舊唐書》卷37，頁961。

27 向達，《唐代長安與西域文明》（北京：三聯書店，1987重印），頁28。

28 Rong Xinjiang, "The Migrations and Settlements of the Sogdians in the Northern Dynasties, Sui and Tang," *China Archaeology and Art Digest* 4, no. 1 (2000): 117–63, esp. 138.中文本見〈北朝隋唐粟特人之迁徙及其聚落〉，《国学研究》6，北京大学出版社，1999，頁27-85。

29 Matteo Compareti, "Chinese-Iranian Relations, xv. The Last Sasanians in China," in *Encyclopædia Iranica*, Online Edition, July 20, 2009, 可參考http://www.iranicaonline.org/articles/china-xv-the-last-sasanians-in-china .

30 榮新江, "Migrations and Settlements," 141.

31 James Legge, *The Nestorian Monument of Hsî-an Fû in Shen-hsî, China* (1888; repr., London: Trübner, 1966).

32 Pénélope Riboud, "Tang," in *Handbook of Christianity in China*, ed. Nicolas Standaert vol. 1, 635–1800 (Boston: Brill, 2001), 1–42. 敘利亞銘文逐句的翻譯，請見Erica C. D. Hunter, "The Persian Con- tribution to Christianity in China: Reflections in the Xi'an Fu Syriac Inscriptions," in *Hidden Treasures and Intercultural Encounters: Studies on East Syriac Christianity in China and Central Asia*, ed. Dietmar W. Winkler and Li Tang (Piscataway, NJ: Transac- tion, 2009), 71–86.

33 Valerie Hansen and Ana Mata-Fink, "Records from a Seventh-Century Pawnshop in China," in Goetzmann and Rouwenhorst, *Origins of Value,* 54–64.

34 Deng Xiaonan, "Women in Turfan during the Sixth to Eighth Centuries: A Look at Their Activities Outside the Home," *Journal of Asian Studies* 58, no. 1 (1999): 85–103, esp. 96.

35 對於這些甕罐發現時的描繪，見 Helmut Brinker and Roger Goepper, eds., *Kunstschätze aus China: 5000 v. Chr. bis 900 n. Chr.: Neuere archäologische Funde aus der Volksrepublik China* (Zurich: Kunsthaus, 1980), 33. 如同許多文化大革命時的發掘，何家村遺址從未有詳盡的報告，一份包含出土文物清單的簡報，刊於《文物》1972, no. 1: 30–42, 我也曾發表一篇包含所有文物列表的英文短文，"The Hejia Village Hoard: A Snapshot of China's Silk Road Trade," *Orientations* 34, no. 2 (2003): 14–19. 最詳盡的中文研究, 見齊東方，《唐代金銀器研究》（北京：中國社會科學出版社，1999）。英文摘要見Qi Dongfang, "The Burial Location and Dating of the Hejia Village Treasures," *Orientations* 34, no. 2 (2003): 20–24.

36 Qi, "Burial Location," 202, figure 47.

37 Frédéric Obringer, *L'aconit et l'orpiment: Drogues et poisons en Chine ancienne et médiévale* (Paris: Fayard, 1997); Edward H. Schafer, "The Early History of Lead Pigments and Cosmetics in China," *T'oung Pao*, 2nd ser., 44 (1956): 413–38.

38 銀杯的照片及內外部的細節，還有外部圖樣的線描圖，見齊東方，《唐代金銀器研究》，頁66-73。

9 他的母親姓杜，是與外國人無關的姓氏。

10 榮新江，《中古中國與外來文明》（北京：三聯出版社，2001），頁119。

11 由於資料不夠充分，我們並不知道薩保在北周官僚結構中的位階（有十八個位階，自從九品到正一品），但是在下一個朝代隋代，採用了北周的官僚結構。在隋代的統治下，雍州薩保（京邑薩保）的位階是從七品，然而位階正九品的薩保則被任命在每一個超過一萬人的縣。由於隋代大量採用北周的官僚結構，薩保的位階在隋代看來近似北周。Albert E. Dien, "Observations Concerning the Tomb of Master Shi," *Bulletin of the Asia Institute* 17 (2003): 105–16, esp. 109–11.

12 Frantz Grenet, Pénélope Riboud, and Yang Junkai, "Zoroastrian Scenes on a Newly Discovered Sogdian Tomb in Xi'an, Northern China," *Studia Iranica* 33 (2004): 273–84, esp. 278–79.

13 榮新江，《中古中國與外來文明》，頁32。

14 Grenet, "Self-Image of the Sogdians," 134–36; 相異的看法，請見Lerner, "Aspects of Assimilation," 29n73.

15 Grenet, Riboud, and Yang, "Zoroastrian Scenes"; 亦見Yang Junkai, "Carvings on the Stone Outer Coffin of Lord Shi of the Northern Zhou," in Vaissière and Trombert, *Les Sogdiens en Chine*, 21–45. 最佳的粟特銘文的譯者是吉田豐（Yoshida Yutaka），見Yoshida Yutaka, "The Sogdian Version of the New Xi'an Inscription," in Vaissière and Trombert, *Les Sogdiens en Chine*, 57–71, 但是最佳的中文的譯者是Albert E. Dien，見Dien, "Observations Concerning the Tomb of Master Shi."

16 其他雙語的墓誌，分別是中古波斯語和中文，發現於新疆，斷代爲西元874年，見Yoshida, "Sogdian Version," 60.

17 同樣地，中文文本記錄三個兒子爲了他的父親建造屋型石棺，但是在「石」字後方的字不明。Yoshida, "Sogdian Version," 59, 68；見吉田豐釋文的括號。

18 Grenet, Riboud, and Yang, "Zoroastrian Scenes."

19 Arthur F. Wright, *The Sui Dynasty* (New York: Alfred A. Knopf, 1978).

20 Heng Chye Kiang, *Cities of Aristocrats and Bureaucrats: The Development of Medieval Chinese Cityscapes* (Honolulu: University of Hawai'i Press, 1999), 9.

21 關於唐代首都簡要的考古發掘，見《考古》1961年第五期，頁248-50；《考古》1963年第11期，頁595-611。

22 Twitchett, "T'ang Market System," 245.

23 Heng, *Cities of Aristocrats and Bureaucrats*, 22.

24 Edwin O. Reischauer, trans., *Ennin's Diary: The Record of a Pilgrimage to China in Search of the Law* (New York: Ronald, 1955), 333.

25 Wallace Johnson, trans., *The T'ang Code*, vol. 1, *General Principles* (Princeton, NJ: Princeton University Press, 1979), 252: chapter 6, article 48; 劉俊文，《中華傳世法典：唐律疏議》（北京：法律出版社，1999），頁144；劉俊文，《唐律疏議箋解》（北京：中華書局，1996），頁478。

在「埋葬的地方」前，用括號插入「基督徒」一詞，但是阿拉伯文原文中則是 nāwūs（Yakubovich，“Mugh 1。I Revisited,” 249n31), 所以我在此處拿掉了這個字。

91 Yakubovich, “Mugh 1.I Revisited.”

92 Document A-21, 討論見 Polyakov, “Kitaiskie rukopisi.”

93 Anna A. Ierusalimskaja and Birgitt Borkopp, *Von China nach Byzanz* (Munich: Bayerischen Nationalmuseum, 1996), item no. 120.

94 Elfriede R. Knauer, “A Man's Caftan and Leggings from the North Caucasus of the Eighth to Tenth Century: A Genealogical Study,” *Metropolitan Museum Journal* 36 (2001): 125–54.

95 Hyunhee Park, “The Delineation of a Coastline: The Growth of Mutual Geographic Knowledge in China and the Islamic World from 750–1500” (Ph.D. diss., Yale University, 2008), 45.

96 Jonathan M. Bloom, *Paper before Print: The History and Impact of Paper in the Islamic World*.

97 Grenet, “Self-Image of the Sogdians,” 134.

第五章

1 George F. Hourani, *Arab Seafaring in the Indian Ocean in Ancient and Early Medieval Times*, ed. John Carswell, rev. ed. (Princeton, NJ: Princeton University Press, 1995), 61.

2 孫福喜，西安市文物保護考古所所長，私人的訪談。2004年4月30日。

3 程林泉、張翔宇、張小麗，〈西安北周李誕墓初探〉，《藝術史研究》7 (2005)，頁299–308。

4 關於最新研究的重要發現以及相關文獻，見 Judith Lerner, “Aspects of Assimilation: The Funerary Practices and Fur- nishings of Central Asians in China,” *Sino-Platonic Papers* 168 (2005): 1–51.

5 這種形式的結構在學術文獻裡通常稱作「屋型石棺」。巫鴻認爲這樣的墓葬結構可能有許多種前例，早期以及其他距西安有段距離的城市中的粟特墓有這樣的使用情形，見Wu Hung, “A Case of Cultural Interaction: House-Shaped Sarcophagi of the Northern Dynasties,” *Orientations* 34, no. 5 (2002): 34–41.

6 Juliano and Lerner, *Monks and Merchants,* 59.

7 有一個洞直達墓道，這是唐代挖掘的水井。陝西省考古研究所，《西安北周安伽墓》（北京：文物出版社，2003），頁12；Rong Xinjiang, “The Illustrative Sequence on An Jia's Screen: A Depiction of the Daily Life of a Sabao,” *Orientations* 34, no. 2 (2003): 32–35.

8 陝西省考古研究所，《西安北周安伽墓》，頁61–62。

其他種類的契約——西元前五世紀來自埃及象島（Elephantine）猶太人聚落的亞蘭式（Aramaic）協議——允許妻子提出離婚。他提出兩種可能性：可能是粟特社會比周邊許多社會中給予女性更多的權利，或許闕爾（Cher）對於他的被監護人方面，能夠獲得不尋常的有利條件。

76 粟特學學者對這段話的意思有所爭論，有些人稱「由密特拉神」這句話應譯爲「由神（也就是阿胡拉馬茲達）和密特拉」。"Henning, "A Sogdian God," 248; Yakubovich, "Marriage Sogdian Style."

77 文書V-4已轉寫和翻譯成俄文，刊於*Livshits, Sogdiiskie dokumenty s gory Mug 2,* 56–58，又見簡短的討論於Gershevitch, "Sogdian Word for 'Advice,'" 84.。

78 文書V-8已轉寫和翻譯成俄文，刊於*Livshits, Sogdiiskie dokumenty s gory Mug 2,* 47–48. Ilya Gershevitch重新翻譯之，見其"Sogdians on a Frogplain," in *Mélanges linguistiques offerts à Emile Benveniste* (Paris: Société de Linguistique de Paris, 1975), 195–211.

79 Gershevitch, "Sogdians on a Frogplain," 205–6，刪除了Gershevitch原文的括號，以使譯文更具可讀性。同見 Frantz Grenet, "Annexe: Le contrat funéraire sogdien du Mont Mugh," in *Les pratiques funéraires dans l'Asie centrale sédentaire de la conquête Grecque à l'Islamisation* (Paris: Éditions du CNRS, 1984), 313–22.

80 例如，Paul Bernard的回應於"Annexe," 321–22.

81 Grenet and Vaissière, "Last Days of Panjikent," ，此文是澄清這些混亂事件的一次眞正突破。

82 Vaissière, *Sogdian Traders*, 199–200.

83 Vaissière, *Sogdian Traders*, 161–62.

84 Yakubovich, "Mugh 1.I Revisited."

85 Frantz Grenet, "Les 'Huns' dans les documents sogdiens du mont Mugh (avec an appendix par N. Sims-Williams)," in *Études irano-aryennes offertes à Gilbert Lazard,* ed. C.-H. de Fouchécour and Ph. Gignoux, Cahiers de Studia Iranica 7 (Paris: Association pour l'Avancement des Études Irannienes, 1989), 17.

86 A-14, A-9, Grenet and Vaissière, "Last Days of Panjikent," 168–69, 172.

87 Powers, *Empire in Transition,* 172–74; Grenet and Vaissière, "Last Days of Panjikent," 156.

88 E. V. Zeimal, "The Political History of Transoxiana," in *The Cambridge History of Iran,* volume 3, *The Seleucid, Parthian and Sasanian Periods,* ed. Ehsan Yarshater, part 1 (New York: Cambridge University Press, 1983), 259–60.

89 Richard Frye, "Tarxūn-Türxūn and Central Asian History," 112–13; E. V. Zeimal, "Political History of Transoxiana," 259–60; Powers, *Empire in Transition,* 171, 177–78, 183.

90 Powers, *Empire in Transition,* 178. Powers提出提婆須伽遮（Dēwāštīč）的名字在阿拉伯語中爲al-Diwashini，同一個名字Kratchkovsky則讀爲Divashni。Powers

Sogdiiskie dokumenty s gory Mug 2, 在頁108-9給了一個較短的版本，並在112頁的對頁複製了1.I號文書的照片。

63 Yakubovich, "Mugh 1.I Revisited."

64 這是文書的總數，見於O. I. Smirnova, *Ocherki iz isto-rii Sogda* [Sogdian miscelleny] (Moscow: Nauk, 1970), 14.穆格山文書是根據文書被發現的時間而編號的：文書1.1在1932年的春天發現；用西里爾字母B（=英文字母V）標示的文書是由普婁提在1933年5月出土，西里爾字母A標示的文書係由A. Vasil'ev在1933年夏天發掘，以西里爾字母Б（=英文字母B）標示的文書是由福雷曼探險隊在1933年11月發現，以及編號帶有Nov.（「新」）的文書爲普婁提於1934年提供。發掘結束，福雷曼一行人返回列寧格勒後，普婁提受迫於壓力交出了一組在福雷曼到來之前獲得的文書：一個上下倒置的籃子裡裝著六份皮革文書，包括幾份穆格山發現的最長文書，一件婚姻契約，以及所附的「新娘的文書」。

65 A. S. Polyakov, "Kitaiskie rukopisi, naidennye v 1933 g. b Tadzhikistane," in *Sogdiiskii sbornik* [Sogdian miscellany], ed. N. I. Krachkovskii and A. A. Freiman (Leningrad: Akademii Nauk SSSR, 1934), 91–117, 特別是103,頁 照片見99頁。

66 I. Y. Kratchkovsky, "A Letter from Sogdiana (1934)," in *Among Arabic Manuscripts: Memories of Libraries and Men,* trans. Tatiana Minorsky (Leiden, the Netherlands: Brill, 1953), 142–50.

67 信札的翻譯請參見Richard N. Frye, "Tarxūn-Türx n and Central Asian History," Harvard Journal of Asiatic Studies 14 (1951): 105–29, translation on 108–9.

68 David Stephan Powers, trans., *The History of al-Ṭabari* (*Ta'rĪkh al-rusul wa'l mulūk*), vol. 24, *The Empire in Transition* (Albany: State University of New York Press, 1989), 171, 177–78, 183.

69 Freiman, *Sogdiiskie dokumenty s gory Mug 1*, 7.

70 Krachkovskii and Freiman, *Sogdiiskii sbornik,* 29.

71 Bogoliubov and Smirnova, *Khoziaistvennye dokumenty.*

72 Krachkovskii and Freiman, *Sogdiiskii sbornik,* 29.

73 Nov. 3文書（契約合同）和Nov. 4文書（新郎之義務）最初在*Livshits, Dokumenty s gory Mug 2,* 21–26. 中被轉寫和翻譯。最新的翻譯是由Ilya Yakubovich, "Marriage Sogdian Style," in *Iranistik in Europa—Gestern, Heute, Morgen,* ed. H. Eichner, Bert G. Fragner, Velizar Sadovski, and Rüdiger Schmitt (Vienna: Österreichische Akademie der Wissenschaften, 2006), 307–44. 亦見Ilya Gershevitch, "The Sogdian Word for 'Advice,' and Some Mugh Documents," *Central Asiatic Journal* 7 (1962): 90–94文中的簡短討論; W. B. Henning, "A Sogdian God," *Bulletin of the School of Oriental and African Studies* 28 (1965): 242–54.

74 Maria Macuch, Das sasanidische Rechtsbuch "Mātakdān i hazār dātistān" (Teil 2) (Wiesbaden, Germany: Kommissionsverlag F. Steiner, 1981).

75 Yakubovich, "Marriage Sogdian Style,"調查了範圍廣泛的婚姻文書，但只找到一組

Kuzuya Yamauchi (Tokyo: Archetype, 2007), 16; Vladimir Livšic, "The Sogdian Wall Inscriptions on the Site of Afrasiab," in Compareti and Vaissière, *Royal Naurūz in Samarkand*, 59–74.

52 穴澤 光、馬目順一，〈アフラシャブ都城址出土の壁畫にみられる朝鮮人使節について〉《朝鮮學報》80（1976）：1-36。

53 Etsuko Kageyama（影山悅子）, "A Chinese Way of Depicting Foreign Delegates Discerned in the Paintings of Afrasiab," *Cahiers de Studia Iranica* 25 (2002): 313–27.

54 聖彼得堡冬宮博物館東方部的首長Boris Marshak曾提出有關此牆頂部遺失部分的復原假設：把粟特人至高無上的女神娜娜放置於該寶座中，高於所有的使者之上。見其〈ソグドの美術〉，《世界美術大全集：中央アジア》，田辺勝美、前田耕作責任編集（東京：小学館，1999），156-79。相反的，Frantz Grenet的"Self-Image of the Sogdians,"認爲登上王座的Varkhuman位於同一位置，而Étienne de la Vaissière的"Les Turcs, rois du monde à Samarcande," 147–62, in Compareti and Vaissière, *Royal Naurūz in Samarkand* 一文中則提出位於該位置的應爲西突厥的可汗。

55 北牆的說明見Compareti and Vaissière, *Royal Naurūz in Samarkand,* Plate 5, 27.

56 Marshak, "Le programme iconographique des peintures;" Grenet, "Self-Image of the Sogdians."

57 al-Bīrūnī, *The Chronology of Ancient Nations,* trans. C. Edward Sachau (Frankfurt: Institute for the History of Arabic Islamic Science at the Johann Wolfgang Goethe University, 1998; reprint of 1879 original), 201–4, 222.

58 Grenet, "Self-Image of the Sogdians," 132.

59 Grenet and Vaissière, "Last Days of Panjikent," 155.

60 穆格山文書已出版了三卷：A. A. Freiman, *Opisanie, publikatsii, i issledovanie dokumentov s gory Mug: Sogdiiskie dokumenty s gory Mug* 1(Moscow: Izdatel'stvo Vostochnoi Literatury, 1962); Vladimir A. Livshits, *Iuridicheskie dokumenty i pis'ma: Sogdiiskie dokumenty s gory Mug 2* [Legal documents and letters: Sogdian documents from Mount Mugh 2] (Moscow: Izdatel'stvo Vostochnoi Literatury, 1962); M. N. Bogoliubov and O. I. Smirnova, *Khoziaistvennye dokumenty: Dokumenty s gory Mug 3* [Economic documents from Mount Mugh 3] (Moscow: Izdatel'stvo Vostochnoi Literatury, 1963). 近日，V. A. Livshits出版了這些文書的新版本：*Sogdiiskaia epigrafika Srednei Azii i Semirech'ia* (St. Petersburg: Filologicheskii Fakul'tet Sankt-Peterburgskogo Gosudarstvennogo Universiteta, 2008).

61 Ilya Yakubovich的論文中記載：村民們將粟特文誤認爲阿拉伯文，並認爲這份文書是尋找古老寶藏的指示。見其"Mugh 1.I Revisited," *Studia Iranica* 31, no. 2 (2002): 231–52.

62 這些敘述是基於我與Boris Marshak於2000年3月25日，在美國賓夕法尼亞大學的談話。Marshak教授認識普婁提，是普婁提告訴他這個故事的。Livshits,

38 Raspopova, "Gold Coins and Bracteates," 453–60.

39 Boris I. Marshak and Valentina Raspopova, "Cultes communautaires et cultes privés en Sogdiane," in Bernard and Grenet, *Histoire et cultes de l'Asie préislamique,* 187–95, esp. 192.

40 Boris A. Litvinskij, *La civilisation de l'Asie centrale antique,* trans. Louis Vaysse (Rahden, Germany: Verlag Marie Leidorf, 1998), 182.

41 A. M. Belenitskii and B. I. Marshak, "The Paintings of Sogdiana," in *Sogdian Painting: The Pictorial Epic in Oriental Art, by Guitty Azarpay* (Berkeley: University of California Press, 1981), 11–77, esp. 20–23.

42 Marshak and Raspopova, "Cultes communautaires et cultes privés," 187–93.

43 Vaissière, *Sogdian Traders,* 163; Marshak and Raspopova, "Wall Paintings from a House with a Granary," 140–42,指稱該神爲勝利之神，但Frantz Grenet 認爲是Farn（財富之神）才對。"Vaiśravaṇa in Sogdiana: About the Origins of Bishamon-Ten," Silk Road Art and Archaeology 4 (1995–96): 277–97, esp. 279.

44 Marshak and Raspopova, "Wall Paintings from a House with a Granary," 150–53, figure 24 on 151.

45 Boris Marshak, *Legends, Tales, and Fables in the Art of Sogdiana* (New York: Bibliotheca Persica, 2002).

46 Vaissière, *Sogdian Traders*, 162, plate 5, illustration 1.

47 Varkhuman的名字在漢文中被轉寫成「拂呼縵」。劉昫，《舊唐書》, 221b:6244（譯注：應為「歐陽修，《新唐書》」。舊唐書並未提到「拂呼縵」。）; Chavannes, *Documents sur les Tou-Kiue,* 135.

48 關於這些繪畫的概況，請見Matteo Compareti and Étienne de la Vaissière, eds., *Royal Naurūz in Samarkand: Proceedings of the Conference Held in Venice on the Pre-Islamic Painting at Afrasiab* (Rome: Instituto Editoriali e Poligrafici Inter-nazionali, 2006), 59–74. 此論文集是目前對於阿夫拉西阿卜畫作最先進的分析。又見 L. I. Al'baum, Zhivopis' Afrasiaba [Paintings from Afrosiab] (Tashkent, USSR: FAN, 1975); Boris I. Marshak, "Le programme iconographique des peintures de la 'Salle des ambassadeurs' à Afrasiab (Samarkand)," *Arts Asiatiques* 49 (1994): 5–20; "The Self-Image of the Sogdians," in Vaissière and Trombert, *Les Sogdiens en Chine*, 123–40; Matteo Compareti, "Afrāsiāb ii. Wall Paintings," in *Encyclopædia Iranica* Online Edition, April 14, 2009, 線上版見 http://www.iranicaonline.org/articles/afrasiab-ii-wall-paintings-2.

49 Grenet, "Self-Image of the Sogdians."

50 Frantz Grenet, "What was the Afrasiab Painting About," in *Compareti and Vaissière, Royal Naurūz in Samarkand*, 43–58, esp. 44–47 about the eastern wall.

51 Frantz Grenet, "The 7th-Century AD 'Ambassadors' Painting' at Samarkand," in *Mural Paintings of the Silk Road: Cultural Exchanges between East and West*, ed.

xian," in Vaissière and Trombert, *Les Sogdiens en Chine,* 73–91.

20 Nicholas Sims-Williams, "Fourth-Century Abandoned Wife," 249.

21 此處假設一個vesicle相當25公克。Vaissière, *Sogdian Traders,* 53–55.對於重量的一般考察，請參見Boris I. Marshak and Valentina Raspopova, *Sogdiiskie giri iz Pendzhikenta/Sogdian Weights from Panjikent* (St. Petersburg: The Hermitage, 2005).

22 Nicholas Sims-Williams, "Ancient Letter 1," 182.

23 Grenet et al., "Sogdian Ancient Letter V," 100; Vaissière, Sogdian Traders, 53–54.

24 Grenet et al., "Sogdian Ancient Letter V," 101.

25 Étienne de la Vaissière, "Is There a 'Nationality' of the Hephthalites?" *Bulletin of the Asia Institute* 17 (2007): 119–32.

26 Frantz Grenet, "Regional Interaction in Central Asia and Northwest India in the Kidarite and Hephthalite Periods," *in Indo-Iranian Languages and Peoples: Proceedings of the British Academy,* ed. Nicholas Sims-Williams (Oxford: Oxford University Press, 2002), 220–21.

27 Vaissière, *Sogdian Traders,* 112–17.

28 有關該遺址的最重要的出版物，見Boris I. Marshak and Valentina Raspopova, "Wall Paintings from a House with a Granary, Panjikent, 1st Quarter of the 8th Century A.D.," *Silk Road Art and Archaeology* 1 (1990): 123–76,，特別是173n3。發掘的現任指揮者爲Pavel B. Lurje，爲冬宮博物館東方部的負責人。

29 A. M. Belenitski and B. I. Marshak, "L'art de Piandjikent à la lumière des dernières fouilles (1958–1968)," *Arts Asiatiques* 23 (1971): 3–39.

30 Frantz Grenet and Étienne de la Vaissière, "The Last Days of Panjikent," *Silk Road Art and Archaeology* 8 (2002): 155–196, 尤其是 176; Marshak and Raspopova, "Wall Paintings from a House with a Granary," 125.

31 Vaissière, Sogdian Traders, 190–94.

32 Vaissière, Sogdian Traders, 191.

33 Valentina Raspopova, "Gold Coins and Bracteates from Pendjikent," in *Coins, Art and Chronology: Essays on the Pre-Islamic History of the Indo-Iranian Borderlands,* ed. Michael Alram and Deborah E. Klimburg-Salter (Vienna: Österreichische Akademie der Wissenschaften, 1999), 453–60.

34 Boris Marshak，個人通信，2002年2月7日。

35 Raspopova, "Gold Coins and Bracteates from Pendjikent," 453–60.

36 G. A. Pugachenkova, "The Form and Style of Sogdian Ossuaries," *Bulletin of the Asia Institute* 8 (1994): 227–43; L. A. Pavchinskaia, "Sogdian Ossuaries," *Bulletin of the Asia Institute* 8 (1994): 209–25; Frantz Grenet, "L'art zoroastrien en Sogdiane: Études d'iconographie funéraire," *Mesopotamia* 21 (1986): 97–131.

37 Boris I. Marshak, "On the Iconography of Ossuaries from Biya-Naiman," *Silk Road Art and Archaeology* 4 (1995–96): 299–321.

Tunhuang, 43–61.

11 Frantz Grenet, "Old Samarkand: Nexus of the Ancient World," *Archaeology Odyssey* 6, no. 5 (2003): 26–37.

12 Nicholas Sims-Williams and Frantz Grenet, "The Sogdian Inscriptions of Kultobe," *Shygys* 2006, no. 1: 95–111.

13 房屋和塔的廢墟見M. Aurel Stein, *Ruins of Desert Cathay: Personal Narrative of Explorations in Central Asia and Westernmost China* (London: Macmillan, 1912; repr., New York: Dover, 1987), 圖177。

14 Aurel Stein, *Ruins of Desert Cathay,* 2:113.

15 關於發現時的情況，參看 Stein, *Serindia,* 669–77，與地圖74。對於信件的一般概述，請參閱Vaissière, *Sogdian Traders,* 43–70.（原書以法文於2002年出版，但我為方便讀者閱讀，引用的是英文版。）另請參閱 Nicholas Sims-Williams and Frantz Grenet, "The Historical Context of the Sogdian Ancient Letters," in *Transition Periods in Iranian History, Actes du symposium de Fribourg-en-Brisgau* (22–24 Mai 1985) (Leuven, Belgium: E. Peeters, 1987), 101–22.

Nicholas Sims-Williams 已將信札1-3和5之譯本發布在網路上：http://depts.washington.edu/silkroad/texts/sogdlet.html 。

最新的各信札翻譯本如下：

信札 1: Nicholas Sims-Williams, "Towards a New Edition of the Sogdian Ancient Letters: Ancient Letter 1," in Vaissière and Trombert, *Les Sogdiens en Chine,* 181–93. 信札 2: Nicholas Sims-Williams, "The Sogdian Ancient Letter II," in *Philologica et Linguistica: Historia, Pluralitas, Universitas; Festschrift für Helmut Humbach zum 80. Geburtstag am 4. Dezember 2001,* ed. Maria Gabriela Schmidt and Walter Bisang (Trier, Germany: Wissenschaftlicher Verlag Trier, 2001), 267–80; Nicholas Sims-Williams, "Sogdian Ancient Letter 2," in *Monks and Merchants: Silk Road Treasures from Northwest China,* ed. Annette L. Juliano and Judith A. Lerner (New York: Harry N. Abrams with the Asia Society, 2001), 47–49. 信札3的摘要見於 Nicholas Sims-Williams, "A Fourth-Century Abandoned Wife," in Whitfield and Ursula Sims-Williams, Silk Road, 248–49. 信札 5: Frantz Grenet, Nicholas Sims-Williams, and Étienne de la Vaissière, "The Sogdian Ancient Letter V," *Bulletin of the Asia Institute* 12 (1998): 91–104.

16 Nicholas Sims-Williams, "Sogdian Ancient Letter II," 261.

17 信札3-5之中，每一封都在313年5月11日至314年4月21日之間，或者是313年六月至十二月之間寫成。Grenet et al., "Sogdian Ancient Letter V," 102; 又見Vaissière, *Sogdian Traders,* 45n5.

18 Etienne de la Vaissière, "Xiongnu,"，Encyclopædia Iranica線上版，網址：http://www.iranicaonline.org/articles/xiongnu，2006年11月15日查閱 。

19 Pénélope Riboud, "Réflexions sur les pratiques religieuses designees sous le nom de

97 Werner Sundermann, "Completion and Correction of Archaeological Work by Philological Means: The Case of the Turfan Texts," in *Histoire et cultes de l'Asie centrale préislamique,* ed. Paul Bernard and Frantz Grenet (Paris: Éditions du Centre National de la Recherche Scientifique, 1991), 283–89.

98 Zhang and Rong, "Concise History of the Turfan Oasis," 20–21; Morris Rossabi, "Ming China and Turfan, 1406–1517," *Central Asiatic Journal* 16 (1972): 206–25.

99 Perdue, *China Marches West*.

第四章

法國高等研究院（École Pratique des Hautes Études）的Étienne de la Vaissière、法國國家科學研究中心（Centre Nationale de la Recherche Scientifique）的Frantz Grenet、已故的冬宮博物館（ Hermitage Museum）Boris I. Marshak以及南加州大學（University of Southern California）的Kevin van Bladel幾位都曾仔細地審閱本章的草稿。已故的Marshak教授2002年春季期間在耶魯大學開設了兩堂課，我關於彭吉肯特的討論很大程度上參考了當時在他課堂上抄寫的筆記。哈佛大學的Oktor Skjaervø對照粟特文原文檢查了譯文，並提出了許多有益的建議。我還想感謝Asel Umurzakova在定位和閱讀俄文材料上的協助，以及Nikolaos A. Chrissidis的額外研究幫助。

1 Shiratori（白鳥庫吉）, "Study on Su-t'ê," 81–145.

2 慧立、彥悰，《大慈恩寺三藏法師傳》，27。

3 Arthur Waley, *The Real Tripitaka and Other Pieces* (London: George Allen & Unwin, 1952), 21.

4 學者尚未能確定玄奘循哪條路線通過了天山山脈。一種可能的路線是越過海拔比較沒有那麼高的勃達嶺隘口（Bedal Pass）。更可能的途徑是直接從龜茲往北到西突厥的中心地帶，靠近新疆北部小洪那海（Little Khonakhai），然後往正西方行至伊塞克湖。見向達〈熱海道小考〉，《文物》1962年第7-8：35。

5 Beal, *Life of Hiuen-tsiang,* 25n80. 漢文用語中，將「溫暖的海水」稱爲「熱海」。

6 玄奘會見了西突厥的首領肆葉護可汗，肆葉護可汗是他在西元628或629年初被暗殺的父親「統葉護可汗」的繼任者。Étienne de la Vaissière, "Oncles et frères: Les qaghans Ashinas et le vocabulaire turc de la parenté," *Turcica* 42 (2010): 267–78.

7 在漢文中，「粟特」一名有許多不同的寫法（形式）。請見季羡林及其合著者在玄奘《大唐西域記校注》中的注釋，73-74。

8 玄奘，《大唐西域記》，72; Beal, Life of Hiuen-tsiang, 27.

9 劉昫，《舊唐書》，198B：5310;歐陽修，《新唐書》（北京：中華書局，1975），221B :6243-44。

10 Klimkeit, *Gnosis on the Silk Road;* Nicholas Sims-Williams, "Sogdian and Turkish Christians in the Turfan and Tun-huang Manuscripts," in *Cadonna, Turfan and*

83 Skaff, "Straddling Steppe and Sown," 224, 82n147, 86有圖表；杜佑，《通典》（北京：中華書局，1988），6:111。Skaff的著作是最新最持之以恆的英語成果，同時附有漢語和日語著作之詳細參考書目。又見荒川正晴，《オアシス国家とキャラヴァン交易》（東京：山川出版社，2003）。

84 Skaff, "Straddling Steppe and Sown," 86, 244; D. C. Twitchett, *Financial Administration under the T'ang Dynasty,* 2nd ed. (Cambridge, UK: Cambridge University Press, 1970), 86.

85 Jonathan Karam Skaff, "Barbarians at the Gates? The Tang Frontier Military and the An Lushan Rebellion," *War and Society* 18, no. 2 (2000): 23–35, esp. 28, 33.

86 Twitchett, *Financial Administration,* 97–123.

87 Larry Clark指出確定可汗轉換確切年分之困難，可能在755-56、761、或763。見其"The Conversion of Bügü Khan to Manichaeism," in Emmerick, *Studia Manichaica,* 83–123.

88 Hans-J. Klimkeit, "Manichaean Kingship: Gnosis at Home in the World," Numen 29, no. 1 (1982): 17–32.

89 Michael R. Drompp, *Tang China and the Collapse of the Uighur Empire: A Documentary History* (Leiden, The Netherlands: Brill, 2005), 36–38; Zhang and Rong, "Concise History of the Turfan Oasis," 20–21; Moriyasu Takao（森安孝夫）, "Qui des Ouighours ou des Tibetains," 193–205.

90 Moriyasu Takao（森安孝夫）, "Notes on Uighur Documents," *Memoirs of the Research Department of the Toyo Bunko* 53 (1995): 67–108.

91 Nicholas Sims-Williams, "Sogdian and Turkish Christians in the Turfan and Tun-huang Manuscripts," in *Turfan and Tun-huang, the Texts: Encounter of Civilizations on the Silk Route,* ed. Alfredo Cadonna (Florence, Italy: Leo S. Olschki Editore, 1992), 43–61; Nicholas Sims-Williams, "Christianity, iii. In Central Asia and Chinese Turkestan," in *Encyclopædia Iranica,* Online Edition, October 18, 2011, 線上版見 http://www.iranicaonline.org/articles/christianity-iii; Sims-Williams, "Bulayïq," in E*ncyclopædia Iranica,* Online Edition, December 15, 1989,線上版見 http://www.iranicaonline.org/articles/bulayq-town-in-eastern-turkestan.

92 S. P. Brock, "The 'Nestorian' Church: A Lamentable Misnomer," B*ulletin of the John Rylands University Library of Manchester* 78, no. 3 (1996): 23–35.

93 完整的翻譯，請參見Hans-Joachim Klimkeit, *Gnosis on the Silk Road: Gnostic Texts from Central Asia* (San Francisco: HarperSanFrancisco, 1993), 353–56.

94 Klimkeit, *Gnosis on the Silk Road,* 40–41.

95 Zsuzsanna Gulacsi, *Manichaean Art in Berlin Collections* (Turnhout, Belgium: Brepols, 2001), 70–75.

96 森安孝夫，《ウイグル=マニ教史の研究》（大阪：大阪大學文學部，1991），18-27，圖版1。

67 Ronald M. Nowak, *Walker's Mammals of the World,* 5th ed. (Baltimore: Johns Hopkins University Press, 1991), 2:1357.

68 更充分的討論見 Valerie Hansen, "How Business Was Conducted on the Chinese Silk Road during the Tang Dynasty, 618–907," in *Origins of Value: The Financial Innovations That Created Modern Capital Markets,* ed. William N. Goetzmann and K. Geert Rouwenhorst (New York: Oxford University Press, 2005), 43–64; Arakawa Masaharu（荒川正晴）, "Sogdian Merchants and Chinese Han Merchants during the Tang Dynasty," in Vaissière and Trombert, *Les Sogdiens en Chine,* 231–42.

69 Éric Trombert, "Textiles et tissus sur la route de la soie: Eléments pour une géographie de la production et des échanges," in Drège, La Serinde, *terre d'échanges,* 107–20, esp. 特別是108頁。

70 Trombert, "Textiles et tissus"; Michel Cartier, "Sapèques et tissus à l'époque des T'ang (618–906)," *Journal of the Economic and Social History of the Orient* 19, no. 3 (1976): 323–44.

71 Hansen, *Negotiating Daily Life,* 51–52.

72 Arakawa Masaharu（荒川正晴）, "The Transit Permit System of the Tang Empire and the Passage of Merchants," *Memoirs of the Research Department of the Toyo Bunko* 59 (2001): 1–21;程喜霖，《唐代過所研究》，239-45。

73。 Arakawa, "Transit Permit System," ，提供了通行證（頁8-10）和他的路線示意圖（頁11）的全文翻譯。

74 Skaff, "Sasanian and Arab-Sasanian Silver Coins," 97–98.

75 唐長孺，《吐魯番出土文書》4:281-97。

76 Hansen, "Impact of the Silk Road Trade."

77 Wallace Johnson, trans., *The T'ang Code,* vol. 2, *Specific Articles* (Princeton, NJ: Princeton University Press, 1997), 482; Denis Twitchett, "The T'ang Market System," Asia Major 12 (1963): 245. 如下文引用的吐魯番登記冊，所示價格之間相隔兩個星期。（譯注：Denis Twitchett文應出版於1966年。）

78 池田溫排序並謄寫了這份文書於《中國古代籍帳研究》（東京：東京大學東洋文化研究所，1979），447-62。Éric Trombert和Étienne de la Vaissière 提供了許多注釋，以及完整的法語翻譯: "Le prix de denrées sur le marché de Turfan en 743," in *Études de Dunhuang et Turfan,* ed. Jean-Pierre Drège (Geneva, Switzerland: Droz, 2007), 1–52.

79 20後的第二個位數逸失了，但此數字必定爲7。

80 Arakawa, "Transit Permit System," 13.

81 王炳華，〈吐魯番出土唐代庸調布研究〉，《文物》1981年第1期1: 56–62. Helen Wang慷慨地提供了她即將刊行的這篇文章之譯本。

82 Jonathan Karam Skaff, "Straddling Steppe and Sown: Tang China's Relations with the Nomads of Inner Asia (640–756)" (Ph.D. diss., University of Michigan, 1998).

51 羅豐，《胡漢之間：「絲綢之路」與西北歷史考古》，96。

52 Wu Zhen（吳震）, "'Hu' Non-Chinese as They Appear in the Materials from the Astana Graveyard at Turfan," *Sino-Platonic Papers* 119 (Summer 2002): 7.

53 Yoshida Yutaka（吉田豊）, "On the Origin of the Sogdian Surname Zhaowu and Related Problems," *Journal Asiatique 291,* nos. 1–2 (2003): 35–67.

54 Yoshida Yutaka（吉田豊） and Kageyama Etsuko（影山悅子）, "Appendix I. Sogdian Names in Chinese Characters, Pinyin, Reconstructed Sogdian Pronunciation, and English Meanings," in Vaissière and Trombert, *Les Sogdiens en Chine,* 305–6.

55 在六、七世紀時，大部分在吐魯番的粟特人都是祆教徒，而非摩尼教徒。見Valerie Hansen, "The Impact of the Silk Road Trade on a Local Community: The Turfan Oasis, 500–800," in Vaissière and Trombert, *Les Sogdiens en Chine,* 283–310, 特別是299.

56 影山悅子,〈東トルキスタン出土のオッスアリ(ゾロアスター教徒の納骨器)について〉, Oriento 40, no. 1 (1997): 73–89.

57 Zhang Guangda（張廣達）, "Iranian Religious Evidence in Turfan Chinese Texts," *China Archaeology and Art Digest 4,* no. 1 (2000): 193–206.

58 「薩保」是粟特文s'rtp'w的漢文轉寫，借自梵語sārthavāha（可能透過大夏語爲中介），意爲「商隊的領導者」。吉田豊，《ソグド語雑録 II》*Oriento* 31, no. 2 (1988): 168–71.

59 Hansen, "Impact of the Silk Road Trade," 297–98.

60 吐魯番地區文物局，〈新疆吐魯番地區巴達木墓地發掘簡報〉《考古》2006年12期：47-72。

61 Jonathan Karam Skaff, "Documenting Sogdian Society at Turfan in the Seventh and Eighth Centuries: Tang Dynasty Census Records as a Window on Cultural Distinction and Change," in Vaissière and Trombert, *Les Sogdiens en Chine,* 311–41.

62 這些文書沒有記年，但它們上面都有一個人名：漢文爲「車不六多（或「車不呂多」）」，出現在另外一件記年於619年的文書中的粟特名字爲Parwēkht。見Skaff, "Sasanian and Arab-Sasanian Silver Coins," 90n71.（譯註：文獻出處的原文中並未見該粟特文名字Parwēkht，不知所由何來。另一個名爲「不六多」的人姓「安」，則見於Hansen於《粟特人在中國》中的文章。）

63 Skaff, "Sasanian and Arab-Sasanian Silver Coins," 93–95.

64 八個記號表示先前的半個月沒有支付任何稅金，這意味著在一整年中，沒有任何稅賦支付的時間達四個月。

65 中國高昌時期「斤」的實際重量目前還未可知，因爲未曾出土過那個時候的砝碼。晉朝使用舊的系統，高昌王國從晉朝採借了許多度量衡的尺度，因此在這些文書中「斤」的重量很有可能爲兩百克左右。陳國燦，個人通信，2006年5月18日。

66 Skaff, "Sasanian and Arab-Sasanian Silver Coins," 93.

4-14;榮新江等人，《新獲吐魯番出土文獻》，1:163。

32 Jonathan Karam Skaff, "Sasanian and Arab-Sasanian Silver Coins from Turfan: Their Relationship to International Trade and the Local Economy," *Asia Major,* 3rd ser., 11, no. 2 (1998): 67–115, 特別見頁 68。

33 大多數高昌城的錢幣都是在三個窖藏中發現：三者各有十枚，二十枚，一百枚錢幣。見Skaff, "Sasanian and Arab-Sasanian Silver Coins," 71–72.

34 唐長孺,《吐魯番出土文書》1:143; 討論見 Hansen, "The Path of Buddhism into China: The View from Turfan," *Asia Major,* 3rd ser., 11, no. 2 (1998): 37–66, esp. 51–52.

35 Skaff, "Sasanian and Arab-Sasanian Silver Coins," 108–9.

36 Yoshida, "Appendix: Translation of the Contract," 159–61.

37 Helen Wang, *Money on the Silk Road,* 34–36.

38 Skaff, "Sasanian and Arab-Sasanian Silver Coins," 68.

39 Helen Wang, *Money on the Silk Road,* 35.

40 王炳華，個人通信，2009年6月25日，李遇春，〈新疆烏恰縣發現金條和大批波斯銀幣〉，《考古》1959年第9期：482-83。

41 2006年Stephen Album得以調查大約一百枚新疆博物館收藏的烏恰錢幣，他估計，超過四分之一是薩珊銀幣的「現代仿品」，或者「來自嚈噠造幣廠的卑路斯（Peroz）風格錢幣。」出自*Stephen Album*於2006年12月6日，在上海博物館主辦的古錢幣和絲綢之路文化國際研討會上提交之會議論文。各烏恰錢幣之照片請參見*Silk Roadology* 19 (2003): 51–330.

42 Valerie Hansen, "Why Bury Contracts in Tombs?" *Cahiers d'Extrême-Asie* 8 (1995): 59–66.

43 Hansen, *Negotiating Daily Life,* 35, 43.

44 唐長孺，《吐魯番出土文書》3：517。

45 羅豐，《胡漢之間：「絲綢之路」與西北歷史考古》（北京：文物出版社，2004），147。

46 羅豐，《胡漢之間：「絲綢之路」與西北歷史考古》，117-120; François Thierry and Cecile Morrisson, "Sur les monnaies byzantines trouvées en Chine," Revue Numismatique 36 (1994): 109–45.

47 Helen Wang, *Money on the Silk Road,* 34.

48 該表參見羅豐，《胡漢之間：「絲綢之路」與西北歷史考古》，146，列出了在中國發現的三十二枚眞品和十五枚仿品金幣。關於這些錢幣的中文文獻因數量太多而無法在這裡列出。可參考羅豐該書詳細的注釋，此處不贅。

49 林英、邁特里希（Michael Metlich），〈洛陽發現的利奧一世金幣考釋〉，《中國錢幣》90卷3期3 (2005): 70–72.

50 於北周田弘墓中發現了五枚錢幣，羅豐，《胡漢之間：「絲綢之路」與西北歷史考古》，118，項目21-24。

靠的關於吐魯番的歷史。中文著作則見王素，《高昌史稿》。

14 Wang Binghua（王炳華）, "New Finds in Turfan Archaeology," *Orientations* 30, no. 4 (April 1999): 58–64.

15 Zhang Guangda（張廣達） and Rong Xinjiang（榮新江）, "A Concise History of the Turfan Oasis and Its Exploration,"14-17。

16 Yamamoto Tatsuro（山本達郎）and Ikeda On（池田溫）, *Tun-huang and Turfan Documents Concerning Social and Economic History,* 3A：3。

17 令狐德棻，《周書》，50:915;余太山，《西域傳》，510-11。

18 Zhang Guangda（張廣達）, "An Outline of the Local Administration in Turfan," 網址爲 http://eastasianstudies.research.yale.edu/turfan/government.html.

19 Valerie Hansen, *Negotiating Daily Life in Traditional China: How Ordinary People Used Contracts, 600–1400* (New Haven, CT: Yale University Press, 1995), 29–31.

20 劉昫，《舊唐書》（北京：中華書局，1975），198:5295。

21 李吉甫，《元和郡縣圖志》（北京：中華書局，1983），40:1030。

22 考古學者在敦煌石窟的北部地區發現了一些給死者的紙製衣物：有紙鞋（洞穴B48）和紙製上衣。彭金章、王建軍，《敦煌莫高窟北區石窟》（北京：文物出版社，2000至2004年），1:151-52; 1:177; 3:337。

23 唐長孺（編），《吐魯番出土文書》（北京：文物出版社，1992-96），1:10;陳國燦，個人通信，2006年4月10日。注釋中引用四卷本的吐魯番文書和照片，比早期的十卷本更可靠。

24 王素，〈長沙走馬樓三國吳簡研究的回顧與展望〉，《中國歷史文物》2004年第1期：18-34，特別見25，周書，50:915;余太山，《西域傳》，510-11。

25 Stein, *Innermost Asia,* 2:646.

26 Frank Dikötter, *Mao's Great Famine: The History of China's Most Devastating Catastrophe,* 1958–1962 (New York: Walker, 2010), x.

27 此段敘述來自2006年3月29日與新疆博物館已故吳震研究員的談話。

28 新疆博物館曾經刊布了一些簡短的發掘報告：《文物》1960年，編號 6：13-21，1972年，編號 1：8-29，1972年，編號 2：7-12，1973，編號 10：7-27; 1975年，編號 7：8-26，1978，編號6：1-14。阿斯塔納發掘的全面報告則刊在《新疆文物》（2000年，3-4期）。

29 Hansen, "Turfan as a Silk Road Community," 1.

30 唐長孺，〈新出吐魯番文書簡介〉，《東方學報》54（1982）：83-100。大多數吐魯番文書已發表在唐長孺，《吐魯番出土文書》四卷本中。又見陳國燦，《斯坦因所獲吐魯番文書研究》（武昌：武漢大學出版社，1995年）;陳國燦，《日本寧樂美術館藏吐魯番文書》（北京：文物出版社，1997年）;柳洪亮，《新出吐魯番文書及其研究》（中國烏魯木齊：新疆人民出版社，1997年）;榮新江、李肖、孟憲實，《新獲吐魯番出土文獻》（北京：中華書局，2008年）。

31 榮新江，〈闞氏高昌王國與柔然、西域的關係〉，《歷史研究》2007年第2期2：

Center for Buddhist Translation and Research, 1995).
學者尚未能確定玄奘或慧立兩人在世的時間。Alexander Leonhard Mayer曾考慮過許多互相衝突的資料來源，依據道宣在《續高僧傳》的說法，得出的結論是玄奘法師最可能誕生於600年（另一個可能的日期範圍是從596到602年）。見Alexander Leonhard Mayer and Klaus Röhrborn, eds., *Xuanzangs Leben und Werk,* vol. 1 (Wiesbaden, Germany: Harrassowitz, 1991), 34 (關於慧立), 61 (關於玄奘). 感謝Friederike Assandri提供此參考資料。

4 玄奘只有一篇簡短的自傳在《佛道論衡》書中，特別提到玄奘研究梵文（桑山正進、愼谷憲昭，《玄奘》，43-44）。

5 我的敘述和其後關於玄奘旅程的引用段落都根據慧立、彥悰《大慈恩寺三藏法師傳》，11-29。

6 斯坦因計算該距離，依照玄奘所使用的5里對應現代一英里的比例，斯坦因發現這是一個玄奘在他所有的著作中都使用的數量。玄奘從瓜州至哈密涵蓋三百五十一公里，花費了十一天走路（「行進」）。利用玄奘的敘述，斯坦因畫出了玄奘走過的路線圖。（頁268）Aurel Stein, "The Desert Crossing of Hsüan-Tsang, 630 A.D.," *Geographical Journal* 54 (1919): 265–77.

7 見Yoshida Yutaka（吉田豐）、Kageyama Etsuko（影山悅子）, "Sogdian Names in Chinese Characters," in Les Sogdiens en Chine, ed. Étienne de la Vaissière and Éric Trombert (Paris: École Française d'Extrême-Orient, 2005), 305–6.一文中的圖表。

8 斯坦因認爲旅程的長度可信，因爲玄奘的五天四夜可以與二十世紀初旅行者花費的五段「行走日程」相對應。他估計玄奘在到達水源前走了一百七十一公里。斯坦因也提到他自己的馬能行走四天不喝水，他認爲很可能實際上玄奘一行人缺水的時間較此更長。("The Desert Crossing," 276–77.)

9 桑山正進、愼谷憲昭，《玄奘》，48–49。

10 高昌王和西突厥可汗之間因通婚而互相有所連結。在 614年至619年之政變期間，高昌王麴伯雅極有可能留在了西突厥。吳震，〈麴氏高昌國史索隱〉，《文物》1981年第1期1: 38–46.

11 最近荒川正晴將慧立提到的玄奘護衛者名字，與一份出土文書中所列舉的車輛駕駛任務分配表中相似的人名加以連結。他認爲玄奘在十二月正是搭乘這些車當中的一輛離開吐魯番。"Sogdians and the Royal House of Ch'ü in the Kao-ch'ang Kingdom," *Acta Asiatica* 94 (2008): 67–93.

12 從502年至中國入侵的640年間，有十個國王統治。高昌國王的列表見Valerie Hansen, "Introduction: Turfan as a Silk Road Community," *Asia Major,* 3rd ser., 11, no. 2 (1998): 1–12，表在第八頁。對於502年之前多個掌管此地的朝代的詳細說明，請參閱王素，《高昌史稿 統治篇》，（北京：文物出版社，1998），265-307。

13 《後漢書》，88:2928-29，下文中有翻譯：Zhang Guangda（張廣達） and Rong Xinjiang（榮新江）, "A Concise History of the Turfan Oasis and Its Exploration," *Asia Major,* 3rd ser., 11, no. 2（1998）：14。張、榮二氏的文章是英文著作中最可

頁）「行客」一詞表示與移動的軍事單位（行客營）有關者，而不是長程商人（在敦煌吐魯番文獻中以「遠行商客」表示之）。

78 Trombert, *Les manuscrits chinois de Koutcha,* 編號 121, 編號 220, 編號 77 (可能的), 編號 112.

79 Trombert, *Les manuscrits chinois de Koutcha,* 編號 20, 編號 93（免除勞動義務），編號 24（債務人名單）。

80 Helen Wang, *Money on the Silk Road,* 85–87, 分析了這些；87有一份表格給出每一份翻譯中的日期和錢幣的數量。Yamamoto Tatsuro（山本達郎）and Ikeda On（池田溫）, *Tun-huang and Turfan Documents Concerning Social and Economic History,* vol. 3, *Contracts* (Tokyo: Toyo Bunko, 1987), 74–76, 書中轉寫了這些契約。

81 見Hansen, "Place of Coins and their Alternatives," 有討論涉及這個話題的相關學術文獻。

82 Thierry, "Tang Coins Collected by Pelliot," 151.

83 Trombert, *Les manuscrits chinois de Koutcha,* 35.

第三章

我要感謝1995年至1998年間參與「絲綢之路項目：散逸的吐魯番珍寶之重聚」（The Silk Road Project: Reuniting Turfan's Scattered Treasures）計畫的所有成員，迄今提供了很多資訊與和研究方面的指引。該項目的研究結果刊登在*Asia Major* 11, no. 2 (1998), *Orientations* 30, no. 4 (1999), 和 《敦煌吐魯番研究》 4 (1999). 我的論文，"The Place of Coins and Their Alternatives in the Silk Road Trade"中亦有關於吐魯番的討論。

1 Yoshida Yutaka（吉田豊）, "Appendix: Translation of the Contract for the Purchase of a Slave Girl Found at Turfan and Dated 639," *T'oung Pao* 89 (2003): 159–61.

2 雖然歷史學家對於玄奘離去的日期到底是在627還是629年仍然沒有共識，魏義天（Etienne de la Vaissière）提供了一個有說服力的案例支持「629年說」：見其"Note sur la chronologie du voyage de Xuanzang," *Journal Asiatique* 298, no. 1（2010）：157-68。另可參見最詳盡的現代玄奘傳記：桑山正進、six谷憲昭，《玄奘》（東京：大藏出版，1981），58-82。

3 慧立撰述了此書的前五章，涵蓋的時間斷限至649年爲止，那一年玄奘回到中國時，是由曾經頒布詔令禁止出國旅行的唐太宗迎接他的。彥悰寫了後續的五個章節，記錄的時間從649年開始，一直到玄奘圓寂的664年爲止。見慧立、彥悰，《大慈恩寺三藏法師傳》（北京：中華書局，2000），11。本書有兩種英譯本：Samuel Beal, trans., *Life of Hiuen-Tsiang, by the Shaman Hwui Li* (London: K. Paul, Trench, Trübner, 1911)，有一些古老的措辭與豐富的注釋，另外是較新的李榮熙的譯本，但是文中沒有注釋。 Li Rongxi, trans., *A Biography of the Tripiṭaka Master of the Great Ci'en Monastery of the Great Tang Dynasty* (Berkeley, CA: Numata

61 Klaus T. Schmidt, "Interdisciplinary Research on Central Asia: The Decipherment of the West Tocharian Captions of a Cycle of Mural Paintings of the Life of the Buddha in Cave 110 in Qizil," Die Sprache 40, no. 1 (1998): 72–81.

62 Peyrot, Variation and Change, 206.

63 伯希和將這個關卡稱爲Tchalderang；現代拼寫法則爲Shaldïrang。對於這些通行證的最詳細的研究，見Georges-Jean Pinault, "Épigraphie koutchéenne: I. Laisser-passer de caravanes; II. Graffites et inscriptions," in Chao Huashan et al., *Sites divers de la région de Koutcha* (Paris: Collège de France, 1987), 59–196, 特別是 67n4, 引用了伯希和1907年1月寫給 Émile Senart的信。慶昭蓉目前正在Pinault教授的指導下，完成她關於在龜茲發現的世俗文書的學位論文。我的討論完全根據Pinault的敘述：埋在雪中的通行證（67）；文書的敘述（69-71）；通行證的程式套語（72-74）；正式數字的使用（79）；結尾套語和日期（84-85）；資料表（78）。

64 沒有一份現存的文書同時具有完整的外殼和裡面的通行證；現存文書的照片請見Pinault, "Laisser-passer de caravans," plates40-52。

65 Pinault, "Aspects de bouddhisme," 100–101.

66 令狐德棻，《周書》（北京：中華書局，1971），50:9123。

67 陳國燦，〈唐安西四鎮中「鎮」的變化〉，《西域研究》2008年第4期：16-22。

68 Beckwith, *Tibetan Empire in Central Asia,* 197–202.

69 對於複雜政治事件一個很好的總結，見François Thierry, "On the Tang Coins Collected by Pelliot in Chinese Turkestan (1906–09)," in *Studies in Silk Road Coins and Culture: Papers in Honour of Professor Ikuo Hirayama on His 65th Birthday,* ed. Joe Cribb, Katsumi Tanabe, and Helen Wang (Kamakura, Japan: Institute of Silk Road Studies, 1997), 149–79, 特別是158–59.

70 Moriyasu Takao（森安孝夫）, "Qui des Ouighours ou des Tibétains ont gagné en 789–92 à Beš-Balïq," *Journal Asiatique* 269 (1981): 193–205; Beckwith, Tibetan Empire in Central Asia, 166–68.

71 Éric Trombert（童丕）、池田溫（專門研究中國文書之日本學者）與張廣達（研究中國唐代的歷史學家）的協助下，已發表這些文書的定本。有記年文書之總表，請參見Trombert, *Les manuscrits chinois de Koutcha,* 141.

72 Trombert, *Les manuscrits chinois de Koutcha,* 編號 28–30, 編號5.

73 Trombert, Les manuscrits chinois de Koutcha，編號 21（誦經），編號 6（女人書寫的書信），編號 19（農業屯田土地面積的大小），編號125（道教旗幟），編號 117（一位官史的績效評估）。

74 Trombert, *Les manuscrits chinois de Koutcha,* 35.

75 Trombert, *Les manuscrits chinois de Koutcha,* no. 121, no. 131.

76 Trombert, *Les manuscrits chinois de Koutcha*，編號 114（鋼），編號 129（布料，錄文中目前暫時讀爲「壹阡尺」）；編號 108（給官員的支付）。

77 Trombert, *Les manuscrits chinois de Koutcha*，編號41. Trombert解釋（該書第35

2010年4月3日。

50 該遺址的名字今天是「玉其吐爾」，而法語拼寫是Douldourâqour。對於該遺址的完整描述，請參閱Madeleine Hallade et al., *Douldour-âqour et Soubachi, Mission Paul Pelliot IV* (Paris: Centre de recherché sur l'Asie centrale et la Haute-Asie, Instituts d'Asie, Collège de France, 1982), 31–38.（譯注：該遺址應非玉其吐爾，而是夏克吐爾/夏哈吐爾，兩者分別位於渭干河兩側。）

51 kuśiññe一詞意爲「龜茲」。 Pinault, "Introduction au tokharien," 20.

52 Éric Trombert, *Les manuscrits chinois de Koutcha,* 25–27. 伯希和收集的漢文和龜茲文文書，現在收藏於法國國家圖書館中。第一次世界大戰戰前數年活躍在中亞地區，來自日本的大谷探險隊也在龜茲購買了文書， 很可能是從同一個遺址取得。同參Georges-Jean Pinault, "Economic and Administrative Documents in Tocharian B from the Berezovsky and Petrovsky Collections," *Manuscripta Orientalia* 4, no. 4 (1998): 3–20.

53 Édouard Chavannes, *Documents sur les Tou-kiue (Turcs) occidenteaux* (Paris: Adrien-Masonneuve, 1941); Christopher I. Beckwith, *The Tibetan Empire in Central Asia: A History of the Struggle for Great Power among Tibetans, Turks, Arabs, and Chinese during the Early Middle Ages* (Princeton, NJ: Princeton University Press, 1987).

54 魏收，《魏書》（北京：中華書局，1974），102:2267；余太山，《西域傳》，448，449n136。

55 余太山，《西域傳》，636。

56 François Thierry, "Entre Iran et Chine: La circulation monétaire en Sérinde de 1er au IXe siècle," in *Drège, La Serinde, terre d'échanges,* 121–47, esp. 126. 原話見：玄奘，《大唐西域記校注》，54。這段話的各種版本中都說是「金幣」，或者「黃金」，未提及銀幣和銅幣。

57 Thierry, "La circulation monétaire en Sérinde," 129–35.

58 龜茲語言中稱呼錢幣的詞「cāne」，係來自漢語表示錢幣的「錢」字。這些敘述被翻譯並加以討論於Georges-Jean Pinault, "Aspects de bouddhisme pratiqué au nord de désert du Taklamakan, d'après les documents tokhariens," in *Bouddhisme et cultures locales: Quelques cas de réciproques adaptations; Actes du colloque franco-japonais de septembre 1991,* ed. Fukui Fumimasa and Gérard Fussman (Paris: École Française d'Extrême-Orient, 1994), 85–113; Pinault, "Economic and Administrative Documents." 原始文書現藏於法國國家圖書館（Bibliothèque Nationale of France）中名爲Pelliot Kouchéen Bois之蒐藏品，編號 C, 1.。

59 Pinault, "Economic and Administrative Documents," 12.

60 Georges-Jean Pinault, "Narration dramatisée et narration en peinture dans la region de Kucha," in *Drège, La Serinde, terre d'échanges,* 149–67; Werner Winter, "Some Aspects of 'Tocharian' Drama: Form and Techniques," *Journal of the American Oriental Society* 75 (1955): 26–35.

zum Manichäismus, Berlin, 14.–18. Juli, 1997, ed. Ronald E. Emmerick, Werner Sundermann, and Peter Zieme (Berlin: Akademie Verlag, 2000), 83–84n1.

36 Nicholas Sims-Williams, *New Light on Ancient Afghanistan: The Decipherment of Bactrian; An Inaugural Lecture Delivered on 1 February 1996* (London: School of Oriental and African Studies, University of London, 1997), 1–25.

37 George Sherman Lane, "On the Interrelationship of the Tocharian Dialects," in *Studies in Historical Linguistics in Honor of George Sherman Lane,* ed. Walter W. Arndt et al. (Chapel Hill: University of North Carolina Press, 1967), 129.

38 Stanley Insler，個人通信, April 22, 1999; Lane, "Tocharian Dialects," 129.

39 Douglas Q. Adams, "The Position of Tocharian among the Other Indo-European Languages," *Journal of the American Oriental Society* 104 (July–September 1984): 400.

40 說突厥語族語言的不同人群並不稱呼自己爲突厥，這個稱號是在與穆斯林人民的接觸之後才產生更廣泛的使用。見 P. B. Golden, *Ethnicity and State Formation in Pre-Čingisid Turkic Eurasia* (Bloomington: Department of Central Eurasian Studies, Indiana University, 2001); Golden, *An Introduction to the History of the Turkic Peoples: Ethnogenesis and State-Formation in Medieval and Early Modern Eurasia and the Middle East* (Wiesbaden, Germany: O. Harrassowitz, 1992).

41 Melanie Malzahn, "Tocharian Texts and Where to Find Them," in *Instrumenta Tocharica,* ed. Melanie Malzahn (Heidelberg, Germany: Universitätsverlag Winter, 2007), 79.

42 Georges-Jean Pinault，個人通信, April 3, 2010.

43 Georges-Jean Pinault, "Introduction au tokharien," LALIES 7 (1989): 11. 亦見 Pinault 最近出版的*Chrestomathie tokharienne: Textes et grammaire* (Leuven, Belgium: Peeters, 2008).

44 Adams, *Tocharian,* 7n8.

45 Georges-Jean Pinault既分析故事，並提供某些選文的逐字翻譯，以及不拘泥於字面意思的流暢翻譯。見他的"Introduction au tokharien，"163-94。文本的轉寫和翻譯見Pinault的*Chrestomathie tokharienne*，251-68，所引用的段落見262。

46 Lane, "Tocharian Dialects," 125，討論了此一文本（在西格和西格靈原來的吐火羅A方言文書目錄中編號爲 394）。

47 Michaël Peyrot, *Variation and Change in Tocharian B* (Amsterdam: Rodopi, 2008).

48 Pinault, "Introduction au tokharien," 11; Emil Sieg, "Geschäftliche Aufzeichnungen in Tocharisch B aus der Berliner Sammlung," *Miscellanea Academica Berolinensia* 2, no. 2 (1950): 208–23.

49 「總數爲6060號，下面的列表按照現藏地依次給出概略的數目：3480件在柏林，1500件在倫敦，1,000件在巴黎（不包括約1000件細小的碎片），聖彼得堡有180件， 30件在日本，50件在中國（不包括刻字和碑銘）。」Pinault，個人通信，

Asiatic Society 2 (1982): 161–76.

23 *The Essential Lotus: Selections from the Lotus Sutra,* trans. Burton Watson (New York: Columbia University Press, 2002).

24 Daniel Boucher, *Bodhisattvas of the Forest and the Formation of the Mahāyāna: A Study and Translation of the Rāṣṭrapālaparipṛcchā-sūtra* (Honolulu: University of Hawai'i Press, 2008).

25 Edwin G. Pulleyblank, *Lexicon of Reconstructed Pronunciation in Early Middle Chinese, Late Middle Chinese and Early Mandarin* (Vancouver: University of British Columbia Press, 1991), 160, 203, 217, 283.

26 Victor H. Mair, "India and China: Observations on Cultural Borrowing," *Journal of the Asiatic Society* (Calcutta) 31, nos. 3–4 (1989): 61–94.

27 Victor H. Mair and Tsu-Lin Mei（梅祖麟）, "The Sanskrit Origins of Recent Style Prosody," *Harvard Journal of Asiatic Studies* 51, no. 2 (1991): 375–470, 尤其是392; Victor Mair，個人通信，2011年9月7日。

28 Douglas Q. Adams, *Tocharian Historical Phonology and Morphology* (New Haven, CT: American Oriental Society, 1988), 1.

29 Denis Sinor, "The Uighur Empire of Mongolia," in *Studies in Medieval Inner Asia* (Brookfield, VT: Ashgate, 1997), 1–5.

30 Twghry一詞中，其他學者用希臘字母伽馬（γ）的地方，我改用 /gh/ 。Adams, *Tocharian,* 2, 引用了整個段落，Le Coq, *Buried Treasures,* 84, 中提到此一發現。1974年此文本的另外44頁在焉耆發現：Ji Xianlin（季羨林）, trans., *Fragments of the Tocharian A Maitreyasamiti-Nataka of the Xinjiang Museum,* China (New York: Mouton de Gruyter, 1998).

31 Adams, Tocharian, 3.

32 近日，Thierry重新審視和重新翻譯（譯爲法語）所有關於月氏的段落。在列舉了「敦煌」和「祁連」的諸漢字異讀之後，他提出了一個可能性，即西元前175年之前（這一年據稱匈奴將月氏逐出），月氏居住於祁連山和天山山脈之間的整個區域（甘肅的大部分地區和新疆全境），而不僅是在史書記載的敦煌附近的祁連地區。Thierry, "Yuezhi et Kouchans," in *Afghanistan: Ancien carrefour,* 421–539.

33 Christopher I. Beckwith, *Empires of the Silk Road: A History of Central Eurasia from the Bronze Age to the Present* (Princeton, NJ: Princeton University Press, 2009), 380–83.

34 在Karabalgasun（鄂爾渾河流域的回鶻首都）發現，石碑上刻有三語文本：粟特文、漢文、回鶻文。

35 W. B. Henning, "Argi and the 'Tokharians,'" *Bulletin of the School of Oriental Studies* 9, no. 3 (1938): 545–71. Larry Clark討論了幾個「四個Twghry」出現的地方，與Henning的看法不同，他認爲這四個地區包括龜茲。"The Conversion of Bügü Khan to Manichaeism," in *Studia Manichaica: IV. Internationaler Kongress*

7 玄奘，《大唐西域記校注》，季羨林等編輯。（北京：中華書局，1985），61; Beal, Si-yu-ki, 21.

8 Le Coq, *Buried Treasures,* 127.

9 伯希和、醫生和製圖師路易・威揚（Louis Vaillant）、以及攝影師查理・努威（Charles Nouette）西元1906-1909年從喀什旅行前往西安。威揚在他的文章中提供了關於他們旅途的詳細說明，包括他們停留在每個站點的日期和他們行程的地圖："Rapport sur les Travaux Géographiques faits par la Mission Archéologique d'Asie Centrale (Mission Paul Pelliot 1906–1909)," *Bulletin de la Section de Geographie du Comité des Travaux Historiques et Scientifiques* 68 (1955): 77–164.

10 余太山，《西域傳》，29日;司馬遷，《史記》123:3168-69。

11 余太山，《西域傳》，187-90;班固，《漢書》，96B :3916-17。

12 余太山，《西域傳》，180;班固，《漢書》，96B：3911。

13 一座在拜城附近的山中發現的，上有西元158年記年的石碑，記錄了一位中國將軍的姓名和頭銜。Éric Trombert, with Ikeda On and Zhang Guangda, *Les manuscrits chinois de Koutcha: Fonds Pelliot de la Bibliothèque Nationale de France* (Paris: Institut des Hautes Études Chinoises du Collège de France, 2000), 10.

14 見下文中的寺院名單，Mariko Namba Walter, "Tokharian Buddhism in Kucha: Buddhism of Indo-European Centum Speakers in Chinese Turkestan before the 10th Century C.E.," *Sino-Platonic Papers* 85 (October 1998): 5–6.在龜茲發現的梵文佛教文本都以中亞發現的最早期書體撰寫，其年代甚至可以追溯至西元三世紀之前。桑山正進（編輯），《慧超往五天竺国伝研究》（京都：京都大学人文科学研究所，1992），187n207。

15 佛教學者爭論兩個佛教派別：「說一切有部」和「根本說一切有部」之間的關係，從龜茲發現的文本之間，很少有所關聯。見Ogihara Hirotoshi（荻原裕敏）,"Researches about Vinaya-texts in Tocharian A and B" (Ph.D. diss., École Pratique des Hautes Études, 2009).

16 《出三藏記集》, text 2145, 79c–80a; Walter, "Tocharian Buddhism in Kucha," 8–9.

17 Silk, "What, if Anything, Is Mahāyāna Buddhism?" 355–405.

18 這是韓國和尚혜초（Hyecho），其名字在漢文寫成「慧超」。《往五天竺國傳箋釋》（北京：中華書局，2000），159。

19 李昉，《太平御覽》，125:604，援引《十六國春秋》; Trombert, *Les manuscrits chinois de Koutcha,* 11.

20 Yang Lu（陸揚）, "Narrative and Historicity," 23–31.

21 John Kieschnick, *The Eminent Monk: Buddhist Ideals in Medieval Chinese Hagiography* (Honolulu: University of Hawai'i Press, 1997), 19; Bernard Faure, The Red Thread: Buddhist Approaches to Sexuality (Princeton, NJ: Princeton University Press, 1998), 26–27.

22 E. Zürcher, "Perspectives in the Study of Chinese Buddhism," *Journal of the Royal*

97 Corinne Debaine-Francfort and Abduressul Idriss, eds., *Kériya, mémoire d'un fleuve: Archéologie et civilisation des oasis du Taklamakan* (Suilly-la-Tour, France: Findakly, 2001).

98 Stein, *Serindia*, 1:485–517.

99 王炳華，《精絕春秋》，121。

100 法顯，〈高僧法顯傳〉，《大正新修大藏經》，51:857a，文本編號2085。比較Samuel Beal, trans., *Si-yu-ki Buddhist Records of the Western World translated from the Chinese of Hiuen Tsiang* (A.D. 629) (1884; repr., Delhi: Motilal Banarsidass, 1981), xxiv.另見Marylin Martin Rhie, Early Buddhist Art of China and Central Asia, vol. 1, *Later Han, Three Kingdoms, and Western Chin in China and Bactria to Shan-shan in Central Asia* (Leiden, The Netherlands: Brill, 1999), 354, 討論法顯的路線.

101 日本學者桑山正進（Kuwayama Shōshin）廣泛地研究印度和中國之間的路徑變化，參見其Across the Hindukush of the First Millennium: A Collection of the Papers (Kyoto: Institute for Research in Humanities, Kyoto University 2002); Enoki Kazuo, "Location of the Capital of Lou-lan," 125–71.

第二章

Georges-Jean Pinault慷慨地寄送來關於本章詳細的書面意見，同時他的博士生慶昭蓉好意地爲我評閱了本章先前的稿本。

1 這些都是鳩摩羅什的生命史中常見的日期。事實上，史料彼此之間差異甚大，以至於我們不知道他的出生年分。見 Yang Lu, "Narrative and Historicity in the Buddhist Biographies of Early Medieval China: The Case of Kumārajīva," *Asia Major,* 3rd ser., 17, no. 2 (2004): 1–43, 尤其是28–29n64. 這篇文章運用三個傳記作者的描述，分析了鳩摩羅什一生中的主要事件。

2 Hedin, *My Life as an Explorer,* 250–51赫定在另一部著作中更詳細地介紹他在中亞和西藏的旅行：*Towards the Holy City of Lassa* (New York: Charles Scribner, 1903), 63–102.

3 Hedin, *My Life as an Explorer,* 253, 261.

4 德國人在二十世紀初計有235個，但近年來的調查中還發現了其他的洞穴。趙莉，《龜茲石窟百問》（中國烏魯木齊：新疆美術攝影出版社，2003），12。

5 Albert von Le Coq, *Buried Treasures of Chinese Turkestan* (1928; repr., Hong Kong: Oxford University Press, 1985), 129.

6 碳定年可以追溯至320 CE±80。《中國石窟：克孜爾石窟》（北京：文物出版社，1997），1:210。Angela F. Howard提供了關於北京大學考古學者宿白「如何給沒有可定年碑文的石窟定年之準則」非常有用的摘要。見"In Support of a New Chronology for the Kizil Mural Paintings,"Archives of Asian Art 44（1991）：68-83。

Literary Texts and Documents Concerning Chinese (London: Royal Asiatic Society, 1935), 9–10, 42, 156–59.

84 Burrow no. 494.

85 Burrow no. 255：敘述者「從這個中國人的口中」聽到關於土地的供應。文書編號686A和B記錄了中國人接收了走失的牛。

86 Burrow no. 35.

87 Burrow no. 660.

88 Burrow no. 14。這個地點的列表令歷史地理學學者著迷而困惑超過一個世紀，幾乎所有人都不同意Nina的位置。見Heinrich Lüders, "Zu und aus den Kharoṣṭhī-Urkunden," *Acta Orientalia* 18 (1940): 15–49，頁36的地名討論。第一次中日遺址報告的作者認定Nina爲烏尊塔提（Uzun Tati）：《尼雅一級學術調查》，1:235-36，而吉田豊建議Nina是尼雅考古遺址的古代名稱：〈コータン出土の世俗文書をめぐって〉《コータン出土 8-9世紀のコータン語世俗文書に関する覚え書き》（日本神戶：神戶市外國語大學，2005年）。

89 見 Burrow no. 136, no. 355, no. 358, no. 403, no. 471, no. 629, no. 632, no. 674。翻譯根據Stanley Insler的校勘。Stanley Insler是耶魯大學的梵文和比較語言學Edward E. Salisbury名譽教授，個人通信，2006年11月14日：『有問題的詞是'palayamna-'，是動詞palāyati（意爲離開，逃走，逃開）的分詞。』...我覺得Burrow解釋的「逃亡者」（fugitive,）沒什麼大問題，但是「逃人」（escapee）、「逃離者」（run-away）可能更好一點。

90 Burrow no. 149. Heinrich Lüders, "Textilien im alten Turkistan," *Abhandlungen des Preussischen Akademie des Wissenschaften, Philosophisch-Historische Klasse* 3 (1936): 1–38，討論了許多出現在佉盧文文書中的紡織術語之詞源。不幸的是，在21-24的討論並沒有定義soṃstaṃni。māṣa這個語詞一直困擾著分析者，但大英博物館館長Helen Wang提出一個令人感興趣的建議，認爲它可能是指中國的五銖錢，這個逃人也可以以此作爲他的旅行費用。見*Money on the Silk Road*，68。

91 Burrow no. 566. 參看no. 318 的另一份搶劫報告，其中列出各種不同的紡織品其後被盜取和復原的過程。

92 在文書中的該語詞是vaniye（來自梵文vaṇij）。2008年8月17日，Stefan Baums相當好意的爲我檢索了早期佛教手稿計畫（Early Buddhist Manuscripts Project）之資料庫 (http://ebmp.org/p_abt.php) ，未發現此詞出現在其他的文獻中。

93 Burrow no. 489.

94 Burrow no. 510，no. 511，no. 512，no. 523. 在 Hansen, "Religious Life in a Silk Road Community," 296–300.文中有所討論。

95 Jonathan A. Silk, "What, if Anything, is Mahāyāna Buddhism? Problems of Definitions and Classifications," *Numen 49*, no. 4 (2002): 355–405.

96 Richard Salomon, "A Stone Inscription in Central Asian Gandhārī from Endere, Xinjiang," *Bulletin of the Asia Institute* 13 (1999): 1–13.

z。幾乎可以肯定cozbo是個源自伊朗語言的詞，它是最常見的官銜，在尼雅文書中有四十個不同的人具有這個稱號。T. Burrow, *The Language of the Kharoṣṭhī Documents from Chinese Turkestan* (Cambridge, UK: Cambridge University Press, 1937), 90–91. Christopher Atwood, "Life in Third–Fourth Century Cadh'ota: A Survey of Information Gathered from the Prakrit Documents Found North of Minfeng (Niya)," Central Asiatic Journal 35 (1991): 195–96, 提供了一個關於cozbo，依其人名與所出的文書號碼排列的非常有用的清單。 Atwood還指出，cozbo這個頭銜有三種不同的含義：「一個省的省長」，「特定部屬人員」和「非常模糊的意義，基本上表示『官方』」。

72 赤松對五種不同類型的文書提供了一個非常有用的說明（楔形〔W〕，矩形木片〔R〕，Takhti型木片〔T〕，長橢圓形木片〔O〕，皮革文書〔L〕，以及其他），還有每種類型的照片，以及對於各種現存文書專有術語的具說服力的分析。他清楚表列了在尼雅和樓蘭發現的每一件佉盧文文書的類型以及其發現地點的圖表。赤松明彥〈楼蘭ニヤ出土カロシュティ文書について〉，410-12。

73 Thomas R. Trautmann, *Kauṭilya and the Arthaśāstra: A Statistical Investigation of the Authorship and Evolution of the Text* (Leiden, the Netherlands: Brill, 1971).

74 Kautilya, *The Arthashastra,* ed. and trans. L .N. Rangarajan (New Delhi: Penguin Books India, 1992), 213–14, 380.

75 Hansen, "Religious Life in a Silk Road Community," 290–91.

76 Burrow no. 39, no. 45, no. 331, no. 415, no. 434, no. 592.

77 Burrow no. 569，同參看no. 19，54，415，還有其他多件。

78 Burrow no. 207; Atwood, "Life in Third–Fourth Century Cadh'ota," 167–69.

79 如Helen Wang所解釋，muli （來自梵語 *mūlya*「價格」或「價值」）的意思是「價格」，一muli 相當於1 milima，milima是一種穀物單位。參見她對尼雅不同類型的錢的使用的詳細討論於*Money on the Silk Road*，65-74。

80 Helen Wang, *Money on the Silk Road*, 37–38，引用了《舟山錢幣》上江祺祥的文章，編號 1：6-11，1990年，編號 2：3-10; 1990年，編號 3：8-13，1990年，編號 4：3-11，計算了世界上總共有佉盧文錢幣352枚，其中256枚藏於大英博物館。François Thierry, "Entre Iran et Chine, la circulation monétaire en Sérinde de 1er au IXe siècle," in *La Serinde, terre d'échanges: Art, religion commerce du Ier au Xe siècle,* ed. Jean-Pierre Drège (Paris: Documentation Française, 2000), 122–25，提供了關於于闐和尼雅發現的文書和錢幣的非常有用的概述。

81 Burrow nos. 431–32.

82 Burrow no. 133. 同時也可參看no. 177、no. 494中的其他交易，涉及黃金，但與金幣無涉。

83 Burrow no. 324. 伯希和接受F .W. Thomas的建議：認爲佉盧文文書中的Supiye和Supiya和七至八世紀藏文文獻中提到的Sumpa人是相同的人群。Pelliot, *Notes on Marco Polo,* vol. 2 (Paris: Imprimerie National, 1963), 712–18; Thomas, trans., *Tibetan*

60 伊藤敏雄，〈魏晋期楼蘭屯戍〉，22–23。

61 Brough, "Comments on Third-Century Shan-shan," 596–602.

62 中日探險隊發現了一個名爲Tomgraka的國王的證據，他的統治時間在已知的五個國王之前；還有另一個名叫Sulica的國王，統治期間位在已知的五個國王之後（從336-359年）。林梅村，〈尼雅新發現的鄯善王童格羅伽紀年文書考〉，《西域考察與研究續集》（烏魯木齊：新疆人民出版社，1998），39。不同的學者一直在爭論布拉夫提出的日期，對於獲頒「侍中」頭銜的年分有些不同說法的爭執。孟凡人，一位在中國社會科學院考古研究所任職的重要的新疆考古學者，提供了根據四位不同學者（布拉夫，榎一雄，長澤和俊，以及馬勇）所說的五王統治時代圖表。五個王朝最早開始的日期是203年，最晚的是256年。最早結束的日期是290年，最晚的是343年。孟凡人個人則更屬意242-332年。《新疆考古與史地論集》（北京：科學出版社，2000），115、117。

63 Thomas Burrow, "Tokharian Elements in Kharoṣṭhī Documents from Chinese Turkestan," *Journal of the Royal Asiatic Society* 1935: 666–75.

64 T. Burrow, *A Translation of the Kharoṣṭhī Documents from Chinese Turkestan* (London: The Royal Asiatic Society, 1940), no. 292, no. 358（作爲奴隸的避難者）布羅翻譯了他能識讀的佉盧文文書；他跳過殘片，省略不讀。每一份文件，包括那些布羅沒有翻譯的，都轉寫並收錄在下面這部書中：A. M. Boyer, E. J. Rapson, and E. Senart, *Kharoṣṭhī Inscriptions Discovered by Sir Aurel Stein in Chinese Turkestan,* 3 vols. (Oxford: Clarendon, 1920–29). Boyer等人同時提供斯坦因給予的原始識別號碼，以及布羅重新編號的新流水號（1-764），他們也將個別文書在斯坦因遺址報告相關頁面標示出來。

Boyer等人亦收錄了Ellsworth Huntington發現的六份文書。此後，中日合作考察發現了另外23件以上的文書。這些文書由蓮池利隆在《尼雅一級學術調查》1:281-338 2:161-76中轉寫並翻譯爲日文。這些文書許多都是零碎的，等待翻譯成英文。

65 Stein, *Central Asian Tracks,* 103–4.

66 斯坦因描述了此次發現於《西域考古圖記》, 1:225–35. 從這個房間裡發現的文書號爲516-92，見Burrow, Translation.

67 Burrow no. 582. 赤松明彥，〈楼蘭ニヤ出土カロシュティ文書について〉，《流沙出土の文字資料：桜蘭・尼雅文書を中心に》冨谷至（Itaru Tomiya）編（京都：京都大學學術出版會，2001），369-425，尤其是391-93。

68 Burrow, no. 581.

69 圖片見Susan Whitfield and Ursula Sims-Williams, eds., *Silk Road: Trade, Travel, War, and Faith* (Chicago: Serindia, 2004), 150.

70 Burrow no. 1.

71 *Cozbo*也拼寫成*cojhbo*。因爲樓蘭語言並沒有可以表示伊朗語言的「z」的字母，佉盧文字母使用一個帶有上標符號的「j」（Boyer與其同事轉寫爲jh）用來撰寫

43 織物上的文字以漢文寫著：「延年益壽宜子孫」。鏡子上寫著：「君宜高官。」〈新疆民豐縣北大沙漠中古遺址墓葬區東漢合葬墓清理簡報〉，《文物》1960年第6期：9-12，圖版5-6。

44 漢字寫著「王侯合昏千秋萬歲宜子孫」。《新疆文物古籍大觀》（中國烏魯木齊：新疆人民出版社，1999年），圖版0118。對於墓葬M3和M8中紡織品的進一步分析，請參見王炳華，《精絕春秋》，111-20。

45 范曄，《後漢書》，88:2909;余太山，《西域傳》，233。

46 當斯坦因在第三次遠征中發掘營盤遺址時，他發現了一些佉盧文文書，指出此遺址是在第三和第四世紀時被使用（*Innermost Asia,* 749–61）。關於其他佉盧文材料更近期的發現，見林梅村，〈新疆營盤古墓出土的一封佉盧文書信〉，《西域研究》2001年第3期：44-45。

47 周學軍，宋偉民編，《新疆維吾爾自治區絲路考古珍品》（上海：上海譯文出版社，1998年），63-74，圖132（亡者之照片），圖133（面罩的細部特寫）中，圖134（紅色織物之細節）。

48 王炳華，個人通信，2005年秋季；班固，《漢書》，96B：3912;余太山，《西域傳》，201。

49 胡平生，《胡平生簡牘文物論集》（臺北：蘭臺出版社，2000），190-92。

50 侯燦、楊代欣，《樓蘭漢文簡紙文書集成》（中國成都：天地出版社，1999）。

51 伊藤敏雄，〈魏晋期楼蘭屯戍における交易活動をめぐって〉，《小田義久博士還 記念東洋史論集》（京都：龍谷大學東洋史學研究會，1995），4，7。

52 余英時，“Han Foreign Relations”，收於Twichett和Loewe，Cambridge History of China，1:405-42；孟池，〈從新疆歷史文物看漢代在西域的政治措施和經濟建設〉，《文物》1975年第五期：27-34。

53 伊藤敏雄，〈魏晋期楼蘭屯戍における水利開発と農業活動——魏晋期楼蘭屯戍の基礎的整理(三)〉，《歴史研究》 28（1991）, 38-68。

54 Stein, Serindia, 373–74, 432, 701 plate XXXVII.

55 伊藤敏雄〈魏晋期楼蘭屯戍〉提供了所有文書的詳細錄文和研究。

56 「粟特胡樓蘭」，字面意思是「粟特非中國人在樓蘭 」。Chavannes, Documents chinois, 886;侯燦、楊代欣，《樓蘭漢文簡紙文書集成》，61-62。

57 指稱這個動物的詞已經丟失，但計算的量詞是「匹」，這表明交易涉及馬匹。指稱付款者的詞也丟失了，收款者（主人）的身分目前尚不清楚。雖然孟凡人和段晴認爲它指的是商人，伊藤認爲「主人」是駐軍中的中國長期居民：〈魏晋期楼蘭屯戍〉4-5。該文書由August Conrady已首次出版於 *Die chinesischen Handschriften- und sonstigen Kleinfunde Sven Hedins in Lou-lan* (Stockholm: Generalstabens Litografiska Anstalt, 1920)，文書編號 46，124-25，更新近的作品是侯燦、楊代欣，《樓蘭漢文簡紙文書集成》，99。

58 Vaissière,Sogdian Traders,58; Endere駱駝購買的解釋，58。

59 請參閱圖表中孟凡人，〈樓蘭簡牘的年代〉，《新疆文物》1（1986）：33。

前140年和西元32年之間記錄了超過十萬錢幣的大筆支出。駐軍支付錢幣予個別士兵，而他們經常使用這些錢幣購買服裝。Helen Wang, *Money on the Silk Road,* 47–56，提供了對於這些材料相當廣泛且詳細的分析。

33 Mariner Ezra Padwa分析了尼雅的每間房屋："An Archaic Fabric: Culture and Landscape in an Early Inner Asian Oasis (3rd–4th century C.E. Niya)" (Ph.D. diss., Harvard University, 2007).

34 玉石被稱爲「琅玕」和「玫瑰」。不幸的是，標籤沒有注明日期，但其漢字以相當工整的隸書撰成，偉大的漢學家王國維（1877-1927）相信其撰寫時間應在西元75年至220年（漢代結束之前）的某個時間。《觀堂集林》（北京：中華書局，1959），833-34。

愛德華·沙畹（Édouard Chavannes）認爲它們與其他來自同一遺址的物品屬於同一時代，可以定年在第三和四世紀：*Les documents chinois découverts par Aurel Stein dans les sables de Turkestan oriental* (Oxford: Oxford University Press, 1913), 199–200. 最新的錄文可參看孟凡人，《樓蘭鄯善簡牘》（年代學研究），269-71。

35 N.xiv.iii;孟凡人，《樓蘭鄯善簡牘》（年代學研究），269，編號668.

36 N.xiv.ii.6，N.xiv.ii.19，N.xiv.ii.12.8;討論見：王冀青，〈斯坦因第四次中亞考察所獲漢文文書〉，《敦煌吐魯番研究》3（1998）：286。

37 N.xiv.ii.1;討論見王冀青，〈斯坦因第四次中亞考察所獲漢文文書〉"264。

38 孟凡人，《樓蘭鄯善簡牘》（年代學研究），262，編號627（N.xv.109），編號628（N.xv.353），編號629（N.xv.314）; 264，編號639（N.xv.152）;在程喜霖，《唐代過所研究》（北京：中華書局，2000），39-44 ;王炳華，《精絕春秋：尼雅考古大發現》（上海：浙江文藝出版社，2003），101。

39 Stein, *Innermost Asia,* 288, 743. J .P. Mallory和梅維恆的*Tarim Mummies*提供了英文著作中關於這些出土文物之最佳考查。

40 新疆維吾爾自治區博物館考古隊，〈新疆民豐大沙漠中的古代遺址〉，《考古》，1961年第 3期：119-22，126，圖版1-3。當時，新疆博物館和新疆（文物）考古研究所（現在是兩個獨立的機構）組成一個獨立的單位稱爲「新疆博物館考古隊」。（譯注：原出處有誤。應為新疆維吾爾自治區博物館:〈新疆民豐縣北大沙漠中古遺址墓葬區東漢合葬墓清理簡報〉《文物》，1960年第 6 期:9-12，圖版 5-6。）

41 見馬承源和岳楓，《新疆維吾爾自治區絲路考古珍品》（上海：上海譯文出版社，1998年），273，圖62。

42 Éric Trombert, "Une trajectoire d'ouest en est sur la route de la soie: La diffusion du cotton dans l'Asie centrale sinisée," in *La Persia e l'Asia Centrale: Da Alessandro al X secolo* (Rome: Accademia Nazionale dei Lincei, 1996), 212nn25 and n27，李昉（編），《太平御覽》（北京：中華書局，1960），820:3652-53，「白疊」（棉花）之條目。

州大學的王冀青教授已深入研究了斯坦因拍攝的照片、提及被沒收文物的信函，以及這些文物的意義。他撰有一篇英文文章："Photographs in the British Library of Documents and Manuscripts from Sir Aurel Stein's Fourth Central Asian Expedition,"*British Library Journal* 24卷1期（1998年春季）：23-74。這是他的書《斯坦因第四次中國考古日記考釋：英國牛津大學藏斯坦因第四次中亞考察旅行日記手稿整理研究報告》的較短版本（中國蘭州：甘肅教育出版社，2004年）。

21 Mirsky, *Sir Aurel Stein,* 469，引用斯坦因1931年2月3日寫給Percy Stafford Allen的信，現藏於（牛津大學）博德利圖書館（Bodleian Library）。

22 Enoki Kazuo, "Location of the Capital of Lou-lan and the Date of the Kharoṣṭhī Inscriptions," *Memoirs of the Research Department of the Toyo Bunko* 22 (1963): 129n12; Hulsewé, *China in Central Asia,* 10–11.

23 班固，《漢書》，96A :3875-81;余太山，《西域傳》，79-93;譯文見Hulsewé, *China in Central Asia,* 7–94.

24 「里」的長度隨著不同時間和地方而有所不同；在漢代，一「里」大約是四百公尺。*Cambridge History of China,* vol. 1, *The Ch'in and Han Empires, 221 B.C.–A.D. 220,* ed. Denis Twitchett and Michael Loewe (Cambridge, UK: Cambridge University Press, 1986), xxxviii,，書中將「里」換算爲○．四一五公里，其注釋爲：「在某些情況下，「里」這個語詞僅做修辭上使用，並非表示一精確的距離。」

25 Hulsewé, *China in Central Asia,* 29. 該字無法從斯坦因書中的照片讀出。中國學者將此印文讀爲「詔鄯善王」——鄯善王的詔書。孟凡人，《樓蘭鄯善簡牘年代學研究》（中國烏魯木齊：新疆人民出版社，1995），261，編號625, N.xv.345. 斯坦因還發現一枚印章，印文爲「鄯善郡印」：*Ancient Khotan,* N.xxiv.iii.74.

26 Aurel Stein, *Serindia: Detailed Report of Explorations in Central Asia and Westernmost China* (Oxford: Clarendon, 1921), 1:219; 1:415 (Rapson認爲樓蘭是Kroraina); 1:217–81, 3: plate 9 (14號房屋); 1:227 (Rustam的發現); 1:226 (24號房屋的尺寸); 1:530 (M5墓葬的繪畫).

27 Brough, "Comments on Third-Century Shan-shan," 591–92.

28 班固，《漢書》，96A :3878-79;余太山，《西域傳》，84-86;Hulsewé，中國在中亞，89-91;Brough, "Comments on Third-Century Shan-shan," 601.

29 Helen Wang, *Money on the Silk Road,* 25–26，提醒我這個發現，Aurel Stein, *Innermost Asia: Detailed Report of Explorations in Central Asia, Kan-su and Eastern Irān* (Oxford: Clarendon, 1928), 287–92，描述了其細節。

30 在二百一十一個金幣原件之中，五十個現藏倫敦；它們的記年從西元前86至西元前1年不等，使得五銖錢最早出現在現代新疆地區的時間可追溯至西元開始之前。Helen Wang, *Money on the Silk Road,* 295–96.

31 Stein, *Innermost Asia,* 290.

32 從居延（位於今內蒙古額濟納旗，甘肅金塔縣東北九十公里）和疏勒（近敦煌與甘肅酒泉）出土之文獻證實了漢代時中國軍力的顯著存在。文書記錄在西元

17 Lin Meicun（林梅村）, "Kharoṣṭhī Bibliography: The Collections from China (1897–1993)," *Central Asiatic Journal* 40 (1996): 189. 林教授翻譯了《出三藏記集》中支謙的傳記，這部《出三藏記集》出自《大正新修大藏經》（東京：大正新修大藏經刊行會，1962年至1990年），文本號2145，55:97b。

18 Erik Zürcher, "The Yüeh-chih and Kaniṣka in Chinese Sources," in *Papers on the Date of Kaniska,* ed. aL. Basham (Leiden: E .J. Brill, 1968), 370;范曄，《後漢書》，47：1580;余太山，《兩漢魏晉南北朝正史西域傳要注》（北京：中華書局，2005），281n221。因爲余太山的著作提供了對於中華書局版中國正史甚有價值的補充，此後的注釋會經常引用之。

19 其中一群人即所謂的大月氏，搬到了印度西北部，在中國的正史中留有紀錄，而另一個規模較小的人群「小月氏」，定居在新疆南部，尼雅附近。此領域中學者對此報告的可靠性和準確性有著壁壘分明、截然二立的不同看法。正如已故的布拉夫所指出：

> 這個故事很可能是基於眞實發生過的事情，但就連一個證據都沒有，使得我們無法判斷有多少是眞實的。此後的漫長時代裡，中亞一定有數不清的民族（其中許多是游牧民族）；一直以來，取得可靠資訊都不容易，就算只過一個世代。我們至少應該準備好承認，傳統的故事也許或多或少只是一個理論上的架構，爲了解釋帕米爾東部區域月氏（「小月氏」）的持續存在。

"Comments on Third-Century Shan-shan and the History of Buddhism," *Bulletin of the School of Oriental and African Studies* 28 (1965): 585.

以前日本歷史學者白鳥庫吉已在他的粟特人歷史中提到：「我注意到古代中國作者似乎沉迷於將異國的起源地溯源到他們自己國家中的某些本地產物，或者是一些自身文獻中找到的名稱。」白鳥提供幾個生動的例子：中國人將許多外國的起源歸因於源自中國，如匈奴、日本、和大秦（世界的西部邊緣領域，可能相當於羅馬）等。"A Study on Su-t'ê, or Sogdiana," *Memoirs of the Research Department of the Toyo Bunko* 2 (1928): 103.

不過也有其他人認爲，朝代史的作者爲得出這些結論，必須有一定的材料作基礎（只是現已遺失）。François Thierry, "Yuezhi et Kouchans: Pièges et dangers des sources chinoises," in Afghanistan: *Ancien carrefour entre l'est et l'ouest,* ed. Osmund Bopearachchi and Marie-Françoise Boussac (Turnhout, Belgium: Brepols, 2005), 421–539.

Craig G. R. Benjamin調查這些證據（該作者不能閱讀中文，但熟悉大量以俄文撰寫成的考古學文獻，他指出沒有任何考古證據指出「曾遷移出新疆，然後再回來」一事。*The Yuezhi: Origin, Migration and the Conquest of Northern Bactria* (Turnhout, Belgium: Brepols, 2007). 任何對這個問題有興趣的人應該先從閱讀Thierry的文章和Benjamin的書開始著手，兩者都在這個問題上做了廣泛的二手文獻調查。

20 關於斯坦因第四次遠征的簡要說明，請參閱Mirsky, *Sir Aurel Stein,* 466–69.蘭

Indus Valley, ed. Karl Jettmar (Mainz, Germany: Verlag Philipp von Zabern, 1989).

8 Richard Salomon, *Indian Epigraphy: A Guide to the Study of Inscriptions in Sanskrit, Prakrit, and the Other Indo-Aryan Languages* (New York: Oxford University Press, 1998), 42–56.

9 Richard Salomon, "New Manuscript Sources for the Study of Gandhāran Buddhism," in *Gandhāran Buddhism: Archaeology, Art, and Texts*. ed. Pia Brancaccio and Kurt Behrendt (Vancouver: UBC Press, 2006), 135–47. 欲瞭解更多有關本地區佛教部派的早期歷史，參見Charles Willemen, Bart Dessein, and Collett Cox, eds., *Sarvāstivāda Buddhist Scholasticism* (Leiden, the Netherlands: Brill, 1998).

10 見Neelis, "Long-Distance Trade," 323–26中的公式圖表。

11 Jettmar, *Antiquities of Northern Pakistan,* 1:407.

12 *Corpus Inscriptionum Iranicarum,* part 2, *Inscriptions of the Seleucid and Parthian Periods and of Eastern Iran and Central Asia,* vol. 3, *Sogdian,* section 2, *Sogdian and Other Iranian Inscriptions of the Upper Indus*. by Nicholas Sims-Williams (London: Corpus Inscriptionum Iranicarum and School of Oriental and African Studies, 1989), 23, Shatial I inscription 254, 去掉括號以利於更清晰地閱讀。 對Nicholas Sims-Williams的原譯文已做更改，以反映吉田豐對該文的校正（提及塔什庫爾干）。見 Étienne de la Vaissière, *Sogdian Traders: A History,* trans. James Ward (Boston: Brill, 2005), 81n42.

13 Karl Jettmar, "Hebrew Inscriptions in the Western Himalayas," in *Orientalia: Iosephi Tucci Memoriae Dicata,* ed. G. Gnoli and L. Lanciotti, vol. 2 (Rome: Istituto Italiano per il Medio ed Estremo Oriente, 1987), 667–70, Plate 1.

14 C. P. Skrine生動地描述了他1922年越過此隘口的旅程。見其*Chinese Central Asia* (London: Methuen, 1926), 4–6.

15 在阿富汗Rabatak碑銘的基礎上，Joe Cribb 和尼古拉斯・西姆斯－威廉姆斯（Nicholas Sims-Williams）提出了一個貴霜人的新年表，當中迦膩色迦之統治時期開始的時間在西元100或120年兩者其中之一。 "A New Bactrian Inscription of Kanishka the Great," *Silk Road Art and Archaeology* 4 (1995–96): 75–142. 分析一份天文手冊，哈里・法爾克（Harry Falk）提出了西元127年的具體日期作爲迦膩色迦統治之起始日期：The Yuga of Sphujiddhvaja and the Era of the Kuṣāṇas," *Silk Road Art and Archaeology* 7 (2001): 121–36. 儘管法爾克的日期並未獲普遍接受，學界中有很多人都同意迦膩色迦統治可能開始於西元120至125年之間。Osmund Bopearachchi認爲貴霜統治的的開始日期大約在西元40年，見其"New Numismatic Evidence on the Chronology of Late Indo-Greeks and Early Kushans," in 上海博物館《絲綢之路古國錢幣》, 259–83.

16 欲見歷代正史之書目、其編纂者和編譯日期的列表，請見Endymion Wilkinson, Chinese History: A Manual, rev. ed.(Cambridge, MA: Harvard University Asia Center, 2000), 503–5.

48 Wu Zhen, "'Hu' Non-Chinese as They Appear in the Materials from the Astana Graveyard at Turfan," *Sino-Platonic Papers* 119 (Summer 2002): 1–21.

第一章

我以前發表過兩篇關於尼雅的論文："Religious Life in a Silk Road Community: Niya During the Third and Fourth Centuries," in *Religion and Chinese Society*, ed.John Lagerwey (Hong Kong: Chinese University Press, 2004), 1:279–315; "The Place of Coins and Their Alternatives in the Silk Road Trade," in 《絲綢之路古國錢幣暨絲路文化國際學術研討會論文集》, ed. 上海博物館（上海：上海書畫出版社，2011），83-113。

1 我在本章中討論關於斯坦因在尼雅的發掘，引用了M. Aurel Stein, *Ancient Khotan: Detailed Report of Archaeological Explorations in Chinese Turkestan* (Oxford: Clarendon, 1907), 1:310–15; 2:316–85.

2 Aurel Stein, *On Central-Asian Tracks: Brief Narrative of Three Expeditions in Innermost Asia and North-Western China* (London: Macmillan, 1933), 1–2; Valéria Escauriaza-Lopez, "Aurel Stein's Methods and Aims in Archaeology on the Silk Road," in *Sir Aurel Stein, Colleagues and Collections,* ed. Helen Wang, British Museum Research Publication 184 (London: British Museum, 2012).

3 這條河也被稱爲Konche-daria或Qum-darya。

4 中日探險隊曾發表兩份報告：第一，《中日日中共同尼雅一級學術調查報告書》（中國烏魯木齊：維吾爾自治區文物局，1996年），涵蓋了1988年至1993年的發掘，而1994年至1997年度的發掘則收於同名的第二部報告書中（1999年以三卷本出版）。我要感謝林梅村帶了這一套書到紐黑文來。

在此之前羅布泊地區的探險者，還有1876年至1877年俄人Prejavalsky領導的隊伍、1906年美國耶魯大學的地理學教授Ellsworth Huntington、1908年至1911年日本大谷伯爵、1914年斯坦因，1930年和1934年黃文弼，1959年和1980年至1981年新疆考古所，以及從1988年到1997年的聯合中日團隊之發掘。關於歷史的調查，見王炳華，〈尼雅考古百年〉《西域考察與研究續編》（中國烏魯木齊：新疆人民出版社，1998），161-86。

5 Jean Bowie Shor, *After You, Marco Polo* (New York: McGraw-Hill, 1955), 172; John R. Shroder, Jr., Rebecca A. Scheppy, and Michael P. Bishop, "Denudation of Small Alpine Basins, Nanga Parbat Himalaya, Pakistan," *Arctic, Antarctic, and Alpine Research* 31, no. 2 (1999): 121–27.

6 Jason Neelis, "La Vieille Route Reconsidered: Alternative Paths for Early Transmission of Buddhism Beyond the Borderlands of South Asia," *Bulletin of the Asia Institute* 16 (2002): 143–64.

7 *Antiquities of Northern Pakistan: Reports and Studies,* vol. 1, *Rock Inscriptions in the*

38 I. L. Good, J. M. Kenoyer, and R. H. Meadow, "New Evidence for Early Silk in the Indus Civilization," *Archaeometry*51, no. 3 (2009): 457–66

39 Irene Good, "On the Question of Silk in Pre-Han Eurasia," *Antiquity* 69 (1995): 959–68.

40 Lothar von Falkenhausen, "Die SeidenmitChinesischenInschriften," in *Die Textilienaus Palmyra: Neue und alteFunde*, ed. Andreas Schmidt-Colinet, Annemarie Stauffer, and Khaled Al-As'ad (Mainz, Germany: Philipp von Zabern, 2000); 梅維恆（Victor H. Mair）的評論見 *Bibliotheca Orientalis*58, nos. 3–4 (2001): 467–70. 以出土的中國絲綢作爲比較基準，von Falkenhausen將目錄編號521的物項繫在西元50年至150年間。目錄編號521的物項，是在一座被定年於西元40年的墳墓中發現的，這使得它成爲在西方發現的最早繫年絲綢之一。兩件絲綢必定都是在帕米拉落入薩珊王朝手中的西元273年之前製造的。亦見von Falkenhausen's "Inconsequential Incomprehensions: Some Instances of Chinese Writing in Alien Contexts," *Res* 35 (1999): 42–69, esp. 44–52.

41 Anna Maria Muthesius, "The Impact of the Mediterranean Silk Trade on Western Europe Before 1200 A.D.," in *Textiles in Trade: Proceedings of the Textile Society of America Biennial Symposium, September 14–16, 1990, Washington, D.C.* (Los Angeles: Textile Society of America, 1990), 126–35唯一提到的中國絲綢，出自荷蘭馬斯垂克的聖瑟法斯聖殿（Basilica of Saint Servatius）內的聖物箱，129；Xinru Liu, *Silk and Religion: An Exploration of Material Life and the Thought of People, AD 600–1200* (Delhi: Oxford University Press, 1996), 8.

42 Pliny, *Natural History*, 6.20.

43 Trevor Murphy, *Pliny the Elder's Natural History: The Empire in the Encyclopedia* (Oxford: Oxford University Press, 2004), 96–99 (luxuries), 108–10 (Seres)

44 羅豐，《胡漢之間：「絲綢之路」與西北歷史考古》（北京：中華書局，2004），在中國發現的金幣列表，參見頁117–20。

45 Vimala Begley, "Arikamedu Reconsidered," *American Journal of Archaeology* 87, no. 4 (1983): 461–81, esp. n82.

46 Raschke懷疑是否眞的有任何羅馬人在蒐集這類統計數據；他相信普林尼是基於道德立場而加以誇大("New Studies in Roman Commerce," 634–35)：「因此，無論是羅馬官僚的運作，或出自埃及的現存資料本身，都指明了老普林尼不可能得到任何有關羅馬與東方貿易年度收支赤字的精確數字」（頁636）。亦可見邢義田對Raschke此書的評論，《漢學研究》3:1 (1985)，頁331–41，以及其後續討論，《漢學研究》15:1 (1997)，頁1–31，邢義田在該文對羅馬－中國貿易的程度表達出很深的懷疑。

47 齊東方，個人通信， 2006年6月。Anthony J. Barbieri-Low曾對其中一個重要的例外進行研究，"Roman Themes in a Group of Eastern Han Lacquer Vessels," *Orientations* 32, no. 5 (2001): 52–58.

40;《漢書》，卷97下，頁3991

25 Nicola Di Cosmo, "Ancient City-States of the Tarim Basin," in *A Comparative Study of Thirty City-State Cultures*, ed. Mogens Herman Hansen (Copenhagen: KongeligeDanske VidenskabernesSelskab, 2000), 393–409.

26 胡平生、張德芳編撰，《敦煌懸泉漢簡釋粹》（上海：上海古籍出版社，2001），頁110。

27 王素，〈懸泉漢簡所見康居史料考釋〉，收於榮新江、李孝聰主編，《中外關係史：新史料與新問題》（北京：科學出版社，2004），頁150，對懸泉的# II90DXT0213 ®:6A文書進行了謄錄與釋讀。

28 Lothar von Falkenhausen, "The E Jun Qi Metal Tallies: Inscribed Texts and Ritual Contexts," in T*ext and Ritual in Early China*, ed. Martin Kern (Seattle: University of Washington Press, 2005), 79–123; 程喜霖，《唐代過所研究》（北京：中華書局，2002），頁2。

29 胡平生、張德芳，《敦煌懸泉》，77–80、文書 # I 0112 ®，頁113–31。

30 王素，〈懸泉漢簡所見康居〉，頁155–58.

31 此記載出現在范曄，《後漢書》（北京：中華書局，1965），卷118，頁2920。Manfred G. Raschke, "New Studies in Roman Commerce with the East," in *Aufstieg und Niedergang der römische Welt: Geschichte und KulturRomsim Spiegel der neuerenForschung*, vol. 2, part 9.2, ed. Hildegard Temporini (Berlin: Walter de Gruyter, 1978), 853–855nn848–850討論了學者對此記載懷有的諸多疑義。

32 Raschke, "New Studies in Roman Commerce," 604–1361. 他之所以相信《航行記》必然寫於西元70年以前的理由，見755n478

33 Lionel Casson, *The Periplus Maris Erythraei: Text with Introduction, Translation, and Commentary* (Princeton, NJ: Princeton University Press, 1989), 91.

34 Étienne de la Vaissière, "The Triple System of Orography in Ptolemy's Xinjiang," in *ExegistiMonumenta: Festschrift in Honour of Nicholas Sims-Williams*, ed. Werner Sundermann, AlmutHintze, and François de Blois (Wiesbaden, Germany: Harrassowitz, 2009), 527–35.

35 我在2006年6月12日參訪杭州絲綢博物館，並在河南省的滎陽青臺村見到了這件絲殘片。

36 關於中國絲綢最透徹的英文研究是Joseph Needham, ed., *Science and Civilisation in China*, vol. 5, part 9, *Textile Technology: Spinning and Reeling*, by Dieter Kuhn (Cambridge, UK: Cambridge University Press, 1988), 272.

37 Pliny the Elder, *The Natural History of Pliny,* trans. John Bostock and H. T. Riley (London: H. G. Bohn, 1855–57), 6.20 (Seres and Roman women wearing silk and opposition to various imported goods); 6.26 (export of coins to India); 11.26–27 (Coan silk). 可線上瀏覽： http://www.perseus.tufts.edu/hopper/text?doc=Perseus%3atext%3a1999.02.0137

Mair (Philadelphia: University of Pennsylvania Press, 2008), 119.

14 J. P. Mallory and Victor H. Mair, *Tarim Mummies: Ancient China and the Mystery of the Earliest Peoples from the West* (New York: Thames & Hudson, 2000), 179–81.

15 J. P. Mallory and D. Q. Adams, *The Oxford Introduction to Proto-Indo-European and the Proto-Indo-European World* (New York: Oxford University Press, 2006), 460–63.

16 Elizabeth Wayland Barber, *Mummies of Ürümchi* (New York: W. W. Norton, 1999).

17 我發表過一篇關於小河遺址的研究，裡頭包含著一些錯誤。最抱歉的是，我對該遺址使用時間給予了錯誤的定年：正確年代應爲西元前兩千年至一千八百年。“Religious Life in a Silk Road Community: Niya during the Third and Fourth Centuries,” in *Religion and Chinese Society*, ed. John Lagerwey (Hong Kong: Chinese University Press, 2004), 1:279–315. 新疆文物考古研究所，〈2002年小河墓地考古調查與發掘報告〉，《新疆文物》2003年第2期，頁8–46；Victor H. Mair, “The Rediscovery and Complete Excavation of Ördek’s Necropolis,” *Journal of Indo-European Studies* 34, nos. 3–4 (2006): 273–318.

18 Sergei I. Rudenko, *Frozen Tombs of Siberia: The Pazyryk Burials of Iron Age Horsemen*, trans. M. W. Thompson (Berkeley: University of California Press, 1970), 115, fig. 55 (bronze mirror); plate 178 (embroidered phoenix on silk).

19 王炳華，〈絲綢之路的開拓及發展〉，頁4；阿拉溝的遺址報告，《文物》1981年第1期，頁17–22；這件絲綢見於新疆文物局編的《新疆文物古蹟大觀》（烏魯木齊：新疆人民出版社，1999），頁165，圖0427。

20 關於張騫之行的最早記述出現在司馬遷，《史記》（北京：中華書局，1972），卷123；及班固，《漢書》（北京：中華書局，1962），卷61，2687–98。本書引用的是北京中華書局出版的正史標點本，這也可在臺灣中央研究院設置的漢籍全文資料庫裡進行線上瀏覽，網址爲：http://hanchi.ihp.sinica.edu.tw/ihp/hanji.htm. 何四維（A. F. P. Hulsewé）認爲《史記》的記述很可能已遺失，其後才在《漢書》的基礎上進行重建。見其*China in Central Asia: The Early Stage, 125 B.C.–A.D. 23; An Annotated Translation of Chapters 61 and 96 of the History of the Former Han Dynasty* (Leiden: E. J. Brill, 1979), 15–25.他在頁207–38對《漢書》的〈張騫傳〉作了翻譯。

21 Helen Wang, *Money on the Silk Road: The Evidence from Eastern Central Asia to c. AD 800* (London: British Museum Press, 2004), 47–56

22 發現於1987年，並在1990 與1991年進行發掘的懸泉，已經出產了許多文書，迄今仍只有一小部分被挑選出來，予以刊行。見甘肅省文物考古研究所，〈甘肅敦煌漢代懸泉置遺址發掘簡報〉，《文物》2000年第5期，頁4–45、頁5（該遺址的精確位址示意圖）、頁11（木簡數量）。

23 何雙全，《雙玉蘭堂文集》（臺北：蘭臺出版社，2001），頁30。

24 Joseph Needham, ed., *Science and Civilisation in China*, vol. 5, part 1, *Paper and Printing*, by TsienTsuen-hsuin (Cambridge, UK: Cambridge University Press, 1985),

注釋

引言

1 Jonathan M. Bloom, "Silk Road or Paper Road?" *Silk Road* 3, no. 2 (December 2005): 21-26, 可線上瀏覽，見 http://www.silk-road.com/newsletter/vol3num2/5_bloom.php.

2 Jonathan M. Bloom, *Paper before Print: The History and Impact of Paper in the Islamic World* (New Haven, CT: Yale University Press, 2001), 1.

3 王炳華，《西域考古歷史論集》（北京：人民大學出版社，2008），頁1-54。

4 李希霍芬用一條紅線繪出主要幹道（以托勒密與馬利諾斯爲基礎），並用藍線標明出自中國地理學者的資訊。地圖出現在Richthofen, *China: ErgebnisseeigenerReisen und daraufgegründeterStudien*(Berlin: D. Reimer, 1877) 這本書第一卷第500頁的對頁。

5 秦大倫（Tamara Chin）在 2008年2月21日於耶魯大學作了一場名爲 "The Invention of the Silk Road, 1877" 的報告，並計畫在將來出版她的發現。亦見 Daniel C. Waugh, "Richthofen's 'Silk Roads': Toward the Archaeology of a Concept", *Silk Road* 5, no. 1 (Summer 2007): 1-10, 可線上瀏覽：http://www.silk-road.com/newsletter/vol5num1/srjournal_v5n1.pdf。

6 *Times of London*, December 24, 30, 1948; 秦大倫，個人通信，2011年9月6日。

7 Peter C. Perdue, *China Marches West: The Qing Conquest of Central Eurasia*(Cambridge, MA: Belknap Press of Harvard University Press, 2005).

8 Charles Blackmore, *Crossing the Desert of Death: Through the Fearsome Taklamakan* (London: John Murray, 2000), 59, 61, 64, 104, caption to fig. 14

9 Peter Hopkirk, *Foreign Devils on the Silk Road: The Search for Lost Cities and Treasures of Chinese Central Asia* (Amherst: University of Massachusetts Press, 1984), 45–46; Rudolf Hoernle, "Remarks on Birch Bark MS," *Proceedings of the Asiatic Society of Bengal* (April 1891): 54–65.

10 Sven Hedin, *My Life as an Explorer*, trans. AlfhildHuebsch (New York: Kodansha, 1996), 177.

11 Hedin, *My Life*, 188.

12 Jeannette Mirsky, *Sir Aurel Stein: Archaeological Explorer* (Chicago: University of Chicago Press, 1977), 70 (Ernst's letter with the clipping), 79–83 (Stein's application for funding).

13 王炳華，〈絲綢之路的開拓及發展〉，《絲綢之路的考古研究》（烏魯木齊：新疆人民出版社，1993），頁2–5；E. E. Kuzmina很強調新疆與今天哈薩克七河地區（Semirech'e）之間的接觸，見其書*The Prehistory of the Silk Road*, ed. Victor H.

圖3：文物出版社提供

圖4：出自figure 4A, Yang Junkai, "Carvings on the Stone Outer Coffin of Lord Shi of the Northern Zhou," *Les Sogdians de Chine* (Paris: École française d'Extrême-Orient, 2005), p. 27.

圖5, 6：文物出版社提供

第六章

圖1：出自Ruins of Desert Cathay（斯坦因，《中國沙漠中的遺址》）, p. 188.

圖2：Courtesy of the Board of the British Library, 392/56 (690).

圖3：出自《文物》，1978, #12:23.

圖4：Courtesy of the Board of the British Library, 392/27 (589).

圖5：Amelia Sargent, detail from Dunhuang Cave 156.

圖6：Amelia Sargent, detail from Dunhuang Cave 45.

第七章

圖1：BNF, Manuscrits orientaux, Pelliot V 5538.

圖2, 3：Abegg-Stiftung, CH-3132 Riggisberg, inv. no. 5157.

圖4：出自*Ancient Khotan*（斯坦因，《古代和闐》）, Figure 65.

圖5：出自*Ancient Khotan*（斯坦因，《古代和闐》）, Figure 69.

圖6：出自Plate XLVII, *Ancient Khotan*（斯坦因，《古代和闐》）.

圖7：出自Plate LXII, *Ancient Khotan*（斯坦因，《古代和闐》）.

圖8：出自《敦煌吐魯番研究》第十一冊（2008），彩圖 #4。

圖9：Amelia Sargent, detail from Dunhuang Cave 61.

結論

圖1：Courtesy of the Board of the British Library, Or. 8210/p. 2.

圖2：Courtesy of rock art archive, Heidelberg Academy of Sciences.

圖3：出自*Serindia*（斯坦因，《西域考古圖記》）, figure 63, Courtesy of the Board of the British Library 392/27 (89).

圖4：出自《新疆出土文物》，圖35。

圖5, 6：王炳華提供

圖7： 出自*Ancient Khotan*（斯坦因，《古代和闐》）, p. 406, plate 72.

圖8：王炳華提供

第二章

圖1：BNF, Manuscrits orientaux, Pelliot Koutchéen LP I + II.

圖2：Courtesy of the Freer Gallery of Art and Arthur M. Sackler Gallery, Smithsonian Institution, Washington, D.C.

圖3：出自 *The Art in the Caves of Xinjiang* , Cave 17, Plate 8.

圖4：Takeshi Watanabe提供，7/25/06.

第三章

圖1：出自Aurel Stein, *Innermost Asia*（《亞洲腹地考古記》）, plate XCIII detail.

圖2：作者照片

圖3：出自Yan Wenru, "Tulufan de Gaochang gucheng," *Xinjiang kaogu sanshinian* , p. 137.

圖4：出自J. Hackin, *Recherches Archéologiques en Asie Centrale* (Paris: Les Éditions D'Art Et D'Histoire, 1931), plate I.

第四章

圖1：Courtesy of the Board of the British Library, Sogdian Letter #2 T.XII.A.II.2 Or.8212/95.

圖2：Frantz Grenet提供

圖3, 4：Guitty Azarpay, *Sogdian Painting: The Pictorial Epic in Oriental Art*, University of California Press, 1981, the Regents of the University of California.

圖5：© 2010 F. Ory-UMR 8546-CNRS.

圖6：Frantz Grenet提供

第五章

圖1, 2：新疆博物館 (長安圖：Document #73TAM206:42/10).

圖片出處

彩圖部分

彩圖1：新疆博物館編輯，《新疆出土文物》（上海：文物出版社，1975），圖183。

彩圖2－3：出自第一冊*China: Ergebnisse eigener residen und darauf gegründeter studien* (Berlin: D. Reimer,1877–1912), p. 500的對頁。

彩圖4A：© The Trustees of the British Museum, Stein IA.XII.cl AN 00031987001

彩圖4B：© The Trustees of the British Museum, Stein IA.XII.cl AN0012869001

彩圖5A：© The Trustees of the British Museum, L. A. I. 002, AN00009325001

彩圖5B：出自*Serindia*（斯坦因，《西域考古圖記》）, Plate XL

彩圖6與7：王炳華提供

彩圖8：新疆博物館提供

彩圖9：作者照片

彩圖10：出自*Central Asia and Tibet*（赫定，《中亞與西藏》），p. 106的對頁。

彩圖11A：Museum fuer Asiatische Kunst, Staatliche Museen, Berlin, Germany, MIK III 4979 V

彩圖11B：François Ory提供

彩圖12：Bibliothèque Nationale de France, Manuscrits orientaux, hébrue 1412

彩圖13：出自《新疆維吾爾自治區博物館》，圖34－5。

彩圖14：出自《西安北周安伽墓》，圖42。

彩圖15：出自《西安北周安伽墓》，彩圖8。

彩圖16A：Mathew Andrews提供，12/11/08

彩圖16B：Mathew Andrews提供，7/8/10

引言

圖1：新疆博物館，Document #66TAM61:17(b).

圖2：出自《新疆出土文物》，圖180。

圖3：出自 Chang, *The Rise of the Chinese Empire* , plate 5.

第一章

圖1：Courtesy of the Board of the British Library.

國家圖書館出版品預行編目（CIP）資料

絲路新史：一個已經逝去但曾經兼容並蓄的世界／芮樂偉・韓森（Valerie Hansen）著；李志鴻、吳國聖、黃庭碩譯. -- 二版. -- 臺北市：麥田出版，城邦文化事業股份有限公司出版：英屬蓋曼群島商家庭傳媒股份有限公司城邦分公司發行, 2021.03
面；　公分. --（歷史選書；61）
譯自：The silk road : a new history.
ISBN 978-986-344-887-7（平裝）
1.人文地理　2.絲路
630.9　　110000839

歷史選書 61

絲路新史

一個已經逝去但曾經兼容並蓄的世界

The silk road : a new history.

作　　者／芮樂偉・韓森（Valerie Hansen）
譯　　者／李志鴻、吳國聖、黃庭碩
審　　定／許雅惠
責任編輯／葉品岑、王家軒
主　　編／林怡君

國際版權／吳玲緯
行　　銷／陳欣岑　吳宇軒　何維民
業　　務／李再星　陳玫潾　陳美燕
編輯總監／劉麗真
總 經 理／陳逸瑛
發 行 人／凃玉雲
出　　版／麥田出版
10483臺北市民生東路二段141號5樓
電話：(886)2-2500-7696　傳真：(886)2-2500-1967
發　　行／英屬蓋曼群島商家庭傳媒股份有限公司城邦分公司
10483臺北市民生東路二段141號11樓
客服服務專線：(886) 2-2500-7718、2500-7719
24小時傳真服務：(886) 2-2500-1990、2500-1991
服務時間：週一至週五09:30-12:00・13:30-17:00
郵撥帳號：19863813　戶名：書虫股份有限公司
讀者服務信箱E-mail：service@readingclub.com.tw
麥田網址／https://www.facebook.com/RyeField.Cite/
香港發行所／城邦（香港）出版集團有限公司
香港灣仔駱克道193號東超商業中心1/F
電話：(852)2508-6231　傳真：(852)2578-9337
馬新發行所／城邦（馬新）出版集團Cite (M) Sdn Bhd.
41-3, Jalan Radin Anum, Bandar Baru Sri Petaling, 57000 Kuala Lumpur, Malaysia.
電話：(603)9056-3833　傳真：(603)9057-6622
讀者服務信箱：services@cite.my

封面設計／倪旻鋒
印　　刷／前進彩藝有限公司

■2015年8月　初版一刷
2021年4月　二版一刷

定價：480元
ISBN 978-986-344-887-7